U0857430

山东省社会科学规划研究重大项目(15AZBJ12)

中华优秀传统文化与社会主义核心价值观

主　编　张友谊
副主编　涂可国　姜　涌　焦丽萍

山东大学出版社
SHANDONG UNIVERSITY PRESS
·济南·

图书在版编目(CIP)数据

中华优秀传统文化与社会主义核心价值观/张友谊主编. —济南:山东大学出版社,2022.9
ISBN 978-7-5607-7382-7

Ⅰ. ①中… Ⅱ. ①张… Ⅲ. ①中华文化—关系—社会主义建设—价值论—研究—中国 Ⅳ. ①K203 ②D616

中国版本图书馆 CIP 数据核字(2022)第 017581 号

责任编辑 祝清亮
文案编辑 肖世伟
封面设计 王秋忆

中华优秀传统文化与社会主义核心价值观

ZHONGHUA YOUXIU CHUANTONGWENHUA YU SHEHUIZHUYI HEXINJIAZHIGUAN

出版发行 山东大学出版社
社　　址 山东省济南市山大南路 20 号
邮政编码 250100
发行热线 (0531)88363008
经　　销 新华书店
印　　刷 济南乾丰云印刷科技有限公司
规　　格 720 毫米×1000 毫米 1/16
　　　　 24.5 印张 440 千字
版　　次 2022 年 9 月第 1 版
印　　次 2022 年 9 月第 1 次印刷
定　　价 88.00 元

目　录

导　论

2014年2月24日，习近平总书记在十八届中央政治局第十三次集体学习时深刻指出："培育和弘扬社会主义核心价值观必须立足中华优秀传统文化。牢固的核心价值观，都有其固有的根本。抛弃传统、丢掉根本，就等于割断了自己的精神命脉。博大精深的中华优秀传统文化是我们在世界文化激荡中站稳脚跟的根基。中华文化源远流长，积淀着中华民族最深层的精神追求，代表着中华民族独特的精神标识，为中华民族生生不息、发展壮大提供了丰厚滋养。中华传统美德是中华文化精髓，蕴含着丰富的思想道德资源。不忘本来才能开辟未来，善于继承才能更好创新。对历史文化特别是先人传承下来的价值理念和道德规范，要坚持古为今用、推陈出新，有鉴别地加以对待，有扬弃地予以继承，努力用中华民族创造的一切精神财富来以文化人、以文育人。"①他还指出："要认真汲取中华优秀传统文化的思想精华和道德精髓，大力弘扬以爱国主义为核心的民族精神和以改革创新为核心的时代精神，深入挖掘和阐发中华优秀传统文化讲仁爱、重民本、守诚信、崇正义、尚和合、求大同的时代价值，使中华优秀传统文化成为涵养社会主义核心价值观的重要源泉。要处理好继承和创造性发展的关系，重点做好创造性转化和创新性发展。"②社会主义核心价值观与中华优秀传统文化有着非常密切的关系，习近平总书记的重要论述对我们认识二者的相互联系和相互作用具有重要的指导作用。

研究社会主义核心价值观与中华优秀传统文化的相互联系和相互作用，需要弄清楚什么是价值和价值观，什么是核心价值观和社会主义核心价值观；需要弄清楚什么是文化和传统文化，什么是中华传统文化和中华优秀传统文化，以及社会主义核心价值观与中华优秀传统文化的联系方式和作用机制。下面

---

① 《习近平在中共中央政治局第十三次集体学习时强调　把培育和弘扬社会主义核心价值观作为凝魂聚气强基固本的基础工程》，《人民日报》2014年2月26日。

② 《习近平在中共中央政治局第十三次集体学习时强调　把培育和弘扬社会主义核心价值观作为凝魂聚气强基固本的基础工程》，《人民日报》2014年2月26日。

对这些问题分别进行探讨。

一、社会主义核心价值体系与社会主义核心价值观

从2006年10月党的十六届六中全会明确提出建设社会主义核心价值体系，到2012年11月党的十八大提出积极培育和践行社会主义核心价值观，中间经过了六年的时间，党和政府坚持不懈地研究和探索，学界和社会深入思考和研究，都使得社会主义核心价值体系与社会主义核心价值观的内涵和二者的关系逐渐明晰，对它们的认识也越来越深刻。

(一)核心价值观概说

社会主义核心价值观的提出，也使人们对价值、价值观、核心价值观这些范畴产生了兴趣。什么是价值和价值观？什么是核心价值观和社会主义核心价值观？这一系列问题接踵而来。而这些问题的解决，是认识社会主义核心价值观的前提。

1.价值

什么是价值？人们对价值从不同角度进行认识，大致有“本性说”“情感说”“关系说”“意义说”“需要说”“属性说”“效用说”等，不一而足。用非常浅显的日常用语来说，价值实际上就是我们平常说的“好坏”，包含善恶、美丑、利弊、得失、祸福、荣辱、优劣、贵贱、有用无用、可爱可恨、妥不妥当、值不值得、应该不应该、重要不重要、轻重缓急等。世界上凡是可以用“好坏”来加以叙述并含有取舍意味的对象就是价值。通俗地讲，价值就是客体对主体的意义。意义越大，价值就越大；意义越小，价值就越小。主体和客体是哲学范畴，主体是从事认识和实践活动的人，而客体则是被纳入主体认识或实践领域的事物、思想或人。主体是认识和实践活动的发起者，而客体则是认识和实践活动的对象。从主体与客体的关系出发来认识和理解价值，价值的含义就得以凸显。

价值是怎么产生的呢？马克思对这个问题做了科学的解释：“‘价值’这个普遍的概念是从人们对待满足他们需要的外界物的关系中产生的。”[①]也就是说，价值的形成源于人们的需要，价值形成的条件是客体具有满足主体需要的属性。价值是一种关系性范畴。只有在主体和客体的关系中才能体现出价值，也就是说，客体的属性只有满足了主体的需要，价值才体现出来，单从客体的属

① 《马克思恩格斯全集》第19卷，人民出版社1963年版，第406页。

性或主体的需要都无法看到价值的存在。价值具有客观性，因为价值是客体的属性同作为主体的人的需要之间形成的一种客观现实的关系，它的客观性是不言而喻的；同时，价值又具有主观性，因为它是人在思想中能够感受到的。

价值的形式、类型千差万别，复杂多样，可以根据不同特点、标准进行分类。

一是根据价值性质的不同，价值可分为正向价值与负向价值。正向价值是客体满足了主体合理需要、对主体产生积极效应的属性，有助于主体的生存、发展和享受，积极的价值、合理的价值、正义的价值、肯定的价值都属于正向价值；负向价值则是客体破坏主体身心的属性，消极的价值、不合理的价值、非正义的价值、否定的价值都属于负向价值。

二是根据价值主体类型的不同，价值可分为个体性价值、集体性价值和社会性价值。从事物对不同主体的作用看，个体性价值是指事物对于个人产生的价值，集体性价值是指事物对于集体产生的价值，社会性价值是指事物对于社会产生的价值；从不同主体所展现的作用看，个体性价值是指个人产生的价值，集体性价值是指集体产生的价值，社会性价值是指社会产生的价值。

三是根据价值类型的不同，价值可分为真类价值、善类价值、美类价值和利类价值四种。真类价值是指客体对主体产生的真实无妄的价值，善类价值是指行为性事物（如行为、行为规范等）对主体产生的道德价值，美类价值是指客体对主体产生的审美享受价值，利类价值是指客体对主体产生的有用性价值。

四是根据满足主体需要类型的不同，价值可分为物质价值和精神价值，前者是满足主体物质需要的价值，后者是满足主体精神文化需要的价值。根据载体类型的不同，价值可分为物质的价值和精神的价值。前者是客观物质具有的价值，后者是精神文化生成的价值。

五是根据价值的作用和地位的不同，价值可分为目的性价值和工具性价值。目的性价值用以表示存在的理想化终极状态或结果，包含的内容有舒适的生活、振奋的精神、成就感、和平的世界、优美的环境、平等、家庭保障、自由、幸福、内心平静、成熟的爱、国家安全、享乐、灵魂得到拯救、自尊、社会承认、真正的友谊、智慧等。工具性价值是达到理想化终极状态的行为方式或手段，包含的内容有心胸宽广、有才能、勇敢、助人、诚实、富于想象、独立、有抱负、有理想、有逻辑性、有教养、负责任、自控、自律、仁慈等。

此外，根据价值层次的不同，价值可分为温饱类价值、安全与健康类价值、他尊与自尊类价值、自我实现类价值；根据作用社会领域的不同，价值可分为经济类价值、政治类价值和文化类价值；根据个人作用过程的不同，价值可分为生活资料价值和生产资料价值；根据作用效果的不同，价值可分为生存类价值和发展类价值；根据表现方式的不同，价值可分为显性价值和隐性价值；根据作用方式的不同，价值可分为直接性价值和间接性价值；根据作用时间范围的不同，价值可分为眼前性价值和长远性价值；根据作用空间范围的不同，价值可分为局部性价值和整体性价值；就其程度而言，价值可以分为不同的等级，如非常大的、较大的、不太大的等；就其层次而言，价值可以分为内在的价值和外在的价值；就其社会功用而言，可以分为政治价值、经济价值、文化价值、社会价值、生态价值等。

2.价值观

价值观是头脑中关于价值的观点或认识。具体来说，价值观是人们关于客体的基本观点或总的看法，表现为人们对客体的相对稳定的信仰、理想、信念，影响着人们对客体的价值判断和价值取向。价值观内容丰富，结构复杂，一方面表现为价值取向、价值追求，并形成一定的价值目标；另一方面表现为价值尺度、价值标准，成为主体判断客体有无价值或价值大小的认知模式。从宏观上看，价值观是一个文化体系的内核、灵魂，代表一个文化体系的价值判断、价值取向和价值标准；从微观上看，价值观是人们心中比较深层的信念系统，在人们的社会活动中起着导向作用，成为人们的价值取向、价值判断和价值标准。

价值观具有以下重要特征。第一，社会性和历史性。社会性和历史性说明价值观是在一定的社会历史条件下产生的，是在一定的社会历史条件下形成的。在不同历史时代、不同社会生活环境中形成的价值观都是不同的。阶级、民族等多元化的人们，其价值观必然是多元的。一个人降生到世界上，就注定了他生活在一定社会之中、一定的历史时期，他的价值观是在家庭和社会的影响下逐渐形成的。一个人在一定的社会生产方式中所处的经济地位，对其价值观的形成具有决定性的影响，周围的环境与人际交往，家庭、学校的教育都会对价值观产生一定影响。报刊、电视和广播等宣传的观点以及父母、老师、朋友等人的观点与行为，对一个人价值观的形成也具有不可忽视的影响。

第二，稳定性和持久性。价值观的形成固然需要很长时间，但价值观一旦形成，就具有稳定性和持久性。在特定的时间、地点、条件下，人们的价值观总是稳定和持久的。比如，人们在社会活动中形成对某个问题的一定认识和看法，这一认识与看法在比较长的一段时间里是比较难以改变的。个人的价值观一旦确立，便具有稳定性。但就社会和群体而言，由于社会环境的变化，社会或群体的价值观又是不断变化的，传统价值观会不断受到新价值观的挑战。

第三，主观性和内在性。价值观虽然是对客体的认识、评价，但究其形式，还是人的一种内在的主观认知。判断客体的真与假、是与非、好与坏、善与恶、美与丑,是根据人的内心的标准、尺度。

第四,理想性和愿景性。作为一种价值观,它更多的是指向未来。虽然它必须有实然的成分作为存在的依据,但其中相当一部分内容属于应然的成分。它把价值目标融入价值判断中,把应然和实然、理想与现实统一起来。

价值观与世界观、人生观联系非常密切。世界观是关于世界的根本观点。世界观决定了人生观、价值观,有什么样的世界观,就有什么样的人生观和价值观。对人生价值的观点,就是人生价值观,是人生观的重要内容,也是价值观必须回答的问题。世界观、人生观、价值观是一个系统的整体,它们回答的是关于世界、人生、意义的大问题。不能割裂世界观、人生观、价值观的联系,把三者各自独立起来。割裂三者关系,必然会影响人们对世界、人生、事物的整体认识。价值观的主体可以是个人,也可以是集体、政党、民族、国家。根据价值观主体的不同,可以把价值观分为个人价值观、集体价值观、政党价值观、民族价值观、国家价值观。

价值观对人自身行为的定向和调节起着非常重要的作用。价值观是一种内心尺度,决定着人的自我认识,直接影响和决定一个人的理想、信念、生活目标和追求方向的性质,支配着人的行为、态度、信念、理解等,支配着人认识世界、明白事物对自己的意义和自我了解、自我定向、自我设计等,也为人自认为正当的行为提供充足的理由。价值观的作用大致体现在三个方面:一是导向作用,它是决定人的行为的心理基础;二是认知作用,它作为人对客观世界及行为结果的评价和看法,从某个方面反映了人的主观认知世界;三是规范作用,它不仅使具有自由意志的个人能够整合为有序的社会,还直接调节人的日常生活实践。

3.核心价值观

根据对事物的看法和评价的主次、轻重,价值观形成了层次有序的体系,分为核心价值观、基本价值观或一般价值观。在一个社会价值体系中,不同价值观所处的地位是不同的,有的价值观处在主导地位,起着核心、统领的作用;有的价值观则处于从属地位,起着非核心、被统领的作用。核心价值观是指在一个社会价值体系中处于主导地位,起着核心、统领作用的价值观。每个社会都有自己的核心价值观,比如中国封建社会的核心价值观是以仁、义、礼、智、信为基本内容的儒家思想;社会主义社会的核心价值观则为富强、民主、文明、和谐,自由、平等、公正、法治,爱国、敬业、诚信、友善。核心价值观深深地植根于一个社会的内部,成为一个社会的价值理念、价值导向、价值标准,也必然体现在政治、经济、文化、道德等方面。作为一个共同体,其也有自己的核心价值观。该价值观是共同体根本信念的体现，对共同体的其他价值观起着引领作用。比如，企业的核心价值观是一个企业具有的根本信念，是企业在发展中如何处理内部和外部矛盾的一系列原则和价值标准，影响企业对市场、对客户、对员工等的看法或态度，影响企业生存、发展。一个人的核心价值观就是他头脑中众多价值观中最根本的价值观，起着统领其他价值观的作用。比如，一个人的核心价值观是诚信，他就会以诚信为主导，做出自己的价值判断，在行为中表现出对诚信的尊崇、遵从。

归结起来，核心价值观具有以下几个方面的特征。

第一，主导性。所谓“主导性”，就是核心价值观对其他价值观起着主导作用。一个社会、一个共同体、一个人，都会有诸多价值观，有的属于核心价值观，有的属于一般价值观。核心价值观对于那些非核心的、一般的价值观来讲，居于主导地位。当核心价值观与非核心的、一般的价值观发生冲突时，核心价值观就开始发挥作用，使非核心的、一般的价值观从属于核心价值观。

第二，统领性。所谓“统领性”，即统一、引领。也就是说，核心价值观具有很强的凝聚力和统摄力，能够把它周围的其他价值观吸引过来，纳入自己的体系，朝着共同的目标前进。

第三，认同性。核心价值观具有普遍意义，在社会上应当具有很高的认同性。无论是国家的核心价值观，还是企业的核心价值观或个人的价值观，无论在内部还是在外部，它们都有很高的认同性。在外部，这种认同性来自同一层次或更高层次的同意、认可和赞许；在内部，这种认同性来自内部成员的同意、认可和赞许。

4.社会主义核心价值观

社会主义核心价值观是中国人民在建设社会主义实践中形成和发展起来的，也是在同各种不同的价值观的碰撞、选择中逐步确立核心地位的，反映了中国人民在改革开放和社会主义现代化实践中的价值取向，从深层次上回答了科学社会主义的本质属性问题。

一个存在多元价值取向的社会，需要与经济、政治制度相适应，并能够形成广泛共识，为社会提供正确的价值理念，凝聚社会力量，指引社会的发展方向。社会主义核心价值观是在中国特色社会主义实践中形成并确立起来的价值理念，是在同封建主义价值观、资本主义价值观等形形色色的价值观的斗争中发展起来的，也是在积极借鉴人类优秀文明成果的基础上形成的，离开了人类文明，社会主义核心价值观就成了无源之水、无本之木。

党的十八大报告从国家、社会、个人三个层面对社会主义核心价值观进行了概括，国家层面是富强、民主、文明、和谐，社会层面是自由、平等、公正、法治，个人层面是爱国、敬业、诚信、友善，明确了社会主义的价值目标、价值导向和价值准则，反映了中国人民的共同价值诉求和价值信念，带有鲜明的中国特色。

(二)社会主义核心价值体系的内涵和特征

2006 年 10 月，党的十六届六中全会提出了建设社会主义核心价值体系的命题，对其内涵做了全面的论述和深刻的阐释。社会主义核心价值体系提出以来，无论是理论界还是学术界都对社会主义核心价值体系做了深入、广泛的探讨。究竟什么是社会主义核心价值体系？社会主义核心价值体系与社会主义核心价值观是什么关系？在理论界、学术界的共同努力下，终于明确了社会主义核心价值体系与社会主义核心价值观之间的关系。这对于培育和践行社会主义核心价值观、建设社会主义核心价值体系具有不可低估的意义。

1.社会主义核心价值体系的基本内涵

核心价值体系是一个庞大的系统整体，是“由一定社会崇尚和倡导的思想理论、理想信念、道德准则、精神风尚等因素构成的社会价值认同体系”[①]。这里的价值体系，是指一个社会中的价值目标、价值追求、价值评价和价值取向等与价值密切相关的系统。这个系统中既有指导思想、理想信念，又有文化精神和道德准则，可以说包含了一个社会中意识形态最核心的内容。社会主义核心价值体系是中国特色社会主义建设中形成的包括指导思想、理想信念、文化精神、道德准则在内的社会价值认同系统。党的十七大报告指出：“社会主义核心价值体系是社会主义意识形态的本质体现。”社会主义核心价值体系是社会主义社会的上层建筑，具体地讲是社会主义意识形态的内容，而这是由社会主义经济基础决定的。社会主义价值体系是中国特色社会主义的价值取向和价值目标的集中表现，是中国特色社会主义的内在精神和生命之魂，引导着中国特色社会主义的发展模式、制度体制和目标任务。在中国改革开放和社会主义建设中，所有的价值目标、价值取向都是由社会主义核心价值体系决定的。

党的十六届六中全会在提出“社会主义核心价值体系”这一命题的同时，也明确指出“马克思主义的指导思想、中国特色社会主义共同理想、以爱国主义为核心的民族精神和以改革创新为核心的时代精神，社会主义荣辱观”是社会主义核心价值体系的基本内容。

① 宋惠昌：《浅论社会主义核心价值观》，《思想政治工作研究》2008 年第 9 期。

(1)马克思主义指导思想

马克思主义创立于19世纪40年代,是在批判和继承德国古典哲学、英国古典政治经济学和法国空想社会主义基础上产生的。马克思、恩格斯是马克思主义的创始人。随着马克思主义的诞生,无产阶级和劳动人民以马克思主义为思想武器。无产阶级的革命实践也反复检验了马克思主义的真理性。马克思主义作为科学的世界观和方法论,也越来越在无产阶级和广大劳动人民的实践中显示出其精神力量。列宁领导俄国人民创造性地把马克思主义普遍原理与俄国的具体实际相结合,第一次在世界上把社会主义变成现实。1921年中国共产党成立后,自觉地以马克思主义基本原理为指导,实现了三次伟大的飞跃。第一次伟大飞跃是中国共产党人把马克思主义基本原理同中国革命和建设的具体实践相结合,团结带领人民经过长期奋斗,完成新民主主义革命和社会主义革命,建立起中华人民共和国和社会主义基本制度,进行了社会主义建设的艰辛探索,使中华民族从此站了起来;第二次伟大飞跃是改革开放以来中国共产党人把马克思主义基本原理同中国改革开放的具体实际相结合,团结带领中国人民进行建设中国特色社会主义的伟大实践,使中华民族从“站起来”到“富起来”;第三次伟大飞跃是中国共产党人把马克思主义基本原理同新时代中国具体实际相结合,团结带领中国人民进行伟大斗争、建设伟大工程、推进伟大事业、实现伟大梦想,推动党和国家事业取得全方位、开创性历史成就,发生深层次、历史性变革,使中华民族从“富起来”到“强起来”。习近平新时代中国特色社会主义思想是马克思主义中国化的最新成果,是当代中国的马克思主义、21世纪马克思主义。动摇了马克思主义的指导地位,也就动摇了中国特色社会主义的理论根基,就会导致社会动荡,思想混乱,使人民失去前进的动力。

(2)中国特色社会主义共同理想

中国走上社会主义道路,是历史的选择,人民的选择。建设中国特色社会主义,是中国人民在中国共产党的领导下经过几十年的艰苦探索才找到的一条救国救民的道路。新民主主义革命时期,中国共产党提出将中国建设成为一个独立、自由、民主、统一、富强的新中国的理想,凝聚了人心,最后取得了新民主主义革命的胜利。党的十二届六中全会通过的《中共中央关于社会主义精神文明建设指导方针的决议》指出:“建设有中国特色的社会主义,把我国建设成为高度文明、高度民主的社会主义现代化国家,是现阶段我国各族人民的共同理想。”党的十三大确定了社会主义初级阶段我国各族人民的共同理想是把我国建设成为富强、民主、文明的社会主义现代化国家。党的十六大确定了全面建设小康社会的奋斗目标。党的十六届六中全会强调,中国特色社会主义共同理想是在中国共产党领导下走中国特色社会主义道路、实现中华民族的伟大复兴,进一步把党和全国各族人民的共同理想概括为建设富强、民主、文明、和谐的社会主义现代化国家。中国特色社会主义共同理想反映了我国人民的共同愿望、利益和要求,得到了最广泛的认同和拥护,是全国各族人民团结奋斗的强大动力,是实现中国梦的必由之路。中国特色社会主义的伟大实践充分证明,这一理想不仅具有巨大凝聚力、号召力,而且在现实中发挥巨大的推动力。改革开放 40 多年里,我国国内生产总值以年均 9%以上的速度增长,目前我国已经成为世界第二大经济实体,在世界的政治、经济、文化方面发挥着巨大的影响和作用。在中国特色社会主义共同理想的导引下,实现中华民族伟大复兴的中国梦越来越具有现实性。

(3)以爱国主义为核心的民族精神和以改革创新为核心的时代精神

民族精神是一个民族在长期的共同生活和社会活动中逐渐形成的心理特征、思想品格、价值取向、道德规范、精神风貌的总称,是一个民族文化的基本内核,代表这个民族的典型品格,是一个民族的精神支柱,为本民族的成员所认同、接受。民族精神具有强大的聚合作用,能团结人民、凝聚人心,是一个民族赖以生存和发展的精神力量,是民族进步和发展的动力源泉。民族精神,是衡量一个国家综合国力强弱的重要标志,是衡量一个民族是否具有凝聚力、向心力和创造力的集中体现。在五千多年历史的发展中,中华民族逐渐形成了以爱国主义为核心的团结统一、爱好和平、勤劳勇敢、自强不息的伟大的民族精神。民族精神是全国各族人民奋发进取的精神支柱,是中国传统文化生生不息、薪火相传的血脉。时代精神是一个时代所特有的体现民族特质、顺应时代潮流的思想观念、价值取向、精神风貌、社会风尚的总和。不同的时代,有不同的时代精神。革命战争年代,中国共产党培育和形成了井冈山精神、长征精神、抗战精神、延安精神、沂蒙精神、西柏坡精神等。新中国成立以后,中国共产党培育和形成了抗美援朝精神、铁人精神、雷锋精神、焦裕禄精神、"两弹一星"精神、红船精神、抗洪救灾精神等。改革开放以来,中国共产党培育和形成了解放思想、实事求是的精神,紧跟时代、勇于创新的精神,知难而进、一往无前的精神,艰苦奋斗、务求实效的精神,淡泊名利、无私奉献的精神。以改革创新为核心的时代精神,是推动社会发展的强大精神动力,是改革开放和社会主义现代化建设的强大精神动力。民族精神与时代精神紧密地联系在一起,民族精神为时代精神的形成奠定坚实的基础,时代精神是新时期对民族精神的具体表现,二者是社会主义核心价值体系中文化精神的重要内容。

(4)社会主义荣辱观

荣辱观是人们对荣誉和耻辱的根本观点和基本看法，是道德观的具体体现。社会主义荣辱观是社会主义社会中对什么是荣、什么是耻的基本看法和根本观点。社会主义荣辱观既是社会主义道德的基本要求，也是每一个社会主义社会公民必须遵循的道德规范，还是社会主义核心价值体系中道德方面的基本内容。社会主义荣辱观把中华民族传统美德与中国共产党领导人民长期奋斗中形成的道德、社会主义建设时期形成的道德紧密地结合起来，成为当今社会确定价值取向、判断行为得当、做出道德判断的基本准则。

在社会主义核心价值体系这四个方面中，马克思主义居于首位，因为它是中国共产党人经过艰苦探索获得的一条非常宝贵的经验，失去了马克思主义的指导，我们就会失去旗帜和方向。中国特色社会主义共同理想是中国人民的共同追求，也是凝聚中国人民的精神力量。以爱国主义为核心的中华民族精神和以改革创新为核心的时代精神是中华民族的动力源泉和精神支柱。社会主义荣辱观是中华民族文化精神在道德方面的具体体现，它融合了中华民族的传统美德、优秀革命道德和社会主义建设时期形成的公民道德，为人们提供了可遵循的道德规范。这四个方面既有侧重又紧密联系，内容丰富、层次分明、逻辑严谨、结构合理，形成一个统一的系统的整体。

2.社会主义核心价值体系的基本特征

社会主义核心价值体系是社会主义意识形态的本质表现，是我国社会主义社会指导思想、理想信念、精神风貌、道德规范的综合体现，是凝聚人心、鼓舞士气、催人奋进的精神旗帜。科学理解社会主义核心价值体系，还需要把握其基本特征。

(1)主导性

改革开放以来，我国社会进入转型期，我国社会经济成分、组织形式、利益关系和分配方式日趋多样化；各种思想文化激烈碰撞，各种价值观互相激荡，人们的价值选择、价值取向呈多元化、多样化的发展趋势。在一个社会中，虽然可以同时存在多种文化思想、价值取向，但必须有统一的指导思想、理想信念，这是不容置疑的。否则，社会的发展就会没有方向，没有主心骨。以马克思主义指导思想、中国特色社会主义共同理想、以爱国主义为核心的民族精神和以改革创新为核心的时代精神、社会主义荣辱观为基本内容的社会主义核心价值体系，旗帜鲜明地坚持马克思主义一元化的指导地位，把主导性与多样性统一起来，充分发挥了引领和带动作用，成为建设中国特色社会主义重要的精神力量。

(2)民族性

社会主义核心价值体系植根于中华民族的沃土,反映了中华民族深层的价值追求和对未来的价值取向,表达了广大人民群众的深切愿望并得到他们的高度认同。社会主义核心价值体系鲜明的民族特色和广泛的人民基础,使得其民族性的特点非常突出。诚然,马克思主义是关于自然界、人类社会和人类思维发展的普遍规律的学说,是科学的世界观和方法论。但是,马克思主义不仅包含马克思、恩格斯、列宁等经典作家创造的理论,而且也有中国共产党人根据中国的国情把马克思主义普遍原理与中国实际结合起来对马克思主义的创造性发展。马克思主义中国化就是把马克思主义基本原理同中国具体实际相结合,是民族性和世界性的统一。毛泽东思想、邓小平理论、"三个代表"重要思想、科学发展观和习近平新时代中国特色社会主义思想,都是中国化的马克思主义,具有鲜明的中国风格和中国气派,民族性是显而易见的。中国特色社会主义共同理想是社会主义普遍原理与中国实际的结合,是矛盾普遍性与特殊性的辩证统一、一般与个别的辩证统一,其民族性也是不言而喻的。以爱国主义为核心的中华民族精神是在几千年的文化演进中逐渐形成的,以改革创新为核心的时代精神是在改革开放的实践中形成的,是民族意识、民族心理、民族品格的集中表现。社会主义荣辱观集中地体现了中国传统道德和社会主义道德的要求,具有浓厚的民族性,同时也具有人类文明发展的共性。

(3)系统性

社会主义核心价值体系是一个系统整体,在这个系统整体中,马克思主义指导思想、中国特色社会主义共同理想、以爱国主义为核心的民族精神和以改革创新为核心的时代精神、社会主义荣辱观紧密联系、互相作用,形成一个统一体。价值体系是由各种价值观组成的一个系统,而不是单一的某一个价值观。在社会主义核心价值体系中,马克思主义指导思想是灵魂,决定了社会主义核心价值体系的性质和方向;中国特色社会主义共同理想是主题,体现了中国人民的向往和追求;民族精神和时代精神是精髓,体现了中国人民的精神风貌和思想品格;社会主义荣辱观是基础,是社会主义道德建设的集中体现。这四个方面综合起来,发挥着巨大的整合作用。

(4)引领性

社会主义核心价值体系是理想性与现实性的统一。中国特色社会主义是中国共产党人与中国最广大人民群众的共同理想,而这一共同理想是建立在中国改革开放和社会主义现代化建设伟大实践基础上的。经过 40 多年的改革开放和社会主义现代化建设,中国人民在中国共产党的领导下找到了一条建设中国特色社会主义的道路。党的十八大报告指出:“中国特色社会主义道路,就是在中国共产党领导下,立足基本国情,以经济建设为中心,坚持四项基本原则,坚持改革开放,解放和发展社会生产力,建设社会主义市场经济、社会主义民主政治、社会主义先进文化、社会主义和谐社会、社会主义生态文明,促进人的全面发展,逐步实现全体人民共同富裕,建设富强民主文明和谐的社会主义现代化国家。”①中国特色社会主义共同理想是中国人民的追求和向往,具有强烈的价值取向,因而具有引领性的特点。

(5)现实性

社会主义核心价值体系是我国社会主义社会意识形态的集中体现,是我国现时代的特点在社会精神层面的反映。马克思主义指导思想、中国特色社会主义共同理想、民族精神和时代精神、社会主义荣辱观,都是在中国人民当代社会主义实践中提出来的,带有强烈的时代性。中国共产党人在深入分析当代世情、国情、党情的基础上,明确提出社会主义核心价值体系。这一价值体系立足中国现实,放眼未来中国发展,体现了现实和理想的统一。在社会主义核心价值体系中,时代精神是中国人民在中国共产党的领导下,在改革开放的伟大实践中形成的精神品格,是时代发展的重要标志。每个时代都有与之相适应的时代精神,时代精神是对社会现实的集中反映。以改革创新为核心的时代精神反映了中国人民在改革开放中的精神风貌和思想品格,具有鲜明的时代色彩,为社会主义核心价值体系注入了新的精神元素。

(6)继承性

社会主义核心价值体系继承了人类文明精神宝库中的积极因素,是人类文明发展中优秀的思想成果。马克思主义批判地继承了德国古典哲学、英国的古典政治经济学和英法空想社会主义的合理因素,概括了自然科学的新发现,总结了无产阶级斗争经验,成为无产阶级革命的指导思想。列宁在帝国主义和无产阶级革命时代继承和发展了马克思主义,在世界上建立了第一个社会主义国家,探讨了科学社会主义由理论到实践的发展。毛泽东把马克思主义基本原理与中国革命的具体实际相结合,走出了一条东方落后国家取得民族独立和人民解放并建设社会主义的道路。中国共产党坚持不懈地探索,使马克思主义中国化取得丰富的成果。当今坚持马克思主义指导思想,就是把马克思主义基本原理与中国的具体实际相结合。中国特色社会主义共同理想是近代中国无数志

① 胡锦涛:《坚定不移沿着中国特色社会主义道路前进　为全面建成小康社会而奋斗——在中国共产党第十八次全国代表大会上的报告》,人民出版社 2012 年版,第 12 页。

士仁人在实现中华民族伟大复兴的奋斗过程中探究到的符合中国实际的正确目标,包含近代一代又一代中国人的艰苦卓绝的探索。中华民族精神源远流长,中国共产党人以高度责任感和使命感继承和发扬了这一伟大精神,使之成为中国人民的重要精神支柱。以改革创新为核心的时代精神也是一代又一代中国共产党人不懈追求、创造的结果。社会主义荣辱观是根据中国社会主义道德发展的新特点概括出来的新时代的道德规范,具有普遍适用性。因此,没有对世界文明、中国文明和革命文化传统的承继,就没有社会主义核心价值体系。

(7)创新性

社会主义核心价值体系具有极强的创新性,从形式来看,其创新主要表现在把马克思主义指导思想、中国特色社会主义共同理想、民族精神和时代精神、社会主义荣辱观高度整合,形成一个整体系统,创造了当今中国社会具有价值导向的思想体系;从内容上看,其创新主要表现在其各个元素的创新。马克思主义作为中国共产党的指导思想,不是一成不变的,而是随着时代的发展不断发展。中国特色社会主义共同理想是中国共产党人在社会主义建设道路上通过不断创新提出的理想目标,是中国共产党人和中国人民的伟大创造。以爱国主义为核心的民族精神不仅是中华文化传统的精华,而且也是新时代中国人民对古代文化精神的发扬光大。以改革创新为核心的时代精神是当代中国人民精神风貌的集中写照。社会主义荣辱观在继承中国古代传统美德的基础上,彰显了当代社会主义道德的规范要求,被赋予时代内涵,是社会主义道德思想的发展和创新。

(三)社会主义核心价值观与社会主义核心价值体系的关系

在较长的一段时间里,社会主义核心价值体系被看作社会主义核心价值观。随着研究的深入,人们逐渐认识到不能把社会主义核心价值体系等同于社会主义核心价值观,两者既有联系又有区别。因此,对于社会主义核心价值观的定位就成为理论界、学术界探讨的一个重要问题。党的十八大从国家、社会、个人三个层面对社会主义核心价值观做了深刻阐释,指明了社会主义核心价值体系与社会主义核心价值观的关系。

社会主义核心价值体系与社会主义核心价值观既有内在联系,又相互区别,各有侧重。一方面,社会主义核心价值体系是社会主义核心价值观的前提和基础,是社会主义核心价值观形成和发展的必要条件。从这个意义上讲,没有社会主义核心价值体系就没有社会主义核心价值观。另一方面,社会主义核心价值观是社会主义核心价值体系的内核和理念,集中反映了社会主义核心价值体系的基本方向。

1.社会主义核心价值体系涵盖了社会主义核心价值观，社会主义核心价值观是社会主义核心价值体系的基本内核

社会主义核心价值体系是一个价值系统，包含马克思主义指导思想、中国特色社会主义共同理想、以爱国主义为核心的民族精神和以改革创新为核心的时代精神、社会主义荣辱观，其中有社会的主导思想、理想信念、精神风貌、道德规范等，对社会的主导意识形态做了全面的概括；而社会主义核心价值观则主要从国家、社会、个人的价值取向中提炼出价值理念，是在社会主义核心价值体系的指导下形成的。离开了社会主义核心价值体系，社会主义核心价值观就很难概括得客观、准确、科学，就无所寄托、无所体现。每一个社会都有其赖以支撑的核心价值观和核心价值体系。比如，社会主义核心价值观在国家层面是“富强、民主、文明、和谐”，这是坚持中国特色社会主义共同理想，坚定不移地走中国特色社会主义道路设定的价值目标。因此，只有坚持中国特色社会主义共同理想，才能够把我国建设成富强、民主、文明、和谐的社会主义国家。再如，社会主义核心价值观在社会层面是“自由、平等、公正、法治”，这是马克思主义指导思想的必然要求，也是实现中国特色社会主义共同理想的基本途径。社会主义社会是人类文明发展更高级的阶段，它克服了以往社会的缺点，吸收和借鉴了以往社会的合理因素，因此是更加自由、平等、公正、法治的社会。又如，社会主义核心价值观在个人层面是“爱国、敬业、诚信、友善”，这也是在民族精神、时代精神和社会主义道德规范的基础上提炼出来的。中华民族精神的核心是爱国主义，同时也包括敬业、诚信、友善等。社会主义道德的基本规范要求每一位公民都必须努力做到爱国、敬业、诚信、友善。由此可见，从社会主义核心价值体系出发，对其内在价值做进一步的提炼和概括，必然形成社会主义核心价值观。这与中国共产党对这一问题的认识轨迹、过程是一致的。党的十六届六中全会提出了社会主义核心价值体系的范畴，党的十八大提出了社会主义核心价值观，认识进一步加深，实现了从社会主义核心价值体系到社会主义核心价值观的认识的飞跃。

2.社会主义核心价值体系虽然与社会主义核心价值观有着非常密切的联系，但不等同于社会主义核心价值观

社会主义核心价值体系几乎涵盖了社会主流意识形态的方方面面，是社会主义社会意识形态的本质体现，具有主导性、民族性、系统性、引领性、现实性、继承性、创新性等基本特征；而社会主义核心价值观则是一个社会价值引导、价值取向方面的核心理念，表征着国家、社会、个人的价值理想和价值目标，对于

人的行为具有现实的指导和规范意义。社会主义核心价值体系更多是在宏观层面指明社会发展的基本精神动力和主流意识形态，社会主义核心价值观则更多地从微观层面指明国家、社会、个人的价值取向、价值理想、价值目标和价值理念，从而形成价值判断和价值标准。可以说，社会主义核心价值观对国家、社会和个人的发展方向、行为取向等有着更明确的规范意义。它告诉人们国家的理想目标是什么，社会应该是怎样的，个人的行为规范是什么。它以价值理念的形式为国家、社会、个人提供了愿景、目标，同时也以价值理念的形式为国家、社会、个人提供具体的发展方向和基本路径。社会主义核心价值体系因为涵盖面广，内容丰富，是以系统的形式呈现出来的，往往很难精练地概括其基本内容。而社会主义核心价值观则指向明确，内容确定，构成社会主义核心价值体系的基本内核，体现社会主义核心价值体系的基本方向和基本特征。

二、中华传统文化与中华优秀传统文化

中华传统文化与中华优秀传统文化有着密切关系。中华传统文化包含中华优秀传统文化，中华优秀传统文化是中华传统文化的精华。

(一)文化与传统文化

从历史的角度看文化，文化可以分为传统文化、现代文化和当代文化。而文化本身是一个非常复杂的概念，可以从多方面、多层次、多角度进行研究。只有对文化有一个全面的、科学的认识，才能对传统文化有深入的认识。

1.文化

近年来，文化越来越多地进入人们的语言叙述之中。一方面，文化被看作一种独特的精神形态，以及与此相关的人的活动，诸如读书、娱乐等，被广泛使用；另一方面，文化被看作人类的一切活动，泛指所有带有人类痕迹的活动，有多少种人类活动，就有多少种文化，如婚姻文化、丧葬文化、饮食文化、居室文化等，数不胜数。文化一词在人们日常生活中使用频率之高，是其他词语所不能比的。文化虽然在日常生活中被人们广泛使用，但对于“什么是文化”这个问题，大部分人又很难完整、清楚地给出回答。

文化是哲学、社会学、人类学、政治学等多门学科所研究的对象。“文化”的英语是“culture”，源于拉丁文“cultura”，本意是“土地耕耘和作物培育”，指的是农业耕种和园艺栽培之类的物质生产活动。随着人类社会的进步，这一本意被加以引申，也指人的精神生产活动，如人的心灵、智慧、情操、德行和风尚的培育

等。后来,文化的含义又进一步拓宽,泛指一切知识乃至全部社会生活内容。当代,文化成为生活和学术活动中使用最多的一个词;同时,由于人们从不同的角度对文化加以理解,因此文化也具有多种含义。不仅各门学科对文化的定义不同,而且即使是同一学科对文化也有不同的定义。1952 年,美国学者克鲁伯和克拉克洪在《文化:关于概念和定义的探讨》一书中收集了文化的 164 种定义。时至今日,文化一直是学术界讨论的热门话题,对文化的定义就更多了。国际上,法国、英国和美国学者在指称"文化"时,一般用"civilization",而德国学者则用"culture"。在把英文翻译成中文时,一般是把前者译作文明,把后者译作文化。这实际上体现了对文化的两种不同的理解,法国、英国和美国的学者代表西方文化研究中的实证主义传统,他们把文化理解为既定事实的各种形态的总和,即把文化理解为人类创造的物质成果和精神成果的总和;而德国学者则代表西方文化研究中的思辨传统,他们把文化理解为一种人类生活的样式。在古代中国,文化指文治和教化,表征人类从蒙昧状态向上不断提升,在这样一个过程中,人不仅改造和创造自然,而且改造和创造人自身。

从概念的使用来看,文化有广义和狭义之分,因而具有不同的内涵和外延。从广义上讲,文化就是人化,各种不同的人类实践活动类型和形式不仅可以看作文化,而且世界上一切打上人的痕迹的事物均可以称为文化。因此,从这一意义上讲,文化是指人的社会实践和人在社会实践过程中创造的物质财富和精神财富的总和。苏联学者这样界定和理解文化:"文化(来源于拉丁字cultura——耕作、培养、教育、发展、尊重),是社会和人在历史上一定的发展水平,它表现为人们进行生活和活动的种种类型和形式,以及人们所创造的物质财富和精神财富。文化这个概念用来表明一定的历史时代,社会经济形态,具体社会,氏族和民族的物质和精神的发展水平(例如,古代文化,社会主义文化,玛雅文化),以及专门的活动或生活领域(劳动文化、艺术文化、生活文化)。"①这一定义也被中国学术界普遍采用。它把文化同自然对立起来,在世界上,凡是没有人参与过的,没有打上人的痕迹的事物,都是自然的;反之,凡是打上人的痕迹、经过人类创造的事物都是文化。人类认识世界和改造世界的成果,概括起来无非两大类,即物质成果和精神成果,如果把制度和体制单列出来,就可以分为物质文化、精神文化、制度文化。这就是人们常说的"大文化"。

从狭义上看,文化是指以知识为载体的思想、观念、精神、价值系统,它既包

① 中共中央党校科学社会主义教研室编译:《文明和文化——国外百科辞书条目选译》,求实出版社 1982 年版,第 45 页。

括作为人类认识成果的知识，也包括人类所从事知识创造活动的内在的精神世界。在这种语义上，文化同政治、经济并列，是一种精神活动、价值体系和思想观念。英国文化人类学家爱德华·泰勒从这一方面给文化下了定义："文化，或文明，就其广泛的民族学意义来说，是包括全部的知识、信仰、艺术、道德、法律、风俗以及作为社会成员的人所掌握和接受的任何其他的才能和习惯的复合体。"①

除了广义和狭义上的文化，还有大众话语上的文化。在大众话语意义上，文化被看作知识，说一个人有文化，是说这个人有知识；或被看作由一定的习俗、观念和行为规范约束组成的某一群体的生活方式和行为模式，大陆文化和港台文化、乡村文化和市民文化等都是在这一语义上使用的。

基于以上分析，本书认为，从不同的角度、不同的学科和不同的语境对文化加以理解，可以得到文化的不同定义。本书中的文化，既不是广义的文化，即把文化看作人化，把人类的实践活动和实践活动的结果统统看作文化；也不是日常语义中的文化，即把文化等同于知识或某一群体的行为模式或生活方式，而是指人类在改造世界的物质活动中以知识为载体的思想、观念、精神、价值系统。虽然人类创造的物质成果蕴含着人类文化，一般意义上可以称为物质文化，但并不是说物质本身就是文化，而是指其中蕴含的人的内在的思想、观念、精神和价值系统。因此，文化虽然可以体现在物质、制度上，从而出现人们所说的物质文化、制度文化，但物质文化并不是物质本身，制度文化也不是制度本身。归根结底，文化是事物的"魂"，是人的一种内在精神、思想理念和价值体系。

基于这样一种理解的文化具有许多特征，概括起来有民族性和国度性、世界性和开放性、历史性和阶级性等。

2.传统文化

传统文化（traditional culture）是相对于现代文化、当代文化或者外来文化而言的，是一个民族在文明演变过程中逐渐形成的文化特质、精神风貌和观念形态的总体表征，具体内容为历史上存在的种种物质的、制度的和精神的文化实体和文化意识，如民族服饰、生活习俗、语言文字、文章诗篇、行为规范、思维方式等。传统文化是历史上形成的，带有历史的烙印；是一个民族在文明演变过程中形成的，带有浓重的民族色彩。文化的时代性和民族性，在传统文化上的表现得非常鲜明和突出。

---

① [英]爱德华·泰勒：《原始文化》，连树声译，上海文艺出版社 1992 年版，第 1 页。

传统文化与文化传统(cultural tradition)是两个既相互联系又不等同的概念。文化传统是指贯穿于一个民族各个历史阶段的各类文化的核心精神。每一个民族的文化既因时因地不同,又有一定的稳定性和连续性。文化传统与传统文化既有区别又有联系。庞朴先生在谈到文化传统与传统文化的区别时指出,“传统文化是过去的已经完成的那些东西”,是“死的”,“而文化传统是……那个活的东西”。[①] 汤一介先生认为庞朴先生把文化传统和传统文化区分开来很有道理,并进一步解释说,文化传统是指活在现实中的文化,是一个动态的流向;而传统文化是指已经过去的文化,是一个静态的凝固体。对于后者,我们可以把它作为一种历史上的现象来研究,可以肯定它或者否定它,而对于前者,则是如何使之适应时代来选择的问题,因此它将总是既有特殊性(或民族性)而又有当代时代精神的文化流向。不管人们是否愿意,一个能延续下去的民族的文化总是在其文化传统中,而且不管如何改变它仍然是这一民族的文化传统。[②] 林牧则指出:“文化传统,是指一个民族在历史上形成的至今还保留在人们心理和行为中的观念体系、价值体系和知识体系。而传统文化,则是指一个民族在历史上存在过的一切观念体系、价值体系和知识体系。”[③] 学者们对文化传统和传统文化的辨析具有重要意义,发掘出了文化传统的特有内涵。文化传承,实质上是文化传统的传承。一个民族的文化发展程度,取决于文化传统对现代文化价值体系的整合程度,整合得好,二者协调一致,民族文化将获得生机勃勃,顺利发展;整合得不好,二者就处于冲突对峙状态,则民族文化将处于混乱甚至危困的状态。因此,当系统环境发生重大变化时,文化传统实现创造性转换,直接关系到文化系统实现质的突破,顺利进行文化变迁。文化传统有精华,也有糟粕,既是文化财富,又是文化包袱,二者常常以并存方式同时体现。如何处理对传统文化的批判与继承,是牵涉文化建设与文化发展的重大问题。文化传统在观念上的个别体现,就是各种文化价值观念;在观念上的总体体现即传统文化精神。

(二)中华优秀传统文化的发展脉络

中华文化源远流长,有着五千多年的历史,其中许多精华为世界各国所认同,是中华民族宝贵的精神财富。建立在中华优秀传统文化基础上的中华民族精神家园之所以蔚为壮观,与中华优秀传统文化有着密切关系。

---

① 庞朴:《文化传统与现代社会》,《中国社会科学》1986 年第 5 期。

② 参见汤一介主编:《港台海外中国文化论丛》,生活·读书·新知三联书店 1990 年版。

③ 杜牧:《试论文化传统》,《社会科学评论》1988 年第 4 期。

中国优秀传统文化起源于原始社会，到奴隶社会时期基本形成，至封建社会时期形成以儒学为中心、多元交融的文化格局，在社会主义时期得到进一步继承、弘扬和发展。在中华优秀传统文化系统中，不同民族的文化、不同地域的文化、各种宗教文化、各种思想文化互相碰撞、互相交融。中华优秀传统文化一路走来，如大浪淘沙，荡涤着污泥浊水，也使精华的内容沉淀下来。梳理中华优秀传统文化的发展脉络，对于深刻认识中华优秀传统文化及其对中华民族精神家园形成和发展的意义是非常必要的。

1.远古文化：中华优秀传统文化的萌芽

中华优秀传统文化的开篇，可以追溯到远古时期。根据考古学研究，距今约 170 万年的元谋人是中国境内最早的人类。在劳动实践中，人类学会了制作和使用工具，创造了语言，同时也创造了文化。在文化发展中，原始宗教占据一定的地位。原始宗教包括自然崇拜和祖先崇拜，是远古时期人类在自然生活中创造的最早的文化形态。自然崇拜是远古人类对强大的自然现象感到震撼和困惑，继而产生的敬畏感、崇拜感的集中表现。在他们看来，万物都是有灵的，“山林、川谷、丘陵，能出云，为风雨，见怪物，皆曰神”[①]。随着原始农业的发展，人类对自身的崇拜逐渐超过自然崇拜，祖先崇拜由此产生，人类开始把祖先作为崇拜的对象。

距今约 1 万年前，古代先民进入新石器时代。根据考古学的发现，已发现的新石器时代的文化遗址有七八千处，遍布全国各地。仰韶文化、红山文化、大汶口文化、良渚文化、马家窑文化、龙山文化是典型代表。进入新石器时代后，农业、畜牧业逐渐取代采集、狩猎，改变了人们的生活方式。磨制石器的广泛使用和陶器的制作与使用，提高了社会生产力，推进了人类文明的发展历程。这个时期原始农业发展起来，古代先民在长期的采集活动中逐渐发现了某些可食植物的成长规律，开始了人工种植。中国北方主要种植粟，南方主要种植水稻。原始农业出现后，人类可以获得较为稳定、丰富的生活资料，这为家畜饲养业的发展、人类的定居创造了条件。农业发展以后，生产资料出现剩余，人类可以把捕捉到的动物圈养起来，经过长期的驯化使之变成家畜。我国北方地区驯养的畜禽主要有猪、狗、黄牛、山羊、绵羊、猫和鸡等，南方地区则有猪、狗、水牛、鸡等。新石器时代，磨制和钻孔技术普遍用于石器的制作。仰韶文化遗址中出土的石斧、石锛、石刀、石镰等磨制光滑，刃部锋利，而且大多数都钻了孔，以便加柄或携带使用。

---

① 《礼记》，中华书局 2017 年版，第 885 页。

新石器时代的另一项发明是陶器。陶器是最发达、最具特色的手工业。陶器是适应农业定居生活的需要而出现的,神农氏"耕而作陶"的传说恰恰反映了这一史实。陶器的形式也呈现多样化的趋势,有钵、碗、盆、盘、杯、鼎、鬲、釜、小口尖底瓶、瓮、罐等日常生活用具,也有陶纺轮、陶网坠、陶刀等生产用具。

此外,纺织业、建筑业、舟车制造业也有了一定的发展,人们开始穿麻布制作的衣服,北方人居住在半地穴式的房屋中,南方人修建的是干栏式木房屋。

在物质文化有了较大发展的同时,先民的精神文化也发展起来。天文历法、文字符号开始出现,观念文化也日益丰富、深化。随着原始宗教、原始艺术的发展,在自然崇拜、祖先崇拜的基础上,生殖崇拜、图腾崇拜也都有所表现。

原始社会中国的制度文化主要体现在婚姻形式和社会组织结构这两个方面。原始社会中国的婚姻形式和世界其他民族一样,也经历了血亲杂交、血缘群婚、族外群婚、对偶婚、一夫一妻几个阶段,由母系氏族制进化到父系氏族制,形成了新的文化格局。

这一时期,人类历史上第一次社会大分工——农业和畜牧业的分离完成;随着以制陶业为代表的手工业技术的明显提高,第二次社会大分工即手工业和农业的分离完成。社会生产力的发展使劳动产品有了一定的剩余,一部分人可以占有另一部分人的剩余劳动,私有制产生,阶级出现,早期国家形成。

人化与文化有着密切的联系。人化的过程也是文化形成的过程。中国原始社会的人化,对中国优秀传统文化具有深刻影响。人们通过制作、使用生产工具,创制、使用语言,促进了劳动实践的大发展。人们在与大自然的相处中,产生了艰苦奋斗、自强不息的观念。中华早期文化为中华优秀传统文化的萌发创造了条件,同时也为中华民族精神家园的形成准备了土壤。

2.夏商周文化:中华优秀传统文化的奠基

经过漫长的发展,距今 4000 年前后,文化向着更高层次的阶段发展,相继经历了夏朝、商朝、周朝,中华优秀传统文化在这一时期逐渐形成。

尧、舜、禹时代,实行的是世代承继的禅让制——原始的民主传贤制。公元前 2070 年,禹之子启正式建立了夏朝。从那时开始,贵族世袭制取代了民主传贤制。公元前 1600 年,商汤灭夏,建立商朝。公元前 1046 年,武王伐纣,建立周朝。夏、商、周时期奴隶制国家从建立、发展到鼎盛,是中国历史发展的重要阶段,也是中华优秀传统文化形成的重要阶段。

夏、商、西周时期,文字形成,人们学会了制作青铜器,国家和宗法制度产生,分封制建立等,都是中国传统文化形成的重要标志。中国先民创造了独特的象形文字系统。据说在黄帝时期,仓颉通过观物取象,用图画来记载各种事物，创造了早期的象形文字。根据考古发现，半坡文化、大汶口文化、二里头文化遗址出土的陶器上都有类似记事或表意的符号。夏、商、西周时代，随着社会生活的日益丰富和知识积累提出的更高的要求，中国先民对作为概念表达的文字的需要越来越迫切，经过漫长的发展和社会实践，终于创造了特有的文字。考古发现的甲骨文，自身也在不断演进，由图画变成线条、再由线条变成粗细不等的笔画，在结构上已经具备象形、指事、会意、形声、假借、转注六种形式，为后来汉字的出现奠定了基础。与此同时，文字的创造和发明，对记载社会文献发挥了重要作用，那时文字记载的内容非常丰富，包括天文、立法、气象、地理、农业、畜牧、方国、职官、家族、世系、人物、征伐、刑狱、畋猎、交通、宗教、祭祀、疾病、生育、灾祸等，为后人研究当时社会的基本情况提供了大量资料。

关于夏代的历史与文化，目前的资料极其有限，对于其基本情况，只能从先秦学者的文献中去考究。商、西周时期，农业和畜牧业已经相当发达，手工业生产的发展更为突出，其中青铜冶炼和青铜器制作技术达到最高水平。

商、周时代是中国文化发展的关键阶段，中华优秀传统文化的许多重要范畴、观念都在这一时期形成。商朝的部族发祥于东海之滨，大约在公元前14世纪，在第十代君主盘庚的率领下迁都到殷，在此传位八代十二王，历270多年。商朝迁都殷之后，迅速发展、强大起来，武丁时期达到鼎盛。商朝由于是从原始社会脱胎而来，神本文化的特色非常明显。《礼记·表记》记载："殷人尊神，率民以事神，先鬼而后礼。"[①]周部落崛起于西陲，长期附属于商王朝。公元前1046年，周武王姬发率领诸侯联军起兵讨伐纣王，最终灭亡商朝，建立周朝。周朝统治者继承和发展了殷商的"天命神权"思想，但对天命有了新的认识，看到了民心比天命更加重要，主张既要敬天又要保民，提出"顺乎天而应乎人"。在此基础上，又提出了"敬德"，主张用德来配天命，以德来解释王朝兴替、人事盛衰等社会现象。"敬德保民"思想促使统治者逐渐摆脱"怪力乱神"的影响和干扰，建立面向社会人伦的政治教化体制。中华优秀传统文化中的民本思想、德治思想、忧患意识、天人合一思想都在这一时期形成。

3.春秋战国文化：中华优秀传统文化的形成

公元前770年周平王东迁洛邑，到公元前221年秦始皇统一中国，历史上这段时期被称为春秋战国时期。这一时期，铁器的制作和广泛使用，牛耕的推广和水利事业的发展，大大促进了生产力的发展。随着生产力的发展，奴隶社会的土地国有制——井田制逐步瓦解，私田被大量开垦，奴隶制生产关系逐渐

① 《礼记》，中华书局2017年版，第1056页。

被封建制生产关系替代。在从奴隶社会向封建社会转变的过程中,社会动荡不已。士阶层开始出现,私学兴盛,为中华优秀传统文化的发展创造了条件。春秋战国时期诸子百家纷纷发表自己的观点和主张,著书立说,形成了“百家争鸣”的局面。诸子相互批判同时又相互借鉴,为中华优秀传统文化的发展提供了充足的养分。

春秋战国时期,周天子的权力日益减弱,势力较大的诸侯国之间开始争夺霸权。随着社会的转型,社会各阶层之间的流动日益活跃,社会上出现了“士”阶层,对社会的文化、教育的发展都产生了重要影响。当时齐国的稷下学宫会聚了一批文人学者,他们开门办学,培养了一大批精英人才,同时也提出了诸多思想、观点。汉代学者司马谈依据诸子学说的倾向,把他们划分为阴阳、儒、墨、名、法、道六家。班固则把诸子百家分为儒、道、阴阳、法、名、墨、纵横、杂、农、小说十家。各家各派在学术观点和政治主张上尽管存在不同程度的分歧和对立,但它们在相互批判中相互借鉴,促进了中华优秀传统文化的发展。尤其是儒、墨、道、法四家,其对中华优秀传统文化的影响是极其深远的。

4.秦汉文化:中华优秀传统文化的定型

公元前 221 年,秦灭六国,建立了第一个专制主义的中央集权国家。从秦汉开始,中国成为一个疆域辽阔的统一的多民族国家。秦汉的大一统也促成了中华文化的统一和定型,从而成为中华优秀传统文化薪火相承、绵延不断的重要因素。

为了消除长期分裂割据造成的地区差异,巩固政治上的统一,秦始皇在秦国旧制的基础上将全国的政治、经济、文化等制度整齐划一,使统一的文化共同体得以形成。一是“书同文”,统一文字。二是“度同制”,统一货币和度量衡。三是“行同伦”,统一思想。四是“车同轨、地同域”。秦始皇的统一措施为中华文化共同体的形成奠定了坚实的基础。秦朝覆灭,汉朝兴起。汉朝在废除秦始皇苛政的同时,全面继承和发展了秦朝的皇帝制度、官僚制度、郡县制度、经济制度、法律制度等,与政治、经济上的统一相适应,推行文化、思想上的统一,以建立共同的文化,形成共同的文化心理。自孔子创立儒家学派,经过战国时期的发展,到汉武帝时董仲舒吸收和借鉴黄老、法家、阴阳家的思想,提出了“大一统”的政治主张、“天人感应”的哲学思想和“三纲五常”的伦理道德规范,并逐步把儒家的学说发展为封建社会的正统思想,对中华传统文化的发展做出了贡献。同时,以汉赋和乐府诗为代表的文学作品及以《史记》《汉书》为代表的史学作品,在当时也有重要影响。天文学方面,盖天说、浑天说、宣夜说先后被提出,各成一家之言。张衡创制浑天仪、地动仪,是世界地震学史上的一件大事，开创了人类使用科学仪器测报地震的历史，在人类同地震做斗争的历史上写下了光辉的一页。医学家张仲景总结了先秦以来的医学成就，写就了《伤寒杂病论》，奠定了中国医疗学的基础，标志着中医理论的成熟。此外，算学、农学、造纸术也有一定的发展。

5.魏晋南北朝文化：中国优秀传统文化多元格局的形成

魏晋南北朝时期是中国历史上第二次民族大迁徙和民族大融合时期。这一时期，北方的乌桓、匈奴、鲜卑、羯、氐、羌及南方的山越、蛮、俚、獠等民族与汉族融合，给汉族注入了大量的新鲜血液，带来了活力。随着各民族的交往和融合，各民族先进的物质文化和精神文化也交融汇聚。在地域上与汉族的共居与交融，使得少数民族在政治制度、经济制度、语言、服饰、风俗习惯和民族心理等方面逐渐汉化。与此同时，少数民族的畜牧业生产品种、技术和文学艺术等不断传入中原地区，胡服、胡饼、胡床等的制作和普遍使用，对汉族的衣食住行等产生了很大影响；胡乐、胡舞、胡戏等的流行，给以汉族为主体的中原文化增添了新鲜色彩。农耕和游牧两种不同文化的碰撞和交融，为中华优秀传统文化的发展奠定了基础。

魏晋南北朝时期，政权林立，分裂割据，江南文化、中原文化、关陇文化、河西文化、巴蜀文化、岭南文化、西域文化等异彩纷呈，促成了多元并立的文化格局。

思想文化方面，从独尊儒学走向多元。从汉末起，儒学式微，魏晋玄学发展起来，成为当时的社会思潮。道教也从不成熟走向成熟，佛教迅速发展，儒、玄、道、佛、术、名、杂、墨、兵、纵横诸家并存，相互交锋，从而使这一时期的思想文化呈现出活泼清新、洒脱俊逸的景象。这一时期人们思想活跃，被视作历史上第二次“百家争鸣”。也正是在这一时期，经过各家不断的碰撞和融合，形成了儒、释、道三家并立的多元文化格局。

文学、史学、艺术和科学技术等方面的成就也非常突出，为中华优秀传统文化增添了许多耀眼的光彩。“三曹”“建安七子”的出现，山水田园诗和宫体诗的发展为唐诗的繁荣奠定了坚实的基础。诗歌、散文、民歌、小说的繁荣，推动了文艺批评理论的形成和发展，《文心雕龙》《诗品》等优秀文艺批评著作问世。史学在这一时期摆脱了经学附庸的地位，成为一门独立的学问，其著作之多、体裁之杂、题材之广、种类之全，超过了以往任何一个历史时期。艺术更加绚丽多彩，书法、绘画、雕刻、音乐、舞蹈等领域人才济济，成就卓然。王羲之、王献之、羊欣、智永等书法家，顾恺之、张僧繇、萧绎等画家，在中国艺术史上影响巨大。敦煌莫高窟、大同云冈石窟和洛阳龙门石窟开凿，成为我国文化史上的艺术宝库。另外，天文学、地理学、医学、农学等领域也成就斐然，在中国科技史上谱写了光辉的一页。

6.隋唐文化：中国优秀传统文化的繁荣

隋唐时期，政治相对稳定，经济空前繁荣，隋代出现了“开皇之治”，唐代出现了“贞观之治”和“开元盛世”，成为中国封建社会的顶峰。随着经济的迅速发展，文化也随之繁荣，开启了中华优秀传统文化发展的新时代。

公元581年，杨坚称帝，建立隋朝，定都大兴城。605年，隋炀帝令宇文恺营建东都洛阳，并于次年迁都洛阳。隋朝是“五胡乱华”后北方重新建立的大一统王朝，结束了自西晋末年以来长达300多年的分裂局面。由于隋炀帝过度消耗国力，隋末爆发了民变和贵族叛乱。618年，隋恭帝杨侑禅让帝位于李渊，隋朝灭亡。隋朝虽然仅仅存在了38年，但在政治、经济、文化以及外交等方面进行了大刀阔斧的改革：政治上，确立了三省六部制，以巩固中央集权制度；实行政事堂议事制、监察制、考绩制，以强化政府职能；人才选拔上，正式推行科举制度，选拔优秀人才，削弱士族对官职的垄断权；军事上，继续推行和完善府兵制；经济上，一方面实行均田制并改定赋役，减轻农民生产压力；另一方面采取大索貌阅和输籍定样等清查户口措施，以增加财政收入。

隋末天下群雄并起，617年唐国公李渊在晋阳起事，次年在长安称帝，建立唐朝。唐太宗继位后励精图治，开创了经济繁荣、四夷宾服、万邦来朝的“开元盛世”。878年，黄巢起义爆发，动摇了唐朝的根基。907年，朱温篡唐，唐朝灭亡，进入五代十国时期。

隋唐时期，制度、哲学、宗教、文学、艺术、科技等方面都取得了长足的进展。制度方面，三省六部制的确立，标志着我国古代官制的成熟；《唐律》作为封建社会的法典，也具有代表性；募兵制代替府兵制，是中国古代兵制的重大改革；科举制的发明，为荐举人才开拓了新路。思想方面，柳宗元、刘禹锡提出了“天论说”的朴素唯物主义思想和“天人交相胜，还相用”的朴素辩证法思想，在当时具有较大的影响。韩愈在《原道》《原性》《原人》《原鬼》等著作中也系统地阐述了“天命论”“道统论”“性三品说”等哲学思想，其中不乏有价值的内容。宗教方面，统治者实行“三教并尊”的政策，儒释道都有较大发展。尤其是佛教发展到鼎盛时期，在中国形成了禅宗、天台宗、法相宗、华严宗、律宗、净土宗、密宗等主要宗派，高僧云集，经籍浩繁，颇为壮观。文学艺术方面，唐诗是中国诗歌发展的巅峰，留下了许多千古传诵的名篇佳作。古文方面，出现了传记、游记、寓言、杂说等多种文体形式。传奇小说也有新的发展，突破了六朝以来志怪小说的模式。书法、绘画、音乐、舞蹈、雕塑等领域异彩纷呈，留给后人大量有价值的艺术作品。科技方面，天文学家僧一行测量了子午线的长度，这在世界上是第一次。他还发现了恒星位置移动的现象，并编修了当时世界上最先进的历法《大衍历》。孙思邈撰写的《千金方》总结了唐代以前的医学理论和治疗经验，为后世所称颂。雕版印刷已经相当发达，建筑也达到了相当成熟的水平。

隋唐时期中华优秀传统文化的繁荣昌盛，在世界上产生很大影响，对日本、朝鲜、越南等周边国家也影响巨大。

7.宋元文化：中华优秀传统文化的鼎盛

宋元时期是中华优秀传统文化大发展的时期。960 年，后周诸将发动陈桥兵变，拥立赵匡胤为帝，建立宋朝。赵匡胤为了避免出现唐末藩镇割据和宦官专权的乱象，采取“重文轻武”的政策，一方面加强了中央集权，另一方面剥夺了武将的兵权。宋太宗继位后统一全国，到宋真宗时期与辽国缔结澶渊之盟后逐渐实现治世。1125 年，金国大举入侵北，宋室被迫南迁。赵构在杭州建立应天府，史称南宋，与金国达成协议，南宋与金国以秦岭淮河为界。后期，又爆发宋元战争，元军于 1276 年攻占临安。1279 年，元军在崖山与南宋军队进行海战，最终南宋军队失败，南宋灭亡，元朝统一了中国。

宋元时期，经济有了较大发展，农业、手工业比较发达，商品经济空前活跃，社会生产力的大发展也大大促进了文化的繁荣，理学、文学、史学、艺术、科学技术领域都取得了显著的成就。邓广铭指出：“两宋时期的物质文明和精神文明所达到的高度，在中国整个封建社会历史时期之内，可以说是空前绝后的。”①

思想领域，理学大兴。理学又称道学，是以儒学为主体，吸收释、道哲学思想形成的独特的思想理论体系。理学以理来代替人格化的天意，认为纲常之道就是天理，是不可抗拒的自然法则，教人“存天理，灭人欲”，使人们自觉地接受封建统治。理学由宋代的周敦颐奠基，经程颐、程颢发展，至朱熹完成，因此也称为程朱理学。除此之外，思想家陆九渊也自成体系，陆学成为理学的一个重要流派。

文学艺术呈现出前所未有的繁荣景象。宋词是中国文学史发展的巅峰，李煜、晏殊、欧阳修、柳永、苏轼、李清照、陆游、辛弃疾等人留下了大量名垂千古的作品，为后世所传诵。书法、绘画达到很高的水平，苏轼的《黄州寒食帖》、张择端的《清明上河图》、宋徽宗的《芙蓉锦鸡图》都是当时优秀的书法、绘画作品。与藏书、金石、诗词、书法、绘画、音乐等雅文化同时发展起来的，还有民间的俗文化。特别是到元代，杂剧代表当时文化艺术发展的最高成就。

---

① 邓广铭：《谈谈有关宋史研究的几个问题》，《社会科学战线》1983 年第 2 期。

宋代史学研究也大大超过前代。这一时期史学家辈出,史学体裁多样,出现了断代史、通史、纪事本末体、纲目体等,方志大量编修,“四大类书”《太平御览》《太平广记》《文苑英华》《册府元龟》熠熠生辉。

科学技术方面,除造纸术之外,指南针、造纸术、火药的发明和应用都集中在这一时期。指南针在北宋末年已经应用于航海,对世界航海事业的发展做出了巨大贡献。毕昇发明的活字印刷术,在印刷史上是划时代的技术创新,对世界文化的发展做出了巨大贡献。北宋著名科学家沈括的《梦溪笔谈》,被誉为中国科技史上的坐标。韩公廉发明的水运仪象台是世界上最早的天文钟。郭守敬主持编订的《授时历》,以365.2425天为一年,与地球绕太阳一周的回归年的实际周期只差25.92秒,是中国古代最精密的历法。

宋元时期是魏晋南北朝时期之后又一个民族大融合时期,游牧文化与汉文化碰撞融合。辽、夏、金、元等少数民族政权建立之后都受到汉文化的影响,推崇儒家思想,效仿汉族政权建立官制,实行汉化政策;同时,汉文化也受到少数民族文化的影响,各民族文化加速融合。

8.明清文化:中华优秀传统文化的转型

明清时期,中华优秀传统文化有所发展,面临西方文化的冲击,在探索一条转型发展的道路。

元末爆发的红巾军起义,大大动摇了元朝的统治。1368年,朱元璋称帝,国号大明,定都应天府。1420年,明成祖朱棣迁都北京。明初,政治清明、国力强盛。明朝中期,经土木之变由盛转衰,后经弘治、嘉靖、万历国势复振。明朝晚期,因东林党争和天灾外患,国力衰退,爆发农民起义。1644年,李自成农民军攻入北京,崇祯皇帝自缢身亡。明朝宗室在江南建立南明政权,随后清军趁乱入关,消灭大顺、大西、南明诸政权。1662年,永历皇帝被杀,南明灭亡。

清朝是中国历史上最后一个封建王朝。1644年,清军入关,定都北京,国号大清。康熙、雍正、乾隆三朝国力鼎盛,统一的多民族国家得到巩固,同时君主专制发展到顶峰。清朝中后期开始走向衰落,政治僵化、文化专制、闭关锁国、思想僵化、科技停滞,与西方的差距逐渐扩大。鸦片战争后,中国屡遭列强入侵,逐渐沦为半殖民地半封建社会。1911年,辛亥革命爆发,清朝统治土崩瓦解,之后清帝颁布退位诏书,清朝灭亡。

从明太祖朱元璋开始,基于僵化的文化一统观,大力推行崇正统、灭异端的文化专制。在思想上独尊程朱理学,规定朱熹注释的“四书”“五经”为官方读本和科举取士的准绳。清代,统治者一方面借着整理典籍之名,大量销毁和删改旧书,剪除所谓“异端邪说”;另一方面大兴文字狱,加强思想钳制。这一时期,考据学、文献学兴盛，开始了对中国古代文献空前规模的整理、考订、校勘、辨伪和辑佚工作，对历史文化整理、总结和研究起到了重要作用。

明清时期是中华传统文化总结的时期。统治者先后组织大量人力、物力，对我国古代的文献典籍进行整理考订，编成几部大型丛书。明代编纂的《永乐大典》和清代编纂的《古今图书集成》是我国著名的类书，乾隆年间编纂的《四库全书》是我国历史上规模最大的一部丛书，《康熙字典》则是当时世界上收录字数最多的一部字典。

明清时期科技成果还是非常显著的。李时珍撰写的《本草纲目》在药学和植物分类学方面都达到了当时世界先进水平，徐光启撰写的《农政全书》是中国古代最完备的一部农学著作，宋应星撰写的《天工开物》是一部农业和手工业的百科全书，梅文鼎撰写的《中西数学通》几乎概括了当时世界上全部的数学知识，潘季驯撰写的《河防一览》是一本专门研究黄河治理的著作。徐霞客撰写的地理和地质学著作《徐霞客游记》、方以智撰写的自然哲学专著《物理小识》也是科学研究的重要成果。

明清时期的文学成就主要体现在小说创作上。《三国演义》《西游记》《水浒传》《红楼梦》是长篇小说的代表，“三言两拍”和《聊斋志异》是短篇小说的代表，在中国文学发展史上都有重要地位。

明清时期涌现出黄宗羲、顾炎武、王夫之等思想家，他们反对“崇本抑末”政策，主张“工商皆本”，提倡“经世致用”，形成了具有朴素唯物主义思想的民族启蒙思想。明末清初，海上贸易的发展和利玛窦、艾儒略、汤若望等耶稣会士来华，促进了中西文化交流。西方来华传教士在传播基督教教义的同时，也将西方天文学、物理学、化学、植物学、动物学、水利、哲学、逻辑学、文学、音乐、绘画等方面的成果引入中国，充当了“西学东渐”的文化使者。同时，西方传教士也通过书信和翻译中国文化典籍，向西方介绍中国的历史、地理、学术、典章制度、文学、艺术、建筑、道德规范和风俗习惯等，起到了传播中华传统文化的作用。传教士介绍西方文化到中国，使中国知识界对西学有了初步认识，中西文化交流、融合的大幕拉开。中华优秀传统文化开始探索一条从传统到现代的发展道路。

9.近代文化：中华优秀传统文化的觉醒

近代，中国沦为半殖民地半封建社会，中国人民饱受凌辱，不屈不挠地进行抗争。一部中国近代史，是一部充满灾难、落后挨打的屈辱史，也是一部中国人民探索救国之路、自强不息、英勇奋斗、追求民主和自由的斗争史，还是一部中华民族抵抗外来侵略，推翻压在中国人民头上的“三座大山”，建立新中国的胜利史。

1840年，西方以炮舰打开了中国国门，一方面给中国人民带来了深重的灾难，另一方面也唤醒了中国人的民族意识。从文化的视角看，与西方的鸦片、炮舰一起到来的还有西学，为中国近代新学开辟了新的道路。伴随着西学的冲击，传统的书院改制，新式书院、新式学堂如雨后春笋般在全国各地涌现。近代报刊、出版机构、图书馆、博物馆也相继问世。一大批新式知识分子和启蒙思想家奔走呼号，传播新思想、新观念，唤醒群众，主张维新。中国知识界在中学与西学的"体用""道器"方面的思考，引起了激烈的争论。社会上一批启蒙思想家展现出对中华文化的前途与未来的担当与责任，这预示着中华传统文化的新觉醒。林则徐、魏源、康有为、梁启超、谭嗣同、严复、章太炎等启蒙思想家以卓越的眼光和开拓的勇气推动了中华优秀传统文化近代转型。革命先行者孙中山在肯定中华传统文化总体上落后于西方文化的前提下，对中西文化做了具体分析，提出要"发扬固有文化，且吸收世界文化而广大之"[①]，并提出了"三民主义"，即民族主义、民权主义、民生主义。三民主义取中西文化之精华而融贯之，是中国优秀传统文化近代转型的典范。

10.现当代文化：中华优秀传统文化的弘扬

中华优秀传统文化自近代开始转型以来遇到了各种各样的问题，也遭受了各种挫折和磨难。"先进的中国人，经过千辛万苦，向西方国家寻找真理……中国向西方学得很不少，但是行不通，理想总是不能实现。"[②]1911年辛亥革命推翻帝制后，中国并没有像人们所想的那样走向共和，复辟闹剧一再重演，军阀割据混战。在陈独秀、胡适等人发动下，新文化运动爆发。陈独秀发出"犹待吾人最后之觉悟"[③]的呼号，以图唤醒国人，促进中华文化的觉醒。新文化运动的领袖高举"德先生"(民主)、"赛先生"(科学)这两面大旗，认为"只有这两位先生可以救治中国政治上、道德上、学术上、思想上一切黑暗"[④]。新文化运动掀起了思想解放的浪潮，对"尊孔读经"的思想潮流予以反击和驳斥，鲜明地提出了"打倒孔家店"的口号。在新文化运动中，启蒙思想家热情介绍和传播西方思想文化，特别是宣传和传播马克思主义。马克思主义是一种先进的思想文化，集科学性和革命性于一身，一经传入中国，立刻在中国知识分子中激起了巨大的波澜。

1921年中国共产党成立后，马克思主义在中国的传播由自发转为自觉，大量的马克思主义著作传入中国，中国共产党的早期领导人陈独秀、李大钊、毛泽

---

① 《孙中山全集》第7卷，中华书局1985年版，第60页。

② 《毛泽东选集》第4卷，人民出版社1991年版，第1469～1470页。

③ 陈独秀：《吾人最后之觉悟》，《青年杂志》第1卷第6号，1916年2月15日。

④ 陈独秀：《本志罪案之答辩书》，《新青年》第6卷第1号，1919年1月15日。

东、恽代英等人在宣传马克思主义方面做出了重要贡献。这时，中国思想界也有学者提出了“中国本位文化”的观点，如梁漱溟就认为中国不能走苏联的老路，只能通过乡村建设运动，保持儒家的生活态度不变，在儒家的生活态度基础上接受西方的物质文化。“中国本位文化”的观点虽有合理之处，但其对外来文化采取保守主义的态度，制约了马克思主义在中国的传播。与文化保守主义相对的，是文化激进主义，它针对封建文化复古主义提出“全盘西化”的观点。在“全盘西化”的文化激进主义和“中国本位文化”的文化保守主义的论争中，以毛泽东同志为主要代表的中国共产党人采取了科学对待马克思主义的态度，把马克思主义与中华优秀传统文化相结合，走出了一条坚持以马克思主义为指导，继承和弘扬中华优秀传统文化的道路。毛泽东认为，当马克思主义作为一股新鲜血液注入中国传统文化时，“洋八股必须废止，空洞抽象的调头必须少唱，教条主义必须休息，而代之以新鲜活泼的、为中国老百姓所喜闻乐见的中国作风和中国气派。把国际主义的内容和民族形式分离起来，是一点也不懂国际主义的人们的做法，我们则要把二者紧密地结合起来”[①]。他主张马克思主义必须与中华优秀传统文化相结合，认为：“我们这个民族有数千年的历史，有它的特点，有它的许多珍贵品。对于这些，我们还是小学生。今天的中国是历史的中国的一个发展；我们是马克思主义的历史主义者，我们不应割断历史。”[②]同时，他又指出“马克思主义必须和我国的具体特点相结合并通过一定的民族的形式才能实现”[③]，强调马克思主义在中国的传播必须结合中国的实际，必须具有中国民族特色。

中国共产党自成立之日起，就是中华优秀传统文化的忠实传承者。中国共产党人一以贯之地弘扬中华优秀传统文化，党和国家领导人也都非常重视中华优秀传统文化的继承和发展，在弘扬中华优秀传统文化方面做出了卓越贡献。毛泽东鲜明地提出：“古为今用，洋为中用。”[④]邓小平指出：“我国古代的和外国的文艺作品、表演艺术中一切进步的和优秀的东西，都应当借鉴和学习。”[⑤]江泽民强调：“有中国特色社会主义的文化，是凝聚和激励全国各族人民的重要力量，是综合国力的重要标志。它渊源于中华民族五千年文明史，又植根于有中

---

① 《毛泽东选集》第2卷，人民出版社1991年版，第534页。

② 《毛泽东选集》第2卷，人民出版社1991年版，第533～534页。

③ 《毛泽东选集》第2卷，人民出版社1991年版，第534页。

④ 毛泽东：《关于“古为今用，洋为中用”的批示》，《毛泽东文艺论集》，中央文献出版社2002年版，第227页。

⑤ 《邓小平文选》第2卷，人民出版社1994年版，第211页。

国特色社会主义的实践，具有鲜明的时代特点；它反映我国社会主义经济和政治的基本特征，又对经济和政治的发展起巨大促进作用。”[①]胡锦涛在党的十七大报告中指出：“要全面认识祖国传统文化，取其精华，去其糟粕，使之与当代社会相适应、与现代文明相协调，保持民族性，体现时代性。”[②]他还指出：“在我国五千多年文明发展历程中，各族人民紧密团结、自强不息，共同创造出源远流长、博大精深的中华文化，为中华民族发展壮大提供了强大精神力量，为人类文明进步作出了不可磨灭的重大贡献。”[③]习近平总书记在谈到社会主义核心价值观时讲道：“中华文明绵延数千年，有其独特的价值体系。中华优秀传统文化已经成为中华民族的基因，植根在中国人内心，潜移默化影响着中国人的思想方式和行为方式。今天，我们提倡和弘扬社会主义核心价值观，必须从中汲取丰富营养，否则就不会有生命力和影响力。比如，中华文化强调‘民惟邦本’、‘天人合一’、‘和而不同’；强调‘天行健，君子以自强不息’、‘大道之行也，天下为公’；强调‘天下兴亡，匹夫有责’，主张以德治国、以文化人；强调‘君子喻于义’、‘君子坦荡荡’、‘君子义以为质’；强调‘言必信，行必果’、‘人而无信，不知其可也’；强调‘德不孤，必有邻’、‘仁者爱人’、‘与人为善’、‘己所不欲，勿施于人’、‘出入相友，守望相助’、‘老吾老以及人之老，幼吾幼以及人之幼’、‘扶贫济困’、‘不患寡而患不均’，等等。像这样的思想和理念，不论过去还是现在，都有其鲜明的民族特色，都有其永不褪色的时代价值。这些思想和理念，既随着时间推移和时代变迁而不断与时俱进，又有其自身的连续性和稳定性。我们生而为中国人，最根本的是我们有中国人的独特精神世界，有百姓日用而不觉的价值观。我们提倡的社会主义核心价值观，就充分体现了对中华优秀传统文化的传承和升华。”[④]他还指出：“历史和现实都证明，中华民族有着强大的文化创造力。每到重大历史关头，文化都能感国运之变化、立时代之潮头、发时代之先声，为亿万人民、为伟大祖国鼓与呼。中华文化既坚守本根又不断与时俱进，使中华民族保持了坚定的民族自信和强大的修复能力，培育了共同的情感和价值、共同的理想和精神。没有中华文化繁荣兴盛，就没有中华民族伟大复兴。一个民族的复兴需要强大的物质力量，也需要强大的精神力量。没有先进文化的积极引

---

① 《江泽民文选》第 2 卷，人民出版社 2006 年版，第 33 页。

② 胡锦涛：《高举中国特色社会主义伟大旗帜　为夺取全面建设小康社会新胜利而奋斗——在中国共产党第十七次全国代表大会上的报告》，人民出版社 2007 年版，第 35 页。

③ 《中共中央关于深化文化体制改革推动社会主义文化大发展大繁荣若干重大问题的决定》，人民出版社 2011 年版，第 2 页。

④ 习近平：《青年要自觉践行社会主义核心价值观——在北京大学师生座谈会上的讲话》，人民出版社 2014 年版，第 7～8 页。

领，没有人民精神世界的极大丰富，没有民族精神力量的不断增强，一个国家、一个民族不可能屹立于世界民族之林。”[①]弘扬中华优秀传统文化、培育和践行社会主义核心价值观成为社会的主旋律，中国共产党人在中华文明史上谱写了弘扬中华优秀传统文化的新篇章。

（三）中华优秀传统文化的基本构成

中华优秀传统文化源远流长，博大精深，有着丰富的思想内涵和庞大的结构体系。在漫长的历史发展中，儒家、道家、墨家、法家等诸子百家文化以及道教、佛教等互相学习、互相吸收、互相融合，共同凝铸成中华优秀传统文化。其中，儒家思想起主导作用，道家思想、佛教文化对中华优秀传统文化的形成也有着不可低估的作用，其他思想和文化对中华优秀传统文化也都有一定的影响。

1.儒家文化

儒家文化自春秋时期形成，2000 多年来薪火相传，是一种古老而又常新的文化。汉武帝时期，儒家文化取得了官方正统思想的地位。其后，儒学的发展虽有曲折但未曾中断。儒家的“修身齐家治国平天下”的“内圣外王”思想、“仁者爱人”的人本思想、“天人合一”的自然观、“仁义礼智信”的道德准则对中华民族的民族性格和中华民族精神家园的形成产生了巨大而深远的影响。

儒家文化以儒家思想为指导。儒家思想从狭义上讲是指孔子和孟子的思想，从广义上讲则是指整个儒家学派的思想。儒家创始人孔子大力倡导仁、礼，主张“内圣”“外王”，以《易》《诗》《书》《礼》《春秋》为经典，重视道德伦理教育和自我修养。汉武帝“罢黜百家，独尊儒术”之后，儒家的礼教德治精神成为中华传统文化的主体。儒家思想可以追溯到远古时期，先民对自然的敬畏、对祖宗神灵的崇拜孕育了“天命”“仁德”“天人合一”的思想。真正的儒家文化发端于春秋战国时期，那时社会正经历转型，在孔子看来是“礼崩乐坏”，他竭力倡导礼和仁，礼是对古代诗书礼乐传统的继承，仁是个人道德修养的最高境界。在孔子那里，以仁为体，以礼为用，仁和礼互为表里，构成孔子思想的核心内涵。战国时期孟子发展了孔子的学说，在政治上主张施行仁政，提出“民贵君轻”的思想。人性论方面，孟子主张性善论，认为人本性是善的，善性是人一生下来就具有的，后天的教育只是在于发挥这些善性。汉武帝时期，董仲舒以儒家思想为核心，与谶纬文化相结合，以阴阳五行说为框架，吸收了诸子百家的思想，创立了新儒学。新儒学的核心是“天人感应”“君权神授”，认为天和人是相通的，皇

① 习近平：《在文艺工作座谈会上的讲话》，人民出版社 2015 年版，第 184 页。

帝代表天意行事。魏晋时期出现了以老庄思想解释儒家思想的玄学,这是儒家文化与道家文化的一次融合。王弼以老子思想解释儒学,为《易经》和《论语》作注,调和儒家文化和道家文化。郭象提出“名教即自然”的命题,认为儒家的名教和道家的自然是完全一致的。玄学援道入儒,使儒家文化克服了汉代儒学烦琐迂腐、神秘怪诞的内在缺陷,开启了儒、道互补的进程。东晋以后,玄学又呈现出与佛教合流的趋势,由此儒、道、释三家呈交融之势。儒家文化、道家文化、佛教文化开始互相碰撞、互相吸收、互相交融,共同为中华优秀传统文化的铸成提供了丰富的资源。

唐代,道家、佛家文化呈现繁荣景象,儒家文化则主要呈现出累积、沉淀的特征。孔颖达编订《五经正义》,整理儒家经典典籍,兼容各家学说,重新确立了儒家经典的学术地位。“九经”开始立于学宫,并用于取士,大大提高了古代知识分子研读和传承儒家文化的积极性。宋明理学是儒家思想的巅峰,后来分化成两派:一派是继承朱熹学说的理学派;另一派是以宋代陆九渊和明代王守仁为代表的心学派。

清代是中国传统儒学发展演变的重要时期,清初顾炎武、黄宗羲、王夫之等启蒙学者指出宋明理学的危害,积极倡导社会变革,发掘儒学经世致用的传统。乾嘉古文经学以训诂考证的治经方法,致力于儒家经典字句义理的训解诠释。今文经学则由阐发春秋公羊学的微言大义,恢复了“通经致用”“明道救世”的儒学传统,推动了社会思想的发展。

近代,随着西方文明在中国的逐渐传播,中国和西方的文明碰撞、交融日益加剧,梁漱溟、张君劢、熊十力等人力图重新恢复儒家思想的主导地位,重建儒家的价值系统,并以此为基础吸收、融合、会通西学,创立了新儒家。如果把梁漱溟、张君劢、马一浮、熊十力、冯友兰等人看作第一代新儒家的话,其后的牟宗三、唐君毅、徐复观、方东美可以看作第二代新儒家的代表,而杜维明、蔡仁厚、刘述先、成中英则可以看作第三代新儒家的代表。新儒家提出了“儒学复兴论”,宣称是接着宋明理学来讲儒学。他们重视儒家的心性之学,把它看作中国传统思想的核心与发展现代科学和民主事业的根据。他们认为,从尧、舜、禹、汤、文、武、周公、孔、孟到程、朱、陆、王,有着一脉相承的道统,中国文化的最高理想是儒家人文主义,它是道德精神和宗教精神的统一。在他们看来,儒家的心性之学是中国传统文化的本原和核心,只有在对中国传统文化认同的基础上才谈得上对西方文化的吸纳和会通。

儒家文化贯穿中华文明发展的历史,其核心精神一以贯之,对中华优秀传统文化的影响极其深远。

2.道家文化

道家文化在中华优秀传统文化中的地位和影响不可低估。著名汉学家李约瑟指出:“道家思想和行为的模式包括各种对传统习俗的反抗,个人从社会上隐退,爱好并研究自然,拒绝出任官职……中国人性格中有许多最吸引人的因素都来源于道家思想。”①道家文化与儒家文化有很强的互补性,儒家文化讲究刚健、有为、进取、入世等,道家文化则强调柔顺、无为、退守、潜隐等,二者虽然性质相反,但也有相通的方面。

道家文化是指道家学派的思想及其影响。广义的道家是指古代中国社会思想文化体系中以道为核心观念,强调天道自然无为、人道顺应天道的思想流派。狭义的道家是指先秦时代以老子、庄子为主要代表人物的哲学思想流派。这一思想流派以老子关于道的学说为理论基础,以“道”说明宇宙万物的本质、本原、构成和变化,主张道法自然,提倡清静无为、以柔克刚,其政治理想是“小国寡民”和“无为而治”。

道家崇尚老子和庄子的思想,以道作为思想核心和最高范畴,在天道自然无为、人道顺其自然的天人关系的理论框架中展开自身的思想体系。由于对道的理解不同,道家又分为不同的学派,如老子学派、杨朱学派、列子学派、庄子学派、黄老学派等。道家的共同特点是置身于社会政治之外,以旁观者的身份冷静审视社会时局和社会百态。汉代学者司马谈评价道:“道家使人精神专一,动合无形,赡足万物。其为术也。因阴阳之大顺,采儒、墨之善,撮名、法之要,与时迁移,应物变化,立俗施事,无所不宜,指约而操,事少而功多。”②道家思想从老子和庄子的哲学中吸收了很多合理的内容。老子主张守道返道,“致虚极,守静笃”③,建构“小国寡民”的理想社会。庄子提出“齐物论”,主张“天地与我并生,而万物与我为一”④。老子“有无相生”的朴素唯物辩证法思想和庄子的相对主义思想,都对道家思想的形成和发展起到了重要作用。

杨朱学派是道家一个重要的学派,其创始人是战国初期的思想家杨朱。这一学派发展了老子“身重物轻”的思想,强调“为我”“贵己”,重视个人生命和物质利益。道家的另一重要学派是列子学派,其代表人物是战国前期的思想家列御寇。这一学派的思想源于黄帝、老子,崇尚虚无缥缈,主张清静无为。道家还

---

① [英]李约瑟:《中国科学技术史》第2卷,何兆武等译,科学出版社、上海书籍出版社1990年版,第178页。

② 《史记》,中华书局1959年版,第3319页。

③ 《道德经》,中华书局2013年版,第9页。

④ 《庄子》,中华书局2010年版,第31页。

有一重要学派，那就是黄老学派，产生于战国中期，从黄帝、老子的思想中得到启示，又吸收了名家和法家的思想，自成一派。齐宣王时，黄老学派盛极一时，代表人物有宋钘、尹文、申不害等。他们用黄帝的思想对老子的思想进行解释与发挥，既讲道德又主刑名，既尚无为又崇法治，逐渐发展成为一个儒道渗透、道法结合的新的道家学派。汉初统治者吸取了秦朝灭亡的教训，崇尚黄老“清静无为”的学说，采取“休养生息”的政策，经济迅速发展，社会治理有序，出现了“文景之治”的盛世。

魏晋玄学是道家思想发展的最高阶段，这是魏晋时期研究幽深玄远问题的道家学说，以崇尚老庄、和合儒道为特征，以辩证“有无”为中心，从本体论的高度对“有无”问题展开论述，也涉及对名教与自然关系的探讨。玄学家以《老子》《庄子》《周易》(简称“三玄”)为经典，以《老子》《庄子》为玄宗，以《老子》《庄子》注《周易》，调和儒、道。王弼从儒道兼综、崇本息末的基本原则出发，提出自然是本，名教是末，名教本于自然，是自然的必然表现，二者是本末体用的关系，统一而不可或缺，明确提出“以无为本”的主张。

道家思想在东汉时形成宗教，到魏晋南北朝时期兴盛起来。魏晋以后，道家思想虽然没有以学术流派的形式出现，但对中华优秀传统文化的形成和发展仍然产生了巨大影响。道家文化对中国古代的政治、经济、哲学、文学、艺术、音乐、绘画、建筑、天文、地理等有不同程度的影响，是中华优秀传统文化的重要因子。

3.佛教文化

佛教与基督教、伊斯兰教并称世界三大宗教，最早发源于古代印度，创始人是乔达摩·悉达多(释迦牟尼)。从释迦牟尼创立佛教到他死后一二百年，佛教教团发生分裂，形成以大众部和上座部为代表的众多部派，这一时期的佛教称为原始佛教。

东汉时期佛教传入中国，最初佛教的教义与儒家、道家的思想不相融合，与中国古代社会政治、经济、文化状况不适应，在发展中也受到不同程度的制约。随着佛教渐渐适应中国社会佛教文化与儒家、道家的思想相通，最终形成了富有中国特色的佛家学说。佛教文化是中华优秀传统文化的重要组成部分，以独特的思维方式和生活方式影响和改造着中国的学术思想、道德观念、艺术审美、风俗习惯等。

佛教虽然起源于古代，但传入中国以后与中国社会历史的特点相结合，接受了中国思想和文化的影响和改造并逐渐中国化，呈现出不同于印度佛教的精神和面貌。中国佛教在不同历史时期有着不同的特点，是中华传统文化不可或缺的内容。

第一个时期是东汉时期。东汉明帝永平十年(67),佛教传入中国。早期佛教的传播以长安、洛阳为中心,波及彭城等地。这一时期的佛教以翻译、解说、介绍佛经为主。由于汉代佛教是在与道教方士的思想相结合的过程中得到发展的,所以这一时期也称佛道时期。第二个时期是魏晋南北朝时期。这一时期的特点是佛经被大量翻译过来,同时佛学的“空”论与玄学的“无”论相互渗透,迈出了佛教中国化的第一步。南北朝时期,帝王尊崇佛教、扶植佛教,到处修建寺庙,开凿石窟,修塑佛像,受戒僧尼与民间信徒数量陡增,大大促进了佛教在中国的传播和发展。时值魏晋玄学兴盛,大乘宗般若空学主张的“一切皆空”的思想与玄学中“崇无”的思想有想通的地方,由此佛教获得了发展空间。许多佛教徒同时也精通玄学,甚至常常援引玄学思想来解释佛教的般若空学,这一时期因而也称作佛玄时期。第三个时期是隋唐时期。这一时期是佛教达到鼎盛,也是佛教传入中国后真正与中国国情相结合的时期。隋文帝、隋炀帝都对佛教采取保护政策,唐朝统治者虽然尊崇道教,但实际上采取的是道、佛并行的政策,由此佛教有了较大发展,促进了儒、佛、道三者的深度融合。佛教汲取儒、道思想,创立了中国化的新宗派,主要有法性宗、法相宗、天台宗、贤首宗、禅宗、净土宗、律宗、密宗,每一宗都有自己的理论和修持体系,彻底实现了佛教的中国化。禅宗虽不是汉传佛教,却又不离汉传佛教,是具有中国特色的本土佛教。《六祖坛经》《五灯会元》等是禅宗的佛经,《百丈清规》是禅宗的律。百丈禅师认为,《瑜伽菩萨戒》和《璎珞菩萨戒本》虽属大乘,却是佛陀根据印度实际情况制定的戒律,不能生搬硬套到中国。他根据风情、地理、人士风俗等,博采大乘、小乘戒律中适合中国国情的合理部分,制定了新的佛教管理规范,即《百丈清规》。唐代高僧慧能被称为禅宗六祖,他传承的禅宗,是要让中国人知道佛教不从外来,如众生的佛性本具;得佛心者知佛不从外得,信佛教不从外来。他指出佛性人人皆有,创造了顿悟成佛之学,一方面使烦琐的佛教简易化,另一方面也使佛教中国化。第四个时期是宋元明清时期。这一时期佛教在中原地区式微,既无理论上的创新,也无宗派的创立,与隋唐的兴盛时期相比显得凋零。这一时期,宋明理学形成,深受华严宗、禅宗的影响,不少理学家都有参禅学佛的经历。他们一方面批判佛教中有关伦理的原则和有关国计民生的教义,另一方面又赞赏和汲取佛教中的哲学思想、精神修养方法,丰富和发展了理学的思想。

作为一种外来文化,佛教文化依附于中国本土文化从而得以生存和发展。从最初汉魏时期吸收道家思想解释印度佛经,到唐宋时期引儒入佛,佛教文化与儒家文化、道家文化不断融合并获得了发展,完成了佛教的中国化,衍生出新的宗派。这些宗派从不同的方面汲取中华优秀传统文化的精髓，对中国的社会、政治、经济、历史、哲学、伦理、道德、文学、语言、音乐、舞蹈、建筑、雕塑、绘画、天文、医学、科技等诸多方面都产生了重大影响。哲学方面，佛教哲学对世界本原的认识，拓展了儒家、道家的宇宙观。宋代以来的唯心主义思想几乎都受到佛教哲学的影响。程朱理学借用了华严宗的某些命题，陆王心学则吸收了禅宗的某些思想。伦理道德方面，佛教宣扬的“五戒”“十善”“四摄”“六度”“八正道”等和中国传统伦理道德相互影响、相互融合，成为中国传统伦理道德思想的重要组成部分。佛教提倡众生平等，佛教“五戒”中的第一戒就是“不杀生”，这种普度众生、尊重生命的慈悲观具有合理意义。佛教宣传生死轮回、因果报应，具有惩善扬恶的劝诫作用。佛教的善恶观，与中国传统文化中的善恶观也多有契合。艺术审美方面，佛教教义常常以故事的形式传播，丰富了民间文学的内容和形式，俗讲、变文以及后来的评话、小说、戏曲等民俗文学都深受影响。佛教典籍中的偈颂、偈赞、故事、语录、传记、游记等也在民间广为传播。随着佛教在中国的传播，印度风格的绘画、雕塑也得到欣赏和接受，其技法与中国民族技法相结合，产生了一大批具有中国佛教色彩的作品。中国各地的石窟、佛教造像，都为中华传统文化增添了光彩。

4.其他文化

中华优秀传统文化中除了儒家、道家、佛教文化之外，还有其他一些文化成分。春秋战国时期，诸子百家文化中，除了儒家、道家的思想，其他文化也不可避免地影响到中华优秀传统文化的形成和发展。诸子百家的主要派别除了儒家、道家之外，还有墨家、法家、兵家、阴阳家、纵横家、杂家等。这里讲的其他文化，主要是指这些文化。墨家的科学思想、法家的法治思想、兵家的军事思想等也都是中华优秀传统文化的有机组成部分，对后来中华文化的发展起到了重要作用，使中华优秀传统文化呈现出缤纷多彩、绚丽灿烂的局面。

(1)墨家文化

墨家是战国时期的重要学术流派，创始人是墨翟。墨家分为前期墨家和后期墨家。前期墨家是指由墨翟创立并以其为核心建立的学派，主张“兼爱”“非攻”，反对儒家强调的社会等级观念，提倡人人互助互爱，同时反对非正义的战争。在治国理念上，主张尚贤、尚同、节用、节葬。天命观方面，主张非命、天志、明鬼，一方面否认天命，另一方面又承认鬼神的存在。认识论方面，前期墨家提出了以经验为基础的认识方法，主张“闻之见之”“取实与名”。后期墨家指的是墨翟去世后由其弟子组成的学派，在认识论、逻辑学方面有较深的造诣。

(2)法家文化

法家是战国时期以法治为思想核心的重要学派。法家思想可以追溯到春秋时期的管仲、子产,实际创始人是战国前期的李悝、吴起、商鞅、慎到、申不害等。战国末期的韩非是法家思想的集大成者。法家的代表作有《商君书》和《韩非子》。法家也有众多派别,其观点大同小异。齐国的法家主张法、礼并重,先德后刑;秦、晋两国的法家则主张严刑峻法,反对礼义说教。商鞅、慎到、申不害主张重法、重势、重术,韩非则主张将三者紧密结合起来。法家的法治理论对春秋战国时期封建化的改革以至秦始皇统一六国、建立中央集权的封建国家起到了重要作用。西汉以后,法家思想被儒家吸收、借鉴,并入"德主刑辅、德刑并用"的理论体系。

(3)兵家文化

兵家是指先秦以及秦汉之初研究军事理论和从事军事活动的学派,注重强军之法、用兵之道,而不在意治国之策。兵家分为兵权谋家、兵形势家、兵阴阳家、兵技巧家四类。兵家的代表人物有春秋时代的孙武、司马穰苴,战国时期的孙膑、吴起、尉缭,汉朝初期的张良、韩信等,著作主要有《孙子兵法》《孙膑兵法》《吴子》《六韬》《尉缭子》等。兵家的军事理论对中华传统文化影响很大,是我国古代宝贵的思想财富。

(4)名家文化

名家是先秦时期以思维的形式、规律和名实关系为研究对象的一个学术派别。名家以"名"作为研究对象,并以此与其他派别相区别。名家以擅长论辩而著称。他们在辩论中比较注重分析名词和概念的同异,注重名与实的关系。代表人物是惠施和公孙龙。在名家内部,由于观点不同形成若干派别,主要有合同异派和离坚白派。所谓"合同异",就是指万物之"同"与"异"都是相对的,皆可"合"而一体视之。所谓"离坚白",是指一块石头用眼只能感觉其"白"而不能感觉其"坚",用手只能感觉其"坚"而不能感觉其"白",因而"坚"和"白"是分离的、彼此孤立的。"合同异"强调事物的统一性,"离坚白"强调事物的差异性。它们都从认识的角度探讨了事物和概念之间的关系。

(5)阴阳家文化

阴阳家是先秦时期以阴阳、五行说为中心思想的学术流派。"阴阳"的概念最早见于《易经》:"一阴一阳之谓道。"阴和阳是事物所具有相互对立、截然不同的特征。阴代表消极、退守、柔弱的特性及具有这些特性的事物和现象,阳代表积极、进取、刚强的特性及具有这些特性的事物和现象。阴阳学说认为阴和阳是事物本身具有的既对立又统一且可以相互转化的两种力量,可以用来说明万事万物发展变化的规律。

(6)纵横家文化

纵横家是指春秋战国时期以纵横捭阖之策游说诸侯,从事政治、外交活动的谋士。在纵横家的思想中,“纵”指的是“合纵”,即战国时期齐、楚、燕、韩、赵、魏等六国联合抗秦的策略;“横”指的是“连横”,即六国分别与秦国结盟的外交策略。战国时期的纵横家苏秦提出六国联合共同对付秦国,并最终组建了六国联军,使秦国十五年不敢出函谷关。另一位纵横家张仪则竭力主张六国分别与秦国订立盟约,使六国纷纷由抗秦转为亲秦。纵横家的思想包含外交战略和军事战略等,对中华传统文化也有一定的影响。

(7)杂家文化

杂家是指战国末期至汉朝初期博采众家学说发展起来的思想学派。杂家不像其他学派那样有明确的创始人和鲜明的学术观点,甚至从严格意义上来说,它不是一个有意识、有传承的学派。《汉书·艺文志》曰:“杂家者流,盖出于议官。兼儒、墨,合名、法,知国体之有此,见王治之无不贯,此其所长也。及荡者为之,则漫羡而无所归心。”[①]杂家的特点是“兼儒、墨,合名法”,集合众说,兼收并蓄。杂家的代表人物是吕不韦、刘安,其主要著作是《吕氏春秋》《淮南子》。杂家文化在一定程度上对中华传统文化发生作用和影响,因而在考虑中华优秀传统文化的因子也不能忽略它。

(四)中华优秀传统文化的基本精神

在中华传统文化漫长的发展过程中,一些合理的、精华的、优秀的东西逐渐沉淀下来,凝结成中华优秀传统文化的基本精神。当然,这些基本精神经过提炼、升华,又进一步形成中华民族精神。由此,我们也可以看到,中华优秀传统文化的基本精神与中华民族精神多有重合。中华优秀传统文化的基本精神是中华民族精神的源泉,中华民族精神发源并建基于中华优秀传统文化基本精神。诚然,无论是中华民族精神还是中华优秀传统文化的基本精神,都是中华民族共有精神家园的主要内容。这里主要分析中华优秀传统文化的基本精神。

1.“天人合一”的宇宙观

天人关系是中国哲学探讨的基本关系,“天人合一”也是中国哲学的基本精神。“天人合一”是以天和人的关系为中心、思考宇宙和人生问题,既是一种宇宙观,也是一种世界观,在关于世界的看法中,逐步形成了一种思维方式和价值

① 《汉书》,中华书局1962年版,第1742页。

追求，为人们的生活提供人生意义和人生境界。“天人合一”的内涵要求人与自然保持和谐统一。统一的基础是承认天具有生命意义，具有自身的内在价值。换句话说，天不仅是一切生命形态（包括人类）的生命之源，而且也是人类的价值之源。

孔子对天深怀敬意，但他并没有认为天就是人格神。从孔子开始，天已经从宗教神学中的上帝转变成具有生命意义和伦理价值的自然存在（并不完全是自然界）。孔子对天重新做了诠释，为儒家思想的进一步发展奠定了基础。孔子曾说：“天何言哉，四时行焉，百物生焉，天何言哉？”[①]这里所说的天，是四时运行、万物生长的天，这是天的基本功能，其中“生”字明确肯定了天所具备的生命特征，这绝不能仅仅理解为生物学上所说的“生”。天之“生”与人生的意义是密切相关的。人应当像天那样对待生命，对待一切事物。孔子心目中的圣人是尧、舜，他认为尧之所以伟大，就在于法天而行，“唯天为大，唯尧则之”[②]。孔子所讲的“知者乐水，仁者乐山”[③]，虽然有美学上的情感体验，但是更能让人体会到伦理学上的人情关怀。把自然界的山、水和仁、智这两种德性联系起来，绝不仅是一种简单的比附，而且也是人的生命存在的需要，还是“天人合一”观念在孔子内心自然的反映。

在孔子看来，天命是道德的绝对命令，天与人的内在统一表现在人对天命的感悟上。这一点为孟子所发扬。孟子认为：“尽其心者，知其性也。知其性，则知天矣。存其心，养其性，所以事天也。”[④]孟子遵循孔子的修养路径，通过对心的体悟，感受到天对生命和生命意义的规定。这是天人思想的进一步发展。荀子虽然提倡“制天命而用之”，并且提倡“天人相分”，但是荀子提出的“礼有三本”学说，却充满人文主义精神。所谓“三本”，是指“生之本”“类之本”“治之本”，其中“生之本”就是天地。“天地者，生之本也。”[⑤]荀子所说的天，当然不是宗教之天，而是自然之天，但他认为自然之天正是人类生命的真正本源，因而也是礼，即社会文明的根源。荀子和其他思想家一样，主张天地之间“人为贵”，提倡人的主体性。他还认为水火有气而无生，草木有生而无知，禽兽有知而无义，只有人有气、有生、有知、且有义，“故最为天下贵也”[⑥]。但这绝不是人类中心

① 《论语》，中华书局 2015 年版，第 219 页。
② 《论语》，中华书局 2015 年版，第 88 页。
③ 《论语》，中华书局 2015 年版，第 61 页。
④ 《孟子》，中华书局 2016 年版，第 289 页。
⑤ 《荀子》，中华书局 2011 年版，第 303 页。
⑥ 《荀子》，中华书局 2011 年版，第 127 页。

论。他所说的义,是一个价值理性范畴,具有普适性。在荀子看来,天既然是“生之本”“礼之本”,就应当受到尊重,绝不亚于对其他二本(指先祖、君师)之尊敬。

天作为人类生命和价值之源,不仅是一生命体,是生命流行发育的一个过程,而且是靠人来实现的,人才是自然界生命价值的承担者、实现者。孔子说:“天生德于予。”[①]《易·系辞传》曰:“天地之大德曰生。”[②]还曰:“继之者善也,成之者性也。”[③]这并不是一种简单的比附,而是涉及天与人之间的根本性关系。天绝不仅仅是盲目的必然性与因果性,而是一个有序化的过程,这一过程最终指向生命和善。如果说天有目的性的话,其目的性即是善。善虽然只是人所特有的,但是万物自身的生长以及与他物之间的和谐共生不也体现了这种善的目的吗?反过来说,如果把人与天地割裂,人在道德价值领域“为自己立法”,则人会游离于天地之外,最终会被孤立,失去生命的意义。

说到“天人合一”,不得不说到“心”的问题。天地虽无心,却以人心为其心;人虽然有心,却以天地之心为其心。在天人之间,本来就没有鸿沟或界限。程颢说:“天地之常,以其心普万物而无心。”[④]这种无心又有心的说法,实际上是说人的德性或人性是由天的“生生之德”赋予的。这里丝毫没有否定人的主体性,恰恰相反,它非常明确地凸显了人的自反、自觉的能力,从而凸显了人的主体地位。孔子所说的“人能弘道,非道弘人”[⑤],张载所说的“为天地立心”[⑥],以及《中庸》所说的“参赞化育”[⑦]都是心对天地之道的感通,从而感悟天地之“生生之德”或“生生之道”。

因此,从儒家“天人合一”的观念,很容易得出人有一种天赋的责任、义务和使命,也称为天职,也就是实现天地之“生生”之德,人的生命的意义和价值就在于此,人的安身立命之地也在于此。

作为一个明确的理论命题,“天人合一”是由北宋著名哲学家张载最先提出来的。他说:“儒者则因明致诚,因诚致明,故天人合一,致学可以成圣,得天而未始遗人。”[⑧]他还说:“乾称父,坤称母。余兹藐焉,乃浑然中处。故天地之塞,

---

① 《论语》,中华书局 2015 年版,第 73 页。
② 《周易》,中华书局 2011 年版,第 606 页。
③ 《周易》,中华书局 2011 年版,第 571 页。
④ 《二程集》,王孝鱼点校,中华书局 1981 年版,第 460 页。
⑤ 《论语》,中华书局 2015 年版,第 195 页。
⑥ 《宋元学案》,中国友谊出版公司 2013 年版,第 79 页。
⑦ 《中庸》,中华书局 2011 年版,第 34 页。
⑧ 《宋元学案》,中国友谊出版公司 2013 年版,第 80 页。

吾其体;天地之帅,吾其性。民,吾同胞,物,吾与也。”[①]以本体的观点看待人事伦理,是对“天人合一”思想的经典解释。从道的层面理解“天人合一”,体现了儒家思想的理性精神。

禅宗对“天人合一”的理论也有贡献。禅宗“天人合一”的思想受到道家思想的启发,提出的主要观点是“物我同根”“物我归一”。在禅宗看来,心与物、个体自性与宇宙发性本来就是圆融一体的。宇宙万物,大到山河大地、高山流水,小到一草一木、一石一花,一切的一切,都与个体生命息息相通、同契妙道。禅宗认为,人性本来就是佛性,只是因为沉迷于世俗的观念、欲望而不能自觉,而一旦觉悟到这些观念、欲望都不是真实的,真如本性自然就会显现出来,最后也就达到成佛的境界。禅宗还提出“无处不有道”的思想,认为道无所不在,也是受到庄子“道无处不在”思想的影响。

“天人合一”思想把天和人看作人世间万事万物最本质、最重要的一对矛盾,以高超的宇宙观来看待和解决这一矛盾,并把这一宇宙观作为方法论处理建筑、医学等领域的问题。

2.“民为邦本”的民本观

民本思想是中华优秀传统文化的基本精神之一,也是中国传统政治思想的核心,贯穿中国几千年的发展历史。民本思想主要体现为“民惟邦本”“仁者爱人”“民为贵”等。

民本思想早在夏代就已萌生。《尚书·五子之歌》记载:“皇祖有训,民可近,不可下。民惟邦本,本固邦宁。”[②]“民为邦本”体现了统治者对黎民百姓的重视。虽然有学者认为“民为邦本”思想是统治阶级为了自身利益提出的,但其实还存在古代统治者自身德性自觉的问题。

孔子主张爱人,为政者对待百姓要做到恭、宽、信、敏、惠。不仅如此,孔子的学生子贡还指出,为政能做到“博施于民而能济众”就可以实现孔子的仁德。子贡问孔子:“如有博施于民而能济众,何如?可谓仁乎?”[③]虽然这种说法没有得到孔子的肯定,但是通过孔子对子贡想法的点评,我们可以知道子贡的想法代表儒家对待百姓的态度。孔子说:“何事于仁,必也圣乎!尧、舜其犹病诸!”[④]为政者若能做到“博施于民而能济众”,孔子认为这样就不止做到了“仁”,而且实现了“圣王”理想,尧舜恐怕也很难达到这样的治国境界。

---

① 《宋元学案》,中国友谊出版公司 2013 年版,第 80 页。
② 《尚书》,中华书局 2012 年版,第 369 页。
③ 《论语》,中华书局 2015 年版,第 64 页。
④ 《论语》,中华书局 2015 年版,第 64 页。

孔子认为可行的办法是“庶、富、教”。孔子来到卫国，发出了“庶矣哉”的感叹，弟子冉有就问：“既庶矣，又何加焉？”孔子说：“富之。”冉有继续问：“既富矣，又何加焉？”孔子说：“教之。”[①]首先，“庶之”是一个国家发展和繁荣的基础，“庶”是指人口众多、人丁兴旺，这是一个国家发展、繁荣的基础。那么，如何才能人丁兴旺呢？这就要求为政者“为政以德”，这样才能使“近者说，远者来”[②]。如果远方的人还有不归服的，“则修文德以来之。既来之，则安之”[③]。也就是说，为政者要通过修己之德来招徕远方的人。子曰：“上好礼，则民莫敢不敬；上好义，则民莫敢不服；上好信，则民莫敢不用情。夫如是，则四方之民襁负其子而至矣。”[④]为政者如果做到了好礼、好义、好信，则四方之民自然会来投奔。其次，“富之”是一个国家发展和繁荣的物质条件，有了人口众多的基础，下一步就是要让他们富裕起来。《孔子家语》记载：哀公问政于孔子，孔子对曰：“政之急者，莫大乎使民富且寿也。”公曰：“为之奈何？”孔子曰：“省力役，薄赋敛，则民富矣；敦礼教，远罪疾，则民寿矣。”公曰：“寡人欲行夫子之言，恐吾国贫矣。”孔子曰：“诗云：‘恺悌君子，民之父母。’未有子富而父母贫者也。”[⑤]哀公问孔子治国之道，孔子答：“最重要的是使人民富裕长命。”哀公问：“要怎么做人民才会富裕、长命？”孔子答：“减少劳役，降低赋税，这样人民不就富裕了吗？以礼乐教化来代替刑罚，这样人民不就更长命了吗？”哀公说：“我是很想照您说的施行，但恐怕这样一来鲁国的税收减少，国家变得穷了。”孔子说：“《诗经》里不是说：‘在上位的君子，是人民的父母。’哪里有做子女的富裕而父母贫穷的道理。”这里孔子指出减少劳役，降低赋税，是“富民”的重要措施，百姓富足了，国家才能真正富足，所谓“百姓足，君孰与不足？百姓不足，君孰与足？”[⑥]最后，“教之”是一个国家精神生活丰富的要求，百姓富足后，就要对他们进行教化和引导。孔子提出了“有教无类”的教育思想，即人不分贫、富、贵、贱，都可以接受教育。子曰：“自行束脩以上，吾未尝无诲焉！”[⑦]孔子的教育内容是“四教：文，行，忠、信。”[⑧]即学文、修行、存忠信。他说：“君子博学于文，约之以礼，亦可以弗畔矣夫。”[⑨]还提倡

---

① 《论语》，中华书局2015年版，第152～153页。
② 《论语》，中华书局2015年版，第153～155页。
③ 《论语》，中华书局2015年版，第200页。
④ 《论语》，中华书局2015年版，第150页。
⑤ 《孔子家语》，中华书局2011年版，第164～165页。
⑥ 《论语》，中华书局2015年版，第140页。
⑦ 《论语》，中华书局2015年版，第67页。
⑧ 《论语》，中华书局2015年版，第74页。
⑨ 《论语》，中华书局2015年版，第63页。

“志于道，据于德，依于仁，游于艺”[①]。

孟子对民本思想做了进一步发展，形成了“民贵君轻”的仁政思想。他说：“民为贵，社稷次之，君为轻。”[②]他还说：“得天下有道：得其民，斯得天下矣。得其民有道：得其心，斯得民矣。”[③]那么，如何才能得民得天下呢？他说：“养生丧死无憾，王道之始也。”[④]因此，孟子认为为政者要想施行这种王道仁政的“圣王”理想，必须做到以下几点：首先，要“以不忍人之心，行不忍人之政”。他说：“人皆有不忍人之心。先王有不忍人之心，斯有不忍人之政矣。以不忍人之心，行不忍人之政，治天下可运之掌上。”[⑤]其次，有了这份“不忍人之心”之后，就要“推恩”，他说：“推恩足以保四海，不推恩无以保妻子。”[⑥]那么，如何推恩呢？第一，要“制民之产”。民众的生活有保障是社会安定有序的前提，他指出：“民之为道也，有恒产者有恒心，无恒产者无恒心。”[⑦]他认为，民众有了恒产，就会安心长期定居；如果没有恒产，就会随时迁徙到别处去。因此“制民之产，必使仰足以事父母，俯足以畜妻子，乐岁终身饱，凶年免于死亡。然后驱而之善，故民之从之也轻。”[⑧]第二，要“省刑罚，薄税敛”。孟子说：“王如施仁政于民，省刑罚，薄税敛，深耕易耨，壮者以暇日修其孝弟忠信，入以事其父兄，出以事其长上，可使制梃以挞秦、楚之坚甲利兵矣。”[⑨]在孟子看来，如果为政者对民众施行仁政，要减少刑罚和税收，让人们用闲暇的时间来修养身心，学习孝顺父母、敬爱兄长、尽忠君主、诚实守信的道理，并亲身实践，即使是小国，也能富强安定，可以抵御大国的入侵，可以无敌于天下。第三，要“与民同乐”。孟子在劝导齐宣王时说：“乐民之乐者，民亦乐其乐；忧民之忧者，民亦忧其忧。乐以天下，忧以天下，然而不王者，未之有也。”“今王与百姓同乐，则王矣。”[⑩]为政者要真正得民心，就要忧民之所忧、乐民之所乐，这样就能受到民众的拥戴，称王天下。第四，要“教以人伦”。在这一点上，孟子的主张和孔子是一致的，在民众的物质生活都得到满足的情况下，如果“饱食、暖衣、逸居而无教，则近于禽兽。”[⑪]孟子认为：“善政，不

---

① 《论语》，中华书局 2015 年版，第 66 页。
② 《孟子》，中华书局 2016 年版，第 325 页。
③ 《孟子》，中华书局 2016 年版，第 155 页。
④ 《孟子》，中华书局 2016 年版，第 5 页。
⑤ 《孟子》，中华书局 2016 年版，第 69 页。
⑥ 《孟子》，中华书局 2016 年版，第 16 页。
⑦ 《孟子》，中华书局 2016 年版，第 104 页。
⑧ 《孟子》，中华书局 2016 年版，第 20 页。
⑨ 《孟子》，中华书局 2016 年版，第 9 页。
⑩ 《孟子》，中华书局 2016 年版，第 25 页。
⑪ 《孟子》，中华书局 2016 年版，第 114 页。

如善教之得民也。善政,民畏之;善教,民爱之。善政,得民财,善教,得民心。”[①]因此,“使契为司徒,教以人伦:父子有亲,君臣有义,夫妇有别,长幼有叙,朋友有信”[②]。只有各种人伦关系都能处理得当,民众才能安居乐业,社会才能和谐稳定。孟子“民为贵”的思想无疑是中华古代民本思想的重要内容。

中华优秀传统文化中“民本观”在春秋战国时期已经形成,历代思想家、政治家针对不同时期的社会特点,不断地赋予它新的含义,使这一思想承继下来并不断得到发展。

3.“自强不息”的奋斗观

“自强不息”的奋斗观由来已久,源远流长,在中华民族的发展中沉淀、凝结下来,成为中华优秀传统文化的基本精神,同时也上升为中华民族精神。这一精神也是中华优秀传统文化的生命力之所在,是推动中华民族发展的基本动力。

《易经》曰:“天行健,君子以自强不息。”[③]“自强不息”不仅是要刚健有为,而且有忍耐、忧患、自悔等意。从《乾》卦爻辞我们可解读出三层意思。其一,忍耐意识。初九爻辞“潜龙勿用”,是自强不息的起点。周文王因时度势,前往殷都接受囚困,为自己部族争取时间来壮大实力。如果没有文王的羑里之忍,也就没有后来武王克商以及周王朝一统天下。其二,忧患意识。九三爻辞说:“君子终日乾乾,夕惕若厉,无咎。”[④]白天精神抖擞地做事,晚间怵惕思省。今人常说的“朝乾夕惕”即由此而来。九四爻象征人的地位已接近“九五”之尊,所以爻辞的忧患意识则更重:“或跃在渊,无咎。”这是一个令很多人羡慕的高位,却又是“伴君如伴虎”的高危之地,进一步增强忧患意识自在情理之中。如临深渊,如履薄冰,处身高位者、事业即将成功者必须具有谨慎戒惧之心。其三,自悔意识。《乾》卦第五爻名称为“九五”,象征君王之位,古时称君王为“九五之尊”即由此而来。第六爻名称为“上九”,位居“九五”之上,实属至尊。该爻的爻辞是:“亢龙有悔。”亢含有高、极两义;“有悔”是“夕惕若”“或跃在渊”的延续,是人通过自强不息到达高位时对如何保持自强不息状态的一种理性、自觉的反思。

刚健有为、自强不息的进取精神,一直是中华民族奋发向上、蓬勃发展的动力,体现在人民生活的各个方面。就民族与国家的发展、兴盛而言。在民族危亡、外族入侵的关头,刚健有为、自强不息的精神总是激励着人民顽强不屈地进

---

① 《孟子》,中华书局 2016 年版,第 295 页。

② 《孟子》,中华书局 2016 年版,第 114 页。

③ 《周易》,中华书局 2011 年版,第 8 页。

④ 《周易》,中华书局 2011 年版,第 3 页。

行反侵略反压迫的斗争。无数志士仁人,不息奋争,以自己的鲜血和生命,谱写了一曲曲“惊天地、泣鬼神”的“正气歌”。苏武、岳飞、文天祥、史可法……中国历史上曾有过无数可歌可泣的英雄和他们的壮举。可以说,中华民族在失去民族独立后没有一蹶不振,能够一次次地复兴,与刚健自强的精神是分不开的。

自强不息还体现为不满足于现状、求新求变、革故鼎新的改革精神。《易传》论及“天地革而四时成”,指出世界的变化发展是通过一系列变革实现的。《礼记·大学》曰:“苟日新,日日新,又日新。”这些革新进取的思想融汇于民族精神之中。在中国历史上,每当积弊日久总会有改革或革命发生,为清除积弊而改规变法。战国时代的商鞅变法、北宋的王安石变法以及清末的戊戌变法等,都是革新进取精神的体现。

自强不息的精神是中华优秀传统文化的组成部分,反映了中华民族愈遭受挫折愈奋起抗争的精神风貌和坚韧不拔的意志。正是这种不屈不挠的民族精神,增强了中华民族的凝聚力和向心力。

4.“和而不同”的和合观

中华优秀传统文化中的和谐思想非常丰富,这些思想逐渐发展凝结为一种“和合”精神,在中华民族的发展中起到重要的作用。

“和而不同”出自孔子《论语》:“君子和而不同,小人同而不和。”[①]意思是说有道德的人在与人交往的过程中能保持和睦友好的关系,但在具体问题的看法上则不必与他人的看法相同;而无德之人在具体问题的看法上为了迎合他人而盲目附和他人的看法,但在内心深处却对他人持不友好的态度。晏婴还用“尚和去同”思想来具体说明君臣之间应有的关系。他认为君臣之间也应该建立相反相济的“和而不同”的关系,也就是要求做到“君所谓可,而有否焉,臣献其否,以成其可;君所谓否,而有可焉,臣献其可,以去其否。”这样才能“政平而不干,民无争心”[②]。君主认为是正确的,其中可能也有错误的成分,做臣子的要指出其错误以成全其正确;君主认为是错误的,其中可能也有正确的成分,做臣子的要肯定其正确而清除其错误。这可以说是对“和而不同”的君臣关系的含义所做的相当典型的诠释。晏婴还指出:“所谓和者,君甘则臣酸,君淡则臣咸。”[③]君主不要害怕听到臣下的不同意见,其实那些敢于发表与君主不同意见的才是真正的忠臣、贤臣。这就是晏婴所理解的君臣之“和”。因此,当齐景公问晏婴自己与随时紧跟自己的梁丘据的关系是否“和”时,晏婴回答说这不是“和”,而是

---

① 《论语》,中华书局 2015 年版,第 159 页。

② 《左传译注》,上海古籍出版社 2016 年版,第 1326 页。

③ 《晏子春秋》,中华书局 2016 年版,第 46 页。

“同”。因为梁丘据只会对齐景公亦步亦趋、随声附和，从来不发表不同的意见，“君所谓可，据亦曰可；君所谓否，据亦曰否”[①]。这就不是“和而不同”而是典型的“同而不和”了。在此之前，史伯也批评周幽王疏远那些敢于发表不同意见的高明昭显之士，而亲近那些谗慝暗昧之人，是一种“去和而取同”的错误态度，而这种错误态度正是周王朝走向衰败的原因之一。

世界上的一切事物都是包含差异、矛盾、多样性的对立统一物，正是不同事物、相反方面的存在及其细蕴激荡、和合演化才构成了无限丰富多样、永恒发展的世界。因此，可以说“和而不同”是世界的本来面貌与状态。中国的先哲首先从观察阴阳交合、五行生克产生万物与“和声”“和羹”等自然现象中认识到“和实生物，同则不继”的道理，形成了重“和”的辩证宇宙观。他们不仅重视自然界的和谐、人与自然的和谐，而且重视人与人之间的和谐，认识到“天时不如地利，地利不如人和”[②]。“和而不同”的原则在处理人际关系时显得尤为重要。“人和”包括家庭“和睦”、邻里“和顺”、上下“和敬”等内容，也包括“协和万邦”，不同国家、民族和平相处。人际关系的和谐是国家兴旺、社会进步的决定性因素。孔子正是在总结前人有关认识的基础上，并结合自己在生活实践中的体会，把“君子和而不同，小人同而不和”作为一个普遍原则提了出来。这种“尚和去同”的价值取向对中国文化的发展产生了深远影响。

秦汉之后，“和合”概念被普遍运用，中国文化的发展也呈现出一种融合的趋势，同时也保留各家的鲜明特色和个性。不仅世俗文化各家各派讲“和合”，而且宗教文化也讲“和合”。宗教文化与世俗儒家文化也讲“和合”，在保持各自文化特色的同时相互融合，相互汲取，由此促进中国文化持续发展。“和合”思想自产生以来，作为对普遍的文化现象的本质概括，始终贯穿于中国文化发展史，成为中国文化的精髓和人们普遍认同的人文精神。

钱穆先生对中华“和合”文化颇有心得，表现在他对民族间不同文化的态度上，他说：“中国人常抱着一个天人合一的大理想，觉得外面一切异样的新鲜的所见所值，都可融会协调，和凝为一。这是中国文化精神最主要的一个特性，”[③]并指出：“文化中发生冲突，只是一时之变，要求调和，乃是万世之常。”[④]认为西方文化似乎冲突性更大，而中国文化则调和力量更强，中国文化的伟大之处，乃在最能调和，使冲突各方兼容并包、共存并处、相互调剂。钱穆以文化现象诠释

① 《左传译注》，上海古籍出版社 2016 年版，第 1327 页。

② 《孟子》，中华书局 2016 年版，第 76 页。

③ 钱穆：《中国文化史导论》，上海三联书店 1988 年版，第 162 页。

④ 钱穆：《中国文化精神》，（台北）三民书局 1971 年版，第 51 页。

了和合精神，他指出："西方人好分，是近他的性之所欲。中国人好合，亦是近他的性之所欲。今天我们人的脑子里还是不喜分，喜欢合。大陆喜欢合，台湾亦喜欢合，乃至……全世界的中国人，这都喜欢合。"[①]张岱年先生重视研究中国文化的和合精神，他指出："合有符合、结合之义。古代所谓合一，与现代语言中所谓统一可以说是同义语。合一并不否认区别，合一是指对立的双方彼此又有密切相联不可分离的关系。"[②]他还说："'和合'一词起源很早。用两个字表示，称为'和合'；用一个字表示，则称为'和'……许多不同的事物之间保持一定的平衡，谓之和，和可以说是多样性的统一。'和实生物'，和是新事物生成的规律。"[③]

5."为政以德"的政德观

在中华优秀传统文化中，德居于核心地位。在五千多年的政治治理中，德一以贯之，始终作为政治统治的价值目标和价值理想为人们所推崇。

对个人来说，为政首先自己要有德性。《论语·为政》开篇即言："为政以德，譬如北辰，居其所而众星共之。"[④]集中表达了儒家为政的基本理念。何为"为政以德"？朱熹解释道："为政以德，则无为而天下归之，其象如此。"[⑤]这一解释揭示了为政的本质，凸显了"德"这一治国理念的重要旨归，这恰恰就是儒家追求的"圣王"理想。"圣王"理想是儒家重要的政治追求，"圣王"即"内圣外王"，"内圣"是"外王"的前提，"外王"是"内圣"的自然延伸和必然结果。所以，要实现"圣王"理想，首先要做到"内圣"，即为政者要内在修为，注重自身的道德修养，以达到"圣"的境界。那么，如何做到"内圣"呢？

根据朱熹的解释，为政者应该注重修身，守住自己的德性，不必整天想着用权术和手段谋取政治利益。做到了这一点，自然就能治理政事。处理政事，儒家认为首先从"德"上下功夫。朱熹说："民心归向处，只在德上，却不在事上。许多事都从德上出。若无德而徒去事上理会，劳其心志，只是不服。"[⑥]顺承这种观点，为政者一定是摒弃私欲，让内心平静。为政者处在自己的位置，能够安心，静思静虑。心静之后才能反求诸己，才能以静制动，稳定动荡的局面。做到以上两者，为政者在治国理政上自然而然可以做到政治清明、社会和谐、天下归顺。

---

① 钱穆：《从中国历史来看中国国民性及中国文化》，香港中文大学出版社 1982 年版，第 27 页。

② 张岱年：《中国哲学中"天人合一"思想的剖析》，《北京大学学报》1985 年第 1 期。

③ 张岱年：《漫谈和合》，《社会科学研究》1997 年第 5 期。

④ 《论语》，中华书局 2015 年版，第 8 页。

⑤ 《论语》，中华书局 2011 年版，第 55 页。

⑥ 《朱子语类》，中华书局 1994 年版，第 537 页。

孔子把古代的尧、舜作为“为政以德”的“圣王”典范。他说：“无为而治者，其舜也与！夫何为哉？恭己正南面而已矣。”[①]舜能恭己无为，首先是因为他能通过自身的德行来影响和感化民众，其次是因为他在继位之后任用贤臣，自己不需亲力亲为，只须恭恭敬敬地稳居其位，其表现出来的是“无为”，实则是“有大为”。孔子还感叹说：“大哉！尧之为君也！巍巍乎！唯天为大，唯尧则之。荡荡乎！民无能名焉。巍巍乎！其有成功也！焕乎！其有文章！”[②]尧帝德行之广远，民众佩服之至，自然天下归顺。正如尧、舜一样，为政者只有做到“内圣”，才能实现“圣王”理想。孔子说：“政者，正也。子帅以正，孰敢不正？”[③]为政者为政的前提是正己修身，自己做到正了，天下人谁还敢不正？孔子还说：“苟正其身矣，于从政乎何有？不能正其身，如正人何？”[④]如果自己身正，治理国家还有什么困难呢？如果自己都不能做到身正，又怎么能正人呢？如果为政者德行端正，即使不发号施令，自然而然也能得到民众的响应和拥护；如果自己德行不端正，即使三令五申，民众也不会听从。所谓“君子之德，风；小人之德，草；草上之风，必偃”[⑤]。

对于国家来说，只有为政以德才能国泰民安。为政以德不仅要求为政者要加强“内圣”修养，而且要在治国理政的实践中加以贯彻，从而展现为一系列完备的治国方略。孔子说：“道之以政，齐之以刑，民免而无耻；道之以德，齐之以礼，有耻且格。”[⑥]在这一表述中，政、刑、德、礼四种治国手段辩证互动地展示了“为政以德”的治国方略。“道之以政，齐之以刑”是第一种方略，即通过政令的引导和刑罚的辅助来执政，当民众不服从政令或违反政令的时候，就通过刑罚来加以惩治。这种手段具有外在强制力，使民众因为惧怕而暂时收敛自己的行为，从而避免犯罪，但不足以服民众，因此民众对犯罪并无羞耻之心。而要唤起民众的羞耻之心，使民众能够知耻向善，从内心深处产生避恶趋善的意识，就要通过第二种方略，即“道之以德，齐之以礼”，通过德来引导，通过礼来规范，使民众“有耻且格”。“格”是内心对正的一种肯定和向往。关于政、刑、德、礼的关系，孔子说：“圣人之治化也，必刑政相参焉。太上以德教民，而以礼齐之。其次以政言导民，以刑禁之。刑，不刑也。化之弗变，导之弗从，伤义以败俗，于是乎

① 《论语》，中华书局 2015 年版，第 186 页。
② 《论语》，中华书局 2015 年版，第 87～88 页。
③ 《论语》，中华书局 2015 年版，第 143 页。
④ 《论语》，中华书局 2015 年版，第 154 页。
⑤ 《论语》，中华书局 2015 年版，第 144 页。
⑥ 《论语》，中华书局 2015 年版，第 8 页。

用刑矣。”[①]意思是说，圣人治理教化民众，必须是政令和刑罚配合使用。首先，最好的办法是用德来教化民众，并用礼来统一思想。其次，才是用政令来教导民众，用刑罚来禁止他们。使用刑罚的目的是不使用刑罚。对经过教化还不改变、经过教导又不听从，损害义理又伤风败俗的人，只好用刑罚来惩处。可见，儒家治理社会依靠的不仅仅是德性，尽管其总的原则还是希望民众提升自我道德意识，使自我的行为自觉合乎社会规范。

孔子的政德观对历代统治者的影响都是非常大的，对于规范他们的政治行为起到了一定的约束作用。这一思想也随着历史的发展而逐渐凝结为一种基本精神，成为中华优秀传统文化的宝贵财富。

总之，中华优秀传统文化基本精神内容丰富、博大精深，是中华民族宝贵的精神财富，是中国精神的源泉。

三、中华优秀传统文化与社会主义核心价值观

社会主义核心价值观与中华优秀传统文化深度关联、高度契合，相辅相成、互相作用。离开中华优秀传统文化孤立地讲社会主义核心价值观，社会主义核心价值观就成了无源之水、无本之木；而离开社会主义核心价值观孤立地讲中华优秀传统文化，中华优秀传统文化就不能落地、生根、开花、结果。对于二者的关系，习近平总书记 2014 年 2 月 24 日在中央政治局第十三次集体学习时的重要讲话、2014 年 5 月 4 日在北京大学与师生们共同庆祝五四青年节时发表的重要讲话、2014 年 9 月 24 日纪念孔子诞辰 2565 周年国际学术研讨会上的重要讲话、2017 年 10 月 18 日党的十九大报告中都做了深刻的论述，为我们科学认识和理解中华优秀传统文化与社会主义核心价值观的内在联系提供了科学指导。

(一)中华优秀传统文化与社会主义核心价值观的内在联系

中华优秀传统文化与社会主义核心价值观有着深刻的内在联系。从历史的角度看，二者具有一定的渊源关系；从现时的角度看，二者具有逻辑相关性。

1.历史的联系

中华优秀传统文化是中华民族五千多年来创造、积淀的优秀文化的集合，是中华传统文化的精华，而社会主义核心价值观是中国共产党领导中国人民自

① 《孔子家语》，中华书局 2011 年版，第 355 页。

新中国成立以来在社会主义改造、社会主义建设和改革开放过程中概括出来的核心价值观念。前者是后者的源泉,后者是前者的发展。这是因为,中国的社会主义革命和建设是在马克思列宁主义、毛泽东思想和中国特色社会主义理论体系指导下进行的,在实践中创造性提出和发展了中国特色社会主义政治、经济、文化思想。中国特色社会主义文化与中华优秀传统文化一脉相承,中华优秀传统文化是中国特色社会主义文化的源泉。正如党的十九大报告指出:“中华特色社会主义文化,源自于中华民族五千多年文明历史所孕育的中华优秀传统文化,熔铸于党领导人民在革命、建设、改革中创造的革命文化和社会主义先进文化,植根于中国特色社会主义伟大实践。发展中国特色社会主义文化,就是以马克思主义为指导,坚守中华文化立场,立足当代中国现实,结合当今时代条件,发展面向现代化、面向世界、面向未来的,民族的科学的大众的社会主义文化,推动社会主义精神文明和物质文明协调发展。要坚持为人民服务、为社会主义服务,坚持百花齐放、百家争鸣,坚持创造性转化、创新性发展,不断铸就中华文化新辉煌。”①

社会主义核心价值观源于中华优秀传统文化,是对中华优秀传统文化的传承和升华。习近平总书记高度重视中华优秀传统文化的传承和发展,他深刻指出中华传统文化是中华民族的精神命脉,是中华民族的文化根基,是中华民族的生命力之所在。他说:“优秀传统文化是一个国家、一个民族传承和发展的根本,如果丢掉了,就割断了精神命脉。”②

在世界文明发展史上,曾经辉煌一时的古巴比伦文明、古埃及文明、古印度文明都已销声匿迹,唯有中华文明五千多年来生生不息、薪火相传。其最重要的原因就在于中华优秀传统文化有着经久不衰的生命力与中华优秀传统文化在中华民族的发展中不断传承、创新和发展。

2.现实的联系

中华优秀传统文化内容丰富,不仅有儒家文化、道家文化、佛家文化,还有墨家文化、兵家文化、法家文化等,而其精髓是中华优秀传统文化的基本精神,如“天人合一”的宇宙观、“民惟邦本”的民本观、“自强不息”的奋斗观、“和而不同”的和合观、“为政以德”的政德观、“天下大同”的社会观。中华传统文化的基本精神实质上就是一种价值观,而社会主义核心价值观在培育和发展中从中华

---

① 习近平:《决胜全面建成小康社会　夺取新时代中国特色社会主义伟大胜利——在中国共产党第十九次全国代表大会上的报告》,人民出版社 2017 年版,第 41 页。

② 习近平:《在纪念孔子诞辰 2565 周年国际学术研讨会暨国际儒学联合会第五届会员大会开幕式上的讲话》,人民出版社 2014 年版,第 11 页。

优秀传统文化中汲取了营养。

社会主义核心价值观还是一种德，既是个人的德，也是国家、民族的德，是一种大德，而中华优秀传统文化的基本精神也是一种大德，是国家的德、民族的德，二者在这方面是相通的。习近平总书记指出："核心价值观，其实就是一种德，既是个人的德，也是一种大德，就是国家的德、社会的德。国无德不兴，人无德不立。"①他强调："我们提出的社会主义核心价值观，把涉及国家、社会、公民的价值要求融为一体，既体现了社会主义本质要求，继承了中华优秀传统文化，也吸收了世界文明有益成果，体现了时代精神。"②他还深刻指出："富强、民主、文明、和谐，自由、平等、公正、法治，爱国、敬业、诚信、友善，传承着中华优秀传统文化的基因，寄托着近代以来中国人民上下求索、历经千辛万苦确立的理想和信念，也承载着我们每个人的美好愿景。我们要在全社会牢固树立社会主义核心价值观，全体人民一起努力，通过持之以恒的奋斗，把我们的国家建设得更加富强、更加民主、更加文明、更加和谐、更加美丽，让中华民族以更加自信、更加自强的姿态屹立于世界民族之林。"③

(二)中华优秀传统文化与社会主义核心价值观的相互作用

在社会主义实践中，中华优秀传统文化与社会主义核心价值观相辅相成、互相作用，是社会主义精神文明建设的重要支柱。中华优秀传统文化滋养、涵养着社会主义核心价值观，社会主义核心价值观继承、发展着中华优秀传统文化。

1.中华优秀传统文化涵养、滋养社会主义核心价值观

习近平总书记在论述中华优秀传统文化与社会主义核心价值观的相互作用时，使用了"滋养"与"涵养"两个词，深刻地说明了中华优秀传统文化对社会主义核心价值观的意义和作用。习近平总书记指出："要认真汲取中华优秀传统文化的思想精华和道德精髓，大力弘扬以爱国主义为核心的民族精神和以改革创新为核心的时代精神，深入发掘和阐发中华传统文化讲仁爱、重民本、守诚信、崇正义、尚和合、求大同的时代价值，使中华优秀传统文化成为涵养社会主

---

① 习近平：《青年要自觉践行社会主义核心价值观——在北京大学师生座谈会上的讲话》，人民出版社 2014 年版，第 4 页。

② 习近平：《青年要自觉践行社会主义核心价值观——在北京大学师生座谈会上的讲话》，人民出版社 2014 年版，第 5 页。

③ 习近平：《青年要自觉践行社会主义核心价值观——在北京大学师生座谈会上的讲话》，人民出版社 2014 年版，第 5～6 页。

义核心价值观的重要源泉。”①他还指出：“中华文化源远流长，积淀着中华民族最深层的精神追求，代表着中华民族独特的精神标识，为中华民族生生不息、发展壮大提供了丰厚滋养。”②涵养的本义是“蓄积并保持”，滋养的本义是“滋补养育”，习近平总书记用这两个词深刻地说明了中华优秀传统文化涵养了社会主义核心价值观，为社会主义核心价值观提供了丰厚的滋养。他还专门提到儒家文化对中华民族发展的重要作用：“儒家思想同中华民族形成和发展过程中所产生的其他思想文化一道，记载了中华民族自古以来在建设家园的奋斗中开展的精神活动、进行的理性思维、创造的文化成果，反映了中华民族的精神追求，是中华民族生生不息、发展壮大的重要滋养。”③中华优秀传统文化博大精深，不仅儒家文化而且道家文化、佛家文化、法家文化、墨家文化、兵家文化等都对中华民族精神和价值体系起到了涵养、滋养的作用。

中华优秀传统文化之所以能对社会主义核心价值观起到涵养、滋养作用，就在于中华优秀传统文化是社会主义核心价值观的源头活水，是社会主义核心价值观培育的肥沃土壤。讲社会主义核心价值观绝不能割断历史孤立地去讲，应该放在中华民族五千多年发展历史中去讲。习近平总书记指出：“当代中国是历史中国的延续和发展，当代中国思想文化也是中国传统思想文化的传承和升华，要认识今天的中国、今天的中国人，就要深入了解中国的文化血脉，准确把握滋养中国人的文化土壤。”④

如何以中华优秀传统文化涵养、滋养社会主义核心价值观？这是培育社会主义核心价值观需要探讨的中心问题。首先，我们要大力弘扬中华优秀传统文化，使其真正成为涵养社会主义核心价值观的沃土。中华优秀传统文化的许多内容，可以直接为社会主义核心价值观提供营养。例如，中华民族五千多年发展中产生的爱国主义思想和价值理念，早已渗透在中华民族的文化血脉之中，是培育社会主义核心价值观中爱国价值理念的极好条件。再如，中华优秀传统文化强调的讲仁爱、重民本、守诚信、崇正义、尚和合、求大同的价值理念，对培育社会主义核心价值观具有不可低估的作用和意义。其次，中华传统美德是滋养社会主义核心价值观的重要道德资源。弘扬社会主义核心价值观，要从中华

---

① 《习近平谈治国理政》，外文出版社 2014 年版，第 164 页。

② 《习近平谈治国理政》，外文出版社 2014 年版，第 163 页。

③ 习近平：《在纪念孔子诞辰 2565 周年国际学术研讨会暨国际儒学联合会第五届会员大会开幕会上的讲话》，人民出版社 2014 年版，第 4 页。

④ 习近平：《在纪念孔子诞辰 2565 周年国际学术研讨会暨国际儒学联合会第五届会员大会开幕会上的讲话》，人民出版社 2014 年版，第 12 页。

传统美德中汲取精神营养。“中华传统美德是中华文化精髓，蕴含着丰富的思想道德资源”[①]，如仁爱孝悌、谦和好礼、以和为贵、见利思义、诚实守信、勤俭节约、廉洁奉公、修己慎独、笃实宽厚、勇毅力行等。

2.社会主义核心价值观继承、发展了中华优秀传统文化

社会主义核心价值观既根植于中华优秀传统文化，又继承和发展了中华优秀传统文化的基本精神。社会主义核心价值观体现在三个层面，即在国家层面，是富强、民主、文明、和谐；在社会层面，是自由、平等、公正、法治；在个人层面，是爱国、敬业、诚信、友善。这些理念不是凭空想象出来的，而是在中华优秀传统文化的沃土中孕育出来的。习近平总书记指出：“一个民族、一个国家的核心价值观必须同这个民族、这个国家的历史文化相契合，同这个民族、这个国家的人民正在进行的奋斗相结合，同这个民族、这个国家需要解决的时代问题相适应。”“一个民族、一个国家，必须知道自己是谁，是从哪里来的，要到哪里去，想明白了、想对了，就要坚定不移朝着目标前进。”[②]社会主义核心价值观正是在中华优秀传统文化这块沃土上生长起来的，是对中华优秀传统文化基本精神的继承和发展。

社会主义核心价值观在继承、发展中华优秀传统文化过程中要充分发掘中华优秀传统文化的精华，努力做到“古为中用”。习近平总书记在党的十九大报告中指出：“深入发掘中华优秀传统文化蕴含的思想观念、人文精神、道德规范，结合时代要求继承创新，让中华文化展现出永久魅力和时代风采。”[③]培育和弘扬社会主义核心价值观，要很好地研究中华优秀传统文化的历史渊源、发展脉络、基本走势，探究其蕴含的价值理念、鲜明特色，并根据新时代提出新课题。

社会主义核心价值观继承和发展中华优秀传统文化，要处理好继承和发展之间的关系。继承中华优秀传统文化是为了更好地发展中华优秀传统文化，而发展中华优秀传统文化的前提是继承。没有继承就没有发展，不发展继承也就没有意义。毛泽东指出：“今天的中国是历史的中国的一个发展；我们是马克思主义的历史主义者，我们不应当割断历史。从孔夫子到孙中山，我们应当给以总结，承继这一份珍贵的遗产。”[④]在培育和弘扬社会主义核心价值观过程中，首

① 习近平：《把培育和弘扬社会主义核心价值观作为凝魂聚气强基固本的基础工程》，《人民日报》2014年2月26日。

② 习近平：《青年要自觉践行社会主义核心价值观——在北京大学师生座谈会上的讲话》，人民出版社2014年版，第8页。

③ 习近平：《决胜全面建成小康社会　夺取新时代中国特色社会主义伟大胜利——在中国共产党第十九次全国代表大会上的报告》，人民出版社2017年版，第42页。

④ 《毛泽东选集》第2卷，人民出版社1991年版，第534页。

先要认同中华优秀传统文化，努力吸收中华优秀传统文化的精华。在继承中华优秀传统文化的基础上还需要发展中华优秀传统文化。发展不能原封不动地照抄照搬，需要创造性转化与创新性发展。

习近平总书记明确指出："我们要对传统文化进行科学分析，对有益的东西、好的东西予以继承和发扬，对负面的、不好的东西加以抵御和克服，取其精华、去其糟粕，而不能采取全盘接受或者抛弃的绝对主义态度。"[①]中华传统文化既包含中华优秀传统文化，也包含不合时宜的、保守的、颓废的、没落的内容。我们必须分清中华传统文化中哪些是我们需要吸收的，哪些是我们需要抛弃的，通过扬弃真正继承我们需要继承的，为培育和弘扬社会主义核心价值观服务。党的十九大报告提出，要"推动中华优秀传统文化创造性转化、创新性发展"。他深刻指出："传承中华文化，绝不是简单复古，也不是盲目排外，而是古为今用、洋为中用，辩证取舍、推陈出新，摒弃消极因素，继承积极思想，'以古人之规矩，开自己之生面'，实现中华文化的创造性转化和创新性发展。"[②]因此，培育和践行社会主义核心价值观，尤其要推动和实现中华优秀传统文化的创造性转化和创新性发展。

---

① 习近平：《牢记历史经验历史教训历史警示　为国家治理能力现代化提供有益借鉴》，《人民日报》2014年10月14日。

② 习近平：《在文艺工作座谈会上的讲话》，人民出版社2015年版，第26页。

第一章　中华优秀传统文化

——孕育、滋养社会主义核心价值观的文化土壤

中华优秀传统文化是中华传统文化的精华，蕴含着丰富的思想资源和强大的精神力量，是中华民族的精神之根和文化之魂。在中华民族发展历程中，中华优秀传统文化绵延不绝，屡历风雨而未断，始终为中国人民提供着坚实的精神支撑和心灵慰藉。中华优秀传统文化包含丰富的思想、睿智的哲理、至真的科学、至善的伦理、绝美的艺术，并始终追寻社会历史发展的方向，努力契合中华民族共同体的利益和福祉，在与马克思主义中国化基本精神相呼应的过程中，深度展现了中华优秀传统文化的新境界。

第一节　中华优秀传统文化的形成与发展

广博精深的中华优秀传统文化经历了孕育萌生、形成发展、多元融合、生生不息这样一个无比漫长而又曲折的变迁过程，在变迁中发展，在发展中变迁，不仅见证了人类物质文化与精神文化的日益丰富多元，也见证了人类不断解放自身走向文明进步。中华优秀传统文化的每段发展历程都各具特色、各有精义，书写了中华五千多年的文明史，为中华民族的生生不息、发展壮大提供了深度滋养。

一、中华优秀传统文化的源头

文字产生以前的历史阶段被考古学家称作远古时期。中华优秀传统文化在远古时期就开始孕育和萌芽，进入文明之前的漫长进化历程，是中国文化开始独立发展的基础。通过考古发掘和相关学科的研究成果，可知长达百万年的没有文字记载的原始社会及其社会状况，中华优秀传统文化的远古源头因此也得以追溯。

要了解中华优秀传统文化的源头，首先要追溯中国人的起源。“自从人类站起来，脱离兽类，在自觉意识支配下从事生产劳动，自然界就被赋予人的意义，出现反映人的意向和活动的世界，‘文化’也就开始了它一发而不可歇的生命运动。”[①]盘古开天辟地、女娲抟土造人的神话传说很早就在流传，也有大量文献史料记载中华民族始祖炎帝、黄帝的辉煌事迹。考古学家发现，早在200万年以前，就已有人类在华夏大地上生息繁衍，他们分布极为广泛，并在由旧石器时代向新石器时代发展的过程中在黄河、长江、珠江、辽河流域定居生活，这些区域也成为中华民族和中华文化的发源地。在文明发展的过程中，工具的制造和使用是猿人进化为人类的关键因素，也标志着原始物质文化的产生。经过简易加工的石块是猿人最早制造和使用的工具，这一时期就是考古学上的旧石器时代。从元谋人到距今7000多年的四川资阳人，他们都处于旧石器时代。当时远古人类主要从事采集、狩猎，兼而从事渔业。在生活和生产过程中，他们对石块等自然物进行简单的加工，制成尖石、圆石、骨针等不同形态的工具，并利用它们创造劳动成果，进而改善自身生存条件。另外，火的使用是旧石器时期人类最有划时代意义的文化活动。“如果说制造石器使人与动物开始分手，那么，火的使用标志着人与动物最后的诀别。”[②]从北京猿人文化遗址的出土文物可以看出，这里有大量因烧灼而变色破裂的石块、木炭、骨骼以及灰烬等，这证实了70万年前北京猿人已经可以熟练地使用火并能有效保存自然火。火的使用促进了人类的进化，提高了人类利用自然、改造自然的能力。

大约公元前7000年，制作较为细腻精致的石器取代了过去制作粗糙的石器，人类改造自然的能力有了显著提高，中华古文明自此进入新石器时代。迄今为止，全国各地已发现7000多处新石器时代文化遗址，它们以不同文化群落的存在形式，呈现了原始文化多元分布的状态。这一时期的文化发展主要表现在三个方面。第一，农业、畜牧业逐渐取代采集和狩猎，成为主要的生产部门。河姆渡遗址出土了大量的稻叶、稻谷、稻壳等，证实早在7000多年前我国就开始人工栽培水稻。农耕文明的初步形成使人类不再完全依靠自然的恩赐生活，而是形成了改造自然的生产型经济，人类的生活方式也从动荡不安的辗转迁徙转变为比较安稳的定居生活。同时，家畜饲养业和畜牧业在农业发展的基础上开始出现，人类的全面进化由此拉开帷幕。第二，为了适应农耕生活和定居生活，制作石器和钻孔的技术水平逐步提高，劳动工具变得更为实用和精细，大大提高了

① 冯天瑜、何晓明、周积明：《中华文化史》，上海人民出版社1990年版，第26～27页。

② 张岱年：《中国文化概论》，北京师范大学出版社1994年版，第74页。

生产效率。同时，制陶、纺织、酿酒、金属冶炼等生产活动的出现，标志着原始手工业的诞生。手工业的发展促使人类在生产工具的制造上取得了巨大进步，推动了中国向文明时代的转变进程。第三，在新石器时代晚期，生产力的极大提高与剩余产品的大量累积，使私有制得到发展和巩固。在经历了从母系氏族到父系氏族的转变后，社会组织形态有了重大改变，氏族公社趋于解体，出现了炎黄、东夷、苗蛮三大主要部落。在复杂的角逐和融合后，三大部落最终形成早期的以炎黄部落（华夏族）为核心的国家的雏形。

伴随着原始物质文化迅速发展，原始精神文化也日益丰富起来，原始宗教和艺术是其主要表现形式。原始宗教被看作一种特殊的意识形态，广泛盛行于原始社会。那时，由于自身能力的限制，人们有着广泛的崇拜对象，主要有自然崇拜、图腾崇拜和生殖—祖先崇拜等。自然崇拜是原始宗教的最早期形态，大自然的千变万化是当时的人们不能解释的，他们遂认为自然物和自然力具有生命意志与神秘力量，崇拜的主要对象有天、地、日、月、星辰、山、石、火、水等自然物以及风、雨、雷、电等自然现象。相比于自然崇拜图腾崇拜较为高级，当时人们认为某种动物或植物是其氏族的起源，并把某种动物视为自己的祖先，敬奉为氏族的保护神。图腾崇拜的主要对象有鸟、鱼、蛇、虎、狼等现实中的动物，另外还有人们运用抽象思维虚构的动物，如龙、凤等。随着支配和征服自然能力的加强，人类把崇拜的对象转向了人。女性祖先崇拜在母系氏族社会广为流行，女娲是主要的崇拜对象。在父系社会里，男性祖先受到尊崇和膜拜，盘古、伏羲和炎黄二帝是男性祖先崇拜的主要对象。原始宗教产生于物质和精神水平均十分低下的时期，充满了神秘色彩，但在当时它能够很好地协调人与自然的关系，满足人的精神需要。

原始艺术也开始产生。原始社会时期产生的音乐、绘画、舞蹈、雕塑、记事符号等文化艺术，是中国文化艺术的根基。陶器的制作已表现出一定的艺术创造力，其造型优美、色彩和谐，且配有多变的纹饰。不仅表明当时制陶工艺已经达到较高水平，而且说明中国先民已具有一定的审美水平。河姆渡遗址中出土了陶陨、骨哨等吹奏乐器，各种壁画和彩陶器上也都有描绘舞蹈的图案，标志着原始的音乐和歌舞在新石器时代已经产生。新石器时代，随着物质生活水平的提高，中国先民的精神生活也丰富起来。丰富多元的原始文化，最终汇成中华传统文化的源头。

二、中华优秀传统文化的形成

中华优秀传统文化在经历了远古的萌芽期之后，于夏、商、周三代渐具雏形，春秋战国时得到进一步发展，形成了中华优秀传统文化的基本格局。

（一）夏商周：中华优秀传统文化的雏形期

公元前21世纪，中国历史上第一个奴隶制国家政权——夏王朝建立，标志着中国历史正式进入文明时期。文字的发明与使用、青铜器的制作与普及，宗法制度与礼乐制度以及人本精神悉发端于此，这一系列初创的文化是中国文化发展的根基。

公元前16世纪，商灭夏，建立空前强大的国家，标志着奴隶制社会进入强盛期。在以殷为中心展开活动、长期定都的社会发展情形下，商人的文明水平得到显著提高，甲骨文的出现和使用，使迁殷以后的商人率先"有册有典"。但由于刚刚脱离原始社会，受生产力和科学水平发展的限制，商人在原始思维的支配下尊神重巫，殷商文化因此带有浓烈的神本色彩。《礼记·表记》称："殷人尊神，率民以事神。"[①]在殷人看来，"帝"或"上帝"是地位最高的神。"帝"或"上帝"既是自然力的统帅，也是人间事务的主宰，现实世界的帝王也必须遵从神灵的意旨。为了听命于上帝，按照鬼神的意旨行事，占卜在商代十分盛行。商人祭祀范围十分广泛，而且频频举行大型祭祀活动以示对上帝或鬼神的敬意。总的来说，殷商文化是一种以鬼神崇拜为价值取向的王权神授理论和宗教信仰，具有浓厚的神本文化特色。

公元前11世纪，周取殷商而代之。西周是奴隶制社会发展的鼎盛时期，在因袭继承殷商的种族血缘统治方法、典章制度、文字、工艺技术等基础上，进行了一系列文化创新。《诗经》云："周虽旧邦，其命维新。"[②]首先，周人确立了极具特色的封建宗法制度，这种制度同时具备了政治权力统治与血亲道德制约双重功能。自此，这种注重血缘身份、强调伦理纲常秩序的基本原则与精神渗入中国社会机体，并深刻浸润着中华民族的血脉和灵魂。其次，周人承袭商人的天神观念，认为上帝"惟德是辅"。周王要想维持统治必须施行"德政"，才能得到"民心"，所以提出"天命靡常，惟德是辅""以德配天""敬德保民"等一系列思想。周人对于天人关系的理解，体现了人本精神和主体意识的初步觉醒，这是中国传统文化中民本主义、德治主义、忧患意识乃至"天人合一"思想的源泉和肇始。再次，尊礼文化是西周文化的另一创新。礼乐文化是周代文化的重要组成部分，它既是典章制度的集中汇总，又是人们日常行为的规范。周人的冠、婚、丧、

---

① 《礼记》（下），胡平生、张萌译注，中华书局2017年版，第1056页。

② 周振甫译注：《诗经译注》，中华书局2010年版，第367页。

祭以及视、听、言、动等都用礼乐加以规范，其主旨是“别贵贱，序尊卑”。后世儒家继承、发展了周人所确立的“礼乐”文化，此后中国人的生活行为、道德情操与是非善恶观念等都深受其影响。西周时期还出现了早期的阴阳、五行思想，《易经》试图以“阴”和“阳”两种符号来代表两种不同性质的事理，并用其排列组合的无穷变化来解释自然界和人类社会中的现象。总之，西周时期的天命神权思想、敬德保民思想以及阴阳五行思想，尽管体系尚不完整，却深刻影响了中国传统文化的发展，特别是周人的人本思想和礼乐文化淡化了殷商文化的神本色彩，为春秋时期的“百家争鸣”奠定了基础，有利于中国文化模式的转换。

殷商时期，文字和青铜文化也有了很好的发展。在原始社会晚期的各地遗址都发现了具记事性质的刻画符号，殷商也已经有较成熟的甲骨文字和金文，而且根据相关研究推测，文字有可能在夏代已出现。出现在商代的文字主要是陶文、玉石文、金文和甲骨文，其中最为成熟的是晚商的甲骨文。西周流传下来的青铜器铭文比较多，是金文的主要组成部分，殷商时期的文字为后来汉字的发展奠定了基础。商周时期，青铜制作技艺已十分高超，生产技术也日趋发达，并且有了大规模的作坊可批量生产青铜器，由此留下了大批具有代表性的青铜器，青铜文化成就无比辉煌，所以这一时期又被称为青铜时代。这一时期，青铜器多被用作礼器和用于战争，部分被应用于生产和生活，青铜器造型、纹饰及工艺都在不断升级更新，具有很高的艺术价值。从殷墟和郑州商城遗址出土的青铜器可以看出青铜冶炼技术和制造工艺的高度发展。

(二)春秋战国:中国文化的轴心时代

公元前770年，周平王迁都洛邑，春秋战国的历史自此开始。“礼崩乐坏”是对春秋战国时代最贴切的总结和形容。天子失权，诸侯争霸，中国社会开始由奴隶社会向封建社会过渡。思想文化领域也迎来巨大变革，诸子百家竞起，各家既相互批判又相互吸收、渗透和融合，春秋战国时期成为中国传统文化空前繁荣的时期，中国文化在动荡中得到迅速而又宏阔的发展。

春秋战国时期文化的辉煌是多种社会因素综合作用的结果，其中最根本的是社会的巨大变革为思想家提供了发言的平台，为“百家争鸣”提供了历史舞台。首先，在诸侯争霸的过程中，兼并战争愈演愈烈，使原本孤立静态的社会结构、统治秩序和生活格局遭受了巨大的破坏，这就为文化的重组创造了机会。面对“礼崩乐坏”的局面，社会不同阶层的代表人物纷纷抛弃旧的文化意识观念，企图以自己的政治主张变天下大乱为天下大治，实现统一。其次，各诸侯国其时并未有一统的观念，学术环境相对自由宽松，文人有机会和空间进行创造性、独立性的精神文化活动,这为文化多元、学术自由发展奠定了基础。再次,社会动荡和裂变结束了“士为官人”“学在官府”的局面,许多新兴知识分子成为游士学者,逐渐形成专门从事精神性创造的文化阶层——士阶层。士阶层取得了独立的社会地位,进而促进了思想文化大解放。

“百家争鸣”建构了中国传统文化最基本的思维方式、价值标准和民族精神。“救时之弊”是诸子兴起的共同文化目的,但由于社会地位、思考方式和学术传承的不同,诸子百家学说各具特色。西汉时期,刘歆将诸子归为儒、墨、道、名、法、阴阳、农、纵横、杂、小说十家。其中,儒、墨、道、法影响最大。儒家思想的核心是仁学,重要范畴包括“仁”“礼”“中庸”等。孔子以“礼”为行为规范,将“仁”与“礼”结合,建立了“仁”“礼”一致的思想体系。儒家的政治理念和道德修养思想,都带有明显的政治和伦理色彩。儒家积极入世,重视现世的社会人生问题,守旧而又维新,复古而又开明,这就使儒学成为显学。汉代以后,儒学几经嬗变,但始终未变的是礼教德治的精神。墨家主张“兼爱”“非攻”“尚贤”“尚同”等,在政治上主张统一思想和政令,其思想带有明显的功利色彩,体现了小生产者、小私有者的特点。他们还大力倡导“天志”观,主张尊崇天神,带有浓厚的宗教色彩,对后世农民起义产生了影响。以老子、庄子为代表的道家,其哲学核心是“道”,老子倡导无为,提倡顺应自然,主张以超然的态度对待现世生活,在基本的政治理想与人生态度方面,与儒家由对立走向互补,极大地丰富了中国人的精神生活。老子哲学中最精华的部分是朴素辩证法思想,他肯定一切事物都处于发展变化之中,对立面之间相互依存、相互转化,这种辩证思维对中国哲学产生了巨大影响。法家在战国时期是一门显学,后被秦王朝利用,其思想成为其统治天下的政治理论,秦王朝最终在法家思想的指导下得以一统天下。汉代以后,儒学基本处于独尊的地位,但统治者多是“霸王道杂之”,即“儒法并用”甚至“阳儒阴法”。由上可以看出,儒家、墨家、道家、法家等诸子学说及其观点虽然各有立场,呈现出不同特色,但它们勇于在大变革时代表达对宇宙、社会、人生的思考和探索,著书立说,并在相互争辩中相互吸收、渗透,发展了相互贯通的一面,同时也孕育了中国传统文化深沉的历史责任感,体现了诸子百家“和而不同”的包容品格和博大精神,在各个层面对中国文化精神进行了充分的铺展和升华,对民族的社会心理和价值观念产生了深远的影响。

春秋时期,教育也取得了巨大进步。士阶层的崛起从根本上改变了“学在官府”的局面,促进了私学的繁荣。在教育思想和教学方面,孔子做出了巨大贡献。他推广私人讲学,提倡“有教无类”,并整理出《春秋》《孟子》《中庸》《论语》《大学》等经典作品,深刻影响了中国的知识分子。私学逐渐成为封建社会培养人才的主要途径和方式，有利于民族素质的提高和文化传播，在中国教育史上具有重要意义。另外，《诗经》、楚辞、诸子散文等文学名篇名著与《春秋》《左传》《国语》《战国策》等史学名著交相辉映，开中国传统文化中文学、史学之先河。

三、中华优秀传统文化的变迁

战国以降，中国文化进入漫长的由秦朝到晚清的发展变迁过程，这一时期中国文化逐渐由成熟走向繁荣，又从繁荣走向衰落。

(一)秦汉：大一统文化

秦汉时期是中国文化大一统时期，随着封建专制主义中央集权的建立，建立了较为完整的政治、经济、文化制度。秦汉统一的政治格局为是日后中国文化大一统的现实基础，中国文化的基本类型自此得以确定。

第一，春秋战国以来，由于长期分裂割据，各诸侯国在文字、法律、货币和度量等方面存在很大的差异，为实现“书同文，度同制，车同轨，行同伦”，秦汉时期统治者致力于思想文化的统一。首先，秦相李斯等人对周朝文字大篆进行简化、整理，创制字形简化、形体齐整匀圆的小篆，此谓“书同文”。汉代，更方便书写的隶书代替篆书成为主要使用字体。文字的统一对于政治、思想文化的一体化至关重要，促进了文化的交流、传播和发展。其次，颁布统一度量衡的诏书，统一了货币、度量衡和车轨，是谓“度同制”和“车同轨”。与此同时，秉持“以法为教”的思想，在全国各地设置了乡官——三老，管教化，目的是统一人们的文化心理，是谓“行同伦”。秦一统天下后，在李斯的建议下，秦始皇“别黑白面定一尊”，实行文化专制政策，以此来巩固中央集权君主专制的统治。再次，秦汉王朝确立与发展了高度集权的中央集权制和各项制度。皇帝拥有至高无上的权力，王位世袭，并运用和借助国家政权，确立了封建土地所有制，为此后两千多年封建社会的发展奠定了政治和经济基础。在此基础上，秦汉统治者不仅建立了完善的官僚政治制度，还建立了法律、军事、思想文化和教育制度等为中央集权统一国家服务。由此，秦汉时期成为中国文化全面启动、建立的时期。上述措施不但强化了秦朝的中央集权统治，而且有力地增强了人们在经济文化生活上的统一性和共同性，是中华民族文化共同体最终形成的坚实基础。

第二，儒学独尊与经学兴起。西汉初期，统治者“无为而治”，经济恢复，社会生产发展。随着政治的稳定和经济的繁荣，汉武帝接受董仲舒“罢黜百家，独尊儒术”的建议，儒家思想“定于一尊”，不仅在汉代是主流，也成为此后两千多年封建社会的主流统治思想。儒学独尊的文化政策使儒家的经典著作备受推崇,专门研究这些经典的学问被称作经学,是从汉代开始直至清代的官方哲学,中国文化的经学时代自此开启。汉代,由于统治者的鼎力支持,经学获得巨大的发展,经学内部也发展出“今文经学”和“古文经学”两大派别,爆发了“今古文之争”。此次文化争论对儒学发展起到了一定的促进作用。

第三,秦汉王朝的大统一使社会文化始终保持着宏大的规模和气象,其开拓进取、恢宏包容的文化气质,使社会文化得到全面发展。首先,文学、史学、艺术都有了较大进步。汉赋、乐府诗和散文极富特色,留下了经典名篇。史学方面,出现了《史记》《汉书》两部巨作,开创了中国史学的新纪元。其次,传统科学技术也有了较大的发展。天文学方面,张衡发明制造了浑天仪、候风地动仪等,也有了最早的太阳黑子记录。医学方面,出现了张仲景、华佗等著名医家,涌现出《神农本草经》《伤寒杂病论》等医学巨著,传统中国医学体系开始建立。数学方面,有了关于勾股定理的最早记载,《周髀算经》《九章算术》等数学名著的问世推动了中国古代数学的发展。再次,中外文化交流活动继续开展。这一时期中国与周边国家展开广泛交流,其中丝绸之路最负盛名,张骞、班固等多次出使西域,西域各国使者也不绝于道,中外经济文化的交流日益密切,通过丝绸之路中国和西域乃至印度的文明成果不断交融,丰富了中国文化元素。

(二)魏晋南北朝:乱世多元文化

公元220年,中国进入充满动乱分裂的三国魏晋南北朝时期。这一时期,由于佛教的传入和道教的发展,新的文化思潮——玄学兴起,以独尊儒学为核心的大一统文化模式被打破,出现玄学与儒、佛、道并存、相争而又相融合的多元文化激荡的局面,它们自成体系又互相吸收和融合,为中华优秀传统文化注入了新的生机和活力。

第一,魏晋时期思想领域最大的变化就是玄学的产生。魏晋之际社会剧烈动荡,经学的失落、名教的危机、统治阶级的腐败和社会大动乱成为指控儒学“不周世用”的有力说辞,儒家已无法维持独尊的地位。以《易经》《老子》《庄子》为经典,崇尚老庄自然无为、个性自由、反对传统经学束缚,比经学更精致简约而富有思辨色彩的理论体系——玄学,成为思想文化的主流。玄学由老庄哲学发展而来,以探求个体人生意义为中心课题,以超越有限达到无限为根本旨归,整体论题从汉代的宇宙论转向极具思辨性的本体论。以何晏、王弼为代表的玄学家主要探讨的是“有无”“本末”“动静”“名教与自然”等哲理问题,这些探讨提高了传统哲学的思辨能力,赋予传统哲学新的生命力。魏晋玄学的盛行,凸显了动荡时代人们对个体存在意义与价值的特别关注,正是基于这样的社会环境和社会心理状态，道教与佛教也开始盛行，多元文化激荡的格局形成。

第二，魏晋南北朝时期，玄学与儒、佛、道的关系颇为复杂。首先，玄学产生之初，与儒学发生过较为剧烈的冲突。热衷玄学的人士往往“以老、庄为宗而黜六经”，而儒学之士则认为玄学家“好谈老庄，排弃世务，崇尚放达，轻蔑礼法”。玄、儒二学虽彼此排斥，但也有互相吸收、融合的一面。玄学家希望通过玄学实现人性自然与礼教内在的融合，并为调和儒玄思想做出了不懈的努力，一些儒者也逐渐意识到玄学具有救名教伪弊之功，之后出现了很多儒玄双修之士，这也意味着儒玄合流成为发展趋势。其次，玄学与道教皆以道家哲学为主要思想渊源。道教与玄学对待儒学的态度也如出一辙，它们积极与儒学相调和，并将儒学中的伦理精神积极吸纳融入自己的教义教规。再次，玄学与佛教在思想理论上深度契合。早在两汉之际就传入中国的佛教，于魏晋南北朝时期才得到广泛传播和发展，经由与中国传统文化的冲突、调适和融合，佛教开始中国化。其最重要的契机是玄学的“贵无论”与佛教“一切皆空”思想的融通。佛教为了自身的发展，努力适应玄学营造的注重思辨的理性主义文化环境，同时玄学家也有意借助佛教的“般若本无”思想来提升自身，在这种情境下佛教就获得了快速发展的契机。东晋时期，玄学几近与佛教完全融合。

第三，魏晋以来虽然社会动荡、战乱频繁，但文学、艺术、科技领域有较大发展。首先，文学、史学和艺术取得较大成就。魏晋时，骈文盛行，五言诗已经完全成熟，开始出现文学批评和文艺理论方面的著作，古典文学进入发展高峰。史学方面，《后汉书》《三国志》《宋书》《南齐书》《魏书》五部断代史相继问世，史书的体例有了进一步创新。艺术方面，书法艺术的高峰时代到来，书法的五种字体已基本成型，钟繇、王羲之、王献之等都是当时最著名的书法家；顾恺之、陆探微等在绘画方面取得巨大成就，成为我国最早的知名画家；雕塑艺术发展到一定的高度，敦煌石窟、云冈石窟、龙门石窟、麦积山石窟等著名的大型石窟群，都于这一时期开凿建造，展现了高超的雕刻水平。其次，科学技术也有了许多突破性的发展。刘徽、祖冲之等一批著名的数学家的出现，使中国在数学方面取得了领先世界的成就，他们推算出的圆周率是当时世界上最准确的。传统医学方面，出现了葛洪、陶弘景等名医，以及《脉经》《金匮药方》《肘后备急方》等一批医学名著。农学方面，北魏贾思勰所著《齐民要术》，集魏晋南北朝时期农业科学之大成，对数百年来的农业生产实践进行了总结，丰富和发展了古代的农业知识。

总的来说，魏晋南北朝时期玄学、儒学、佛教、道教相互冲突、相互吸收与相互融合，强烈震荡并改变了当时的意识形态结构。与此同时，北方少数民族入主中原也引发了胡汉文化的交锋，中国文化在这一时期得以丰富和深化，为隋唐文化的繁荣和昌盛奠定了良好的基础。

(三)隋唐：盛世辉煌文化

隋唐时期是中国文化大发展时期。581年，隋灭陈，结束了长期分裂的局面，统一中国。618年，唐朝建立，中国文化迎来史诗般的壮丽辉煌的时期。隋唐文化不仅承继发展了魏晋以来汉族的传统文化，而且吸收了少数民族文化的精华，还以开放的姿态兼容并包海外各国文化，表现出有容乃大的文化气魄，散发出明朗、高亢、奔放、热烈的时代气质。

第一，统治者较为开明，实行开明专制。意识形态上，采取儒、佛、道三教并举的政策，奠定了三教合流的基石。文艺创作上，宽容对待文人，积极鼓励多样性创作。这一时期，儒学地位大大下降，唐人作诗也少有忌讳。为加强中央集权，隋唐统治者还大力进行制度整顿和改革，建立了完备的国家机构，三省六部制度的确立对之后的封建王朝都有着深刻影响。同时，科举制度在隋唐时期形成并得到大力推广和发展，这种不重门第重才学的人才选拔方法，是培养人才和巩固封建制度的最为有效的方式，所以在后世封建王朝也一直被采用。

第二，经济繁荣、国力昌盛的隋唐，文化实力大大增强，当时的中国在各个方面都处于世界领先地位，这就为中外文化交流创造了有利条件，有力地推动了世界文化的进程。一方面，发达的中国文化强烈吸引了周边众多国家的目光，外国使者和商人纷纷涌入长安学习和交流，长安一时成为中外文化交流中心，中国文化传播到世界各国，中国的造纸术、炼丹术、数学和瓷器等西传，对中世纪的印度、阿拉伯、欧洲和非洲产生了一定影响。与此同时，隋唐文化也以博大的胸襟和宏伟的气魄广为吸收外域文化并加以改造，使其中国化、民族化，促进了中国传统文化的发展。南亚的佛学、医学、历法、音乐、美术等，中亚的音乐、舞蹈等，西亚的景教、摩尼教、伊斯兰教、建筑艺术等都在此时传入中国。

第三，空前的统一和强盛、包容与融摄，使隋唐文化取得了熠熠生辉的丰硕成果，营造了一个丰富浓烈的艺术世界。文学方面，诗歌成就最为辉煌，经由唐代诗人在内容、风格、形式、技巧等方面的杰出创造，中国古典诗歌可谓“无体不备、无体不善”，留下许多名篇佳作。唐代散文也取得很大成就，韩愈、柳宗元发起的古文运动，深刻影响了之后文学的发展。史学方面盛况空前。官修史书制度确立，史学著作不断创新。除《晋书》《梁书》《陈书》《北书》《周书》等正史成功编纂外，我国第一部史学评论著作——《史通》也在此时问世，奠定了我国古代史学理论的基础。《通典》亦是史学一大成果，它创立了一种新的史体——政书体，为中国史学史上一大进步。艺术方面登峰造极。唐代不仅是诗歌与书法的黄金时代，也是绘画艺术的鼎盛时期，雕塑艺术也在隋唐时期发展到高峰，敦煌莫高窟等代表作品至今仍是享誉世界的艺术精品。

此外，大运河的开凿促进了南北经济文化的交流；恒星位置变化的发现和地球子午线的实测，是世界天文学史上的重要事件；孙思邈的《千金方》一书成为后世医学经典；雕版印刷术的发明促进了人类文化传播；唐都长安城因其棋盘格式、对称布局的规划，成为古代建筑史上的杰作；唐三彩成为享誉世界的瓷器极品。总之，隋唐时期中国文化散发出集大成的灿烂光芒，造就了“充实而又光辉”的文化繁盛时代。

(四)宋元:成熟文化的建构

公元960年，北宋建立。随着封建专制主义中央集权的不断加强，社会政治、经济格局都发生了较大的变化，传统文化也取得进一步发展，并在与北方游牧民族和外域文化的冲突、交流与融合过程中渐渐成熟完备。

两宋理学的充分建构是宋代文化最重要的标志，称得上是中国后期封建社会最为成熟完备的思想体系。北宋的周敦颐、程颐等人是理学创始人，南宋的朱熹是理学集大成者，他们建构了一套比较完备的理学思想体系。朱熹认为，理为万物之本源，封建纲常亦为天理，并强调人要对天理有自觉意识。心学是理学的另一派系，南宋的陆九渊是心学开创者，明代王阳明为集大成者。心学在承认理的至高无上的同时，提出“心即理”和“心外无理”的命题。理学融儒、释、道于一体，大大增强了传统儒学的哲理性和思辨性，是封建专制日益强化在文化上的表现。在理学家那里，天理与人欲是相对立的，他们进而提出以天理遏制人欲，抑制人的情感欲求。但与此同时，整个理学也强调人要通过道德自觉来建立理想人格，中华民族注重气节情操、社会责任与历史使命的文化性格由此得以强化。

两宋文化的主要表现形态为上层精致的士大夫文化和市井勃兴的市民文化。第一，宋词、宋画、宋文以及宋明理学是士大夫文化。士大夫文化的精致、委婉、细腻主要通过宋词得以体现，传世的宋词大都典雅委婉、清新秀美。宋画、宋瓷与宋词的意趣相同，也大都以优雅细密、温柔清秀为美，偶有富于潇洒高迈之气的作品，体现了当时文人的心境和志趣。第二，野俗而生的市民文化，成为社会文化的重要组成部分。富有时代特色的杂剧和小说应运而生，传统戏曲在宋金时期的主要形式为杂剧和诸宫调等，到了元代，杂剧兴盛，出现了一大批著名剧作家，中国戏曲史上的许多传世之作也在此时产生。小说在宋代主要以话本形式流行。元末明初，大量以历史、公案、神怪、言情以及市民日常生活为题材的短篇小说和长篇章回小说出现，标志着中国小说进入新的发展时期。古代科技也在文化趋向成熟的背景下盛极一时。这一时期最为突出的成就是指南针、印刷术、火药三大发明。天文学、医药学、纺织术、地理学、制瓷术等领域也取得了辉煌的成果。宋代的教育也非常发达，其官学系统有两个特色：首先是在学校教育上，无问亲疏，等级差别不断缩小；其次是重视地方学校的发展。这一改革有利于低层官僚弟子乃至寒门弟子脱颖而出，教育的发展与深刻变革使宋代整个社会的文化素养超过汉、唐。

自立国以来，宋王朝就深受外患之扰，形成与辽、西夏、金等游牧民族政权对峙的局面。1260 年，忽必烈建立元朝。虽然政治、军事、民族、文化上存在一系列的冲突和对抗，但这也在某种程度上加速了文化的交流与交融。忽必烈深受汉族儒生士大夫的影响，大力实行了一系列改革措施，使统治制度和体系汉化。由于统治者的大力支持，于两宋崛起但一直处于边缘地位的程朱理学成为显赫的官学，深刻影响了明清文化格局。元代，汉族士人文化受到严重打击。元代，中国的疆域空前广阔，中国文化与域外文化展开了气势惊人的交流融合。元代统治者实行开放政策，这就促使阿拉伯人、波斯人大批迁往内地，伊斯兰教、基督教也开始传入中国。这些前来中国的各国人士中人才众多，异域的科学技术成就通过他们传入中国，尤其是当时处于世界领先水平的阿拉伯天文学、数学，对中国产生了重要影响。与此同时，中国文化也迅速向西方传播，中国的火药、历法、数学、瓷器、茶、丝绸等通过不同的途径先后传入阿拉伯、欧洲等地区。

（五）明清时期中国传统文化的承古萌新

明代到鸦片战争前夕，中国处于封建社会晚期，中国社会结构发生了重大变化，中国文化进入总结期和转型准备期。

第一，经过几千年的发展，至清朝，封建文化行将就木，明清时期统治者组织人员对中国传统文化进行了细致的清理和总结，为之后中国文化的转型准备了必要的条件。《永乐大典》《古今图书集成》《四库全书》等大量综合性著作的纂修，《全唐诗》《全唐文》《明清两代经世文总集》等文学巨著的汇编，《康熙字典》等大型辞典的问世，总结我国古代农业科学成就的集大成著作——《农政全书》，综合农业、手工业生产的科技著作——《天工开物》，药物学集大成总结性巨著——《本草纲目》等的涌现，不仅标志着中国文化进入总结期，而且也为中国传统文化的转型、继承和发展储备了大量珍贵的文献资料。在此过程中，考据学成为学术主流，并形成了注重考据的学派——乾嘉学派。考据学家对经书、文书、音韵、文字等进行了考证和整理，在保存古典文献方面做出了重要贡献。

第二，知识分子对中国传统文化的深刻反省和新的学术思想的出现，为中国传统文化的转型奠定了思想基础。明清之际，封建君主专制制度达到顶峰，统治者实行空前的文化专制，思想文化领域占统治地位的仍是理学。但资本主义萌芽的出现使学术思想领域出现了早期启蒙思想。以李贽、黄宗羲、顾炎武、王夫之为代表的富于忧患意识的有识之士，对封建专制主义进行了尖锐的批判，并从总体上对中国传统文化进行了反省与总结。他们批判宋明理学，倡扬人的主观能动性，认为宋明理学扼杀人性，是“以理杀人”，注重经世致用；反对中国传统文化“崇本抑末”，主张“工商皆本”；抨击科举制度，主张向西方学习，尊重科学，大力发展教育。他们还抱着“超胜”西学的民族自信心努力会通中西文化。这一思潮虽不是主流，但代表了社会进步的方向。因此，在这一思潮影响下，戏曲、传奇、小说成为明清文学发展的主流，并为中国文化转型营造了艺术氛围。文学领域也出现了具有初期民主思想的作品，如《牡丹亭》《长生殿》《桃花扇》，长篇小说《西游记》《红楼梦》《水浒传》《三国演义》《儒林外史》，短篇小说《聊斋志异》等都深刻揭露了封建制度的弊端，预言封建社会必然走向灭亡。

第三，明末清初的“西学东渐”，使西方科学文化知识传入中国，充实了中国传统科学。西方的天文历法、物理学、机械学、数学、地图测绘学、医学、建筑学、火炮技术、绘画、音乐等开始在中国流传。中国也出现了一批接受西学的学者和科技人才，他们将西方的科学技术引入各自的研究领域，促进了中国传统科学的进步。

总之，这一时期的思想文化与资本主义萌芽相伴而生，具有早期启蒙思想的性质。早期启蒙思想家对封建制度的批判，加速了封建自然经济的解体，宣告了封建文化的没落，鸦片战争前的中国正处于西方文化对中国传统文化全面冲击的前夜。1840 年鸦片战争的爆发，使中国传统文化受到血与火的洗礼，从此进入了蜕变与新生并存的历史阶段。

四、近代中华优秀传统文化的转型发展

1840 年，鸦片战争爆发，西方列强以武力轰开了中国的大门，中国逐步沦为半殖民地半封建社会。长期为封建制度服务的传统文化显然已无法适应社会的变革，不得不自我革新，进入转型与新生期。所谓“转型”，就是中国传统文化

在西方文化的冲击之下不得不改变其固有的运行轨迹;所谓“新生”,就是中国传统文化适应新形势而以崭新的面貌出现。

五四运动前,中国传统文化的转型分为三个阶段。第一个阶段是从鸦片战争后开始的洋务运动到中日甲午战争。这一阶段中国人开始从物质文化上认识西方文化,走上了向西方学习的道路,并兴起了洋务运动,自此揭开了中国文化转型的序幕。第二个阶段是从甲午战争失败后,中经戊戌变法,到 1911 年的辛亥革命。这一阶段维新派将改良的矛头对准了封建制度,特别是后期出现的革命派,在大量学习西方文化的同时,推动了中国文化在制度层面的转型。辛亥革命宣告了两千多年封建专制制度的结束。第三个阶段是从辛亥革命至五四新文化运动。五四新文化运动在是内忧外患下对传统思想文化进行自我批判、救亡与启蒙并行的民族自救运动。在这场运动中,中国人首次从民主和科学的高度全面审视中国传统文化,是中国文化转型发展进入精神层面的标志。伴随着洋务运动、戊戌变法和辛亥革命等,中国文化走上了现代化道路,特别是在五四运动后,马克思主义在中国得以广泛传播并被社会普遍接受,这就从根本上改变了中国的文化面貌。

首先,掀起向西方学习的思潮。19 世纪 60 年代,以曾国藩、李鸿章、左宗棠等为代表的洋务派主张向西方学习,他们以求强、求富为目标,派遣留学生到外国学习先进技术,创建洋务企业,加强军队的力量,试图于民族危亡之时挽救清王朝的统治危机。早期维新派发动了戊戌变法,变法虽未成功,但它不但在政治变革上是一次历史的超越,而且在思想文化上也是一次重大的历史转折。自此,在西学和新学的双重强烈冲击下,中国传统封建文化的根基动摇。其次,对传统文化进行了扬弃。科举制度的废除、新式学堂的广泛推广,为教育的独立、普及和社会化创造了良好的条件。报纸大量创办,文化开始更普遍地传播,呈现出大众化和平民化的发展趋势。南京临时政府成立之后,一系列新文化政策的出台,从根本上动摇了儒学在教育上的统治地位,并且以法律形式确立了资产阶级新文化的主导地位。20 世纪初的新文化运动是资产阶级新文化和封建旧文化的一次激烈斗争,提倡民主科学,反对专制迷信,破除了封建主义思想对人们的束缚,唤醒了国人特别是知识分子和青年学生的意识。再次,马克思主义得到广泛传播。马克思主义自传入中国,便因具有良好的群众基础、与中国国情能够相适应而得以广泛传播,最终成为影响当代中国社会最大的思潮。在马克思主义的引领和指导下,中国文化蓬勃新生。中华优秀传统文化在马克思主义中国化的发展进程中,日益成为建设中国特色社会主义先进文化的重要思想资源,成为中华民族共有精神家园的重要支撑与新时代鼓舞人民奋勇前进的强大精神力量。

在社会主义现代化建设中，中华优秀传统文化仍显示出强大的生命力，在振奋民族精神、增强民族凝聚力、整合社会价值、协调社会秩序等方面发挥着作用。随着全球化的发展，国际竞争日趋激烈，文化软实力越来越成为国家综合国力竞争的重要因素，中华优秀传统文化面临新的考验，我们也开始以新的思维寻求文化发展的途径。新时代，习近平总书记不断强调中华优秀传统文化是中华民族的“根”和“魂”，是中华民族的精神命脉，要在弘扬中华优秀传统文化的基础上建设社会主义核心价值体系。新的历史条件下传承、弘扬传统文化的方向路径，就是要实现传统文化与现实文化的融合，要处理好继承与创新的关系，力争破除对中国传统文化的错误认识，实现传统文化的创造性转化、创新性发展；要按照时代的要求，赋予中华优秀传统文化新的时代内涵和表现形式，激活其生命力，在中国特色社会主义现代化建设实践中，适应时代的新发展、新需求，吸收人类创造的一切优秀思想文化成果之精华，推动中华优秀传统文化进一步地发展和完善，共同服务于现代社会的发展。

第二节　中华优秀传统文化的结构

文化是一个具有层次结构的体系，一旦形成便具有独立意义，通过一定的形式或形态存在、发展、演变。或者说，文化一旦获得了独立意义，便形成了一定的系统或结构，通过一定的系统或结构发挥功能和作用。在发展过程中，中华优秀传统文化也形成了独特的结构。

一、文化的结构

近现代以来，随着人类学、文化学的兴起，文化一词被广泛使用，人们对文化的理解也千差万别。据统计，学术界对文化的定义在百种以上。综合前人的观点，我们认为，文化是一个民族在其历史上创造的观念体系和价值体系，这些观念体系和价值体系是通过各种活动及其成果表现出来的。文化结构即文化的架构，有两重含义：一是不同的文化元素之间所具有的一定秩序关系；二是文化结构由文化特质、文化元素、文化区、文化模式等概念构成。关于文化结构，学界有着不同的观点。如马林诺夫斯基提出了著名的文化三因子说，即物质、社会组织、精神生活三个层次；钱穆则认为文化即人生，即生活。从人生的角度来讲，文化结构可分为物质的、社会的、精神的三个层次；庞朴也认为可从物质的、制度的、心理的三个层面划分文化的结构，其中文化的物质层面，是最表面的;而审美趣味、价值观念、道德规范、宗教信念、思维方式等,属于最深层、介乎二者之间的是种种制度和理论体系[①];郭齐勇认为,整个大文化系统涵括物质文化、社会关系体系、精神文化、艺术文化等子系统,以及语言符号系统和风俗习惯系统。[②] 从系统的角度考察,任何文化都至少包含精神和物质的层面,细究之,还应有社会物质活动的层面,即制度文化或行为文化。这就产生了最有权威性的文化结构三层次说,中国传统文化可依此划分为物质层面的文化、制度层面的文化、精神层面(思想)的文化。

物质层面的文化指人类物质生产过程及其产生的物质文明成果,主要包括现实生产力(由劳动者、劳动资料、劳动对象构成)和满足人类最基本的衣、食、住、行的生存需要的消费资料、科学技术、文学艺术、建筑风貌等,它们虽然是人类认识、改造自然的精神因素的凝聚,但主要还是以实体物质的形式表现出来。

制度层面的文化是指人类在社会实践中依据一定的思想观念建立的各种国家根本制度,包括政治制度、经济制度、法律制度、教育制度、婚姻制度等,包括社会组织机构以及工作部门的设置形式、结构及与之相应的制度、规章、条例等,还包括风俗习惯。制度文化又分为上层的制度行为文化和在制度文化长期影响下形成的民俗行为文化,即"在上为礼,在下为俗"。这种行为文化服从于一定的文化体系,其发展往往会超越制度文化的变革。

精神(思想)层面的文化则包括价值观念、思维方式、道德情操、审美趣味、宗教感情、民族性格等因素,是人类社会实践和意识活动长期孕育而成的,是人的内心世界的真实反映,潜伏于整个文化系统的深层。精神层面的文化可分为与制度文化相对应的意识形态和与风俗行为文化相对应的社会心理文化。

在这三个层面中,精神层面居于核心地位,物质层面与制度层面与之紧密呼应。中国传统文化的表面结构指物质层面,具有弹性的制度层面可称为中层结构,深层结构则指精神层面。在文化结构的三层次中,因外在的物质实体较易发生变化,外显的物质性的文化往往会随着生产力的发展迅速变革。处于中层的制度文化则随社会的变化而变化,或快或慢,并且统治阶级思想文化的改变也会在一定程度上影响人们的社会行为方式。而内化于人类文化发展的各个层面的精神心理文化,其核心是人们的思维方式、价值观念和对生活意义的体会和认识,是最难发生变化的部分,文化差异多来源于深层文化的不同。

总而言之,精神层面是文化的实质所在,也是研究文化演变的核心线索,同时

---

① 参见庞朴:《文化结构与近代中国》,《中国社会科学》1986 年第 5 期。

② 参见郭齐勇:《文化学概论》,湖北人民出版社 1990 年版,第 221 页。

这种精神实质却又总是通过其制度的和物质的文化表现出来。所以,文化研究的关键是思想文化研究,但制度文化与物质文化也是文化研究的必要补充。

二、中华优秀传统文化的结构

在漫长的历史进程中,中华优秀传统文化除了表现为一定的形态或形式外,还自然地呈现出一定的层次结构,对中华优秀传统文化进行研究,自然不能忽视它的整体结构和内在机制。总体来说,中华优秀传统文化呈现出以儒、道为主体,融合了佛教、基督教等外来文化的多元化结构。现择其要点略述之。

从文化结构的视角来看,中国传统文化以儒家、道家文化为主体,以佛教等其他文化为辅。儒家思想统治封建社会达两千多年之久,自西汉已被定为正统社会统治思想,处于"独尊"的地位。但自秦汉以来不仅仅是儒家文化占据主导地位,儒、道两家在不同的时代既此消彼长又相辅相成。因此,就文化主体而言,儒、道两家在中华优秀传统文化都占据着重要地位。西汉统治阶级总结并吸取了秦王朝灭亡的教训,推行道家"黄老"思想,主张轻徭薄赋、躬修俭节、清静无为等,于是才有了"武帝之初七十年间,国家无事"的"文景之治"。西汉中期,汉武帝"罢黜百家,独尊儒术",儒家思想成为统治思想。但道家思想并未消亡,而是以道教的形式在民间广为流传,这就为道教之后的发展奠定了深厚的社会基础。魏晋南北朝时期,玄学成为中国文化思想的主流。玄学不仅深受道家思想影响,而且也大量吸收佛教的基本教义。因此,究其实质而论,玄学是以道家思想为主体的儒、道、佛三家思想融合的产物。隋唐时期,唐朝统治者自称是老子后裔,尊老子为"玄元皇帝""天皇天帝",并定道教为三教之首,道教又一次获得发展。中唐以后,儒学的价值和地位被重新审视,一些儒生强力提出"三教归儒",儒学复兴运动就此开始,这为宋明理学的最终形成提供了坚实的基础。尽管宋明理学的发展使儒学再次居于主导地位,但儒、道、释三教融合仍是理学理论体系的最大特征。由此可见,在中国文化发展史上,儒家文化和道家文化都是文化的主流,只不过随着历史的发展其地位有所变化而已。

无论是儒家文化还是道家文化都深刻影响着中国传统文化的发展。可以说,中国文化的特质大多源流于儒、道文化。儒家文化和道家文化深刻影响了中国人的国民性格和中华民族的文化心理素质。"入世为儒,出世为道""儒治世、道治身、佛治心"是中国人的普通认知。儒家文化和道家文化遵循各自的理论体系,从不同的向度影响着中国历史的发展。儒家文化主要影响中国政治、伦理、家庭关系,陈寅恪认为,华夏民族两千年来在制度、法律、公私生活方面受儒家学说的影响最为深重。道家文化则饱含崇尚自然、返朴归真的思想,对中国哲学、文学、美学、艺术均产生深远的影响。

北齐思想家刘昼在《刘子·九流》中描述了中国传统文化的结构特征，他认为："道者玄化为本，儒者德教为宗，九流之中，二化为最。"这里的"九流"即指多元的文化，正是多元的文化，才造就了丰富的中国文化体系。而"二化为最"则是指儒、道两家在中国文化结构中的主体地位。由此可见，中国传统文化是以儒、道文化为主体的结构模式，并未有其他派别能够取而代之这种主导地位，但其他文化仍是中华文化不可或缺的组成部分。中国古代思想家虽然各有传承、各成体系，但"万物并育而不相害，道并行而不相悖"又是他们理想的文化境界，儒、释、道三者长期并存是中国传统文化包容精神的最好体现。

第三节　中华优秀传统文化的特征

中华优秀传统文化的发展受到特定政治、经济结构的影响和地理环境等因素的制约，其主要内容、价值取向、社会心理、思维方式等也各有特点。中华优秀传统文化是中华民族精神的表征，其特点可从不同角度进行分析，以下仅就中华优秀文化精神特质的鲜明特征略作分析。

一、多样性与统一性融合，生命力与凝聚力并存

在漫长的发展中，中华民族逐渐成为以华夏文化为中心，融汇国内各民族文化和域外文化的统一体。这个统一体具有强大的同化作用，使统一成为历史主流和趋势，即使在政治纷乱、国家分裂，内忧外患的危急存亡关头，统一仍是人心所向。虽然政治上总是分分合合，但中华优秀传统文化本质上是一个整体系统，以大一统为常道，文化学术思想也呈现出回归的趋势，即所谓的"道统之相传"。中华优秀传统文化还具有极大的包容性，提倡在主导思想的引导和规范下各种思想文化相互吸纳渗透、兼容并包、多样统一，显示出"有容乃大"的大国气魄。于是，在国家大一统的历史进程中，在民族的迁徙、冲突与融合中，文化交流和融合的高潮一次次出现，中华优秀传统文化不断更新、壮大并勃发生机。中国优秀传统文化的包容性同样也表现在对外来文化的吸纳与同化上。中华优秀传统文化主体上是一种开放性的文化，以汉族文化为主体，融合少数民族文化，同时兼容域外文化，诸如佛教、伊斯兰教、基督教，印度的天文学、医学、舞蹈、建筑，伊斯兰国家的天文历算、医学，西方的历法、数学、地理学和各种科学技术等涌入中国，并为中国人所接纳，融入中国文化之中。但是，中华民族对外来文化的接纳从来都是理性的。不符合中国国情，外来文化就不能发挥正

面积极的效用,就没有生命力。例如,佛教传入中国后就开始了中国化的进程,突出表现是佛教的儒化。正因为经过这种化异为己的抉择,虽然历经几千年的吸收与融合,中华文化在本质上仍保持着一贯的体系及特点,始终是以本土自创的文化为主体,有力地维系着中华民族的独立性,同时也使周边各族文化受到影响,从而使中华文化呈现出多样性与同一性并存的宏大气象。

中华文化历经沧桑、久经磨难,生生不息、延续至今,是一种具有超强生命力的文化体系。英国历史学家汤因比把世界文明划分为 26 种形态,其中只有中国有着完整、连续的文化序列,文化体系不曾中断,是世界文化史上的一个特例。同时,中华优秀传统文化还具有超强的凝聚力。中华民族在创造自身历史文化的同时也形成了共同的思想情感、精神气度等,成为一个不可分割的具有全民性和内聚性的民族集合体。从中国人文化心理的自我认同感和超越地域国界的群体归属感可以感受到这种强大的凝聚力。汤因比说:“就中国人来说,几千年来,比世界任何民族都成功地把几亿民众,从政治上、文化上团结起来。他们显示出这种在政治、文化上统一的本领,具有无与伦比的成功经验。”① 诺贝尔物理学奖得主杨振宁说:“我觉得中国传统的社会制度、礼教观念、人生观,都对我们有极大的束缚的力量。”②从这种束缚的力量中我们也可以深刻感受到中华文化强大的凝聚力。

二、道德至上的伦理型特征

以血缘关系为纽带的宗法制度,不仅是古代中国社会政治结构及其意识形态的决定性因素,而且也是中华优秀传统文化最重要的社会根基。传承自民族社会又在文明时代得到持续发展的守法传统,使伦理规范和道德教化成为中国社会最重要的样态,从而形成了以“趋善求治”为目标的伦理型文化,其主要表现就是道德至上。

孟子曰:“天下之本在国,国之本在家。”③由家庭而家族,再集合为宗族,又形成社会,进而构成国家。这种家国同构、家国一体的社会构造是中国社会生活的底色。宗法制在西周已经完备,促进了社会结构的稳定。宗法制的形成以及守法观念深刻地影响着社会生活,形成每个人都应当遵循的纲常伦理和行为准则,并不断强化人们的认同心理,逐渐形成普遍的社会心理。作为中国文化

---

① [英]汤因比、[日]池田大作:《展望二十一世纪——汤因比与池田大作对话录》,国际文化出版社 1985 年版,第 294 页。

② 转引自高福进:《挖掘中华传统文化的创造力和影响力》,《长江日报》2016 年 11 月 28 日。

③ 《孟子》,中华书局 2015 年版,第 132 页。

核心的中国古代哲学,以孝悌的伦理关系为主要依托,重视宗法伦理问题的解决。“君为臣纲,父为子纲,夫为妻纲”的“三纲”与“仁”“义”“礼”“智”“信”的“五常”,最终成为封建社会伦理精神的核心。历代哲学家对天地人关系持续不断的思考和探索,也始终带有浓郁的伦理色彩。孔子“仁者爱人”的思想充满了伦理精神,董仲舒认为“天有善恶之心”,宋明理学讲“存天理,去人欲”,这都是将自然和社会纳入伦理范畴的体现。以“三纲”“八目”为哲学核心的儒家特别注重对道德的自觉追求和完善,而道家显然完全沉浸在“不为境累、不为物役”的精神境界之中,肯定对人性自由的追求,向往能充分展现个体的价值。这些思想虽与儒家思想有相悖之处,但它们在碰撞中相互渗透,使中国哲学充满了浓郁的伦理色彩。

中国古代社会恪守氏族社会遗留的宗法传统,在以伦理道德学说作为维系社会秩序的精神支柱的基础上,极力追求道德的尽善尽美,使中国文化具有以求善为目标的“道德型”特征,在中国传统文化中以修身、齐家、治国、平天下为本,道德始终比法律更具威力,从而形成了“德治主义”。儒家首先意识到道德对人生和社会的重要意义,德行成为人们的行为准则、文化教育的中心内容、国家兴衰存亡的重要标志。因此,他们主张“修身为本”“以德服人”“正心诚意”“见贤思齐,见不贤而内自省焉”,他们强调“修身齐家治国平天下”。“修”“齐”的目的是“治”“平”,实现人生理想也是为了实现“天下大同”的社会理想。“仁义礼智,孝悌忠信”成为儒家伦理思想中重要的道德条目,并渗透到全民族的心理、意识之中,孔子的仁学将宗法思想与封建国家观念联结起来。魏晋玄学、宋明理学也都尽力利用思辨去满足伦理需要。两千多年来,一切仁人志士莫不把修、齐、治、平当作毕生追求的政治理想和道德理想。当代社会,我们仍能看到中国传统文化这种道德至上的伦理型特征的影响力。德才兼备是我们选拔人才的重要标准,法治、德治成为治理国家的有效理论,社会主义核心价值观又对我们提出了更高的要求,道德修养和道德品质教育有助于世界观、价值观、人生观的重塑和社会风气的改良,具有重要的现代价值和意义。

三、“重人生、讲入世”的人本主义

在中华优秀传统文化中,人被视作宇宙的中心。“人为万物之灵”“人与天地参”等观念,都肯定了天地之间人为贵。人被推崇到极高的地位,形成了“重人生、讲入世”的“以人为本”的文化特征,这是中国传统文化的基调。简而言之,人本主义是中国传统文化的精神核心,西周时期神本主义就已经失去了在中国传统文化中的主导地位。具体而言,可从“以民为本”“民贵君轻”的基本政治理想、以入世的方式处理现世生活、追求道德伦理的人本关怀三个方面来阐释。

首先,“民为贵”的民本主义精神是中国传统文化人本主义的一个重要体现。“重我民”“施实德于民”说法很早就出现在《尚书》中,《左传》《国语》等典籍中也记载了以民为本的观念。“民为邦本”的思想在儒家学说中得到了集中的体现。孔子主张重民、富民、教民,“民、食、丧、祭”中,“民”居于首位。孟子提出“民为贵,社稷次之,君为轻”,这成为之后历代开明统治者秉持的政治理念。荀子提出的“君舟民水”命题,也是对历代君王的警醒。除了儒家主张“民为邦本”,道、墨、法诸家也都有丰富的重民思想,在两千多年的封建社会里,中华优秀传统文化“重民”“贵民”的人本主义特征不断得到丰富和强化。

其次,在中国传统文化中,宗教和鬼神信仰始终是排在人之后的,比起虚无缥缈的鬼神世界、彼岸世界和未来世界,现实人生才是中国人最为关注的。这种“重人伦,远鬼神”的人生态度及入世主义,鲜明体现了中国传统文化的人文主义精神。远古时期,由于生产力和思维能力的限制,产生了原始宗教以及对天命鬼神的崇拜。但自西周起,人类的主体意识开始觉醒,已经初步认识到人自身的价值,神本主义开始向人本主义转变。此后,尽管有本土道教的兴起和佛教的渗透,但儒家道德观念和人本思想始终在民族的心理和思想意识中占统治地位。在中国,宗教权力从未超越现实政权力量,王权从来都高于教权。当然,中国宗教本身也蕴含着重视人的人文精神。这种重现世人生,主张积极入世、排斥轻视鬼神的思想,无疑将人关注的重点拉回社会人事,有利于中国社会的发展。

再次,中国传统文化始终强调心的作用,注重个体的内心。因把人置于一定的伦理人际关系中来定位,中国传统文化只从个人与对象(家庭、宗族、国家)的关系来肯定人的价值,来肯定个体心性的完善,所以中国传统文化的人本关怀带有浓重的道德色彩。

中国传统文化认为人立于天地之间是可以自足的,并不需要依赖任何外在力量。若以内外相对而言,中国文化是重内而轻外的,无论儒家还是道家都是如此。儒家以道德为自足之源,道家则以自然为自足之源。对儒家来说,人可自足于这种深藏于人类自身的价值之源,它是用之不竭的巨大宝藏。儒家把人的内在道德由内而外扩展,把人性外化为自然,而后再由外在的自然落实到人的心性之中,在心性基础上二者得以统一;道家则是把外在的自然由外向内扩展,使之内化为人的理性,而后使二者在精神中结合。可以看到,虽然儒家、道家的出发点和解释路向不同,但它们强调的都是人性的自足性。那么,既然人性如此自足、完善，那就没有必要汲取外界的力量，只要重视人自身的道德修养，必能寻到良善和幸福，自然也就不必在知识、逻辑、科学、宗教以及法律等上面下功夫了。所以，儒家总是特别重视自我省察，而道教也提倡自我观照，甚至中国化的佛教亦倡导“明心见性”。这都是在向内用功，旨在把人的力量落实到人的身上，在人的生命内扎根，因此并不重视人生之外的东西。宗教是通过信仰向上向外追求，祈求和依赖外在力量的帮助，而中国传统文化则重视人的内在力量，通过心向里向内追求，这是中国传统文化人本精神的另一个体现。

四、崇尚中庸、追求和谐的和平精神

中庸之道可以说是儒家思想的基本精神，是儒家最推崇的为人处世之道，是中国传统文化的一个基本特质，深刻影响了中国传统文化的形成和发展。孔子反对过犹不及，反对偏执一方，强调中和、和谐，认为要通过“叩其两端”来把握事物。在儒家思想中，中庸之道既是一种思想理论，更是一种道德行为准则。中庸之道强调对事物的度的把握，进而避免和消解人与人、人与社会之间的对立与冲突，这就迎合了儒家努力构造有序的道德社会的理想。中庸思想广为流传，对中国人的伦理道德、思想方法、行为方式产生了巨大影响。孔子及以后的儒者也都对中庸思想做了更深刻的诠释，他们认为：按照中庸之道的原则，在政治上，就要以中和的态度处理政治问题。在经济上，要适度给予百姓实惠，不能浪费也不要过于压榨，要使百姓衣食丰足又勤于劳作；有限地满足某些欲望，但不能纵容无限度的贪婪。在伦理道德上，中庸更是被视为最高的道德原则和根本的处世之道。和谐理论早在西周末年就已产生，史伯强调只有以不同的元素相配合才能调和矛盾，从而达到和谐，“中和”是实现和保持和谐的重要原则。“中”的本义不是折中，而是无过无不及、适度、恰如其分。如同适当分量的五味相和，才能达到和谐，产生美味。“和”的本义也不是调和，孔子说：“和而不同。”“和”是与“同”相对而言的，“同”就是同一，完全一致。“和”则是不同，不同的事物或不同的因素，按一定的关系和谐地组合在一起。道家的“不争之德”和中道思想也对“贵和持中”思想产生了巨大影响，但相比之下，以老子、庄子为代表的道家中道观比儒家的中道观更消极退缩，这对塑造中国人中庸和平的国民性格起到了一定的补充作用。可以说，儒、道两家的中道观互补塑造了中国文化中庸和平的性格，虽然两家有分歧，但皆重视内在精神的和谐，以及天、地、人和平共处、圆融无碍的精神。

这种崇尚中庸、追求和谐和平的贵和持中的思想，饱含文化理性。它已经不仅仅是对宇宙万物发展规律的认识，其意义也远远超出了道德领域，成为中国人处理一切事物的根本原则和理想目标，避免了人和事物走向极端，中国传统文化便在这种自由和理性的环境中获得长足发展。崇尚中庸、追求和谐和平是中华民族的优良传统，全民族都对“贵和持中”的观念表示极大的认同并接纳之，这就使中国人无论在任何事情上都讲求和谐，由此产生了“和而不同”“仁爱宽容”“团结合作”“集体主义”等积极向上的民族精神。这些民族精神的凝聚和扩展，对中华民族的稳定持续发展、对中国传统文化的继承和发扬都有着深远的影响。新时代，在建设社会主义和谐社会的进程中，崇尚中庸、追求和谐和平的贵和持中的精神，是我们处理各种矛盾的良方，保证了社会的稳定与持久发展。

第四节 中华优秀传统文化的境界

一、文化的境界

什么是境界？境界是指主体的心灵对自然、人生与社会的觉悟状态和程度。境界的高低完全取决于觉悟程度的高低，境界越高，越能深刻洞明宇宙人生的真相和事理。现实中每个人的境界皆有高低，人的成长进步，说到底是一个境界提升的过程。境界内在地标示着方向，境界提升意味着人生方向的重新标示，提升境界是一种向上的价值诉求，即必须回答“提升方向”的问题。

在人类生活中，文化与境界密不可分。文化是以外显的方式呈现人类生活的图景，境界则是人类生活样态和存在方式的内敛性表现。卡西尔认为人是文化的存在，人因其文化而划定了“人性的圆周”①。人只有在创造文化的活动中才能成长为真正意义上的人，文化使人从世间万物中脱颖而出。人类文化世界的形成标志着人的类意识的觉醒，表明人类已经在思想上认识到自己与普通的物有别，需要在一系列文化实践活动中去探求人生的目的、价值和意义。文化作为划定“人性的圆周”的一个特定领域，侧重指向人生的目的、价值与意义层面的生命关怀，而这就引申出文化的境界问题。人类创造的文化也恰好映射了人的境界追求。显然，“境界”是人的主体精神在文化价值层面的展现和表达，关涉人的文化实践的意义与目的层面，只有对人生境界有着不懈追求的文化，才是重视并肯定主体的文化。

从文化的角度来看境界，就是指文化的人文关怀，从积极方面来说，文化指

① ［德］恩斯特·卡西尔：《人论》，甘阳译，上海译文出版社1985年版，第87页。

的是一个社会或民族的精神境界。境界凸显了人的形而上关怀，这可以看作一个人性提升的过程。从境界的视角来看文化，我们就能更容易把握文化的本质。文化境界其实体现了主体对文化的感受和觉悟程度，从中我们可以看到文化的发展质量。归根结底，文化境界问题其实就是价值问题。境界与文化互相促进、相辅相成。当文化被赋予境界的关怀时，文化才可以有目的、有方向地发展，才不至于异化从而偏离人性的方向。个体的人具有主观能动性，目的和意志使人可以自主活动，呈现出蓬勃生命力。但在文化中，共同体的无限性会消解个体的有限性，然后个体对世界的认知方式及成果将会被吸纳融入整个人类社会的认知方式和成果，这就会克服个体境界提升面临的局限性。所以，如果说个体的境界体现的是人的超越性本质，那么文化的境界体现的就是社会意识的超越性本质。由此可以看出，探究和追问中华优秀传统文化的境界可为当代文化的健康发展确立正确的价值坐标。

二、中华优秀传统文化的境界追求

人类文化的宏大景观由不同的文化交织而成，不同的文化各具气象和特色，也可以将这种气象与特色理解为文化特有的境界，文化的境界因此变得丰满多彩。文化是社会意识的重要内容，其意义与目的就是对最高社会存在的追求，而这个不断追求的过程可以看作文化自身境界提升的过程。文化的境界各各不同，其背后是文化代表的人及其生存形态，差别仅在格调和特色的不同，无高低贵贱之分。正如梁漱溟所说："你且看文化是什么东西呢？不过是那一民族生活的样法罢了。"[①]中华优秀传统文化不仅重视理论描述，还注重实践体验，"天人合一""物我合一""道器不离""体用不二""和谐共生"等就蕴含着非常丰富的哲理，其内在超越品质造就了中华优秀传统文化的独特境界。

（一）中华优秀传统文化的人生境界

文化的境界是人对宇宙真理的无尽追问，因此对文化境界的审视也就必须回归作为文化主体的人以及人对自身之本的无限追问，也正是如此才确定了文化境界的价值旨归。在中华优秀传统文化的实践中，境界是人生格调的体现，也是人生修为到一定层次的体现。中华优秀传统文化的核心是中国哲学，它的重点落在人生论上，并以人生论为基础不断向外延展，对境界尤为重视。可以说，中国哲学的核心宗旨就是提高人生境界。自古以来，中国人就不太关心宗

① 梁漱溟：《东西文化及其哲学》，《梁漱溟全集》第1卷，山东人民出版社2010年版，第352页。

教，神本主义从来不占据重要地位，因为哲学才是中国人极其关心的。冯友兰说："中国传统哲学的功用不在于增加积极的知识（积极的知识这里指关于实际的信息），而在于提高心灵的境界——达到超乎现世的境界，获得高于道德价值的价值。"[①]从中国哲学的思想来看，人性的升华其实就是以向善为导向不断自我实现和自我超越的过程，在这个向善的过程中自然就有了人生境界的提升。可以说，中国人实现自我人生超越的一个非常重要的标志就是对境界的领悟。

张世英先生把人生境界分为四种，其中"求欲的境界"为第一种境界，科学的"求实的境界"为第二种境界，"道德的境界"为第三种境界，"审美的境界"为第四种境界。[②] 同时，他认为：对高远境界的崇敬之情也可以称为一种'宗教'的感情，即"无神论的宗教感情"。中华优秀传统文化在人生境界上最重要的体现是知行合一的道德修养。"国无德不兴，人无德不立。"中华优秀传统文化蕴含着丰富的"仁爱""重民本""守诚信""崇正义""尚和合""求大同"等道德思想和价值追求。而且，以儒家为代表的中华优秀传统文化不仅能够借助制度化树立官方权威，更重要的是能通过生活化渗透到日常生活之中，成为百姓日用之道，从而积淀了坚实深厚的社会基础，深刻影响了中国人的思维方式和价值观念，孕育形成了中国人独特的精神世界。

中国哲学强调个体的人生理想必须建立在个体人生境界的基础上才能实现，也就是说要想实现人生理想就必须先完善最高人生境界。以儒家和道家为例，儒家、道家作为中国传统文化的主流，都追求超越以求得人生境界的提升。但儒家所认为的成人之道即是以道德境界为人生最高境界的"成圣"之道，能够达到此种境界的理想人格就是"圣人"；道家所提倡的成人之道即是以"万物与我为一"的审美境界为人生的最高追求的"逍遥"之道或"成真"之道，是对道德的一种超越。可以看出，两家虽都强调提升和超越的境界问题，强调个体人生境界是实现理想人格的基础，但路径却极其不同：儒家"尚有"，主张刚健有为；道家则"贵无"，强调顺应自然。实现路径虽然不同，但最终目标却是极为相似的，都特别强调"通过超越有限而实现无限与永恒，通过超越有形而进入无形，通过超越小我而成就大我"的人生境界，这也体现了中华优秀传统文化中人生境界的人性魅力。

（二）中华优秀传统文化的社会境界

一般情况下，人们对境界的探讨仅仅限于个人内心品性，充满对人生境界

---

① 冯友兰：《中国哲学简史》，涂又光译，北京大学出版社 1985 年版，第 8 页。

② 张世英：《境界与文化》，《学术月刊》2007 年第 3 期。

的思考和关怀，少有人从社会层面和社会意义上来谈境界。其实，从社会意义上来讲，文化的“境界”是指民族精神和社会精神。从“小我”与“大我”的统一性来讲，个体境界的积聚与凝结最终往往会通过社会、民族精神来体现。同样，社会、民族精神也是通过具体个体的境界来呈现的。无论是个体的人生境界还是社会、民族的精神都产生于特定社会文化基础之上的。所以说，从社会层面看中华优秀传统文化的境界，并非一种玄学或空想，也是人类的某种文化价值诉求的体现和表达。张世英先生精辟地指出：“如果说‘境界’一词只是指个人的精神境界，那么，‘文化’则是指一种社会、一个民族的精神境界。一种社会、一个民族的文化是由它所属的成员的个人境界构成的，离开了个人的精神境界，所谓社会文化、民族文化，是空无内容的。”①这就说明个体的人生境界和生活境界其实构成了社会文化的核心内容，进而形成了整个社会文化的中心。这个中心体现了整个社会精神的价值指向，是对整个社会境界的呈现。理想的社会境界既具有绵延的同一性，是各个个体的内在精神结构的凝结，即特定的人格，又外显为某种气象、风度和状态，展开于具体人的“在”世过程和社会的各个层面。仅从个人人生的角度谈文化的境界问题，不能从社会存在的维度去谈境界问题，显然是不周全的。

相对于西方哲学较为注重外在超越来说，中国哲学则较为注重内在超越。在人生价值的实现方式上注重向内用力，大力提倡“内圣外王”“反身而诚”，在这个过程中，关键是主体要有清明的自觉意识。所谓“君子食无求饱，居无求安，敏于事而慎于言，就有道而正焉，可谓好学也已”②，讲的就是这个道理。另外，孝道是中华优秀传统文化中理应得到良好传承的精神，具有非常重要的社会价值和意义。“今日孝者，是谓能养。至于犬马，皆能有养；不敬，何以别乎”③。此外，还有世人极为推崇的德治思想，如“为政以德，譬如北辰，居其所而众星共之”“道之以政，齐之以刑，民免而无耻；道之以德，齐之以礼，有耻且格”④等。“这塑造了中华民族博大宽容的气质，培育了自强不息的精神，打造了不畏强暴的胆识，造就了勤劳勇敢的性格，形成了朴实无华的作风、已成中华民族凝聚力量、繁衍的源泉。”⑤ 因此，从社会层面来看，中华优秀传统文化的境界无疑具有相当高的层次。

---

① 张世英：《境界与文化》，《学术月刊》2007 年第 3 期。

② 《论语》，中华书局 2015 年版，第 6 页。

③ 《论语》，中华书局 2015 年版，第 10 页。

④ 《论语》，中华书局 2015 年版，第 8 页。

⑤ 赵家治：《〈论语〉的人生智慧》，吉林文史出版社 2011 年版，第 2 页。

儒家文化塑造了中华传统文化的人伦境界与治国境界,体现在治国理政方略中有以下几个方面。首先,古人认为君子修养的合理顺序应是“修身齐家治国平天下”,要求个人不仅要“独善其身”,而且要“兼济天下”,并在中华优秀传统文化发展的进程中,不断提出符合时代要求的、富有中国特色的社会主张和政治理想,体现了治国平天下的担当精神。其次,“以民为本”的理念在社会治理中得到了很好的实践。早在封建社会,富有智慧的思想家就提出“民惟邦本,本固邦宁”。儒家思想更是蕴含着“敬德保民”“民者君之本也”“民为贵、社稷次之、君为轻”等一系列丰富的思想观点,告诫君主要以人为本,重视民生。再次,“和”是中国古代最早形成的哲学观念之一,农耕经济是“和”萌生的肥沃土壤,在此基础上,“和”逐渐发展成为一种基本思维方式和价值理念。爱好和平、崇尚和合早已成为融入中华民族精神世界和国人血脉之中的精神特质。几千年来,中华民族不仅在内部着力维护国泰民安,而且也秉承“和而不同”的精神,力倡不同国家与民族深入了解和相互尊重,从而致力于争取更广泛领域的和平与发展。

(三)新时代的文化境界与发展境界

随着社会物质财富急剧增长,当代中国社会的各个方面发生了深刻变化。但物质财富的激增与人们的幸福感的提升并非完全成正比,也未给人带来更多的归属感、赢得更多的尊严。现代人反而在心理上有了巨大的压力,物质世界和精神世界严重失衡。这种情况无形之中导致文化的超越本性被淡化甚至被遮蔽,与此同时,文化的实用功能却被放大,现代人陷入价值选择的困境。在当下的文化生活中,讨论中华优秀传统文化的境界问题就显得尤为迫切。王国维认为:一个人“有境界则自成格调”。张世英先生也认为:“个人的精神境界(性格、人格、对世界的态度等等)又是在他所属的社会文化、民族文化的影响下形成的,既受自然环境、自然条件的制约,更受文化环境的熏染。要提高个人的精神境界,最重要的是弘扬民族文化。”[①] 可以看出,文化境界实则决定发展境界。人生需要一种境界,民族复兴更需要一种境界,中华优秀传统文化的境界决定着中华民族的发展境界。

文化传承历史也引领未来,是民族的血脉,是人民的精神家园。党的十八大报告确定了建设社会主义文化强国的发展目标,政府工作报告又强调要把文化改革发展纳入经济社会发展总体规划,为今后的文化建设指明了方

---

① 张世英:《境界与文化》,《学术月刊》2007年第3期。

向。党的十八大以来，以习近平同志为核心的党中央高度重视文化建设，提出的一系列新观点、新思想不仅深刻体现了对中华优秀传统文化的正确认知，而且站在提升文化软实力及国家整体实力的高度，对如何发挥中华优秀传统文化的独特作用、如何进行文化改革发展提出了明确要求，这是新时代中国共产党人对传承和发展中华优秀传统文化的坚定信念和自觉追求，也是中国共产党人在新时代对中华优秀传统文化境界的新认知和新实践。习近平总书记在党的十九大报告中提出，要坚定文化自信，推动社会主义文化繁荣兴盛，要坚持中国特色社会主义文化发展道路。从文化与境界的互动角度可以看出，新时代的重要任务是以良好的文化境界不断增强中华优秀文化的对内凝聚力和对外影响力，以良好的文化境界不断提升文化良性发展的新高度，切实将中华优秀传统文化的资源优势转化为文化的发展和竞争优势。党的十九大报告再次着重强调的"创造性转化、创新性发展"这一重大文化方针，体现了中国共产党在新时代、新征程中对文化发展之责任、使命与路径的清醒认识和具体实践。

首先，在中国特色社会主义进入新时代的新形势下，国民道德素质和文化素养的提升迫在眉睫。人与文化是一种同构互塑关系，人创造了文化，文化反过来也塑造人。同时，个体人生境界的形成背景是整个民族文化的大背景。一个人自出生起，所面对的各种文化环境，所接受的教育水平都会深刻地影响他的人生境界，每个人都因不同的社会文化和民族文化的影响形成不同的人生境界和价值取向。所以，个人在学习和弘扬民族文化的过程中只有学会不断地自我反省和超越，才能最终达到提升个人人生境界的目的。只有如此，社会文化才能持续健康地发展。党和政府十分重视思想道德建设，中华传统美德已被明确要求纳入以社会主义核心价值观为核心的中国特色社会主义道德规范体系。只有对中华传统美德进行传承、创新和发展，才能使社会主义核心价值观保持强大的生命力和持久的影响力。儒家的道德教化向来主张道德规范的知识性与实践性要保持统一。所以，现阶段要对不同年龄、层次的群体的实际需要和特征进行了解，从而找到培养不同群体道德意识和道德行为的不同方法和路径。同时，在更深刻了解中华优秀传统文化的基础上，在培育和践行社会主义核心价值观的过程中，不断加深广大民众对中华优秀传统文化境界的感知和领悟，使其具体化、形象化、生活化，从而使社会主义核心价值观在真正意义上内化于心、外化于行，实现其精神支撑和行为规范的作用。

中华优秀传统文化的境界决定了承继中华优秀传统文化具有重要的时代价值。综观世界，无论是西方发达国家还是日本、韩国等东方国家，尊重优秀传统文化始终是文化发展过程中秉持的原则,即使是在社会剧烈激荡的转型期也依然遵循这一原则。中华优秀传统文化有着别具一格的思维方式和价值追求,面对博大精深的中华优秀传统文化,必须坚定文化自信。中国特色社会主义理论体系强调要重视中华文明的精神特质与中华优秀传统文化的文化境界,从而明确中华优秀文化传统的独特性是中国特色社会主义之“特”的重要内容,无疑是在文化层面对中国特色社会主义理论体系的丰富和发展。中华优秀传统文化早已深深浸润中华民族的血脉和肌体,自然而然地成为中华民族最为独特和闪亮的精神标识。在几千年的发展中,丰厚的中华优秀传统文化不断滋养着中华民族,使其生生不息、发展壮大;当下,中华优秀传统文化的崇高境界与中华优秀传统文化的繁荣发展,也必然是中华民族伟大复兴的巨大推动力与支撑力。而要想传承和发扬中华优秀传统文化,必须引导和促进传统的价值理念、道德规范与现代社会发展相适应、相协调,大力推动中华优秀传统文化创造性转化和创新性发展,

从历史上来看,人类社会的进步往往需要一种主体的使命感的推动,而这种推动力的大小往往取决于人类文化境界的高低。新时代,党和国家的治国理政方略吸收了中华优秀传统文化精华,自觉担负起引领实现中华民族伟大复兴的历史使命,阐述了中国梦的伟大构想。中国共产党作为人民利益的忠实代表,始终坚定不移地从人民群众的根本利益出发,践行民生为本的核心理念,以实际行动服务人民群众,为人民群众谋幸福。这既是对马克思主义唯物史观的继承和发展,也是对中华优秀传统文化民本思想的现实演绎。此外,中国坚定不移走和平发展的道路,弘扬崇尚和合的中华优秀传统文化气质,秉持“和而不同”的思想,力促不同国家和民族相互了解和尊重,并在合作共赢的基础上力争实现更广泛领域的和平与发展。这种和平外交的理念,是中华优秀传统文化在当代适应时代的体现,充分展现了中国的大国风范。

通过对中华优秀传统文化境界的探讨可以发现其核心价值,只有始终坚守中华文明精神特质,不断深入发掘中华传统美德的时代意义,不断增强文化自信和文化自觉,自觉推动社会主义核心价值观的培育和践行,积极营造“百姓日用而不觉”的文化氛围,才能不断推动中国特色社会主义文化的发展,使中华优秀传统文化再创辉煌。

第二章　中华民族精神

——孕育、滋养社会主义核心价值观的文化基因

党的十九大报告明确指出："要深入挖掘中华优秀传统文化蕴含的思想观念、人文精神、道德规范，结合时代要求继承创新，让中华文化展现出永久魅力和时代风采。"[①]中华民族创造了璀璨的文明，并且孕育了富有时代气息的中华民族精神。从文化发展的维度考察，中华优秀传统文化随着时代变化不断发展，富有强大的生命力，至今仍影响着中国人的价值观、生活方式以及中国的发展道路；从民族精神凝聚的维度考察，中华民族精神源于中华民族五千多年的劳动实践，集中体现了中华优秀传统文化的精髓。实际上，中华民族精神并不是一个抽象的概念，而是一个多要素、多层面、多类型的价值体系，蕴含着滋养社会主义核心价值观的文化基因。

第一节　中华传统文化与中华民族的文化底蕴

从民族发展的层面而言，文化是一个民族生活样式的集中显现，因而从传统文化与民族精神的关系上说，传统文化是民族精神在各个方面的具体体现，民族精神是传统文化的主体精神。进一步说，中华传统文化是中华民族的本质规定性，是中华民族精神赖以形成、存在和发展的文化载体。

一、中华传统文化的民族特性

从概念层面讲，传统文化由"传统"和"文化"两个词组成。在中国的传统典籍中，"文化"蕴含着"以文教化"的寓意，与"人文"的意思接近，比如《周易》中就

① 习近平：《决胜全面建成小康社会　夺取新时代中国特色社会主义伟大胜利——在中国共产党第十九次全国代表大会上的报告》，人民出版社2017年版，第42页。

有“观乎人文，以化成天下”。近代以来，学者们十分强调文化的价值创造意义，正如梁启超先生所言：“文化者，人类心能所开积出来之有价值的共业也。”[①]当代，文化与文明的意义接近，往往指人类创造的物质财富和精神财富的综合，如《中国大百科全书·哲学卷》将文化定义为“人类在历史实践中所取得的能力及其创造的成果”。在西方，文化通常泛指人类共有的一切东西，如美国学者列文森指认：“文化包含人类选择的所有领域，既涉及其价值判断的部分，也包含其科学判断的部分。”[②]英国学者泰勒认为：“从广义的人种论的意义上说，文化或文明是一个复杂的整体，它包括知识、信仰、艺术、道德、法律、风俗以及作为社会成员的人所具有的其它一切能力和习惯。”[③]概而言之，文化是人类理解世界的一种方式，是人类创造的一切成果，是人类代代相传的价值理念。

根据黑格尔的理解，“传统是隐而不显，藏而不露的联系，表象在这里并认不出自身就是传统，是血缘谱系，只有通过它们的各种标志和结果的比较，才能在失掉了的，保持着暧昧状态的历史遗迹和暗示之外，认识到它们的来源本是一个”[④]。而按照美国学者爱德华·希尔斯的观点，“传统是围绕人类的不同活动领域而形成的代代相传的行事方式，是一种对社会行为具有规则作用和道德感召力的文化力量，同时也是人类在历史长河中的创造性想象的沉淀。因而一个社会不可能完全破除其传统，一切从头开始或者完全代之以新的传统，而只能在旧传统的基础上对其进行创造性的改造。”[⑤]由此可知，传统在社会历史发展过程中仍在发挥价值导向、心理传递和文化遗传的作用，现实的表象只是传统本质的再现，呈现在现实中的文化形象也只是对传统的映现。

在对“传统”和“文化”概念辨析的基础上，可以对“传统文化”和“文化传统”进行区分，汤一介指出：“‘文化传统’是指活在现实中的文化，是一个动态的流向；而‘传统文化’应是指已经过去的文化，是一个静态的凝固体。对后者，我们可以把它作为历史上的一个现象来研究，可以肯定它或者否定它；而对前者，则是如何使之适应时代来选择的问题，因此它将总是一个有特殊性（或民族性）而又有当代时代精神的文化流向。不管人们愿意或者不愿意，一个能延续下去的民族的文化总是在其文化传统中，而且不管如何改变它仍然是这一民族的文化

---

① 夏晓红编：《梁启超学术文化随笔》，中国青年出版社 1996 年版，第 266～267 页。

② ［美］列文森：《儒教中国及其现代命运》，郑大华等译，中国社会科学出版社 2000 年版，第 105 页。

③ ［英］泰勒著，蔡江侬编译：《原始文化》，浙江人民出版社 1988 年版，第 1 页。

④ 苗力田译编：《黑格尔通信百封》，上海人民出版社 1981 年版，第 236 页。

⑤ ［美］希尔斯：《论传统》，傅铿译，上海人民出版社 1991 年版，第 2 页。

传统。”[①]中华传统文化彰显了中华民族的精神风貌，体现了中华儿女的生存智慧，集中表现为儒、道、释三足鼎立。作为一种伦理型文化形态，儒家文化和道家文化都回避了人死后的彼岸世界，儒家文化强调内在超越，或者说抱持“道不行，则乘桴浮于海”的避世心态，道家文化强调超凡脱俗，或者说抱持“骑牛出关”和“鹏飞九天”的遁世心态，因而没有构建“死后世界”的清晰图像。对于广大群众来说，鬼神观念和风水阴阳解救不了他们的现实苦难，也建构不了他们的“彼岸世界”，因而源自印度的佛教吻合了广大群众的心理需求，佛教的思维方式也成功地植根于中国，进而形成中华传统文化的基本格局。

实际上，中华传统文化是中华民族的文化样态，是中华民族的独特标识，正如费正清所说：“与其他民族相比，中国人更爱从历史角度观察自身，他们强烈地感受到传统的存在，通过历史我们就能够按中国人了解自身的方式来了解中国人。”[②]作为中华传统文化的主流，儒家文化的取向是现世的人文关怀，追求的是和谐有序的社会理想，秉持的是中庸的最高道德境界和带有根本意义的认识论。中华传统文化潜移默化地影响着中国人的思想观念和思维方式，指引着中国人生存方式的变革和社会发展的方向。其一，中华传统文化的现实意义，就是能够在经济全球化的时代无形之中产生一种精神向心力，进而形成有利于文化认同和社会稳定的民族凝聚力。奈斯比特指出：“我们的生活方式变得越同一，我们便越执着于深层的价值标准——宗教、预言、艺术和文学。由于外部世界日趋同化，我们将更加珍视从内部萌发出来的传统。”[③]其二，中华传统文化能够为广大人民群众提供稳定的价值理想支撑，进而为中国人的意义归属和理解沟通提供广泛认同的纽带。马克思指出：“人们自己创造自己的历史，但是他们并不是随心所欲地创造，并不是在他们自己选定的条件下创造，而是在直接碰到的、既定的、从过去承继下来的条件下创造。”[④]由此可知，中华传统文化是中华民族绵延不绝的道德基础，也是中华民族伟大复兴的文化动力。

作为中华民族精神的载体，中华传统文化代表中国人最深沉的精神追求，表征着中国人最深刻的思想价值。冯友兰指出：“一个民族的文化，是一个民族精神活动的结晶；一个民族的哲学，是一个民族的精神对于它的精神活动的反

① 刘小枫编：《中国文化的特质》，生活·读书·新知三联书店1990年版，总序第3页。

② [美]费正清：《中国：传统与变迁》，张沛译，世界知识出版社2002年版，第3页。

③ [美]约·奈斯比特、[美]帕·阿博顿妮：《2000年大趋势——九十年代的十个新趋向》，周学恩等译，东方出版社1990年版，第126页。

④ 《马克思恩格斯文集》第2卷，人民出版社2009年版，第470～471页。

思。”[①]要真正了解一个民族，理应充分挖掘这个民族的传统文化，更必须深入研究这个民族这个时代的哲学，因为“文化的范围很广，其中包括哲学、宗教、科学、技术、文学、艺术、教育以及生活方式等等。在这广泛的范围内起主导作用的是哲学……哲学可以说是文化总体的指导思想，也可以说是文化发展的思想基础”[②]。作为时代精神的精华，中国哲学必将凝聚中华传统文化中最有意义、最有价值的东西，进而形成系统化的哲学理论形态。正是在这个意义上，黑格尔指出：“一个有文化的民族竟然没有形而上学——就象一座庙，其他各方面都装饰得富丽堂皇，却没有至圣的神那样。”[③]实际上，中国哲学为中华传统文化提供了深厚的思想基础，是中华传统文化造性转化与创新性发展的思想源泉，因为“哲学乃是介于神学与科学之间的东西。它和神学一样，包含着人类对于那些迄今仍为确切的知识所不能肯定的事物的思考；但是它又像科学一样诉诸于人类的理性而不是诉之于权威的，不管是传统的权威还是启示的权威”[④]。进而言之，中华传统文化为中华民族提供了精神支撑，它们一起为中华民族的伟大复兴提供了创新的文化基因。

二、中华民族的文化底蕴

中华民族的文化底蕴是中华民族的内在价值观，反映了中华民族对待外部世界的根本态度，是中华民族的文化标记和基本标识，进而形成了中华民族的独特性和统一性，从而使中华民族作为一个整体屹立于世界民族之林。

(一)中华民族概念探源

从概念考察的层面讲，作为族称的“中华”一词最早出现于汉代以后的历史文献之中，直到19世纪末作为近代民族学术语的“民族”一词才传入中国，“中华民族”这个术语才应运而生。通常意义上讲，“华夏”、“中华”与“中华民族”在表达上稍有差异，但它们的基本内涵是一致的。作为一个复合性概念，“中华民族”的形成经历了数千年的历史演变。从语义学讲，“中”最初是一个地理概念，正如《说文解字》指出：“中，内也。”这一概念早在商周时期就已出现，之后才被广泛使用。虽然中国古代没有以“中国”为国号的王朝，但历朝历代统称为“中国”。明清时期，“中国”俨然成为现代主权国家的专用称谓。从词义上讲，“华”

① 冯友兰：《中国哲学史新编》，人民出版社1982年版，第26页。

② 张岱年：《文化和哲学》，教育科学出版社1988年版，第3页。

③ [德]黑格尔：《逻辑学》上卷，杨一之译，商务印书馆1966年版，第一版序言，第1页。

④ [英]罗素：《西方哲学史》上卷，何兆武、李约瑟译，商务印书馆1963年版，第12页。

有“日光”或者“光辉”的意思，正是在此意义上，有学者认为中华民族是崇尚太阳、重视生命的民族。从渊源上说，“华”与中国历史上五帝时代的最后一帝“舜”的名字“华”有关，遵循古老的习俗，人们称呼“舜”建立的原始政权为“华”。作为族称的“华夏”出现于春秋以后的记载中，“华夏”单称“华”，或者单称“夏”，是建立西周的姬姓一族的自称，也指西周所封的各路诸侯。总之，自夏商起，中国的民族都统称华夏，大约在魏晋时代，“中国”与“华夏”复合而为“中华”。

近代以来，随着“民族”一词作为民族学术语传入，“中华民族”成为相对于外国民族的独立概念而得以确认。梁启超在《中国历史上民族之研究》一书中指出：“凡遇一他族而立刻有‘我中国人也’之一观念浮现于其脑际者，此人即中华民族一员也。”同时，他认为：“故凡满洲人今皆中华民族一员。”实际上，“中华民族”概念的清晰显现，源自近代中国遭遇的侵略日益加深，民族生死存亡的危机日益来临，特别是在中国沦为半封建半殖民地社会后，作为一个整体的中华民族直接面临西方列强的侵略，全国各族人民在“中华民族”的旗帜下，紧紧团结为一个命运共同体，共同抗击外来的侵略者。辛亥革命之后，中华民国成为替代封建帝制的鲜明旗帜，新民主主义革命胜利之后，中华人民共和国成为全国各族人民大团结的象征。虽然中华民族的称谓出现于近代，但作为实体的中华民族在数千年前就已经形成。中华民族是中国各族人民的总称，既包括当今的 56 个民族，也包括曾经活跃在中国历史舞台上的古代各民族。

(二)中华民族的神话塑造

作为一个文化概念，中华民族意味着中国特有的语言、历史以及风俗，也表征着中国人特有的思维方式。根据雅斯贝尔斯的说法，春秋战国时期是中华民族原创性思想迸发的“轴心期”，儒家思想、道家学说则是中华民族精神的智慧源泉。因而，中华民族的文化传统植根于中国人的民族心理，贯穿于民族生存的方式，渗透于意识形态的建构，进而形成中华民族所特有的价值观念、伦理追求、审美情趣。比如，自强不息的奋斗精神、重义轻利的道义精神、戒奢节俭的勤劳精神、学而不厌的求知精神、威武不屈的反抗精神以及整体认同的团结精神等。就思想特征而言，中国人具有辩证性、整体性的特征；从价值观念层面来讲，中国人通常重义轻利、以义制利；就行为方式而言，中国人大多崇尚自然、讲究和谐。从文化底蕴上讲，中华民族具有真、善、美相统一的内在品格。中华民族是求“真”的民族，因为它实事求是、追求真理、与时俱进，中华民族也是求“善”的民族，因为它崇尚道德良知和正义良善；中华民族更是求“美”的民族，因为它追求心灵美、人格美、行为美的统一。

作为人类最古老的文化基因，史前神话是一个民族意识最基础、最本质的“原始地层”，虽然史前神话只是描述了一个民族最初的心理取向，但它凝聚了一个民族文化心理结构的基础，以故事叙述的方式表达了一个民族认识世界的原初世界观和理解世界的解释系统框架，正如法国学者丹纳指出：“一个民族在长久的生命中要经过几回这一类的更新；但他的本来面目依旧存在，不仅因为世代连绵不断，并且构成民族的特性也始终存在。这就是原始地层……在最初的祖先身上暴露的心情与精神本质，在最后的子孙身上照样出现。”[①]作为人类童年时代的美好记忆，史前神话反映了一个民族最初的精神气质和道德操行。概而言之，各个民族史前神话的核心内容，都是以阐述宇宙奥秘和人类起源为主要线索，但比较中、西的神话故事可知，中、西民族具有“形似神异”的创世背景和思维逻辑。具体来说，西方的创世说贯穿着一个完整系统的神界谱系，既有丰富的想象力，又有鲜明的逻辑性，这集中体现在古希腊民族以“生育和被生育”的关系描述了世界的诞生，呈现了想象中的创世进程。中国的史前神话主要是盘古、伏羲和女娲的创世说，表达了古代中国人直观、形象的思维方式，进而彰显了中国神话思维的简约性和碎片化。

进而言之，一个民族的神话传说不仅沉淀着人类的普遍性特征，而且浓缩着一个民族特有的历史文化经验，具有强烈的民族个性，正如卡西尔指出：“在神话与历史的关系中，神话证明是初始的因素，历史是第二位的派生的因素。一个民族的神话不是由它的历史决定的，相反，它的历史是由它的神话决定的——或不如说，一个民族的神话并不决定而是这个民族从一开始就注定了的命运。印度、希腊等民族的全部历史都暗含于他们的神明之中。因而个人如同整个人类，没有自由的选择权使他能够取舍既定的神话观念；相反，严格的必然性压倒一切。支配神话的意识是一股真正的力量，即一种不受控制的力量。”[②]根据历史唯物主义的观点，作为各民族上古时代生活方式和思维方式的反映，神话归根结底是由人们的物质生产方式、生活状况和心理状态决定的。面对不同的生存环境，各民族的神话内容各不相同，神话风格迥然不同，如在各民族神话演变的历史进程中，古希腊神话转向艺术，印度神话转向宗教，而中国神话转向伦理。面对相同的生活情况和大自然，各族的神话也有着不同的理解和观照方式，进而使得各民族内容相似的神话却表现出截然不同的神话表现风格，比如对“火种”的理解，西方人认为“火种”源于普罗米修斯的牺牲，凸显了西方人

① [法]丹纳：《艺术哲学》，傅雷译，人民文学出版社1965年版，第353～354页。

② [德]恩斯特·卡西尔：《神话思维》，黄龙保、周振选译，中国社会科学出版社1992年版，第6页。

的浪漫性，而中国人认为“火种”源于古代人“钻木取火”，反映了中国人的现实性。

(三)中华民族的礼乐熏陶

中国素有“礼仪之邦”的美誉，在五千多年的文明发展史中，中华民族始终保持着自己的特质，这源于中华民族的礼乐文化。《左传·定公十年》记载，孔子说：“裔不谋夏，夷不乱华。”孔颖达解道：“中国有礼仪之大，故称夏；有华章之美，谓之华。”[①]实际上，中华民族的称谓本身就蕴含着“礼仪之邦”的寓意，中国传统伦理思想的道德规范体系，也是以礼为核心和起点构建的，从这个意义上讲，礼是中华民族文明的象征。从历史上看，礼与原初的宗教意识有关，缘起于原始先民的祭祀活动，作为祭祀活动的规范，礼沟通了人与神的关系，巩固了同族人的血缘联系，更是逐渐强化了同族人的感情认同，日益成为同族人道德规范的体系。也就是说，礼逐渐由原始宗教的禁忌体系演变为文明体系中的准则体系，成为一种以祖先崇拜为特征的内在超越的文化形态。通过进一步考察可知，如果从远古先民的巫术歌舞算起，乐先于礼而诞生，礼系统化之后，乐逐渐成为礼的一部分，礼乐文化由此形成。概而言之，礼乐文化形成于原始社会，发展于夏商时期，进而在周朝出现“郁郁乎文哉”的盛况，从而使礼逐渐成为人们遵从的道德准则。

实际上，中华民族的形成离不开礼乐文化的熏陶，其人文精神更离不开礼乐文化的文化培育。陈来先生指出：“中国人文思想的起源是西周的礼乐文化，它在春秋的世界中进一步成长。”[②]从历史上看，礼乐文化一旦形成，就对古代社会的形成和稳定发挥着不可替代的文化纽带作用，进而促进了中华民族的繁荣发展。在古代社会，礼发挥着治理国家、安定社会、整齐人心的重大作用。就中华民族的文化整体而言，礼是观念和制度；就思想观念和制度而言，礼又是道德和法律，进而内化为人的情感，外化为人的行为，从而对社会的经济、政治和文化产生深刻影响。正是在此意义上，钱穆先生指出：“礼者，于分别中见和合，于上下间见平等，而犹贵于死生人鬼之间得其通。”[③]中华民族历来强调以仁治国，但也强调人的行为要符合礼，这意味着礼是判断善与不善的内在依据，也是衡量仁的外在尺度，余英时因而说：“中国古代文化的特色主要表现在礼乐传统上

---

① 阮元校刻：《十三经注疏》，中华书局出版社 1987 年版，第 2148 页。

② 陈来：《古代思想文化的世界》，生活·读书·新知三联书店 2002 年版，第 10 页。

③ 钱穆：《现代中国学术论衡》，岳麓书社 1986 年版，第 17 页。

面，也可以以‘礼’概括之。”[①]进而言之，礼乐文化培育了中华民族的人性，塑造了中华民族的人格，逐步演化为中华民族的一种制度化体现和规范性象征，正如徐复观先生指出：“礼的最基本意义，可以说是人类行为的艺术化、规范化的统一物。春秋时代人文主义的自觉，是行为规范意识的自觉。”[②]概而言之，礼乐文化是中华民族的根本精神所在，正是在礼乐文化的人文熏陶下，中华民族得以建构社会秩序，进而形成了“以仁化人”“以道教人”“以德立人”的人文传统。

第二节　中华民族精神的“源”与“流”

中华民族精神是绝大多人中国人认同和追求的核心价值、道德理念，是中华民族共同心理和精神气质的集中反映，体现了中华民族的文化特性，更是中华民族赖以发展的强大精神支柱。党的十六大报告强调：“在五千多年的发展中，中华民族形成了以爱国主义为核心的团结统一、爱好和平、勤劳勇敢、自强不息的伟大民族精神。中国共产党领导人民在长期实践中不断结合时代和社会的发展要求，丰富着这个民族精神。”这些精辟的论述说明中华民族精神历史悠久、源远流长。如果说中华民族先祖的艰苦劳动创造了中华民族精神，之后不同历史时期的劳动人民用他们的双手和智慧不断为中华民族精神增添新的内容的话，那么中国共产党领导下的广大人民群众的革命和建设实践则丰富和完善了中华民族精神。随着中华民族的历史发展，中华民族精神也经历了漫长的形成、演变和发展过程。

一、中华民族精神的“源”

在五千多年的历史发展中，在长期改造主观世界和客观世界的社会实践中，特别是在征服自然、反对侵略、争取独立等斗争中凝聚而成的为绝大多数人所认同、具有并推动广大人民和整个民族蓬勃向上、积极进取的思想品格、价值取向、道德规范和人格品质，即中华民族精神，江泽民指出：“中华民族有着自己的伟大民族精神。这个民族精神，积千年之精华，博大精深，根深蒂固，是中华民族生命机体中不可分割的重要成分。”[③]实际上，早在距今7000～5000年，一些氏族公社已进入繁荣时期，长江流域的河姆渡原始居民和黄河流域的半坡原始居民就已经按血缘关系结合成一个个氏族、部落和部落联盟。

---

① 余英时：《士与中国文化》，上海人民出版社2003年版，第80页。

② 徐复观：《中国艺术精神》，华东师范大学出版社2001年版，第2页。

③ 中共中央政策研究室编：《江泽民论社会主义精神文明建设》，中央文献出版社1999年版，第146页。

(一)中华民族精神起源于原始氏族社会

原始社会时期,中华民族精神已经初具雏形。这主要是以下文化现象共同影响的结果。

首先是原始宗教文化。原始宗教文化包含丰富的内容,主要有占卜、图腾、禁忌等。与远古时期神话传说一样,原始宗教的产生也是因为原始时代生产力水平不高,人的各种能力有限,对很多现象不能完全理解,许多奥秘无法认识,从而以为是神力支配、主宰着世界,于是把很多无法理解的自然现象神化,从而产生了鬼神观念和原始崇拜,如自然崇拜、图腾崇拜、鬼神崇拜、祖先崇拜等。鬼神观念和原始崇拜对中华民族精神产生了非常深远的影响。对鬼神的敬畏及原如崇拜,形成了中国人的宿命观,同时也形成了热爱生命、顺应自然和追求"天人合一"的思想品格。

其次是神话传说。我国古代社会流传着许多神话传说。有些神话传说在远古时期就已经流传,有的是在后来慢慢流传的。这些神话传说主要有盘古开天辟地、女娲补天、大禹治水、愚公移山、神农尝百草等。神话传说是人们根据自己的想法和愿望,对自然和社会中的神秘力量进行的描绘与解释。神话传说虽然不能科学反映自然和社会现象,但是真实地反映了当时社会的生活情境,也反映了人们对生活的美好向往,体现了人们的创新精神,展现了人们改造自然的决心,也展现了人们的聪明才智。由神话传说体现和塑造的各种优秀品质,是中华民族精神重要的组成部分。

(二)中华民族精神崛起于奴隶社会

由于生产和社会分工的发展,到父系氏族社会后期,私有财产和贫富分化出现。公元前 2070 年,启建立了我国历史上第一个奴隶制国家——夏朝。我国奴隶社会经历了夏商周三代,周又分为西周和东周,东周包括春秋与战国两个时期。这一历史时期,诸侯国之间争战不断,但又相互联系,尤其是战国末期以汉族为主体的中华民族逐渐形成。奴隶社会时期是中国社会大分化、大变革的时期,中华民族精神在这一时期凝聚和沉淀。这主要体现在以下几个方面。

一是不惧强权的反抗精神。奴隶社会是第一个公开、直接、残酷的不平等奴役形式出现的阶级社会,奴隶主对奴隶实行残酷的剥削和统治,导致奴隶们的反抗和斗争。为了反抗暴君夏桀的统治,平民和奴隶纷纷消极怠工;商纣的暴政和虐杀,迫使奴隶和战俘纷纷倒戈。正是在反抗奴隶主野蛮统治、残酷剥削、争取生存的长期斗争中，形成了勇敢、顽强、自我牺牲、不畏强权的斗争精神。

二是追求和合的统一精神。从夏朝到秦朝，中国总体上处于分裂状态，各诸侯国之间经常发生战争。尽管存在非常多的民族，文化传统也各有不同，但是各民族之间文化传统、生活习惯不断融合也促使了国家的统一。诸侯国之间的领土纷争和军事争夺，也最终为实现国家的统一奠定了基础。长期的争夺战争，也给人民的生命财产带来了极大影响，人民希望和平，讨厌战争。春秋战国时期，虽然各个门派观点各不相同，但都是围绕济世安民、追求统一这个核心展开的。

(三)中华民族精神定型于秦汉之际

秦汉时期，中华民族精神成为一个相对独立完整的体系，中华民族的主要精神品质大体形成。经过近三千年的历史积累和文化沉淀，以爱国主义为核心，以团结统一、勤劳勇敢为基本内容的中华民族精神基本形成。

1.儒家文化与中华民族精神

自被汉武帝确立为全国性的统治思想后，儒家思想融合、吸收了许多新的内容，并且受到法家文化、道家文化的挑战，受到外来佛教文化的冲击，统治者实行的是“阳儒阴法”的政策，而社会上是“儒道互补”。即使如此，儒学仍处于绝对权威地位。儒学以其持续时间长、覆盖面广成为融合中华民族精神的主要资源。儒家思想源远流长，博大精深，主要包含以下几个方面。

一是仁爱思想。“仁”是儒家思想的核心，基本含义就是“爱人”，就是关心、宽容、帮助他人。“仁”是一切道德规范的基础，包含礼、义、忠、孝、悌、智、勇、恭、信、敏等。儒家还提出“仁者爱人”“克己复礼为仁”“亲亲而仁民，仁民而爱物”等提出“忠恕之道”。所谓“忠”，就是“己欲立而立人，己欲达而达人”；所谓“恕”，就是“己所不欲，勿施与人”，提出“无求生以害仁，有杀身以成仁”，提出“以不忍人之心，行不忍人之政”的仁政主张。受这些思想长期影响，中华民族培育出宽厚、仁爱、友善、勇敢、自我牺牲等优秀品质，涌现出一大批仁人志士。

二是礼让思想。礼也是儒家思想非常重要的内容之一。在儒家思想里，礼主要是指尊重和维护社会秩序的生活规范和道德规范，如各种典章、礼制、制度，同时还包括用以区别尊卑贵贱、亲疏远近等礼节仪式，蕴含谦虚、恭敬、辞让等意义。儒家十分看重礼的社会意义，认为其在维持社会秩序和调节个人行为等方面发挥着重要作用。

2.墨家文化、道家文化与中华民族精神

墨家、道家文化作为中华传统文化的重要组成部分，对中华民族精神也产

生了较大影响。秦朝以法为尊,历代封建统治者大多奉行"阳儒阴法"的政策,但中国传统社会终归是一个以礼为制的社会,而不是一个以法为制的社会,所以法家文化对中华民族精神的影响比较小,传统的中国人主要体现出重德不重法、重情不重法的特点,法治精神比较欠缺。

先秦时期,墨家与儒家处于同样重要的地位,并占鳌头,后来渐渐衰微,汉武帝"独尊儒术"以后,墨家销声匿迹。墨家学派虽然不复存在,但其思想观念却生生不息,在中华民族精神中可以发现它的积极影响。墨家思想总的来说可以归纳为兼爱、非攻、尚贤、尚同、非命、非乐、节葬、明鬼等,其中对民族性格产生巨大影响的是非攻思想和节俭观念。在兼爱的思想基础上,墨子坚决反对一切侵略战争,支持保卫和平的正义战争。这些思想渗入中华民族的血脉,成为培育中华民族爱好和平品质的文化因素。

道家的地位仅次于儒家,道家文化与儒家文化一道,共同培育了中华民族的性格和思想观念。老庄主张顺其自然、虚静无为、返朴归真,保持赤子之心。这些显然是中华民族自然谦和、任其自然等精神品质的重要因素。《庄子》对"神人""真人""圣人"等人格的描述和向往,体现了一种豁达、乐观、超脱的人生态度,这一生活态度和精神追求,在很大程度上滋养着中华民族,使中华民族在面对困难时总是保持乐观的心态。

二、中华民族精神的"流"

秦汉时期中华民族精神的总体框架大体奠立,但这种精神结构并不是凝固不变的,而是伴随中国社会历史的变化而变化,并且随着先人的实践而不断深化。在不同的历史时代,由于经济、政治和文化条件的差异,中华民族精神总是被赋予新的内容和新的特征。

(一)中华民族精神的历史演变

从汉代到清末,虽然中华民族精神的主要内容没有发生根本改变,却不断完善和深化,而且在不同的历史时期表现出不同的内容和特点。

1.汉魏隋唐时期的中华民族精神

汉武帝"罢黜百家,独尊儒术",不仅使儒家成为中国的主流思想,而且也极大地促进了经学的发展。两汉时期,对中华民族的心理、信仰、习俗、道德、价值观等影响最大的是经学。经学的一统和专制严重束缚了人们的思想,导致人思想的僵化。董仲舒创立的以天人感应的目的论为中心的唯心主义神学体系,以"三纲""五常"为核心的政治伦理思想,刚开始有利于新兴地主阶级积极进取,但随着封建制度的发展,逐渐沦为统治者奴役人民的精神枷锁,成为强化皇权、族权和夫权的工具,妨碍社会进步,丧失了其历史的合理性。正如毛泽东所说:"这四种权力——政权、族权、神权、夫权,代表了全部封建宗法的思想和制度,是束缚中国人民特别是农民的四条极大的绳索。"①

汉末魏晋南北朝时期是社会比较混乱的时期,但也是思想解放、较为自由的时期。随着东汉的败亡及曹魏的建立,儒学独大的局面结束,一方面出现了文化多元的格局,另一方面玄学逐渐占据思想界的统治地位。整个社会和个人的精神生活出现信仰危机,人们想摆脱纲常礼教的束缚,追寻一种自由的生活,从而使这个时代形成了一种狂放不羁的精神,鲁迅称之为"魏晋风度",其主要表现是任性不羁、清淡放浪等。东汉末期,佛教传入我国,道教也在民间兴起。自此以后,这两大宗教不论是对中国人的国民性格还是民族心理都产生了非常大的影响。

唐代中华文化发展迅速,日趋繁荣,在思想文化领域,佛学中国化,逐渐融入中国本土文化,并同儒、道抗衡。其中,对后世思想影响较大的禅宗正是中国文化与外来文化互相融合的产物。这一时期,一方面,佛教成为封建地主阶级维持统治的重要工具,社会上信佛的人也越来越多;另一方面,由于经济、文化、政治的繁荣与发展,唐代人民表现出开放的心态和兼容的气度。

2.宋元明清的中华民族精神

宋元明清时期,中华民族精神主要表现出以下特点。

一是宋明理学成为主流。经过魏晋隋唐长期的冲突和融合,儒、释、道三家相互融合,形成宋明理学。作为儒学的新发展,理学主要包括陆(陆九渊)、王(王阳明)"心学"和程(程颢、程颐)、朱(朱熹)"理学",以儒家思想为核心,批判继承了佛家和道家学说,以理欲之辨、伦理纲常等为主要内容,成为后期中国封建社会的统治思想,一直持续到清代。理学强调纲常名教等"天理",虽然包含一些积极因素,如有利于加强中华民族重德崇德的价值,有助于培养人的自律精神和贞操观念,但是它推崇的"存天理,灭人欲"等思想,严重束缚了人个性的发展和创新精神,以致出现"以理杀人"的现象,给中华民族精神造成非常恶劣的影响。

二是实学和启蒙思潮兴起。早在12世纪,陈亮、叶适等人就提出"功利之学"。明清之际,资本主义经济关系萌生,虽然新经济、新思想受到旧经济、旧思想的阻挠,但是启蒙主义的新思潮仍然在发展。社会的大巨变,使一些先进的

---

① 毛泽东:《湖南农民运动考察报告》,人民出版社1991年版,第30页。

知识分子对传统的思想进行挑战和批判,希望推翻旧的价值观和人生观,建立一种全新的价值体系。以李贽、顾炎武、王夫之、黄宗羲、戴震、颜元等人为代表的启蒙思想家把批判的矛头指向了传统理学和心学,反对封建专制主义、禁欲主义和愚昧主义。在激烈抨击和批判专制制度、"存理灭欲"的纲常名教、"农本商末"的价值观、空谈心性的玄学和理学的基础上,他们提出了重实际、重功利、重实践、重工商、私欲有理等实学思想。

三是爱国主义得到强化。宋代以来,民族矛盾更加突出,民族冲突频仍,民族融合也有新的发展,尤其是汉族同少数民族之间的矛盾十分尖锐。正是在激烈的民族冲突、融合中,爱国主义精神得到新的锤炼和发展。戚继光、郑成功等历史上著名的民族英雄,都是在明清时期抗击外族入侵中涌现出来的,是中华民族爱国主义精神的杰出代表。

3.道教文化、佛教文化与中华民族精神

佛教是世界三大宗教之一,起源于印度,西汉末年传入中国。道教作为土生土长的宗教,东汉时期兴起于民间。佛教传入后,渐渐吸收了中国传统的儒家文化和道家文化,特别是融入了黄老道术和魏晋玄学,创造了具有中国特色的佛教——禅宗。经过与儒道的对抗、渗透、融合,佛教在隋唐时期达到鼎盛阶段。唐代统治者对儒释道同等重视,进一步促使三教融合,到宋代则形成"三教合一"格局。自汉到清末,儒释道一直是封建意识形态的重要内容,而且渗透到中华民族的风俗习惯和价值观念之中,至今仍然支撑着中华民族精神。

道教同道家既有联系又有区别,道教吸收了道家"道"的学说,并把老子神化,但是又和原始道家承认天神的存在和作用不同,汲取了神仙法术中的一些东西,尊奉老子为教主,吸收了墨家、儒家、阴阳家等的一些思想,以修道成仙为思想中心。道教文化对中华民族精神的积极作用体现在以下几个方面。一是积德行善。和其他宗教一样,道教也主张惩恶扬善。道教有不少劝善书,如《太上老君感应篇》《功过格》等,从生死、祸福等方面劝告官民多做善事少行恶。道教的道德教化思想通过各种活动和文化形式在宋以后的社会中广为传播,渗透到百姓的日常生活之中。二是重德向善。为适应中国文化及满足中国人的需求,佛教文化也大力宣传孝道,为此编造了讲孝的佛经。佛教认为,佛性存在于每一个人的本性之中,因此佛教宣扬"人人皆可成佛",据此还提出了"本性是佛""放下屠刀,立地成佛"等观念。这也有助于养成人的道德自律精神。

(二)近代中华民族精神的发展

近代以来,尤其是鸦片战争以后,中华民族面临"五千年之未有变局",中华民族精神沿着两条线路发展。一是社会变动对民族精神的塑造。中国沦为殖民地半殖民地，外敌大量入侵，占领我们大片领土；战争不断，对外先有鸦片战争、中法战争，然后是甲午战争和抗日战争，对内则有军阀混战和国民党发动的内战。二是文化运动尤其是五四新文化运动对民族精神的再造。一方面，各种社会思潮的涌现促进了中华民族精神的发展；另一方面，人们对中华民族精神的发展与重建进行了深入思考。

1.鸦片战争到国民政府成立时期的中华民族精神

近代以来，中华民族精神有了重大的变化，体现出新的时代特点，即民族精神的危机、人们意识的变化以及新的思想学说的产生与发展。

(1)思想的维新与启蒙

鸦片战争后国内出现了各种各样的新思潮，特别是资产阶级启蒙运动对中华民族精神产生了重要影响，主要表现是创新意识的增强。近代启蒙的先行者龚自珍、魏源对落后的封建法统和道统产生了怀疑，提出变法的建议。他们汲取了“公羊三世说”的历史进化观，都强调“变”的思想。魏源在“变古愈尽，便民愈甚”的改革思想之后又提出“师夷长技以制夷”，这成为当时启蒙思想最有力的声音。太平天国运动失败以后，资产阶级早期改良主义初露端倪，如王韬、薛福成等一批初步具有资产阶级思想的知识分子针对顽固保守派“恶西学如仇”“祖宗之法不可变”等片面的不变论，提出“道难变但器可变”的渐变论。到19世纪末，严复通过介绍达尔文“物竞天择”的进化论掀起了中国进化论的新高潮，康有为在这时候也提出了自己的新进化论。

(2)价值观的演变

民族价值观是民族精神的核心内容之一，民族精神的演变最明显地表现在价值观的变革上。在特定的地理环境、小农宗法经济结构和以儒学为主体的传统文化的作用下，中国古代价值观主要有修己爱人、重义轻利、重农轻商、存理去欲、崇古唯上、孝悌为上等。早在明清时期，一些进步的思想家就对旧的价值观进行了激烈的批判。鸦片战争后中国社会的严重危机，击碎了国人“天朝上国”“华夏中心”的迷梦，一些有识之士开始放眼看世界，在资本主义经济萌发的条件下，积极吸收西方先进文化。

2.国民政府成立到中华人民共和国成立时期的中华民族精神

国民政府成立后，辛亥革命的成果就被篡夺。思想文化方面，以康有为、梁启超等人为代表的保守派又积极倡导恢复古制，重建封建纲常伦理，重辟帝制。为了民族振兴，为了寻求救国救民的真理，激进的民主主义者和中国共产党人先后参与和领导了五四新文化运动和新民主主义革命。这一时期，中华民族精神经过五四运动的磨砺日益丰富和完善，而且得到新的发展。

(1)五四新文化运动对中华民族精神的发展

五四新文化运动是一场思想启蒙和精神解放运动，也是中华民族精神大发展的运动。李大钊指出："我认为一切解放的基础，都在精神解放。""所以我们的解放运动第一声，就是'精神解放'。"[①]由陈独秀、李大钊、鲁迅等人领导的新文化运动高举民主和科学两面大旗，提倡新文化，反对旧文化；提倡新思想，反对旧思想；提倡新道德，反对旧道德，有力地洗涤了传统文化中的腐朽落后的成分，批判了国民的劣根性，为中华民族精神的发展提供了养分。

五四新文化运动提倡个人自由，引导人们摆脱奴性，发展独立人格；反对封建专制，反对束缚中国人的纲常名教，提倡民主共和。这些思想和主张为自由民主精神在中华大地上扎根起到了理论导向作用。五四新文化运动喊出了科学和民主的口号。它不但反对封建迷信，反对盲从，还宣传无神论，宣传科学理性。新文化运动的先驱胡适认为，西洋近代文明精神方面的首要特色就是科学，科学的根本精神在于追求真理，未来的中国一定也会走上科学化的道路。在五四新文化运动的影响下，科学精神逐渐深入人心。

(2)新民主主义革命时期中国共产党人对中华民族精神的提升

1921年7月，中国共产党成立，开启了中华民族历史的新纪元。在中国共产党的领导下，经过全国人民的浴血奋斗，取得了抗日战争和解放战争等伟大胜利，推翻了压在人民身上的"三座大山"，建立了新中国，其间产生了许多伟大的精神，如长征精神、延安精神、沂蒙精神、红岩精神等，这些精神既展现了优秀的民族精神，又丰富和发展了民族精神；既是中国共产党人和广大人民群众崇高思想的结晶，又是鼓舞人心的强大动力。革命战争年代，中国共产党人培育了优良崇高的精神。毛泽东说："要保持过去革命战争时期的那么一股劲，那么一股革命热情，那么一种拼命精神。"[②]邓小平在长期革命斗争中总结出五种革命精神：革命和拼命精神，严守纪律和自我牺牲精神，大公无私和先人后己精神，压倒一切敌人、压倒一切困难的精神，坚持革命乐观主义、排除万难去争取胜利的精神。

革命战争年代，中华民族精神在两方面得到锻炼和提升。一是在同敌人的斗争中经受锻造。二万五千里长征是人类历史上的伟大奇迹，中国共产党人克服千难万险，意志品质变得更加坚强，更加坚定了共产主义必胜的信念。抗日

---

① 李大钊：《精神解放》，《李大钊文集》(下)，人民出版社1984年版，第211页。

② 《毛泽东文集》第7卷，人民出版社1999年版，第285页。

战争的胜利也使中华民族精神受到了洗礼，中国人民的爱国主义精神和团结互助、英勇不屈的精神得到扩展。中国民族独立和解放运动表明中华民族有同敌人斗争到底的勇气和能力。二是中国共产党人培育民族精神的觉悟。在艰苦困难的条件下，为了提高中国共产党人与人民群众的思想觉悟，帮助他们树立坚定的共产主义信念，养成不怕艰苦、不怕牺牲、团结合作的精神品格，中国共产党还积极宣传马克思主义，加强思想政治工作，运用最先进最科学的理论武装广大人民群众的头脑，从而使中华民族精神得到了极大的发展。正如毛泽东指出："自从中国人学会了马克思列宁主义以后，中国人在精神上就由被动转入主动。从这时起，近代世界历史上那种看不起中国人，看不起中国文化的时代应当完结了。"[①]同时，刘少奇撰写的《论共产党员的修养》，就是中国共产党人在加强精神修养、提高精神境界方面一个体现。

第三节　中华民族精神的基本内容

中华民族由 56 个民族组成，中华民族精神博大精深，内涵极其丰富。江泽民提出来的"六十四字创业精神"，即解放思想、实事求是，积极探索、勇于创新，艰苦奋斗、知难而进，学习外国、自强不息，谦虚谨慎、不骄不躁，同心同德、顾全大局，勤俭节约、清正廉洁，励精图治、无私奉献，也涵括于中华民族精神之中。中华民族精神是一个包括多要素、多层次、多类型及多方面的复杂系统，它的主要内容早在秦汉之际就已具备，随着历史的发展又增添了许多新的时代内容。按照持久性、重要性和实用性等标准，中华民族精神的内容分为两大类：一类是基本民族精神，比如求真务实、艰苦奋斗、节俭反奢、仁爱孝顺、开拓创新、无私奉献、谦虚谨慎等；另一类是主体民族精神，即党的十六大报告提出的以爱国主义为核心的团结统一、爱好和平、勤劳勇敢、自强不息的伟大民族精神。

一、中华民族主体精神是对中华民族基本精神的高度概括

在中华五千多年的文明发展史上，各个民族在改造客观世界和主观世界活动中，尤其是在近代反对外来侵略、争取民族独立和解放以及改革开放中，相互交流和融合，取长补短，共同凝结成中华民族文化最本质、最核心、最深刻的灵魂和支柱，形成了具有广泛影响，为绝大多数人所认识、接受和追求，能激励人前进并促进社会发展的思想品格、价值取向、道德规范、思维方式和精神品格。

① 《毛泽东选集》第 4 卷，人民出版社 1991 年版，第 1516 页。

其中，最重要、最有现实价值，处于主导地位的，就是党的十六大报告总结概括的以爱国主义为核心的勤劳勇敢、团结统一、爱好和平、自强不息。这些中华民族精神的主体内容，既反映了传统中国人的思想品质，又体现了当代中国人的精神风采；既具有鲜明的民族风格，又超越了狭隘的民族主义；既深深植根于中华优秀传统文化，又广泛吸收了其他人类文明的有益成果；既是中华民族积五千多年之精华的结晶，又是对中国共产党人领导人民在社会主义革命、建设和改革实践中创造的时代精神的升华。概括地讲，中华民族主体精神就是在新的时代背景下对传统民族精神的高度概括与凝结。

（一）求真务实的精神

不善空谈、求真务实是中华民族的优良传统美德。儒家学说重人事，重人伦日用。中国传统文化比较重实际，重理论为实践服务，重实践在认识、教育等方面的作用，反对大而无当，认为“大人不华，君子务实”。在传统文化的影响下，中国人向来注重实际，讲究实用，追求事功，而轻浮华，贬空谈，鄙玄虚。中国共产党人遵循唯物主义的原则，坚持把马列主义基本原理同中国革命和建设的具体实际相结合，克服了以往重经验轻实证科学的弊端，明确了解放思想、实事求是的思想路线。

求真务实与中华民族主体精神息息相关。缺乏求真务实精神，不从实际出发，就可能只看到成绩，看到形势好的一面、积极的一面，盲目乐观，从而导致骄傲自满、心浮气躁、盲目乱干，以致贪图享乐，耽于安逸，不思进取。“空谈误国，实干兴国。”一个人如果不能实事求是，只看到国家的不足和缺陷，只看到国家的落后，就容易丧失民族自尊心和自信心，陷入悲观主义和虚无主义之中。反过来，一个人只有具有爱国主义情怀，才能正视国家的一切，既不会因为国家的落后、贫穷和不足而自暴自弃，也不会因为国家取得了伟大的成就和进步而骄傲自满，盲目自大。可见，求真务实是坚持和弘扬中华民族主体精神的思想基础。

（二）博大宽容的精神

作为主体民族精神的自强不息与博大宽容均是由《周易》提出来的。《周易》曰：“天行健，君子以自强不息。”“地势坤，君子以厚德载物。”它表明君子应当以宽大的胸怀、宽广的仁德去包容一切。“厚德载物”集中表现了中华民族的博大宽容精神。在处理人与自然的关系上，它突出“天人合一”。宋代哲学家张载提出“民吾同胞，物吾与也”，认为人类都是我的同胞，万物都是我的同伴朋友。在处理国际关系、民族关系上，中华民族倡导“协和万邦”，和睦邻友，对外国采取“持之以和、待之以义、平等互助”的政策。新中国成立以后，中国共产党人进一步发扬了博大宽容的优良传统美德。改革开放后，中国实施全面的开放政策，不仅大量引进国外的资金、技术、人才和先进的管理经验，还积极借鉴国外先进的精神文明成果，还加强了与不同社会制度国家的广泛交往，进一步发扬了中华民族博大宽容的精神。在处理人与人之间关系上，坚持宽以待人，严以律己，成人之美，待人宽厚仁德。

中华民族的博大宽容与团结统一、爱好和平紧密相关。博大和宽容是团结统一、爱好和平的精神基础。团结统一并非不承认差别，不承认多样性，而是在尊重彼此不同的前提下做到求同存异，实现团结合作，维护和促进民族的统一。要达到团结统一的目标，就必须学会宽容，必须拥有博大的胸襟。作为传统文化主干的儒家最讲究“和”，也就是重和、贵和。从某种意义上讲，重和把博大宽容精神同爱好和平精神有机统一了起来。“和”在传统文化中有两种意义。一是动词性质的，指调和、融合，就是把不同质态的事物有机整合。西周末年史伯最先提出“和同”理论：“夫和实生物，同则不继。以他平他谓之和，故能丰长而物之。若以同裨同，尽乃弃矣。”孔子也指出：“君子和而不同，小人同而不和。”二是形容词性质的，指和谐、和睦、和平，儒家倡导的“致中和”“和为贵”等思想，其中的“和”就是在这个意义上使用的。这两种“和”充分展示了博大宽容与爱好和平的统一关系。“和而不同”表现在处理国际关系、民族关系上就是首先承认差别，承认多样性，然后彼此沟通、融合、借鉴，反对霸权主义和帝国主义，这种博大宽容精神显然有利于世界和平事业的发展。江泽民在许多国际场合深刻揭示了博大宽容与世界和平发展的关系，他在美国乔治·布什总统图书馆发表演讲时说：“和谐而又不千篇一律，不同而又不相互冲突。和谐以共生共长，不同以相辅相成。和而不同，是社会事物和社会关系发展的一条重要规律，也是人们处世行事应该遵循的准则，是人类各种文明协调发展的真谛。”[①]习近平总书记多次提到构建人类命运共同体的观点，他在党的十九大报告中说：“我们呼吁，各国人民同心协力，构建人类命运共同体，建设持久和平、普遍安全、共同繁荣、开放包容、清洁美丽的世界。”[②]

---

① 《江泽民文选》第3卷，人民出版社2006年版，第522页。

② 习近平：《决胜全面建成小康社会　夺取新时代中国特色社会主义伟大胜利——在中国共产党第十九次全国代表大会上的报告》，人民出版社2017年版，第58页。

(三)艰苦奋斗的精神

艰苦奋斗是一种内涵丰富的精神品质,包含艰苦创业、吃苦耐劳、勤俭节约、积极有为、知难而进和坚韧不拔等内容,是中华民族的优良传统。我国古代有很多思想家都提出了艰苦奋斗的思想。正是因为坚持艰苦奋斗,中华民族才在人类文明史上创造了伟大奇迹;正是因为坚持艰苦奋斗,中华儿女才做出了卓越的历史贡献;正是因为坚持艰苦奋斗,海外华人才能创造出惊人的伟业。艰苦奋斗同样也是党在长期的革命和建设实践中形成的优良传统,也是中国共产党人治党治国的传家宝。也正是因为坚持艰苦奋斗,我们党才取得了四次反"围剿"斗争、长征、抗日战争、解放战争、抗美援朝战争的胜利。在社会主义现代化建设中,涌现出了无数艰苦奋斗的先进模范,王进喜、时传祥、焦裕禄、孔繁森、徐虎等是最杰出的代表。

中国共产党非常重视弘扬和培育艰苦奋斗的精神。1949 年 3 月,毛泽东在党的七届二中全会上告诫全党:"务必使同志们继续地保持谦虚、谨慎、不骄、不躁的作风,务必使同志们继续地保持艰苦奋斗的作风。"①他还多次号召全党全国人民及各级领导干部坚持艰苦奋斗、勤俭建国的方针,提出:"要使我国富强起来,需要几十年艰苦奋斗的时间,其中包括执行厉行节约、反对浪费这样一个勤俭建国的方针。"②党的十六大闭幕不久,新任总书记胡锦涛就来到河北西柏坡,要求大家铭记"两个务必",大力发扬艰苦奋斗的作风。早在改革开放之初,邓小平就多次用革命战争年代和 20 世纪 60 年代初期克服困难的经验教育全党同志和各级干部要发扬艰苦奋斗精神。他说:"为什么过去很困难的局面我们都能渡过? 根本的问题是我们的干部、党员同人民群众一块苦。"③邓小平重点强调了发扬艰苦奋斗的意义,认为要遏制腐败现象,就应该保持艰苦奋斗的传统;中国搞四个现代化,就必须老老实实地艰苦创业,我们穷,底子薄,教育、科学、文化都落后,这就决定了我们还要有一个艰苦奋斗的过程。江泽民强调要发扬艰苦奋斗精神。由此可知,艰苦奋斗既是我们党的优良传统,也是我们党一直坚持强调和大力弘扬的优良作风。

艰苦奋斗与党的十六大提出的中华民族主体精神相互贯通、有机关联。一方面,在某种意义上,"忧劳兴国,逸豫亡身","生于忧患,死于安乐"。只有大力弘扬艰苦奋斗精神,才能为富国强民节约宝贵的资源,创造更多的财富。如果

① 《毛泽东选集》第 4 卷,人民出版社 1991 年版,第 1438~1439 页。

② 《毛泽东文集》第 7 卷,人民出版社 1999 年版,第 240 页。

③ 《邓小平文选》第 2 卷,人民出版社 1994 年版,第 217 页。

贪图安逸，不思进取，奢侈浪费，必定亡党亡国。另一方面，一个具有爱国主义精神的人，必定会为国家的繁荣富强而尽心尽力，艰苦创业，积极进取。一个意志品质薄弱、不愿吃苦耐劳的人，一个只图享乐不思奋发作为的人，难以做到自强不息。只有绝大多数社会成员能够艰苦创业、大胆进取、积极作为，中华民族才能自强不息，才能自立于世界民族之林。反过来，自强不息成为绝大多数人自觉的追求和共同认可的价值规范后，就会激励和引导人们不畏艰险，吃苦耐劳，进而战胜前进征途上的一个又一个困难。

（四）崇尚仁义的精神

中华文明的发展和进步，与对道德精神的追求分不开的。崇尚道德成为中华民族最明显的特点之一。重视道德是中华文化连绵不断的主题，其中作为中华文化核心的儒家文化，对中华民族精神的形成起了非常大的作用。而且，儒家文化也是一种伦理体系，创建了一套完整的道德学说。在以儒家文化为主体的中国传统文化的影响下，崇尚道德成为中华民族自觉的行为准则和精神追求，成为中华民族国民性格、价值观念的重要内容。

尚仁重义的基本精神与中华民族主体精神是统一的。舍己为人、克己利人可以说是热爱国家的道德基础，一个没有仁爱之心的人，一个不关心他人的人，是不会爱自己的国家的，也不可能在他人、国家财产受到威胁时挺身而出。孔子很早就指出了仁义精神同勇敢品性之间的辩证统一关系。他说："见义不为，无勇也。"①"勇"不能单独存在，所以孔子说："君子有勇而无义为乱，小人有勇而无义为盗。"②可见，"勇"是以"义"为节制的合理行为，脱离"义"的"勇"，非但对社会无益，反而是有害的。

概而言之，中华民族主体精神从总体上统领中华民族基本精神，中华民族基本精神与中华民族主体精神互为条件、互为补充、互为目的、互相依存和互相作用。

二、中华民族主体精神是一个有机整体

中华民族精神是全国各族人民为实现社会主义现代化和中华民族伟大复兴而不懈奋斗的强大动力，是凝聚全党全国各族人民的精神支柱。以爱国主义为核心，以团结统一、爱好和平、勤劳勇敢、自强不息为主要内容的中华民族精

---

① 《论语》，中华书局 2015 年版，第 16 页。

② 《论语》，中华书局 2015 年版，第 222 页。

神，充分体现了中华优秀传统文化与社会主义市场经济条件下时代精神的有机统一，体现了协调性与进取性的有机统一，体现了先进性与普遍性的有机统一。中华民族精神内涵相当丰富，每一种精神要素各有侧重，在中华民族精神体系中占有特殊地位，在推动整个中国社会发展和中华民族伟大复兴中发挥着独特的作用，但彼此又不是完全孤立的，而是相互作用、相互补充，共同构成一个有机的整体。

(一)爱国主义是处理人与国家、人与民族关系的根本指针

党的十六大报告将爱国主义作为中华民族精神的核心，原因主要有以下几点。

第一，爱国主义是中华民族精神的根本。中国是一个多民族国家，汉族与少数民族经历了相互融合的过程。历史上也有一些少数民族建立的政权。汉族和少数民族都有许多愿意为民族献出生命的勇士，他们的英雄事迹也是体现爱国主义精神最显著的方面。国家是民族的主体，也是民族的载体。所以，热爱中华民族与爱国是一致的，也可以说中华民族精神就是中国精神。民族精神是一个民族文化最核心、最深刻、最本质的灵魂，是国民性格、价值观、思维方式、道德规范的综合体，而民族精神最主要的就是关心和维护民族的尊严、独立、完整、生存和发展，也就是热爱自己的国家。爱国主义是中华民族精神最直接、最本质、最内在的综合体现。

第二，爱国主义是中华民族精神的灵魂。中华民族精神层次多样、丰富多彩，但自始至终起主导作用的却是爱国主义精神。国家是一个包含人口、土地、主权等多种因素的综合性概念，这就决定了爱国主义是激发、培育和塑造民族精神的主要动力。民族精神是在献身国家、建设国家、保卫国家的光辉实践中铸就的。正是为了保家卫国，黄继光、邱少云舍生忘死、勇于牺牲；正是为了早日脱掉贫油的帽子，王进喜表现出艰苦奋斗的忘我精神；正是为了国家与民族的团结、繁荣和发展，孔繁森“舍小家顾大家”，两次援藏……中国人民之所以在社会主义革命和建设中表现出求真务实、艰苦奋斗、尚仁崇义、见义勇为、敢于创新、勤劳勇敢、团结统一、自强不息、无私奉献等优秀品质，归根结底是为了国家的生存与发展、繁荣与昌盛。儒家讲求“内圣”是为了“外王”，修身、齐家是为了治国平天下。这从另一个侧面说明了爱国主义在制约道德精神方面的重要性。

第三，爱国主义是中华民族最悠久的精神传统。中华民族形成以后，爱国主义就产生了。早在战国时期，屈原的《离骚》就表达了对楚国存亡的强烈历史责任感，他的爱国之情鼓舞着世世代代的中华儿女。在几千年的历史发展中，

各族人民正是以自己的爱国感情为纽带维系在一起,共同生活和斗争,以勤劳和智慧共同创造了光辉的历史和灿烂的文化。中国人民历来把国家利益、民族大义放在至高无上的地位,无数志士仁人以爱国为崇高之志,以报国为终生之责,认为"天下之本为国",强调以国家之务为己任,"苟利国家生死以,岂因祸福避趋之"。在爱国主义精神感召下,历史上涌现出无数可歌可泣的维护民族团结、国家独立与尊严、反抗外来侵略的英雄。中华民族不仅以勤劳勇敢著称于世,也以忠心报国著称于世。同其他民族相比,中华民族的爱国主义精神表现得更为强烈、更为普遍,它深深根植于中华民族的肌体之中。今天,爱国主义仍是鼓舞全国人民建设中国特色社会主义的根本动力,仍是中华民族精神中最闪光的部分。

第四,爱国主义是推动民族振兴和社会发展的支柱。爱国主义是一个国家、一个民族凝聚人心、民心的重要思想基础和不断追求进步的强大精神动力,是一种伟大的凝聚力、感召力和向心力。在我国历史上,爱国主义一直都是动员和鼓舞人民团结奋斗的一面旗帜,在维护国家统一和民族团结、抵御外来侵略和推动社会进步方面发挥了重大作用。

(二)团结统一是调整民族关系的基本原则

团结统一在中华民族精神中有着重要地位。首先,团结统一是一种特殊的民族精神。团结统一精神是一个民族在共同的利益和目标基础上形成的,是促使民族在意志和行动上和谐统一的向心力和凝聚力。古人云"众心成城,众口铄金","同德则同心,同心则同志",说的就是这种精神。如前所述,爱国主义要求各民族成员爱护、关心自己的国家,是一种调整个人与民族、国家之间关系的规范,也是一个国家同另一个国家相互区别又相互联系的精神面貌。团结统一不仅表现为对民族成员的要求,还用来调节不同民族之间的矛盾、冲突,从而实现民族和睦相处。

其次,团结统一是中华民族优良的精神传统。团结统一精神源远流长,是中华民族生存、团聚、延续和发展的精神支柱。历史上,我国各族人民之间就建立起了紧密的政治经济文化联系,共同促进了国家的发展与统一。悠久的中华文化成为维系民族团结和国家统一的牢固纽带;团结统一,深深印在中国人的民族意识中。虽然中国历史上也出现过短暂的分裂,在自秦统一全国后的两千多年里,我国一直是一个统一的多民族国家,民族团结始终是中华民族历史的主流,是国家发展进步的重要保障。在历史发展过程中,各族人民共同生活、劳动和斗争,形成了团结统一的民族精神。新中国的成立,标志着中华民族实现了空前的大团结,建立了平等、团结、互助的社会主义新型民族关系,各民族人民依法享有各项权利和自由。在少数民族聚居的地方实行区域自治,民族地区的经济社会不断发展。

再次,团结统一是影响民族主体精神的重要因素。团结统一作为一种社会理想,能够激发人的斗志,磨砺人的品质,提升人的思想境界。爱国主义的根本指向,除了包含维护国家的尊严、促进国家的发展外,还包含推动国家的统一、各民族之间的团结合作。同时,团结统一还有利于推动崇高精神的形成,如不畏艰险、勇于拼搏、无私奉献等,为了维护国家统一,防止外敌入侵,为了民族团结大业,非常多的优秀中华儿女舍小家为大家,他们不惜抛家舍业,守卫边关,支援边疆建设。

最后,团结统一为巩固国家统一和民族团结奠定坚实的精神基础。团结统一之所以上升为中华民族主体精神,就在于它具有极其重要的社会作用。团结统一是一个国家、一个民族最重要的目标。当团结统一由社会目标转化为民族成员内在的理想信念时,就会变成人的自觉追求,成为推动人前进的强大动力。不论是在国家顺利发展、兴旺发达的时期,还是在国家面临生死存亡的危急关头,团结统一的民族精神都在捍卫国家主权和维护民族团结中发挥着重大的导向、激励、示范作用。

(三)爱好和平是中华民族精神中最重要的价值取向

中华民族历来爱好和平,爱好和平渗透于中国人的国民性格、价格观念、人生态度和道德品格,是中华民族精神非常重要且密不可分的组成部分。

爱好和平是处理国际关系、民族关系问题的重要原则。和平包含国际和平和国内和平,前者主要指国与国之间和平共处,后者主要指本国内部各民族之间和睦相处。爱好和平就是“协和万邦”,就是反对国与国之间、民族与民族之间的侵略和扩张,反对殖民主义、霸权主义和民族分裂主义,各国之间、各民族之间和睦相处、友好往来。如果说爱国主义主要是调整人民与国家之间的关系,团结统一是调整国家内部各民族之间的关系,那么爱好和平既可以调节国与国之间的关系,又可以调节国家内部各民族之间的关系。爱好和平同爱国主义、团结统一虽然各有侧重,但并不是相互矛盾的,而是相互联系、相互协作的。爱国主义最明显的特征,就是既能维护国家的和平,又能保证国家的安全。爱好和平为国家统一和民族团结提供了心理基础,战乱、冲突和暴力只能会造成民族之间的仇恨、分裂。

爱好和平也是中华民族非常重要的传统精神。中国是世界四大文明古国之一，秦代中国的思想家提出了“亲仁善邻，国之宝也”的思想，反映了古代的中国人民也是爱好和平的，希望同全世界人民和平友好相处的。“和为贵”的精神深植于中华民族的优良传统之中。历史上，中国对世界其他国家与民族友好往来，为人类的文明做出了突出的贡献。新中国成立后，我们一直奉行独立自主的和平外交方针，把坚持促进世界和平与共同发展作为外交政策的宗旨。长期以来，我们主张通过和平手段解决国际争端，反对霸权主义和强权政治。我们也多次向全世界郑重宣告：中国永远不称霸，中国的发展与进步，不会对任何人任何国家构成威胁。当今，中国已成为维护世界和平、促进共同发展的一支非常重要的力量。

(四)勤劳勇敢是中华民族最为人称道的道德品质

一切财富来源于劳动，社会发展和一切事情成功的基本前提是勤劳。正因为如此，我国向来尊重劳动、热爱劳动、赞美劳动，把勤劳当作中华民族的传统美德，“爱劳动”同“爱科学”“爱祖国”“爱社会主义”“爱人民”并置，在整个社会提倡和推广。

第一，勤劳勇敢是中华民族最为人称道的道德品质。一般而言，道德分为两种：一种是社会性道德，主要用来调节人与人、人与社会、国与国之间的行为原则和行为规范的统称，也称为协调性道德；另一种是个人性道德，主要是用来解决人对自身的各种义务，是一种个人的品格修养，如节制、坚韧等。同爱国主义、团结统一、爱好和平这些社会性规范不同，勤劳勇敢是个人品质，是社会对个人行为的要求。美国著名历史学家摩尔根在《古代社会》一书中向我们展现了原始人的生活图景，在他们的道德规范中，与团结、互助同样重要的就有勇敢和勤劳。从古希腊哲学家的文献中可以发现，勇敢、明智、节制、公正是当时人们公认的四种美德，其中前三种是个人道德。勤劳勇敢既是个人品德也是民族精神，这是不矛盾的。这是因为，当勤劳勇敢在长期的历史发展过程中由少数个人具有的品德演变为绝大多数中国人共同认可、具备和接受的品德时，它就转变为一种具有普遍意义的民族精神。

第二，勤劳勇敢是中华民族最悠久最明显的精神品质。中华民族原始在同恶劣的自然环境抗争中锻炼出了勤劳勇敢的品格，悠久的农耕文明培养出了勤劳勇敢的品德。中华民族重视劳动，把勤劳当作立身立国之本，认为“忧劳可以兴国，逸豫可以亡身”，“勤则难朽，逸则易坏”，“业精于勤荒于嬉”，强调“民生在勤，勤则不匮”，倡导“克勤为邦”，“业广惟勤”。正是因为对勤劳勇敢有独到的理解并身体力行，所以中华民族才能够在人类历史发展进程中创造辉煌的物质文明和精神文明,为世界文明做出杰出贡献。现在,我们提倡勤劳勇敢的民族精神,就是为了充分发挥全体人民的积极性、主动性和创造性,通过艰苦奋斗,开拓创新,为物质文明、政治文明和精神文明建设,为国家的发展和民族的振兴,为建设美好家园贡献聪明才智。

第三,勤劳勇敢是同其他民族精神有机联系的优秀品质。一个人只有具有爱国之心,他的劳动动机才能变得高尚,才具有真正的意义,他的勤劳才具有强大的动力。为了民族、国家的利益而劳动,才是最光荣的事情。一个人只有拥有强烈的爱好和平的愿望,拥有维护国家统一和民族团结的决心,他才能在民族生死存亡关头挺身而出、视死如归。反之,勤劳勇敢为爱国、团结、统一及和平提供动力和条件。只有勤劳勇敢才能使国家繁荣富强,才能维护国家的安全与领土的完整,才能永保国家的和平与安宁。

(五)自强不息是中华民族屹立于世界民族之林的精神动力

自强不息是中华民族自觉的精神追求,是中华民族精神的主体要素。

首先,自强不息是中华民族传统文化的精华。古人通过观察宇宙万物的变动,提出"天行健,君子以自强不息",这成为激励中国人民变革创新、努力奋斗的精神力量。几千年来,自强不息精神影响着中华民族文化和精神活动的方向,自始至终是中华民族屹立于世界民族之林的精神动力。特别是近百年来列强侵略,国家日趋衰败,为了摆脱这种境遇,中国人民奋发图强。中国民主革命的先行者孙中山首先提出"振兴中华"的口号,他领导的辛亥革命推翻了延续几千年的封建君主专制制度。在毛泽东思想指引下,中国共产党领导中国人民实现了民族独立和人民解放,并在寻找适合中国的发展道路时,坚持立足于国情来解决经济政治文化建设的问题,而不是照搬别国模式。在处理国际事务上,我们采取独立自主的立场和政策。

其次,自强不息是中华民族精神的灵魂。自强不息是中华民族赖以生存、发展的动力和基石。在漫长的历史发展中,中华民族历经种种磨难而没有倒下,一次又一次地转败为兴,巍然屹立于世界东方,靠的正是自强不息。只有自强不息、奋发向上,才能为国家的繁荣富强、安定团结提供坚实的物质基础,才能树立坚定的民族自尊心和自信心。只有自强不息,才能具有坚强的意志品质,在任何时候都勇敢果断。在国际交往日益广泛、全球化趋势日益明显、国际竞争越来越激烈的今天,中国要在对外开放中求生存、求发展、就必须增强自主意识,发扬自强不息精神。

最后,自强不息充分显示了社会主体的主观能动性、自觉性和坚定性。自强不息就是一个民族、一个国家及其社会成员充分发挥主体能动性、创造性、自觉性和持久性，既表现为主体自尊自信、自立自主、不卑不亢的独立人格，又表现为奋发图强、坚韧不拔、勇于开拓等进取性品格，还表现为永不知足、永不停止、坚持不懈等执着追求。与勤劳勇敢不同的是，它不仅是指个人的优秀品性，更是以民族、国家为主体的积极精神。自强不息集中反映了中华民族朝气蓬勃、努力向上的顽强生命力，表现了中华民族百折不挠、反抗侵略势力和邪恶势力的斗争精神，显示了中华民族不畏艰险的坚强意志和独立自主的人格。自强不息又可分为个体的自强不息和民族的自强不息，前者是后者的基础，后者则是前者的综合。自强不息主要是指以民族为主体展现出来的自强不息。

由上可知，中华民族主体精神中，爱国主义是核心，渗透于民族精神的一切领域；自强不息是灵魂，贯穿于各种民族精神之中；团结统一、爱好和平和勤劳勇敢是主干，它们都为中华民族的生存、发展提供了强大的精神动力。

第四节　中华民族精神的价值观意义

党的十九大报告指出："人民有信仰，国家有力量，民族有希望。"[①]中华民族精神就是全体中国人民最深沉的精神信仰，是中华民族伟大复兴的根本力量，是国家富强的精神动力和价值支撑。在国家富强、民族振兴、人民幸福的伟大征程中，中华民族精神发挥着不可替代的价值凝聚功能、价值导向功能以及价值激励功能。

一、中华民族精神的价值凝聚功能

党的十六大报告指出："民族精神是一个民族赖以生存和发展的精神支撑。一个民族，没有振奋的精神和高尚的品格，不可能自立于世界民族之林。"[②]正是在此意义上，党的十六大报告提出："要把弘扬与培育民族精神作为社会主义文化建设的重要任务，纳入到社会主义精神文明建设和国民教育的全过程。"[③]事实上，中华民族虽遭种种劫难而能复振，并且历经几千年文明绵延不绝，根本的原因就

① 习近平：《决胜全面建成小康社会　夺取新时代中国特色社会主义伟大胜利——在中国共产党第十九次全国代表大会上的报告》，人民出版社 2017 年版，第 42 页。

② 江泽民：《全面建设小康社会　开创中国特色社会主义事业新局面——在中国共产党第十六次全国代表大会上的报告》，人民出版社 2002 年版，第 39 页。

③ 江泽民：《全面建设小康社会　开创中国特色社会主义事业新局面——在中国共产党第十六次全国代表大会上的报告》，人民出版社 2002 年版，第 39 页。

在于中华民族精神起到了重要的价值凝聚的作用,尤为重要的是中华民族团结统一的精神与追求“大一统”的文化底蕴。

中华民族的“大一统”思想,源于中国人的整体思维和统一观念,这种“大一统”思想是在历史的长河中逐渐形成的,是在各民族的共同发展中巩固的。在漫长的历史长河中,“大一统”思想有一个萌芽、形成、发展和成熟的过程,并在中华民族形成中发挥着重大的价值凝聚功能。早在史前史时代,中华民族就表现出民族交流与统一的历史趋势,处于人类文明前夜的尧舜禹时代,中国黄河中下游地区就发展成为人类文明的中心,逐渐成为华夏四海八荒的核心地带。经过周朝时代的文化交流和民族融合,华夏民族共同体逐渐形成,由于面对西北民族的攻击,华夏民族的民族意识和民族认同更加强化,因而春秋时期的“一匡天下”成为中华民族的共同心声。“大一统”的真正实现是在秦汉时期,秦朝实现了第一次多民族的融合和统一。历经魏晋南北朝的混乱、分裂和割据,“大一统”思想得到进一步强化,比如北魏郦道元的《水经注》并没有局限于现实的政治,仍在渴盼一个完整统一的国家形象。隋唐宋辽金时期,“华夷一体”的思想深入人心,辽、西夏、金的汉化,进一步促进了中华民族文化的内在统一,更强化了“共为中华”的思想,增强了中华民族的整体观和凝聚力。元明清时期,形成了历史上最具历史意义的多民族的大统一局面,面对外来势力的侵略,中华民族迸发出更为强大的凝聚力和生命力。

中华民族“大一统”思想,维护了中华民族的团结,确保了中华文明的延续。虽然历经多次王朝更替,多次政权分裂,但“统一”始终是中华民族精神的主基调,因为“大一统”是一个包含政治、经济和文化等要素的思想体系,是中华民族的基本精神,是凝聚中华民族的重要力量。“华夷一统”“华夏一体”“共为中华”的观念,是中华民族精神发挥价值凝聚功能的基础,因为“大一统”思想提供了民族融合的文化平台,增强了各民族在经济、政治上的文化认同。居住在不同地区的各族人民,都认为自己是中华民族的成员,都认为自己是主人翁,都认为中国是自己的祖国,进而形成了明确的国家概念,从而对中华民族有了强烈的认同感和归属感。概而言之,正是在中华民族精神的凝聚下,中华民族日益显现出蓬勃发展的生机、伟大复兴的力量以及国家统一的决心。

二、中华民族精神的价值导向功能

在中华民族精神形成和发展的过程中,“和谐观”作为中华民族精神的文化底蕴和精神底色,体现了中华民族的一种文化倾向、一种文化理念、一种文化意境。经过中华民族漫长历史的文化凝聚,“和合”逐渐成为一种社会理想,一种公众愿望，一种合理的社会模式，从而成为维系中华民族文化认同、维护国家安定团结的核心价值观。

从词源学来考察，“和合”先是见于《周易》，其基本精神就是“和合天地自然”，体现为古代人对自然发展、宇宙运行以及世界构造的直观认识。大致上说，阴阳的关系被看作世界秩序模式的基本架构，“和合”就是指自然规律和宇宙秩序。依据《周易》的解释，阴阳和合的最高境界是人与土地合德，符合和合规律就是遵从自然秩序的法则，如果背弃这个规律就会受到自然的惩罚。在古代人的视域中，人的体质构造和人的意识活动也是以若干基本物质的和合为条件的。由此可知，“和合”提供了创造生命和维护生命的环境条件，这是古代哲人的生存智慧，也是古代社会人们共有的、朴素的自然主义认识观。进而言之，影响中华民族文化传统和民族精神的“天人合一”的观念，也是“和合”思想的终极关怀。实际上，作为阴阳和谐共处的一种表述，“和合”意识是中国古代农耕文明的产物。中国古代农业生产实践，受到日照、气温以及降水等诸多条件的限制，正是由于对不和、未和的忧虑，“和合”才逐渐演变为一种普遍的精神定式和文化传统。

从儒学传统来考察，“和合”思想是社会政治文化的延伸，体现于社会管理和社会控制，发挥着鲜明的价值导向功能。在儒家传统经典中，和合往往用和字来代替，正如张岱年指出：“‘和合’一词起源很早。用两个字表示，称为‘和合’；用一个字表示，则称为‘和’。”①在更早的儒家经典中，“君子和而不同，小人同而不和”②，“礼之用，和为贵”，③以及“天时不如地利，地利不如人和”④等，无不鲜明地表达了儒家传统思想中“和”的理念和实践。作为古代社会共同的文化追求，和不仅受到早期儒家学者的特别宣扬，更是一种应用于社会稳定的设计原则，儒家政治活动倾向于将和思想付诸政治实践，因为古代先贤的理想政治模式就是和，封建统治集团内部首先要讲和，即和合骨肉或者和合六亲，而上下和合则反映了更宽广层面的政治态度，体现了大多数社会成员的政治和谐。

从中华民族精神的价值取向来看，和合是中华民族的社会理想，是中华民族的文化凝练，更是中华民族的意识形态。“中国人的世界是一个人情化了的世界，人情已经纳入了社会公认的和合的交往渠道和公式，人情以保持人际关

① 张岱年：《漫谈和合》，《中华文化论坛》1997 年第 3 期。

② 《论语》，中华书局 2015 年版，第 159 页。

③ 《论语》，中华书局 2015 年版，第 5 页。

④ 《孟子》，中华书局 2016 年版，第 76 页。

系和谐为目的。”[①]总体而言，和合体现了中华文化的内质和外貌，中华民族社会风习的细微之处，往往也透露出和合精神的价值引领作用，因为和合意识来自日常生活，进而逐渐上升为指导多方面社会活动的原则。作为中华民族的处事风格，和合在策略层面体现为一种智慧；作为中华民族的性格，和合在道德层面体现为一种人文关怀。从社会意识形态的价值引领功能来看，和合已经成为中华民族的性格，得到大众的广泛认同，在世界上也赢得了广泛赞誉。正是在此意义上，有学者指出：“和合学是面对时代呼唤和挑战所作出的学术回应。作为一种走向21世纪的思维和文化选择，它立足于中国的现代发展，放眼于人类文化前景，转生和合人文精神，创新和合结构方式，为未来人类的生存与生活指出了一条希望之路，进一步弘扬了和平与发展的新世纪的人文大道。”[②]概而言之，作为中华民族精神的内在支撑，和合价值观饱含超越现代性危机的文化基因，还具有引领未来人类发展的价值引领功能。

三、中华民族精神的价值激励功能

在中华民族精神的形成过程中，“义利观”直接与百姓的切身利益相关，因而上升为中华民族精神的主导价值观。“义利观”主要囊括两个方面：一是在“义”与“利”关系的处理上，突出民本思想；二是民族大义观。这充分体现了中华民族精神的价值取向，进而凸显鲜明的价值激励功能。

在中国思想史上，中华民族关于义利观的研讨历史悠久，比如先秦诸子义利观的争鸣，董仲舒对义利观的阐释，道家以及魏晋玄学家提出的义利观，宋明理学理欲之辩中的义利思想，明清时期的私与欲讨论中的义利观，当前传统的义利观又有了新的发展形式、新的内容实质。一般地说，儒家学说重义轻利，代表了中华民族传统价值的精要，但儒家代表人物的义利观并不是如此简单，这集中体现在四个方面：(1)孔子并不否认对利的追求，十分重视下层百姓的利益，他只不过强调利要建立在义的基础之上，并将“重民之利”作为衡量为政成效的标准；(2)董仲儒承认合理的民之欲和民之利，主张“求利”不能过度，并且强调统治者不能与民争利；(3)即使常被后人批评的“存天理、灭人欲”，也不是消除所有的私欲和私利，而是承认百姓生存的需要，况且这个学说主要指向统治阶层；(4)明清后期的儒家学说已经承认私和利的合理性，主张兴公利、除公害。概括来讲，尽管历朝历代的义利观迥异，但代表先进“义利观”的学说彼此

① 赵锦荣：《对中国传统文化和合性的反思(一)》，《新疆师范大学学报》(哲学社会科学版)2004年第1期。

② 刘宝树：《和合学：对世纪文化挑战的回应》，《社会科学家》2000年第1期。

有共同的特点，即“民为邦本，本固邦宁”，也就是说，义利观强调要维护百姓的利益，以民为本，以激发广大群众的积极性、创造性，从而实现引领社会发展方向的重要功能。

进而言之，中华民族精神中的义利观并没有截然割断义与利的关系，并没有在否定一方面的基础上承认另一个方面的合理性，而是把义与利联系起来，虽然有重义轻利的观点，有利义并重的主张，也有以利为先的论述。对于利，从内容上说，有的将财富作为利的规定，有的将个人的生存条件作为利的规定，有的以事物的发展方向作为利的规定；从范围上讲，有个人之利、家国之利，有天下之利。对于义，存在更多的诠释维度，有的以等级制度的礼作为义的内涵，有的以儒学思想的根本要求作为义，有的将伦理道德作为义的内容，有的以天理作为义的内在思想，进而对对封建等级制度的认识进行了升华，有的将“社稷”的保存作为义的基本理念，进而将维护民族团结、抵抗外来侵略作为民族之大义，从而将民族大义作为君子安身立命行事和评价历史人物功过的坐标轴。实际上，义的规定与利是分不开的，利的实现又与不同的义的层次相结合，而义的不同层次的要求又制约着利的实现。具体地说，义利观是在历史发展中形成的，它关心公利，关注国人的民生日用，思考民族的前途，考量民族的安危，为后世所继承，进而成为中华民族立身行事的根本要求。概而言之，义的崇高境界就是社会和民族的最广泛的利的反映，民族大义是民族最高的利的体现，这种民族大义的价值取向，激励着一代又一代中国人为了国家富强和人民幸福而奋斗。

第三章 中国传统价值观

——社会主义核心价值观的深厚渊源

中华文明是“万年前的文明起步，从五千年前后氏族国家到国家的发展，再到早期古国发展为多个方国，最终发展为多源一统的帝国”①。中华民族绵延不绝的原因固然很多，其中中华民族的文化气质、民族精神或者说中国传统价值观是一个非常重要的因素。中国传统价值观是构成民族精神的文化内核，也是支撑中国历史发展的精神力量。

中国传统价值观内容丰富、包罗万象，因为在历史具体的价值选择情境中，不同的时代，不同的背景，人们不同的价值选择彰显了不同的价值观念。所以，今天考察的中国传统价值观只能是历史发展过程中最重要的、最核心的、最显性的、最突出的价值观念。仅此，学术界也有不同的观点。著名哲学家陈来从三个层面分析了中国传统价值观，在国家层面，中国传统价值观主要表现为以人为本、以德为本、以民为本、以和为本；在社会层面，中国传统价值观体现在责任高于自由、义务高于权利、群体高于个人、和谐高于冲突四个方面；在个人层面，中国传统价值观体现为“四德五常”。② 戴木才认为，中国传统价值观就是“五常”与“八德”。③ 刘晓、王法强认为，中国传统价值观是“五教”“五常”“四维”。④ 赵馥洁根据历史的进程把中国传统价值观概括为九个方面：敬德，人道，纲常，自然，万善，天理，利欲，人权及个性。⑤ 由此我们可以看出，无论如何“五常”都是贯穿中国社会历史发展的核心价值观。另外，虽然“忠孝”不是“五常”

---

① 苏秉琦：《中国文明起源新探》，商务印书馆（香港）有限公司 1997 年版，142 页。

② 参见陈来：《中华文明的核心价值》，生活·读书·新知三联书店 2015 年版，第 204～230 页。

③ 参见戴木才：《中国特色核心价值观的传统、现实与前景》，广西人民出版社 2011 年版，第 27～39 页。

④ 参见任者春、郭玉峰主编：《齐鲁文化与社会主义核心价值体系研究》，山东人民出版社 2014 年版，第 109～150 页。

⑤ 参见赵馥洁：《价值的历程——中国传统价值观的历史演变》，中国社会科学出版社 2006 年版，第 15～17 页。

的内容，但它是“三纲”的重要内容，也是我们今天仍然认可的重要范畴。因此，本章将以“忠、孝、仁、义、礼、智、诚、信”作为传统核心价值观的主要内容，也作为本章的中心线索，以此来分析其演变与发展。

第一节　中国传统价值观的起源：夏商周时期

从中华文明的发展史来看，先秦文化无疑是中国文化的源头，也必然是中国传统价值观的源头。因此，以下着重探讨夏商周三代的价值观状况。

中国素以礼仪之邦著称于世，其历史可上溯至夏朝，根据历史学家的研究，夏商周三代属于比较典型的奴隶制社会，人类已摆脱野蛮进入文明时代。当时的价值观主要有以下几个方面。

一、崇德

远古社会，由于生产力水平低下，生活环境极其恶劣，生存成为首要问题。“往古之时，四极废，九州裂，天不兼覆，地不周载；火爁炎而不灭，水浩洋而不息；猛兽食颛民，鸷鸟攫老弱。”[①]强大的自然不断给人类生存带来各种各样的磨难与厄运，人们在自然面前的无力，内心充满对自然的恐惧，感到自身的命运不是自己能够掌握的，而是由冥冥的外界力量掌控，这正是原始禁忌生成的自然心理基础，这也是人类最早约束自我行为的规范，同时也是道德最原始的存在方式。随着人类对自然以及自身认识水平的提高，原始禁忌的基础上有了原始崇拜，原来的多神逐渐变成一神，即天帝；人类心理的恐惧也逐渐变成了崇敬与赞叹。殷商时期，人们认为天帝的命令是至高无上的，人类必须遵循。殷墟卜辞中有“帝令雨足年”“今二月帝不令雨”“庚戌卜，贞帝其降堇?”的记载，意思分别是：天帝命令下雨使年成丰足；今年二月，天帝命令不下雨；庚戌日卜，问天帝要降世饥馑吗？由此可以看出，殷商时代，人们认为天帝无所不能，天帝命令与指示是绝对不能违背的，否则就是大逆不道，必然受到天谴。《礼记・祭统》云：“福，备也，备者百顺之名也，无所不顺者之谓备。”意即福，就是人的各种需要得到满足的状态，亦即无所不顺。远古先民对鬼神的崇拜，其目的无非避祸趋福，正是由于人类的福祸决定于天帝神灵，殷周的人们才会崇拜鬼神，并且不惜靡费财物，奢其牺牲，隆重地祭祀，有时一次多达“五百牛”“千牛”“三百犬”等，有的甚至用人（奴隶）来做牺牲品。考古专家在1976年对安阳殷墟西北冈的祭祀

① 《淮南子》，陈广忠点校，上海古籍出版社2016年版，第145页。

坑进行了仔细的大规模发掘，坑内发现了人祭的遗迹，死者多无头颅，作俯身葬。[①] 根据历史学家考证，从盘庚迁殷到帝辛亡国，仅甲骨文记载，共用人祭13052人，另外还有1145条卜辞未记人数，即都以一人计算，全部杀人祭祀，至少亦当用14197人。[②] 今天看来，这是惨无人道的事情，但在奴隶主阶级看来，这不仅不是恶，而且体现了对神灵的敬重与崇拜，是善。

“德”字的出现及“德”观念的产生具有重要意义，意味着宗教社会向世俗社会、神灵世界向伦理世界的转变。关于“德”字，有的学者认为它不是出现在夏商时代而是出现于西周初期。如郭沫若在《先秦天道观之进展》一文中说：“在卜辞和殷人的彝铭中没有德字，而在周代的彝铭如成王时的《班簋》和康王时的《大盂鼎》都明白地有德字表现者。”[③]当然，也有学者认为，“德”字在商代已经存在。如徐中舒编著的《甲骨文字典》就收录了“德”字，中国社会科学院考古研究所编著的《甲骨文编》收录“德”字19次，而且罗振玉等学者对卜辞中的“德”字进行了解释。尽管“德”字在商代已经存在，但是“德”的观念在当时并不是重要的价值观念，“至少从周初开始，德在古代思想世界中就开始占据核心的地位。从《诗》《书》可见，周人把德视为最重要的和人相关的品质，同时也是赢得天之眷顾的依据”[④]。比如，《诗经》中《文王》的“无念尔祖，聿修厥德”、《思齐》的“肆成人有德，小子有造”、《皇矣》的“其德克明”“予怀明德”、《假乐》的“假乐君子，显显令德”、《民劳》的“敬慎威仪，以近有德”、《抑》的“温温恭人，维德之基”、《武成》的“大邦畏其力，小邦怀其德”“惇信明义，崇德报功”，《尚书》中《康诰》的“克明德慎罚”“丕显敏德”、《酒诰》的“中德”“元德”、《召诰》的“王其疾敬德”。由此可以看出，西周时期“德”字已经被广泛运用，并且具有明确鲜明的道德意义，这也说明周人已有明确的道德价值观念。

孔子说：“周监于二代，郁郁乎文哉！吾从周。”[⑤]他感叹道：“甚矣吾衰也！久矣吾不复梦见周公。”[⑥]前者之“周”，通常解释为周礼，体现了孔子对周礼的重视，可以说周礼是他毕生追求的社会理想；后者之周公，正是制礼之人，体现了孔子对周公的尊敬与仰慕，可以说周公是孔子追求的人格理想的化身。周公姓姬名旦，是西周王朝创建者周文王的儿子、周武王的弟弟，是周成王的叔伯，武

① 参见中国社会科学院考古研究所：《新中国的考古发现和研究》，文物出版社1984年版，第229～230页。

② 参见胡厚宣：《中国奴隶社会的人殉和人祭（下篇）》，《文物》1974年第8期。

③ 郭沫若：《中国古代社会研究》，河北教育出版社2004年版，第259页。

④ 王博：《中国儒学史》（先秦卷），北京大学出版社2011年版，第11页。

⑤ 《论语》，中华书局2015年版，第23页。

⑥ 《论语》，中华书局2015年版，第66页。

王死后，他辅佐成王治理国家，是西周时期著名的政治家。《尚书》中的政治、伦理思想，主要是周公提出的。由周公提出的、在西周时期发挥重要影响的“崇德”思想，主要体现在以下几个方面。

（一）以德配天

夏商时期，人们重鬼神，尊天命。统治者宣称权力是天帝所赐、天命所定，他们是受天帝的委托来管理百姓、治理国家。后来西周灭商，也宣称是顺乎天意，遵循天命而为之。商朝因天命而治，西周因天命而灭，这里的“天命”是一个吗？如果是一个的话，为什么要西周取而代商呢？第一个问题，前文已述，从禁忌到崇拜，解决了多神向一神转变的问题；天命即天帝之命令，天帝独一无二，但命令是可以变化的，正所谓“惟命不常”“天命靡常”。问题的关键在于天命变化的依据是什么？夏商时期，天命完全由天帝决定，如果有依据的话，天帝的意愿就是最后的依据，所以人类在天命前是完全被动的、受控的。周公对此给出了新的解释：天命变化的依据在于道德。商纣王自己无德，这本身就是逆天而行，就是有违天命，所以天帝就命令周文王取而代之。西周代商自然是顺应天命而为之，这不仅为西周的统治提供了理论上的依据，同时也是对西周统治者自身的告诫、教育与敬告，即以德配天，天命惟常，否则就会像商纣王一样被有德者取代。可见，道德是天命变化的依据，是无德的统治者失去权力的依据，也是有德的统治者获得权力的依据。此时，虽然仍然强调天命，但是人类在天命面前不再是完全被动的、消极的存在，而是积极的、主动的，人们能够通过自身的努力、通过成己之德在世俗社会中过上幸福的生活，因为人们相信天帝对自己的努力与德性会予以认可。因此，幸福生活的根源不再完全是天命而是德性。这说明西周时期道德已经被抬高到非常重要的地位。

（二）敬德保民

西周是典型的奴隶制社会，虽然我们认为“德”的观念已经渗透到社会生活之中，但是“德”通常认为专属于统治者阶层，而奴隶则是不配拥有的。尽管如此，统治者的敬德思想还是与民有着直接的关系。首先，尊民。《尚书·康诰》云：“呜呼，小子封，恫瘝乃身，敬哉。天畏棐忱，民情大可见。小人难保，往尽乃心。无康好逸豫，乃其乂民。”[①]《尚书·泰誓》云：“民之所欲，天必从之”“天视自我民视，天听自我民听。”这表明西周的统治者对于民意民情有一定的关注，通

① 《尚书》，曾运乾注，上海古籍出版社2015年版，第144页。

过商纣王的教训，也了解到民众的力量。当然，他们不可能真正发自内心地尊重民众，他们只是为了王权的永续，统治者是从自身利益出发，不可能真正从民众利益出发。不管怎样，能够在一定程度上重视民众的力量与作用，也是好事情。其次，保民。"'保'和'乂'即'治'总是并提，'保民'就是要治民，使民安于统治。'裕我民'是为了'无远用戾'，即占有更多的统治对象。我们可以看出，所谓'保民'的实际含义是'长养民'和'长安民'的意思，即长久地养畜、占有奴隶，并使之安于统治。"[①]《说文解字》释义：保，养也；保字是一个会意字，从甲骨文字形上看，为用手抱孩子的形状，本义也是护养、养育。因此，直接保民理解为治民，可能不妥当，毕竟"保"与"治"意义有一定差距。但是，二者有联系，"保"是为了"治"，"保"是手段，"治"是目的。最后，治民。治民也是实现统治阶级利益的手段，为了王权永续需要更好地治民。周公总结了商朝统治的成功经验和灭亡的教训，然后提出了勤于政事、不可贪图安逸享乐、了解小民疾苦、正确对待小民怨恨的道德要求。周公认为，只要"敬德"就能"保民"，政权就会巩固，社会就会安宁，民众就会康乐，就会达到至治。"至治馨香，感于神明。黍稷非馨，明德惟馨。"[②]《大学》中的"大学之道，在明明德，在新民，在止于至善"的宗旨目标和"格致、诚意、正心、修身、齐家、治平"的德目及次序正是对西周"敬德"可达至治的价值观念的继承与发展。

(三)明德修身

从《尚书》《易经》《诗经》等经典来看，西周时期，"德"字被广泛应用，在社会生活中处于极其重要的地位。今日观之，西周之"德"具有两个方面的含义。其一，德指人们行为应当遵循的规范。我们都知道"洪范九畴"，即《尚书》中的《洪范》篇提出的九个方面的范畴：一曰五行；二曰敬用五事；三曰农用八政；四曰协用五纪；五曰建用皇极；六曰乂用三德；七曰明用稽疑；八曰念用庶征；九曰向用五福，威用六极。根据《尔雅》的释义，洪，大也；范，法也。洪范就是根本大法，意即最重要的规范。九畴中多有道德意义，有的本身就可以看作道德规范。如敬用五事，即人们应当注意的五种行为——貌曰恭、言曰从、视曰明、听曰聪、思曰睿；乂用三德，即治民三德——正直、刚克、柔克；向用五福，即寿、富、康宁、攸好德、考终命；威用六极，即凶短折、疾、忧、贫穷、丑恶、懦弱。其二，德指统治者应有的优秀品质及德性。"以德配天""惟德是辅"，虽然德有规范之意，但是更

---

① 梁韦弦：《简论周公"敬德""保民""永命"的统治思想体系》，《东北师大学报》1986年第3期。

② 《尚书》，中华书局2012年版，第475页。

多是指德性、品质。周公就是人格非常完美之人，他是孔子心目中的理想人格的典型代表，孔子自己不敢枉称圣人，而自谦为君子，却称周公为圣人，可见周公道德境界之高妙、德性之完善。因此，西周之德是规范论与德性论的统一。

二、重孝

重孝是我国传统价值观念的重要内容，其思想历史悠久，源远流长，虽然对于具体形成时间，学术界众说纷纭、莫衷一是，但是通常认为西周时期孝的思想已经非常明确，甚至孝的行为在社会中也已经非常普遍。

孝的思想的形成有其社会历史条件，夏商时期的道德生活为孝观念的形成奠定了坚实的社会文化基础。

其一，原始禁忌与崇拜成为孝观念形成的重要渊源。社会存在决定社会意识是唯物史观的基本原理，这一原理告诉我们："物质生活的生产方式制约着整个社会生活、政治生活和精神生活的过程。不是人们的意识决定人们的存在，相反，是人们的社会存在决定人们的意识。"[①]远古时代，由于社会生产力水平极其低下，远古祖先生存与生活能力也很低，在与自然界的抗争过程中，人类力量弱小，完全受制于外部的自然力量，自然界不仅制约着部落及氏族的生存与生活，而且控制着个体的生存与生活。在这种社会状态下，"人的感情、思想、活动，并不是从他自身出发的，而是被一种外在的力量印在他身上的……部落的每一个成员对部落习惯法的无意识服从，很长时间来被看成是构成研究原始秩序人们遵守法则之基础的基本公理"[②]。这里的"部落习惯法"其实就是远古人类由于对于外部力量的恐惧而形成的各种各样的禁忌。如果说原始禁忌源自对外部世界的"畏"，而崇拜则来源于远古人类的"敬"。远古人类通过占卜、祭祀等活动来讨好与取悦崇拜对象，从而使自身需要或利益得到满足。原始崇拜的对象主要有三类：第一类是天神、上帝；第二类是日月星辰、山川林泽等自然物；第三类是先王、祖先。相应地，原始崇拜根据崇拜对象的不同可以分为天帝崇拜、自然崇拜和祖先崇拜，三种崇拜中祖先崇拜是远古人类崇拜的核心。在远古人类看来，祖先去世以后就会升天并且成为天帝的工臣，陪伴于天帝左右，可以与天帝沟通交流；同时，远古人类认为，祖先会福佑自己的后代，会像母亲爱护孩子一样保护自己的后人。这样，人类的愿望与需要通过祖先的转达呈于天帝，天帝降福于民于世，从而实现原始人类的愿望。这一过程中，祖先无疑是

---

① 《马克思恩格斯文集》第2卷，人民出版社2009年版，第591页。

② ［德］恩斯特·卡西尔：《人论》，甘阳译，上海译文出版社1985年版，第138页。

关键的角色，他们是达于天帝的关键甚至是唯一中介环。因此，西周以前，在日常生活中，人们对祖先的祭祀与颂扬占有极其重要的地位。从《诗经》中可以看到远古人类对祖先的炽热感情。

嗟嗟烈祖！有秩斯祜。申锡无疆，及尔斯所……自天降康，丰年穰穰。来假来飨，降福无疆。顾予烝尝，汤孙之将。①

猗与那与！置我鞉鼓。奏鼓简简，衎我烈祖。汤孙奏假，绥我思成。鞉鼓渊渊，嘒嘒管声。既和且平，依我磬声。於赫汤孙，穆穆厥声。庸鼓有斁，万舞有奕。我有嘉客，亦不夷怿。自古在昔，先民有作。温恭朝夕，执事有恪，顾予烝尝，汤孙之将。②

可以看出，这种原始祖先崇拜蕴含的真挚情感、诚敬之心以及所彰显的原始质朴的品格虽然不是后世意义上的孝观念，但毫无疑问，这是孝观念形成的重要渊源。

其二，尊老与尚齿观念是孝观念形成的重要条件。《史记·周本纪》记载："西伯阴行善，诸侯皆来决平。于是虞、芮之人有狱不能决，乃如周。入界，耕者皆让畔，民俗皆让长。虞、芮之人未见西伯，皆惭，相谓曰：'吾所争，周人所耻，何往为？只取辱耳。'遂还，俱让而去。诸侯闻之，曰'西伯盖受命之君'。"③可见，文王的时代，"让长"已是"民俗"，已经是人们普遍能够做到的社会性行为。同时，《礼记》记载了诸多老人享有特殊待遇的礼仪。

昔者，有虞氏贵德而尚齿，夏后氏贵爵而尚齿，殷人贵富而尚齿，周人贵亲而尚齿。虞、夏、殷、周，天下之盛王也，未有遗年者。年之贵乎天下久矣，次乎事亲也。是故朝廷同爵则尚齿。七十杖于朝，君问则席，八十不俟朝，君问则就之，而弟达乎、朝廷矣。行，肩而不并，不错则随。见老者，则车、徒辟。斑白者不以其任行乎道路，而弟达乎道路矣。居乡以齿，而老、穷不遗，强不犯弱，众不暴寡，而弟达乎州、巷矣。古之道，五十不为甸徒，颁禽隆诸长者，而弟达乎獀狩矣。军旅什伍，同爵则尚齿，而弟达乎军旅矣。④

---

① 《诗经》(下)，王秀梅译注，中华书局2015年版，第814～815页。

② 《诗经》(下)，王秀梅译注，中华书局2015年版，第812～813页。

③ 《史记》，中华书局1959年版，第117页。

④ 《礼记》(下)，胡平生、张萌译注，中华书局2017年版，第918页。

有虞氏以燕礼，夏后氏以飨礼，殷人以食礼，周人修而兼用之。

五十养于乡，六十养于国，七十养于学，达于诸侯。八十拜君命，一坐再至，瞽亦如之。九十使人受。五十异粻，六十宿肉，七十贰膳，八十常珍，九十饮食不离寝，膳饮从于游可也。六十岁制，七十时制，八十月制，九十日修。唯绞、紟、衾、冒，死而后制。五十始衰，六十非肉不饱，七十非帛不暖，八十非人不暖，九十虽得人不暖矣。五十杖于家，六十杖于乡，七十杖于国，八十杖于朝，九十者，天子欲有问焉，则就其室，以珍从。七十不俟朝，八十月告存，九十日有秩。五十不从力政，六十不与服戎，七十不与宾客之事，八十齐、丧之事弗及也。五十而爵，六十不亲学，七十致政。唯衰麻为丧。①

这些资料表明，西周乃至西周以前，尊老与尚齿是社会的普遍性现象。远古时代，这种现象的存在与当时生产力的落后状况直接相关。由于生产力水平低下，知识短缺，远古人类在与外部世界相对抗时，除了借助于神的力量以外，就只能借助于自身的经验，经验的积累与传承不仅对于个体而且对于氏族及其部落的存在和延续都是极其重要的。毫无疑问，在经验的积累与传承过程中，老人、长者自然是重要承担者和传承者。但是，需要指出的是，《礼记》中所述的"老者"，不是专门意义即血缘关系意义上的老者，而是一般意义上的老者，即年龄比较大的人。因此，尊老是指对年龄长者的尊重，其实质是对经验、地位以及权威的尊重。它与以基于血缘关系的亲亲为本质内容的孝观念有着本质的区别。尽管如此，但这种尊老与尚齿的风俗习惯为孝悌观念的形成提供了重要条件。

西周时期，随着宗族与个体家庭的发展以及人类德性的自觉，孝观念得以真正凸显。《礼记·表记》云："夏道尊命，事鬼敬神而远之，近人而忠焉，先禄而后威，先赏而后罚，亲而不尊……殷人尊神，率民以事神，先鬼而后礼，先罚而后赏，尊而不亲。"②夏人尊命，商人事鬼，甚至到了每日必卜、每日必祭的迷恋、痴狂的程度。在他们看来，神灵是社会生活的根本保证，是宗族和家庭在内的一切社会关系和谐协调的基础，人的一切包括人的地位、作用、等级、权力等都需要从神灵那里得到解释与说明。因此，夏商时期神权是社会的典型特征，人与神的关系是社会关系的主要表达方式，正是这种社会伦理关系的不成熟以及人

---

① 《礼记》(上)，胡平生、张萌译注，中华书局2017年版，第276～277页。

② 《礼记》(下)，胡平生、张萌译注，中华书局2017年版，第1056～1057页。

类德性不自觉的状态，决定了孝观念不可能真正确立起来。而这些在西周时期慢慢发生了诸多变化，甚至是根本性变化。就祭祀而言，一方面，西周时期的祭祀体系，不论是祭祀的对象还是祭祀的程序、祭祀的仪式等，都比夏商时期更加系统、更加完善；另一方面，神灵的权威在不断下降，它们不再是西周时期社会生活的核心与主宰，人的存在更多地从神性回归人性，人的生活也更多地体现为一种理性化、人性化的社会生活。其一，西周时期，天帝与祖先被赋予具有伦理意义的道德品格，周人开始试图用一种新的途径取得帝神与祖先对自己的关顾。在周人看来，神灵不再是不可知的、变幻莫测的令人恐惧的崇拜对象，人类完全可以感知天帝与祖先的意图，在这种神意的指引下最大限度地完善并保持神灵赋予的道德品格，继而通过自身的努力来实现对神意的影响。在人与神的关系中，神灵不再是高高在上的主宰者，其核心与主宰地位渐渐地被世俗社会的人类取代；社会关系也不再以人与神的关系来呈现，而是直接地呈现为以家族、家庭为主的社会关系；道德要求也不再通过神灵来表现，而是成为人类现实的社会需要。其二，西周时期，对天帝与祖先的崇拜也发生重大变化。夏商时期，原始崇拜的心理机制主要是敬畏，功能机制主要是祈福。而周人对于天帝心理上不再畏惧，对于祖先也不再是仅仅为了自身的福祉与利益，而是在内心深处存在一种对天帝与祖先的深厚情感，甚至深知他们的伟大，在一种感恩的心态下颂扬他们的丰功伟绩以及对子孙后代的无私奉献。《诗经》与《尚书》中的很多篇章体现了这种感恩之情，正如陈来所说："西周的祖先祭享不仅是一种对神灵的献媚，而更是对祖先的一种报本的孝行。"①因此，《礼记正义·礼器》孔颖达疏曰："凡祭祀之礼，本为感践霜露思亲，而宜设祭以存亲耳，非为就亲祈福报也。"这种基于报本返始的心理情感成为德性观念产生的前提。孝的思想也正是在这种现实的社会需要以及这种德性观念的基础上才真正形成。孝体现了人的原始质朴的道德情感以及由此情感而生发的道德自觉，是德性观念在现实生活中的具体体现。

第二节　中国传统价值观的形成：春秋战国至东汉

春秋战国，文化繁荣，百家争鸣。这一时期，儒家"四德"价值观念初步形成，忠孝价值观念不断完善；至西汉，儒家文化政治化，上升为意识形态，体现儒家核心价值理念的"三纲五常"彻底确立。

---

① 陈来：《古代宗教与伦理》，生活·读书·新知三联书店1996年版，第303～304页。

一、忠孝观念与“三纲”

(一)孝观念的发展

春秋战国时期,随着历史与社会的发展,孝的思想也不断成熟并且日益完善。

1.从孝的对象来看,在世父母成为孝的最重要的对象

西周时期,从“孝”字的用法上来说,使用最广泛的有两种:一种是“享孝”;二种是“追孝”。“享”字的本义,即是祭献、上供。《说文》释义:“享,献也。”其义也是用祭品献于鬼神供其享用。可见,享的对象是鬼神,前文已述,鬼神主要有三种,其中主要的是上帝以及人类的祖先。这也是西周时期祭祀的主要对象。这里我们可以推知,享孝的对象肯定不是在世的父母,而是已逝的先祖。追孝通常有两种含义:其一,把“孝”在一般意义上理解为“美德”,把“追孝”理解为追继祖先的美德,颂扬祖先的功德与恩德;其二,把“追孝”理解为后人以祭祀的形式继续对先祖行孝行。这是西周时期金文中主要的用法,它与“享孝”之意相通,也体现了祭祀是西周时期体现孝的最主要的途径。《礼记·祭统》曰:“祭者,所以追养继孝也。”①郑玄注曰:“追养继孝也者,养者是生时养亲,孝者生时事亲,亲今既没,设礼祭之,追生时之养,继生时之孝。”虽然郑玄的解释掺杂着后人对孝的理解,但是追孝的含义已表达得十分明了。可见,追孝的对象不仅是在世的父母,同时也是已逝的先祖。所以说,西周时期孝的对象主要是先祖,而不是在世的父母。春秋战国时期,随着社会生产力水平的提高和平民阶层的独立与分化,孝敬在世父母的观念逐渐从贵族向平民渗透,并最终成为社会共同认可的重要道德规范。《国语·齐语》记载:

> 正月之朝,乡长复事。君亲问焉,曰:“于子之乡,有居处好学、慈孝于父母、聪慧质仁、发闻于乡里者,有则以告。有而不以告,谓之蔽明,其罪五。”有司已于事而竣。桓公又问焉,曰:“于子之乡,有拳勇股肱之力秀出于众者,有则以告。有而不以告,谓之蔽贤,其罪五。”有司已于事而竣。桓公又问焉,曰:“于子之乡,有不慈孝于父母、不长悌于乡里、骄躁淫暴、不用上令者,有则以告。有而不以告,谓之下比,其罪五。”有司已于事而竣。是

① 《礼记》(下),胡平生、张萌译注,中华书局2017年版,第928页。

故乡长退而修德进贤，桓公亲见之，遂使役官。[①]

乡是春秋时期行政体制中的基层单位，乡长即乡大夫，是基层单位的行政长官。而桓公要求他们在各自的管理区要注意发现“慈孝于父母”和“不慈孝于父母”的人，并且及时上报，瞒而不报者会受到应有的惩罚。这里的“父母”，毫无疑问指的是在世的父母，而不是先祖。这表明春秋时期各诸侯国已经非常重视百姓的孝行问题，这也意味着孝敬在世父母的观念在民间社会已经相当普遍。

2.孝观念的内容丰富且比较完善

西周时期，孝的思想主要体现为祭祀祖先，孝的对象是先祖，孝的途径是祭祀。虽然现实生活中也赡养父母，内心深处也存有对父母的深厚情感，但是在理论上并没有形成与之相应的具有道德意义的具体规范与范畴。春秋战国时期，随着孝观念从上层社会向民间社会渗透与传播，孝观念的内容也不断丰富。《孝经》结尾说：“生事爱敬，死事哀戚，生民之本尽矣，死生之义备矣，孝子之事亲终矣。”[②]孝的思想贯穿于人的整个生命过程，事亲不仅体现于事生，而且也体现于事死。孝观念的主要内容，从事生与事死来看，至少有以下几个方面的内容。

第一，养亲。《孝经·庶人》曰：“用天之道，分地之利，谨身节用，以养父母。”[③]百姓要善于利用天时地利的变化来获取资源，行为举止，小心谨慎，用度花费，节约俭省，以此供养自己的父母。孔子弟子子游向他问孝时，孔子说：“今之孝者，是谓能养。至于犬马，皆能有养；不敬，何以别乎？”[④]曾子亦曰：“孝有三：大孝尊亲，其次弗辱，其下能养。”[⑤]可见，养亲是孝的最低层次的要求，甚至在孔子看来，养亲连孝也算不上，因为这是人之为人的最基本的德性。孝子要尽可能满足父母在物质生活方面的需要，使他们居有其所、腹有所食、体有所衣、疾有所治。

第二，敬亲。物质上赡养只是孝的最基本要求。儒家倡导精神上的赡养、心理上的敬。孔子不仅倡导在物质上养亲，更倡导在精神上敬亲。他认为孝要尽心侍奉，说话谦逊，行为恭敬，发自内心地和颜悦色。敬亲体现着子女对父母

① 《国语》，陈桐生译注，中华书局2013年版，第25页。
② 胡平生：《孝经译注》，中华书局1996年版，第39页。
③ 胡平生：《孝经译注》，中华书局1996年版，第11页。
④ 《论语·为政第二》，中华书局2015年版，第10页。
⑤ 《礼记》下，胡平生、张萌译注，中华书局2017年版，第913页。

的深厚的情感，这种情感是一种强大的精神力量，会推动子女践行孝道。《礼记·祭义》曰："孝子之有深爱者必有和气，有和气者必有愉色，有愉色者必有婉容。"[①]这是从孝子的角度来说的，孝子之所以能够和气、愉色、婉容，是因为内心充满对父母的爱。从父母的角度来说，物质需要不是父母最主要的需要，只是父母最基本的需要，精神愉悦才是父母最重要的精神需要，同时这也是对孝子基本的要求。

第三，谏亲。孝的思想的形成与演变深受宗族制度与宗法制度的影响，父子关系在先秦时期不是平等的，但是有一定的对等性，意即父子双方都是道德权利与义务的承担者，对子来说要孝，对父来说要慈，而不是"父叫子亡子不得不亡"：权利归于父亲，而义务归于子女。因此，先秦儒家讲孝并不要求子女对父母绝对地顺从。虽然孔子认为子女应该忘记父母的过错，要敬重他们的优点，但是孔子提倡的敬，不是对父母无原则的敬，孔子反对愚孝，提倡谏亲。《韩诗外传》卷八记载：

> 曾子有过，曾晰引杖击之。仆地，有间乃苏，起曰："先生得无病乎？"鲁人贤曾子，以告夫子。夫子告门人："参来勿内也。"曾子自以为无罪，使人谢夫子。夫子曰："汝不闻昔者舜为人子乎，小箠则待笞，大杖则逃。索而使之，未尝不在侧，索而杀之，未尝可得。今汝委身以待暴怒，拱立不去，汝非王者之民邪？杀王者之民其罪何如？"[②]

这则故事说明孔子并不认为曾子的做法是真正的孝。曾子之所以不躲避父亲的惩罚，甚至苏醒后还鼓瑟以悦父心，就在于他认为孝就是要顺从父亲的意愿，不仅曾子认为他的做法是对的，而且当时"鲁人贤曾子"，认为曾子的做法值得称颂。孔子则用舜的故事教育曾子，父母的责备打骂有时因情绪或缘由，子女应当承受，但是如果父母的责备打骂太过激烈，使父母背上不义的罪名，则不能一味顺从，而应该适当地规劝甚至逃跑。如果自己被父亲打死，不但不能给父母尽孝，而且会使父母更加悲伤，还要使父母担当杀人的罪名，这才是真正的不孝。

第四，安亲。《吕氏春秋·孝行览》说："民之本教曰孝，其行孝曰养。养可能也，敬为难；敬可能也，安为难；安可能也，卒为难。父母既没，敬行其身，无遗

① 《礼记》（下），胡平生、张萌译注，中华书局 2017 年版，第 901 页。

② 赖炎元注译：《韩诗外传今注今译》，（台北）台湾商务印书馆 1972 年版，第 352 页。

父母恶名，可谓能终矣。”[①]可见，安亲算是孝的思想中比较高的要求，甚至是“生事”中最难以做得到的。孝作为调节父子关系的道德规范，主要强调的是子女对父母的义务。安亲，看似简单，实则非常困难。它比“色难”“无违”的要求高得多。父母安排的事情，子女都能做好；父母没有安排的事情，只要子女能想到的，也都为父母做好，甚至父母对这些都很高兴、很满意。这样算是安亲了吗？我看也未必。父母因为子女孝行生活幸福，这是安心的前提，或者说这是父母安心的必要条件而非充分条件；可怜天下父母心，父母不但希望自己生活幸福，而且希望子女德业双馨、生活幸福，这也是安亲的重要内容。因此，安亲不仅需要处理好与父母相关的事情，使父母生活幸福，而且需要处理好自己的事情，使父母心安。只要父母在世，子女凡事都要小心谨慎，力求合乎中庸之道。《大戴礼记·曾子本孝》中记述了诸多孝子的行为，如“孝子不登高，不履危，痹亦弗凭；不苟笑，不苟訾，隐不命，临不指。故不在尤之中也”；“孝子恶言死焉，流言止焉，美言兴焉，故恶言不出于口，烦言不及于己”；“孝子之事亲也，居易以俟命，不兴险行以徼幸；孝子游之，暴人违之；出门而使，不以或为父母忧也。险涂隘巷，不求先焉，以爱其身，以不敢忘其亲也”。[②] 曾子之所以强调孝子要注意上述诸事，其根本原因就在于“不敢忘其亲”，不敢使“父母忧”。心中装着父母，把孝敬父母当作子女的第一等事，就会心存敬畏，害怕因为自己的不当或不义之举而使父母不安心。

第五，丧祭。祭祀是先秦儒家孝的思想的重要源头，西周时期祭祀先祖仍然是孝的最主要的内容，从宗教社会到世俗伦理、从宗教情感到道德情感、从早逝的先祖到在世的父母，正是在一转变过程中，孝观念不断发展与完善。春秋战国时期，儒家孝观念继承了祭祀传统，但是极大地降低了祭祀祖先的重要性，祭祀的重要对象由先祖转变为逝去的父母，从而对逝去父母的丧祭成为孝的重要内容。“不孝者生于不仁，不仁者生于丧祭之礼不明。明丧祭之礼，所以教仁爱也。能教仁爱，则服丧思慕，祭祀不懈人子馈养之道。丧祭之礼明，则民孝矣。故虽有不孝之狱，而无陷刑之民。”[③] 孔子亦曰：“生，事之以礼；死，葬之以礼，祭之以礼。”[④] 这都是孔子从礼的角度谈孝，意在强调孝要合乎礼。同时，我们也可以看到，孔子本人非常重视丧祭之事，父母在世，事亲为重；父母仙逝后，与事亲同等重要的事情就是丧祭之事；丧祭可以使我们思慕父母之情，让我们

① 张双棣等：《吕氏春秋译注》，吉林文史出版社 1986 年版，第 381 页。

② 参见钱世明：《说忠孝》，京华出版社 1999 年版，第 82～83 页。

③ 《孔子家语》，中华书局 2011 年版，第 347～348 页。

④ 《论语》，中华书局 2015 年版，第 9 页。

在感情上感觉到父母尤在，这样我们就可以仍然像以前一样赡养父母，祭祀本身就是生前尽孝的延续；同时，丧祭可以使人近仁、能仁，进而能孝。反之亦然，如果不能很好地丧祭父母，则不能近仁，那就不能成为孝子。

3.孝观念成为儒家文化的核心要素

《孝经》开篇就讲："夫孝，德之本也。"孝是"至德要道"，可"以顺天下，民用和睦，上下无怨"。[①]

第一，孝是个人成德之始。宋代契嵩在《孝论》中讲：圣人之善，以孝为端；为善而不先其端，无善也。善端不启，无以为善，孝就是每个人为善的开端，也是成德之路的开始。因此，古有"百善孝为先"的说法，自有其道理。孔子的核心概念是仁与礼，仁的基本含义就是爱人，爱人首先始于亲亲，亲亲主要体现为父慈子孝，因此孔子认为孝是仁之本；同时，子女的孝行都必须合乎礼，在礼的规约下行事，这是子女行孝的必要条件。《孟子·离娄上》说："不得乎亲，不可以为人。不顺乎亲，不可以为子。舜尽事亲之道而瞽叟厎豫，瞽叟厎豫而天下化，瞽叟厎豫而天下之为父子者定，此之谓大孝。"[②]"仁之实，事亲是也；义之实，从兄是也；智之实，知斯二者弗去是也；礼之实，节文斯二者是也；乐之实，乐斯二者，乐则生矣；生则恶可已也，恶可已，则不知足之蹈之，手之舞之。"[③]可见，孟子更是从人性论角度来阐释孝与仁、义、智、礼、乐的关系。总之，孝是仁心之本，是人性之根，是人成德之始，孝端不开，万善不来；孝心一开，百善皆来。

第二，孝是家庭和睦之本。宗族与宗法制度是先秦时期社会的重要特征，因此，以血缘关系为基础的家庭关系在远古时代至关重要。《礼记》说："古之欲明明德于天下者，先治其国；欲治其国者，先齐其家""家齐而后国治，国治而后天下平。"[④]可见，先秦时期，家国联系紧密，尤其是嫡长子继承制确立以后，更体现为家就是国、国亦是家。对于帝王、诸侯来说，嫡长子是儿子，也是未来的准天子；其他的别子，即众多庶子，从血缘关系说与嫡长子一样也是宗族内部的一员，他们与嫡长子是既兄弟关系，同时又是君臣关系。因此，家与国、家庭与政治、孝与忠有着天然的亲密关系。说家庭和睦关系天下安定，一点也不为过。家庭关系中主要有父子、夫妻与兄弟三种关系，毫无疑问，其中最重要最核心的是父子关系，夫妻关系是一种从属关系，而兄弟关系是一种派生关系。而父子关系的维系则只有靠慈、孝。春秋战国时期，对于父子关系，虽然讲父慈子孝，

---

① 参见胡平生：《孝经译注》，中华书局 1996 年版，第 1 页。

② 《孟子》，万丽华、蓝旭译注，中华书局 2016 年版，第 169 页。

③ 《孟子》，万丽华、蓝旭译注，中华书局 2016 年版，第 168 页。

④ 《礼记》（下），胡平生、张萌译注，中华书局 2017 年版，第 1162 页。

体现着道德权利与义务具有一定的对等性，但是两者无论如何不可能具有平等性，这是由宗族与宗法制度决定的，因此父慈与子孝之间更多的也是强调子孝，认为孝是处理家庭关系最重要的道德规范。

第三，孝是天下无怨之方。前文引《孝经》所言“夫孝，德之本也，教之所由生也”，古代有五教之说，即教父以义，教母以慈，教兄以友，教弟以恭，教子以孝。《说文解字》解释“本”字为“木下为本”：本字，从木，一为树根之所在，因此其本义即是树木之根。因此，先秦儒家认为，孝是一切道德的根本，其他的德教都要从孝开始，就像大树一样，只有根深而固，才会叶繁茂盛。天子行孝，则可“爱敬尽于事亲，而德教加于百姓，刑于四海……一人有庆，兆民赖之”[①]。意思是，天子如果行善，以爱敬之心孝于父母，就能够德化天下百姓，为全国人民做出榜样，使百万人民都依赖他，因此可“以顺天下，民用和睦，上下无怨”，天下太平。

（二）忠观念的变化

自古忠孝不能两全。由此可以看出两点：一是忠与孝同等重要；二是忠比孝具有价值选择的优先性。其实，忠这一价值观念出现的时间比孝要晚得多，并且在相当长的时期内孝比忠更重要。

据考古学家研究，甲骨文中没有忠字，忠字大量出现是在春秋时期，《左传》《国语》《论语》大量使用忠字。《说文解字》释义：“忠，敬也，尽心曰忠。从心中，中声。”段玉裁进一步注曰：敬者，肃也，未有尽心而不敬者。可见，忠最初的含义是尽心竭力，全身心地投入某一件事情。陈淳在《北溪字义·忠信》中说：“程子曰‘尽己之谓忠……’尽己是尽自家心里面，以所存主者而言，须是无一毫不尽方是忠。如十分的底话，只说得七八分，犹留两三分，便是不尽，不得谓之忠。”这时，忠还是一个很普通的概念，不是专用于君臣之间的规范，而是适用于每一个人的道德规范，是一种普遍的社会价值。正如张锡勤所说：“在春秋时代，忠是对待一切人的。”[②]《论语》记载，当樊迟向孔子请教“仁”时，孔子说：“居处恭，执事敬，与人忠；虽之夷狄，不可弃也。”[③]曾子也说：“吾日三省吾身：为人谋而不忠乎？与朋友交而不信乎？传不习乎？”[④]朱熹在注中也说：“尽心之谓忠，以实之谓信。”这两处的“忠”，都是指一般意义上在与人交往时要遵循的行

① 参见胡平生：《孝经译注》，中华书局1996年版，第4页。
② 张锡勤：《中国传统道德举要》，黑龙江教育出版社1996年版，第97页。
③ 《论语》，中华书局2015年版，第157页。
④ 《论语》，中华书局2015年版，第2页。

为规范。

忠不仅在一般意义上使用,而且更多地在政治意义上使用,体现为为臣之德行。从忠于的对象来看,可以分为三种情况。一是忠于民。臣虽然对于君来说居于下,但对于民来说则居于上,社会的管理者、执政者,因此兴利于民是臣德的基本要求。二是忠于公。其意指为臣者毫无私心,不谋私利,勤于政事,尽心竭力,即使自己处于贫困甚至是危险境地,也要维护公家之利。《左传·襄公五年》记载了季文子的故事,季文子死后,人们在为其准备葬礼时却发现:"宰庀家器为葬备,无衣帛之妾,无食粟之马,无藏金玉,无重器备,君子是以知季文子之忠于公室也……相三君矣,而无私积,可谓不忠乎?"三朝元老季文子死后清贫如水,毫无私财,因此被称为"忠于公室"。三是忠于君。春秋时期,忠君观念有多方面的内容与要求。

第一,尽心竭力。这是忠字本义在政治领域的延伸,作为臣子,自然要求对国君尽心尽力,乃至死于君命,这也是忠君观念的基本要求。《国语·晋语四》记载,晋文公征讨郑国,退兵的条件就是郑国要交出詹,郑国力弱,但是并不愿意交出詹,但是詹认为"杀身赎国,忠也"。当晋文公欲焚鼎烹之的时候,詹"据鼎耳而疾号曰:'自今以往,知忠以事君者,与詹同'"。为了君命,不惜献出自己的生命,这是忠君观念的内在要求。

第二,内心以敬。意思是臣子对国君真挚的情感,应当是来自内心深处,而不是来自外在的利益或权力的诱惑或恫吓。《左传·宣公二年》记载:

> 晋灵公不君,厚敛以雕墙,从台上弹人而观其辟丸也。宰夫胹熊蹯不熟,杀之,置诸畚,使妇人载以过朝。赵盾、士季见其手,问其故,而患之。将谏,士季曰:"谏而不入,则莫之继也。会请先,不入则子继之。"三进,及溜,而后视之。曰:"吾知所过矣,将改之。"稽首而对曰:"人谁无过?过而能改,善莫大焉。《诗》曰:'靡不有初,鲜克有终。'夫如是,则能补过者鲜矣。君能有终,则社稷之固也,岂唯群臣赖之。又曰:'衮职有阙,惟仲山甫补之。'能补过也。君能补过,衮不废矣。"犹不改。宣子骤谏,公患之,使鉏麑贼之。晨往,寝门辟矣,盛服将朝尚早,坐而假寐。麑退,叹而言曰:"不忘恭敬,民之主也。贼民之主,不忠。弃君之命,不信。有一于此,不如死也。"触槐而死。[①]

① 《左传译注》,上海古籍出版社2016年版,第538～539页。

这个故事至少说明三点。其一，晋灵公应当是个昏君，至少不是明君。横征暴敛，草菅人命。从高台上用弹丸打人取乐，厨师有小过而杀之并装入畚箕中，让妇人用头顶着过朝堂。对于这种昏君，其臣士会、赵盾尽心而谏；而锄麑也因为不忍心杀赵盾而感觉有负君命，最后触槐而死。这说明忠君观念在一些人心中是非常重要的道德规范，甚至比生命还要重要。其二，赵盾是忠臣。赵盾准备早朝，由于时间太早，就盛装以待，端坐着打瞌睡。正如我们常说的，真是做到了“慎其独”，这充分体现了忠臣内心深处对国君的敬意，没有真挚的情感与敬重是做不来的。其三，锄麑死于忠信的冲突。有趣的是，由于赵盾是忠臣，锄麑认为，杀忠臣赵盾是不忠；而不杀赵盾，是没有完成晋灵公交给的任务，是弃君之命，是不信。这种冲突无法解决，最后锄麑撞槐而死。对同僚曰忠，对国君曰信，这不可能是错误，只能说明忠字在使用上还比较随意，忠君的观念还没有成为核心的价值观念。

第三，有过谏之。春秋时期，谏是忠君观念的重要内容。谏不仅是臣下的义务，而且是臣子的权利。从前面的故事中也能看到这一点，当晋灵公有过时，臣下士会三谏，赵盾骤谏，这是忠臣分内之事。谏的大量存在，说明这时君臣关系虽然不平等，存在权利与义务的不对等，但是在要求臣下忠于君的同时也要求君主明、德、惠、礼。“君明臣忠，上让下竞”(《左传·襄公九年》)，“君使臣以礼，臣事君以忠”(《论语·八佾》)，“为人君必惠，为人臣必忠”(《墨子·兼爱下》)，这表明忠君思想还没有绝对化，臣下对国君的依附关系还没有完全形成。

战国时期，郡县制初步确立，君权逐渐加强，封建君主专制的政治体制正在形成。与此相适应，忠的观念也不断增强，忠君观念被大大提倡并普及，忠的规范也出现单向化、片面化与绝对化趋向。忠由春秋时期的一般社会价值规范，逐渐变成特殊的政治道德规范，由原来的君臣双方的道德权利与义务要求逐渐变为臣下对国君的单向义务、国君对臣下的片面约束。

由于忠的观念不断增强，其地位虽然不及孝，但是也有思想家开始把忠与孝并列，将二者视作同等重要的观念。《韩诗外传》卷七记载：

> 齐宣王谓田过曰：“吾闻儒者丧亲三年，丧君三年，君与父孰重?”过对曰：“殆不如父重。”宣王忿然曰：“曷为士去亲而事君?”田过对曰：“非君之土地无以处吾亲；非君之禄无以养吾亲；非君之爵无以尊显吾亲。受之于君，致之于亲。凡事君，以为亲也。”宣王悒然，无以应之。[①]

① 参见韩婴撰，晨风、刘永平编译：《韩诗外传选译》，书目文献出版社1986年版，第266页。

田过面对齐宣王“君与父孰重”的问题，明确回答“殆不如父重”，田过当然知道这不是齐宣王喜欢的答案，所以齐宣王听后“忿然”。这个故事至少可以说明两点。一是当时的君臣关系还算和谐。臣下并没有为了取悦国君而说谎，而是说了导致国君不悦的实话，虽然国君不高兴，但并没有因此对臣下有任何惩罚，可见战国时期君臣关系比较温和。二是国君与父亲，在田过心中，父亲确实重于国君。田过应当知道齐宣王想听的答案，也就是说，他知道宣王听到他的答案后肯定不会高兴，但是他不知道国君不高兴会给他带来怎样的后果，意即他说实话其实有很大的风险，但是在这种情况下田过仍然坚持说“父重于君”，这充分说明与忠相比，孝具有价值选择上的优先性。

但是，许多思想家也把忠与孝并列，或者说把忠提高到与孝大致相同的地位。《礼记·祭统》说：“忠臣以事其君，孝子以事其亲，其本一也。”忠与孝并列起来，并当作一体。《论语·学而》也说：“其为人也孝弟，而好犯上者，鲜矣；不好犯上，而好作乱者，未之有也。君子务本，本立而道生。孝弟也者，其为人之本与。”孔子认为，仁是最重要的价值观念，而仁最直接、最基本的要求是“亲亲”，所以孝更根本，忠是孝的延伸，孝是忠的根本。《吕氏春秋·孟夏纪》还说：“先王之教，莫荣于孝，莫显于忠。忠孝，人君人亲之所甚欲也；显荣，人子人臣之所甚愿也。”这里也明显地把忠与孝并列使用，并且把忠放在了孝的前面，用的是“忠孝”“君亲”“显荣”等，而不是“孝忠”“亲君”“荣显”，虽然我们不能说这体现了忠重于孝的观念，但是至少说明此时忠已经与孝一样重要，这为“君纲”成为“三纲”之首奠定了基础。

（三）“三纲”的确立

1.董仲舒的初步论证

任何观念的形成与出现都有其理由与根据，“三纲”的形成也有其社会背景及逻辑必然性。其一，社会需要是其重要的社会根源。秦统一六国后，政治上实现了“大一统”，但秦朝二世而亡；西汉承袭秦制，为了维护“大一统”的政治局面，需要新的价值观念作为支撑。具体来说，中央统治权威需要理论作为支撑，封建专制制度需要得到合法性论证。其二，忠孝观念的发展是其逻辑必然性的体现。秦朝焚书坑儒，打击儒家；西汉初年承袭秦制，兴黄老之学，儒家受到压抑。但是秦朝灭亡的教训给汉朝统治者敲响了警钟，汉朝统治者不得不对秦朝灭亡进行反省。汉武帝“罢黜百家，独尊儒术”，儒家重回主流。其实，儒家思想在社会发展历程中一直发挥着作用，忠孝观念的发展与变化为“三纲”的提出提供了思想基础；同时，从忠孝观念的突出与妇女贞节观念的彰显到“三纲”的形成也是逻辑的必然。

“三纲”的思想先秦早已有之，但“三纲”这一概念最早应当来自董仲舒，他还用阴阳五行之学进行了初步论证。他说：

> 凡物必有合；合必有上，必有下，必有左，必有右，必有前，必有后，必有表，必有里，有美必有恶，有顺必有逆，有喜必有怒，有寒必有暑，有昼必有夜，此皆其合也。阴者，阳之合，妻者，夫之合，子者，父之合，臣者，君之合，物莫无合，而合各相阴阳。阳兼于阴，阴兼于阳，夫兼于妻，妻兼于夫，父兼于子，子兼于父，君兼于臣，臣兼于君，君臣、父子、夫妇之义，皆取诸阴阳之道。君为阳，臣为阴，父为阳，子为阴，夫为阳，妻为阴，阴阳无所独行，其始也不得专起，其终也不得分功，有所兼之义。是故臣兼功于君，子兼功于父，妻兼功于夫，阴兼功于阳，地兼功于天……是故仁义制度之数，尽取之天，天为君而覆露之，地为臣而持载之，阳为夫而生之，阴为妇而助之，春为父而生之，夏为子而养之，秋为死而棺之，冬为痛而丧之，王道之三纲，可求于天。[①]

“王道之三纲，可求于天。”天是董仲舒思想体系中的核心概念，也是一切事物、一切事情的最后根据。“董仲舒思想体系的三个基本点是天、君、民，他的主要思想可一言以蔽之：‘以人随君，以君随天’，或曰：‘屈民而伸君，屈君而伸天。’”[②]中国传统文化中，“天”的概念出现得非常早，天人关系也是有文字记载以来人们就思索的问题，董仲舒一方面继承了传统的理解，另一方面也创造性地对天做出解释。

从传统意义来看，“天”至少有三方面的内涵。其一，天在宗教意义上指天帝，它是百神之主，万灵之宗。其二，天从生成论意义上是万物之源。天育万物，不仅化而生之，而且养而成之。同时天不仅是万物之源，而且还是人之先祖。“为生不能为人，为人者天也。人之人本于天，天亦人之曾祖父也。此人之所以乃上类天也。”[③]其三，天有天命之意。“颜渊死，子曰：‘天丧予。’子路死，子曰：‘天祝予’……阶此而观，天命成败，圣人知之，有所不能救，命矣夫！”[④]

同时，董仲舒认为天是一种客观存在，是万事万物最后的形而上的依据。

---

① （汉）董仲舒：《春秋繁露》，国家图书馆出版社2019年版，第295～296页。
② 郑杭生、聂保平、聂清：《中国儒学史》（两汉卷），北京大学出版社2011年版，第142页。
③ 郑杭生、聂保平、聂清：《中国儒学史》（两汉卷），北京大学出版社2011年版，第105页。
④ 郑杭生、聂保平、聂清：《中国儒学史》（两汉卷），北京大学出版社2011年版，第105页。

它与人或万物之意如何关联呢？董仲舒认为天与人或万物关联的中介是阴、阳二气。早在《易传》中就有“一阴一阳之为道”的思想，也就是说，用阴阳学说明万物及其运动演化的思想早已有之，董仲舒的创新之处在于把等级尊卑的思想用于阴阳学说，开创性地赋予阴阳以道德意义。他说：

丈夫虽贱皆为阳，妇人虽贵皆为阴；阴之中亦相为阴，阳之中亦相为阳，诸在上者皆为其下阳，诸在下者皆为其上阴，阴犹沈也，何名何有？……是故春秋君不名恶，臣不名善，善皆归于君，恶皆归于臣。臣之义比于地，故为人臣者，视地之事天也；为人子者，视土之事火也，虽居中央，亦岁七十二日之王，傅于火，以调和养长，然而弗名者，皆并功于火，火得以盛，不敢与父分功，美孝之至也。是故孝子之行，忠臣之义，皆法于地也，地事天也，犹下之事上也，地，天之合也，物无合会之义。是故推天地之精，铉阴阳之类，以别顺逆之理，安所加以不在？在上下，在大小，在强弱，在贤不肖，在善恶，恶之属尽为阴，善之属尽为阳，阳为德，阴为刑，刑反德而顺于德，亦权之类也，虽曰权，皆在权成。是故阳行于顺，阴行于逆；逆行而顺，顺行而逆者，阴也。是故天以阴为权，以阳为经；阳出而南，阴出而北；经用于盛，权用于末；以此见天之显经隐权，前德而后刑也。故曰：阳，天之德，阴，天之刑也。①

董仲舒认为对等的概念总可以合为一体，如阴阳、高下、君臣等。然而，在合为一体的对等物中，阴阳的地位截然不同，其中阳处于主导地位，而阴处于从属地位。君臣、父子、夫妻皆合阴阳之道，三者关系中，君父夫属阳，居于主导地位；臣子妇属阴，居于从属地位。而且这种地位不可变易，因为三者关系不是人为设计的结果，而是来自天之阴阳法则。

2.《白虎通义》的系统论述

东汉章帝建初四年(79)，杨终上疏说：“宣帝博征群儒，论定五经于石渠阁。方今天下少事，学者得成其业，而章句之徒，破坏大体。宜如石渠故事，永为后世则。”②章帝阅后，龙颜大悦，“于是下太常、将、大夫、博士、议郎、郎官及诸生、诸儒会白虎观，讲议五经同异，使五官中郎将魏应承制问，侍中淳于恭奏，帝亲称制临决，如孝宣甘露石渠故事，作白虎议奏”③。白虎观会议历时数月之久。

① 《春秋繁露笺注》，华东师范大学出版社 2017 年版，第 159 页。

② 《后汉书》，中华书局 1974 年版，第 1599 页。

③ 《后汉书》，中华书局 1974 年版，第 138 页。

会上，五官中郎将魏应提出需要讨论的问题，由淳于恭将讨论结果整理成《白虎议奏》上奏章帝，分歧处由章帝做出决断。班固在淳于恭《白虎议奏》的基础上将其中统一的意见和章帝决断的结果编纂成书，是为《白虎通义》。

《白虎通义》可谓汉代儒学的百科全书，内容庞杂，其第七卷专门有一篇讲"三纲六纪"，对"三纲""五常"做了系统明确的论述，正如杨终的上表所说，起到了为后世立则的作用。董仲舒虽然从"人副天数""天人合一""阴阳五行"的角度提出"三纲"思想并做了初步的论证，但是他思想系统的核心在于为中央政权做合法性论证，"三纲"不是他关注的重点，只是在推演阴阳学过程中附属论及而已，因此董仲舒甚至没有明确"三纲"的具体内容。白虎观会议前，"三纲"思想更多地体现为一种价值观念，而白虎观会议后，"三纲""五常"才真正被确立并在全国推行，逐渐成为人人必须遵守的道德规范。

第一，关于"三纲"。《白虎通义・三纲六纪》首先对纲纪的内涵进行了解释："何谓纲纪？纲者，张也；纪者，理也。大者为纲，小者为纪，所以张理上下，整齐人道也。人皆怀五常之性，有亲爱之心，是以纲纪为化，若罗网之有纪纲而万目张也。"然后明确指出"三纲"的内容："三纲者何谓也？谓君臣、父子、夫妇也。……君为臣纲，父为子纲，夫为妻纲。"同时，本篇还对"三纲"的原因进行了说明："君臣，父子，夫妇，六人也，所以称三纲何？一阴一阳谓之道。阳得阴而成，阴得阳而序，刚柔相配，故六人为三纲。"又说："三纲法天、地、人，……君臣法天，取象日月屈信归功天也。父子法地，取象五行转相生也。夫妇法人，取象人合阴阳有施化端也。"这里明显可以看到董仲舒阴阳五行思想的影响，"阳尊阴卑"的思想被广泛地运用到社会生活的各个领域，维护了中央集权，但是也把君臣、父子与夫妻关系推向绝对化、片面化、单向化，使权利与义务严重失衡。

第二，关于君臣。《白虎通义・三纲六纪》对于君臣关系从文字的词渊上进行了说明："君臣者，何谓也？君，群也，群下之所归心；臣者，繵坚也，厉志自坚固也。《春秋传》曰：'君处此，臣请归也。'"把君训为群，是《广雅・释言》中的解释。其实，《说文》对"君""臣"二字的解释也很达意。君，是会意字，从尹从口。尹，表示治事；从口，表示发布命令。君发号施令、治理国家，表示有地位之人。臣是象形字，从甲骨文字形来看，像一只竖起的眼睛。人在低头时眼睛处于竖立位置，因此臣表示屈服之意。《说文》释臣曰："事君者也；象屈服之形。"

《白虎通义・谏诤》对谏诤进行了分类："谏者何？谏者，间也，更也，是非相间，革更其行也。人怀五常，故知谏有五：谓讽谏，顺谏，窥谏，指谏，伯谏。讽谏者，智也，知患祸之萌，深睹其事，未彰而讽告焉，此智性也。顺谏者，仁也，出词逊顺，不逆君心，仁之性也。窥谏者，礼也，视君颜色，不悦且却，悦则复前，以礼进退，此礼之性也。指谏者，信也，指者，质也。质相其事而谏，此信之性也。伯谏者，义也，恻隐发于中，直言国之害，励志忘生，为君不避丧身，义之性也。孔子曰：‘谏有五，吾从讽之谏。’事君，进思尽忠，退思补过，去而不讪，谏而不露。”谏诤是为君之臣的义务，也是一种德性，当君主有过时谏诤可以避免陷君主于不义，这是君臣关系和谐的必要要求。

第三，关于父子与夫妻。《白虎通义·三纲六纪》对于父子与夫妻也从词渊上进行了说明：“父子者，何谓也？父者，矩也，以法度教子也。子者，孳也，孳孳无已也。故《孝经》曰：‘父有争子，则身不陷于不义。’夫妇者，何谓也？夫者，扶也，以道扶接也；妇者，服也，以礼屈服也。”从词渊上探索尊卑之合理性根源虽然略显牵强，但也是一条新径。

《白虎通义·嫁娶》重申了女子“三从”之德和“女子从一而终”的思想。“妻者，何谓？妻者，齐也，与夫齐体，自天子下至庶人其义一也。妾者，接也，以时接见也。嫁娶者，何谓也？嫁者，家也，妇人外成，以出適人为家。娶者，取也。男女谓男者，任也，任功业也；女者，如也，从如人也。在家从父母，既嫁从夫，夫殁从子也。《传》曰：‘妇人有三从之义也。’夫妇者，何谓也？夫者，扶也，扶以人道者也；妇者，服也，服于家事，事人者也。”同时，也强调女子要从一而终，哪怕丈夫身有恶行，也不得改嫁。“夫有恶行，妻不得去者，地无去天之义也。夫虽有恶，不得去也。故《礼·郊特牲》曰：‘一与之齐，终身不改。’”但是有一种情况可以再嫁，那就是“悖逆人伦，杀妻父母，废绝纲纪，乱之大者，义绝乃得去也”。

二、“四德”与“五常”

（一）“四德”的形成

四德，即仁义礼智。明确提出这一思想的是孟子，他说：

> 恻隐之心，人皆有之；羞恶之心，人皆有之；恭敬之心，人皆有之；是非之心，人皆有之。恻隐之心，仁也；羞恶之心，义也；恭敬之心，礼也；是非之心，智也。仁、义、礼、智，非由外铄我也，我固有之也，弗思耳矣。[①]

他在《孟子·公孙丑上》中也说：

① 《孟子》，万丽华、蓝旭译注，中华书局2016年版，第246页。

> 无恻隐之心，非人也；无羞恶之心，非人也；无辞让之心，非人也；无是非之心，非人也。恻隐之心，仁之端也；羞恶之心，义之端也；辞让之心，礼之端也；是非之心，智之端也。人之有是四端也，犹其有四体也。有是四端而自谓不能者，自贼者也；谓其君不能者，贼其君者也。凡有四端于我者，知皆扩而充之矣，若火之始然，泉之始达。苟能充之，足以保四海；苟不充之，不足以事父母。[①]

由上可以看出，孟子明确论证了仁、义、礼、智四种德性。其一，“四德”体现为“四心”。“四德”表现为恻隐之心、羞恶之心、恭敬之心或辞让之心、是非之心，但这“四心”不是四种心或四个心，而是同一个心或本心、初心、良心的不同方面的表现。其二，“四心”不是从外部世界获取的，而是生而有之，像人之四肢，是每个人固有的，是先天的，而与后天努力无关。其三，“四心”连着四端。不忍人之心，即恻隐之心，孟子用人们见到孩子掉入井后的同情之心来说明，可以取得人们经验的普遍性认同，以此来说明恻隐之心不依赖于外在事物，而是纯粹内在的。恻隐之心是仁之端，羞恶为义之端，辞让之心为礼之端，是非之心为智之端。其四，四端是先天生成的，但需要靠后天努力实现或完成。端即端点，是起点，意指任何人的本心都具备原初之善，也就是人们常说的良心，但这种本心之善就像火之始燃、泉之始达，需要到实践或社会生活中去扩充、去完成。

“四德”体现了孟子对道德价值体系的探索。孟子之前，这四个德目早已形成，孟子的贡献在于把这四者突出出来并且并列一起，从而形成一个道德价值体系。先秦时期道德规范或德目极其丰富，仅孔子提到的德目就有忠、信、孝、悌、仁、义、恕、恭、敬、俭、让、廉、耻、刚、毅、木、讷、宽、厚、勇等，他提出了“三德”，即知仁勇，《中庸》称这三德为“天下之达德也”，即“三达德”。三者之中，仁是核心观念，知即知仁，勇即行仁，仁而知且行，就会在现实生活中得到很好的体现。同时，管子提出了四维说，即礼、义、廉、耻是国之四维，是国家稳定与发展的基础。一维绝则倾，二维绝则危，三维绝则覆，四维绝则灭。可见，先贤们总是努力在诸多德目中理出其内在的规律，从而上升为一种价值体系。所以，孟子提出“四德”观念并不是随意的，也不是偶然的，而是对道德价值体系的设计与探索。

“四德”既然是一个道德价值体系，就会有其内在结构，彼此之间就不会像一袋马铃薯，而是相互联系，有机统一。

---

① 《孟子》，万丽华、蓝旭译注，中华书局2016年版，第69～70页。

其一,仁是价值观念的核心。孟子说:“仁也者,人也。合而言之,道也。”①在孟子看来,仁就是人之为人的最本质的属性,就是人道的根本。孔子早就对“仁”进行了系统的论述,并且这是孔子思想的核心范畴。孔子认为,仁的基本内涵就是爱人。这种情感最直接最典型地体现为“亲亲”,因此才会有“孝悌是仁之本”的说法;“亲亲”之情,也是仁之德可以利用“忠恕”之道推及他人,老吾老以及人之老,幼吾幼以及人之幼,这便是“仁民”;仁之德,不仅可以推及于人,而且也可以推及于物,这便是“爱物”。因此,孔子也是以“仁”为价值核心构建了他的思想体系。孟子正是继承了孔子的思想,把“仁”作为“四德”之首,“仁”也是其价值观念的核心。

其二,义是仁的内在标准。义的基本内涵是“应当”,“义者宜也”,“义者正也”。仁是道德的根本,这种德性在现实生活中的落实、推演及践行必须“行而宜之”,因此义是行仁的方法、路径及内在标准。对于仁与义的关系,孟子有一种很好的说法。他说:“仁,人心也。义,人路也。舍其路而弗由,放其心而不知求,哀哉!”②“仁,人之安宅也;义,人之正路也。旷安宅而弗居,舍正路而不由,哀哉!”③在孟子看来,仁就是人心,就是人道,它就像舒服的住所,而义就是通往这舒服的住所的正路。孟子痛惜世人放着安宅而不居,看着正路而不行,叹惜仁义不行也。朱熹注释说:“‘哀哉’二字,最宜详味,令人惕然有深省处。”圣人叹惜仁义之不行,今天我们也会有深刻的体验,值得我们深省。

其三,礼是仁的外在规范。孟子在论述四者关系时说:“仁之实,事亲是也;义之实,从兄是也;智之实,知斯二者弗去是也;礼之实,节文斯二者是也。”④樊浩认为“节文”有两层含义:一是节,使礼既无过也无不及,最终达到文质彬彬的君子境界;二是文,即文饰人的行为,使礼合乎中道而达至和谐的境地。⑤孟子说:“人之所不学而能者,其良能也。所不虑而知者,其知良也。孩提之童,无不知爱其者,及其长也,无不知敬其兄也。亲亲,仁也;敬长,义也。无他,达之天下也。”在孟子看来,行仁义,足以达之天下,再也不需要其他东西,也就是说,仁义是根本,礼是行仁义的规范。

其四,智是仁的基础条件。智,就是由仁义出发,通过礼的践行最终凝结成人的道德良知与道德信念。四德如四心,虽生而有之,但需要涵养;四德如四

---

① 《孟子》,万丽华、蓝旭译注,中华书局 2016 年版,第 326 页。

② 《孟子》,万丽华、蓝旭译注,中华书局 2011 年版,第 253～254 页。

③ 《孟子》,万丽华、蓝旭译注,中华书局 2016 年版,第 157 页。

④ 《孟子》,万丽华、蓝旭译注,中华书局 2011 年版,第 268 页。

⑤ 参见樊浩:《中国伦理精神的现代建构》,江苏人民出版社 1997 年版,第 91 页。

端，更需要扩充。因此，“四德”都需要以知为前提。仁义不知，不能行；礼而不知，不能守。知是前提与基础。由此，仁义礼智构成一个完整的价值观念体系。

(二)“五常”的确认

五常指仁义礼智信。这里可以看出“五常”是从“四德”发展而来，明确提出“五常”观念的是董仲舒。他在给汉武帝的策论中说：

> 汉继秦之后，如朽木、粪墙矣，虽欲善治之，亡可奈何。法出而奸生，令下而诈起，如以汤止沸，抱薪救火，愈甚亡益也。窃譬之琴瑟不调，甚者必解而更张之，乃可鼓也；为政而不行，甚者必变而更化之，乃可理也。当更张而不更张，虽有良工不能善调也：当更化而不更化，虽有大贤不能善治也。故汉得天下以来，常欲善治而至今不可善治者，失之于当更化而不更化也。古人有言曰：“临渊羡鱼，不如退而结网。”今临政而愿治七十余岁矣，不如退而更化；更化则可善治，善治则灾害日去，福禄日来。《诗》云：“宜民宜人，受禄于人。”为政而宜于民者，固当受禄于天。夫仁、谊、礼、知、信五常之道，王者所当修饬也；五者修饬，故受天之祐，而享鬼神之灵，德施于方外，延及群生也。①

董仲舒认为，秦二世灭亡是因为过于注重法制而忽略德性教化，汉继秦后，法出奸生，令下诈起，问题多多，并且靠法令如扬汤止沸，抱薪救火，虽然欲求善治但总是不能实现，其根本原因就在于“当更化而不更化也”。因此，董仲舒建议用仁义礼智信教化民众，不仅可以善治，而且德施于外，延及群生，灾害日去，福禄日来。

董仲舒在“四德”中加入“信”，使“四德”变成了“五常”，同时从阴阳五行学的角度对“五常”进行了论证。他在《春秋繁露 · 五行相生》中说：“天地之气，合而为一，分为阴阳，判为四时，列为五行。行者，行也，其行不同，故谓之五行。五行者，五官也，比相生而间相胜也。故为治，逆之则乱，顺之则治。东方者木，农之本。司农尚仁……南方者火，本朝也。司马尚智……中央者土，君官也。司营尚信……西方者金，大理，司徒也。司徒尚义，臣死君而众人死父。亲有尊卑，位有上下，各死其事……北方者水，执法，司寇也，司寇尚礼，君臣有位，长幼有序，朝庭

---

① 《汉书 · 董仲舒传》，中州古籍出版社1996年版，第779页。

百爵。"[①]董仲舒把东西南北中比附于五行(木火土金水),进而把仁义礼智信与五个方位相关联,即东方尚仁,南方尚智,中间尚信,西方尚义,北方尚礼,这样也就把"五常"与"五行"对应起来,把仁义礼智信说成是自然的要求和天道的需要,是不可轻易变易的"常德",从形而上的角度论证了仁、义、礼、智、信的合法性甚至是永恒性。

董仲舒提出的"五常"观念在东汉白虎观会议上被重申,并得到更加系统的论证。

第一,《白虎通义》对"五常"的内涵做了解释。《白虎通义·情性》说:"仁者,不忍也,施生爱人也;义者,宜也,断决得中也;礼者,履也,履道成文也;智者,知也,独见前闻,不惑于事,见微者也;信者,诚也,专一不移也。"[②]从这里的释义可以看出,《白虎通义》充分继承了前人的思想成果,也是对汉朝思想的概括与总结。

第二,《白虎通义》对"五常"进行了比较系统的论证。首先,从情性论的角度进行了论述。《白虎通义·性情》说:"性情者,何谓也?性者,阳之施;情者,阴之化也。人禀阴阳气而生,故内怀五性六情。情者,静也,性者,生也,此人所禀六气以生者也……五性者何?谓仁、义、礼、智、信也。仁者,不忍也,施生爱人也;义者,宜也,断决得中也;礼者,履也,履道成文也;智者,知也,独见前闻,不惑于事,见微者也;信者,诚也,专一不移也。故人生而应八卦之体,得五气以为常,仁、义、礼、智、信是也。六情者,何谓也?喜、怒、哀、乐、爱、恶谓六情,所以扶成五性。性所以五,情所以六者何?人本含六律五行气而生,故内有五藏六府,此情性之所由出入也。"[③]这里,从五行角度,认为仁义礼智信来源于五行,也被称为"五性"。性者,生也,人生应八卦之体,得五气以为常,所以"五性"即为"五常",是人生而俱来并且须臾不能离的。其次,从自然的角度,把仁义礼智信与人的五脏六腑对应起来。《白虎通义·性情》说:"五藏者何也?谓肝、心、肺、肾、脾也。肝之为言干也,肺之为言费也,情动得序;心之为言任也,任于恩也;肾之为言写也,以窍写也;脾之为言辨也,所以积精禀气也。五藏,肝仁,肺义,心礼,肾智,脾信也。"[④]为什么说肝仁、肺义、心礼、肾智、脾信呢?《白虎通义·性情》论证说:"肝所以仁者何?肝,木之精也,仁者好生,东方者阳也,万物始生,故肝象木,色青而有枝叶。目为之候何?目能出泪而不能内物,木亦能出

① (汉)董仲舒:《春秋繁露》,中华书局2012年版,第487~493页。

② (汉)班固:《白虎通义》,中国书店2018年版,第194~195页。

③ (汉)班固:《白虎通义》,中国书店2018年版,第195~196页。

④ (汉)班固:《白虎通义》,中国书店2018年版,第196~198页。

枝叶不能有所内也。肺所以义者何？肺者，金之精，义者断决，西方亦金，杀成万物也，故肺象金，色白也。鼻为之候何？鼻出入气，高而有窍，山亦有金石累积，亦有孔穴，出云布雨以润天下，雨则云消，鼻能出纳气也。心所以为礼何？心，火之精也，南方尊阳在上，卑阴在下，礼有尊卑，故心象火，色赤而锐也。人有道尊，天本在上，故心下锐也。耳为之候何？耳能遍内外、别音语，火照有似于礼，上下分明。肾所以智何？肾者，水之精，智者进止无所疑惑，水亦进而不惑，北方水，故肾色黑，黑水阴，故肾双。窍为之候何？窍能泻水，亦能流濡。脾所以信何？脾者，土之精也，土尚任养万物为之象，生物无所私，信之至也，故脾象土，色黄也。口为之候何？口能啖尝，舌能知味，亦能出音声、吐滋液。”[①]

《白虎通义》结合五脏的功能，将五脏分别与五位、五行、五常对应起来，也起到论证的效果。“五常”作为人们应当遵守的道德规范、价值准则，经过董仲舒及白虎观会议的论证成为来自天道的规则，成为人们须臾不可离、终生不可弃不可易的价值准则。经过白虎观会议，官方把“三纲”“五常”明确确立起来，经过宣传与灌输，不仅在当时起到教化、更化之功效，而且对后世产生了深远的影响。

第三节　中国传统价值观的发展：魏晋时期至鸦片战争前夕

“三纲”“五常”的确立对后世产生了深远的影响，但是在不同历史时期有着不同的历史命运。

两汉时期，“三纲”“五常”起到了很好的社会教化功效。君主多有善德，如多有谦恭，礼遇臣下。光武帝及其儿子明帝多次下诏令臣下上书不得“言圣”，而后世臣子几乎言必称“皇上圣明”。臣子也有臣德，多是忠于职守，公忠体国。同时，民风淳厚，多尚名节。

东汉王朝崩溃后，中国社会重新陷入分裂、动乱的格局。在长达400年的魏晋南北朝时期，战争频繁，政权更迭，东西冲突，南北对峙，社会处于规模浩大的动乱之中。社会的剧烈动荡必然引起价值观念的变化，两汉时期形成的“三纲”“五常”的价值体系面临严重的挑战。其一，儒家礼教被背叛。魏晋之际的嵇康公然声称自己不仅“非汤武”，而且“薄周孔”，认为儒家提倡仁义，只能束缚人们的思想，再无他用。他们不仅观念上反对礼教，而且行动上以“放怪为达”，违礼不尊。颜师伯饮酒，男女亲授；阮籍醉酒，卧于垆女之侧；谢安游赏，妓女从

---

① （汉）班固：《白虎通义》，中国书店2018年版，第194～195页。

之；山阴公主竟然公开场合立三十面首于左右。诸如此类的放纵行为，不胜枚举。其二，"三纲"遭到破坏。鲍敬言在《无君论》中说，君臣不是历来就有的，远古时期本无君臣，君臣之道的出现是强凌弱、智诈愚的结果，并不是出于天命神意。社会上有了君臣之道，罪恶和苦难随之而来。因此，他主张"无君"。孔融说："父之于子，当有何亲？论其本意，实为情欲发耳。"[①]否定了父子之间的伦理道德关系，可谓惊世骇俗。其三，"五常"也受到批判。王弼指出，仁义道德不仅不能引导人们修德，而且被利欲之徒当作欺世盗名、沽名钓誉的工具，越倡导仁义，就越导致虚伪的风气，因此他主张绝仁弃义、绝圣弃智。阮籍认为，统治者提倡仁义礼法，并不是用来约束他们自己而是用来欺骗和束缚人民；他们自称奉行仁义、遵循礼法，其实都是假廉成贪、罪不悔过的小人。晋人熊远说："今当官者以理事为俗吏，奉法为苛刻，尽礼为谄谀，从容为高妙，放荡为达士，骄蹇为简雅。"[②]总之，魏晋时期，纲常颓废，人心动乱，社会上普遍流行的是道家崇尚的"自然"观念。

隋唐时期是中国社会再次分久而合，由分裂、动乱趋向统一、安定的时期。政治的统一、经济的发展，促成了思想文化的繁荣。隋朝标榜"三教"并重，其实佞佛甚至尊佛。隋文帝对儒家的重视只是停留在口头上，实质上他只是尊佛。他即位后，"每谓群臣曰：'我兴由佛法'"，并颁《立舍利塔诏》，曰："朕皈依三宝重兴圣教，思与四海之内，一切人民俱发菩提，共修福业。使当今见在，爰及来世，永作菩因，同登妙果。"于是，在"海内诸州选高爽清静三十余处，各起舍利塔"。[③] 隋炀帝更是有过之而无不及，不仅崇佛而且尊道，迁都洛阳后便于城内建造道观二十四所，度道士一千多人，还让嵩山道士为其合炼丹药，并将佛道设置正式纳入官制。总之，隋朝佛道彰显，儒学凋敝。隋朝二世而亡，再次给唐朝的立国者提供了经验教训。唐朝的统治者以开放的姿态、开明的态度，容许各家各派自由发展，对儒释道三家采取调和态度，力争三者和平相处，形成和谐的关系。625 年，唐高祖借"幸国学"释奠之际，"堂置三坐，拟叙三宗"，"时五者才学，三教通人，星布义筵，云罗绮席，天子下诏曰：'老教孔教，此土先宗，释教后兴，宜从客礼。令老先、次孔、末后释宗。'当尔之时，相顾无色"。[④] 相顾无色的当然是佛教高僧，因为隋朝时佛教风光不再。三宗排定：道儒佛。儒家当时会是什么感受呐？"相顾无色"一词真是高妙有趣得很。不过，

① 《后汉书》，中华书局 1974 年版，第 2278 页。

② 《晋书》，中华书局 1974 年版，第 1887 页。

③ （唐）道宣：《四朝高僧传》第 3 册《续高僧传下》，中国书店 2018 年版，第 129、131 页。

④ 转引自陈启智：《中国儒学史》，北京大学出版社 2011 年版，第 7 页。

这里充分体现了唐朝三教并重的文化策略。实际上，唐朝儒释道三教在发展过程中也逐渐趋于融合。僧徒、道士学儒，儒生好佛信道，逐渐出现三教合流的倾向。其实，三教合流只是表象，因为三者有着根本的分歧，不可能真正合一。但是，佛学与道学的充分发展，以及儒生对佛、道的研究为儒家的进一步发展提供了充分的学术思想资源。

"西风吹渭水，落叶满长安。"唐朝的衰败，使中国封建社会由前期进入后期。与此相适应，中华民族的价值观念发生了深刻的变化，即宋明理学的发展。一方面，这是社会历史发展的客观要求；另一方面，这也是儒家文化自身发展的需要。儒家文化在汉代处于独尊地位，其纲常伦理是当时主导的思想观念。然而，自魏晋以来，儒家价值观念先后受到道教与佛教的冲击。魏晋玄学与隋唐佛学的先后兴盛，使儒家的价值观念式微，面临危机。这就客观上要求重建儒家以适应新的时代要求。宋明理学正是儒家的重建，同时也成就了儒家自汉代以来的再次辉煌。

一、宋明理学对纲常的论述

(一)程朱理学论纲常

理是程朱理学的核心范畴，也是其最高范畴。程颢说："吾学虽有授受，'天理'二字却是自家体贴出来。"《宋元学案》记载了黄百家的一段按语：

> 《乐记》已有"灭天理而穷人欲"之语，至先生(指程颢——引者加)始发越大明于天下。盖吾儒之与佛氏异者，全在此二字。吾儒之学，一本乎天理。而佛氏以理为障，最恶天理。先生少时亦曾出入老、释者几十年，不为所染，卒能发明孔、孟正学于千四百年无传之后者，则以"天理"二字立其宗。①

二程对理或天理进行了多次论述。比如，"天理云者，这一个道理，更有甚穷已？不为尧存，不为桀亡。人得之者，故大行不加，穷居不损"。② "天下物皆可以理照。有物必有则，一物须有一理。"③

朱熹继承了二程天理的观念，认为："理也者，形而上之道也，生物之本也；

① 陈来等：《中国儒学史》(宋元卷)，北京大学出版社 2011 年版，第 191 页。
② 《河南程氏遗书》，上海古籍出版社 2002 年版，第 48 页。
③ 《河南程氏遗书》，上海古籍出版社 2002 年版，第 246 页。

气也者,形而下之器也,生物之具也。是以人物之生,必禀此理然后有性,必禀此气然后有形"[1]他还说:"若在理上看,则虽未有物已有物之理,然亦但有其理而已,未尝有是物也。"[2]

由上可知,其一,天理理论最早由程颢发微;其二,天理是理学的核心范畴,也是理学与佛学的重要区别;其三,天理不是人为的结果,而是自然的、客观存在的,并且是先验的;其四,天理是万物之本,万物之源;其五,天理不增不损、不加不减,永恒不易。

理学家赋予天理以先验性、本原性、神圣性、永恒性、形而上性等特质,其最终目的在于论证以三纲五常为核心的传统价值观念体系的合法性、神圣性、永恒性。因此,必须同时赋予天理以伦理属性,把三纲五常视为天理的实际内容。二程说:"君臣父子,天下之定理,无所逃于天地间"[3]"男女尊卑有序,夫妇有倡随之礼,此常理也。"朱熹更是对天理的思想进行了最直接最系统的论述。他说:"所谓天理,复是何物?仁义礼智岂不是天理?君臣、父子、兄弟、夫妇、朋友岂不是天理?"[4]"理则为仁义礼智。"[5]他还说:"宇宙之间,一理而已。天得之而为天,地得之而为地,而凡生于天地之间者,又各得之以为性。其张之为三纲,其纪之为五常,盖皆此理之流行,无所适而不在。"[6]朱熹认为,三纲五常就是天理的体现,它不仅是人之所以为人的内在规定性,而且是人类社会的最高法则,甚至是自然界的最高准则。如理在先,君臣、父子在后,君臣父子是依天理而后有,因此君臣、父子之纲常是人所合作而不得不然者,而不是圣人安排来约束人的。总之,程朱理学用"天理"观念为封建纲常奠定了形而上的基础,用严密的逻辑,以哲学的方式更加精致地维护了封建纲常的合法性、神圣性与永恒性。

(二)陆王心学论纲常

宋明理学除了程朱理学一派外,还有重要的一派——陆王心学。两者虽然存在明显的分歧,但其根本宗旨都是维护封建纲常,陆王心学与程朱理学的重大区别不过是将程朱视为"天理"的纲常换成了"吾心之良知"。

---

① 《朱文公文集》,上海古籍出版社 2002 年版,第 2755 页。
② 《朱文公文集》,上海古籍出版社 2002 年版,第 2146 页。
③ 《河南程氏遗书》,上海古籍出版社 2002 年版,第 105 页。
④ 《朱文公文集》,上海古籍出版社 2002 年版,第 2837 页。
⑤ 《朱子语类》,上海古籍出版社 2002 年版,第 115 页。
⑥ 《朱文公文集》,上海古籍出版社 2002 年版,第 3376 页。

王阳明诟病朱熹最多的是心与理为二。朱熹重视格物，认为格物是修身之始，王阳明也曾按朱子所言在亭子前格竹子，结果茫然无所得，便感觉朱子之法有问题。“新本(指朱熹《大学章句》)先去穷格事物之理，即茫茫荡荡都无着落处，须用添个‘敬’字方才牵扯得向身心上来，然终是没根源。若须用添个敬字，缘何孔门倒将一个最紧要的字落了，直待千余年后要人来补出？正谓以诚意为主，即不须添敬字。所以提出个‘诚意’来说，正是学问的大头脑处。”①王阳明认为，只有以诚意为目的的格物才能修身，才与成就圣贤有关系，否则只能得到关于具体事物的知识，而与圣贤无涉。“后世不知作圣之本是纯乎天理，却专去知识才能上求圣人。以为圣人无所不知，无所不能。我须是将圣人许多知识才能逐一理会始得，故不务去天理上着功夫。徒弊精竭力，从册子上钻研，名物上考索，形迹上比拟。知识愈广而人欲愈滋；才力愈多而天理愈蔽。”②所以，圣人之学，心学也。“所以谓之圣，只论精一，不论多寡。只要此心纯乎天理处同，便同谓之圣。”③

王阳明主张：心外无理，心外无物。意思是说，一切道理的成立都以心为依据，心中本有理，外在事物的理与心中本有的理是一回事，甚至可以说，外在事物的理是心所赋予的。“身之主宰便是心，心之所发便是意，意之本体便是知，意之所在便是物。……所以某说无心外之理，无心外之物。”④

王阳明创立心学，讲授“致良知”之学，其目的也在于兴儒治国。他在《山东乡试录》中描述道：“盖今风俗之患，在于务流通而薄忠信，贵进取而贱廉洁，重儇狡而轻朴直，议文法而略道义，论形迹而遗心术，尚和同而鄙狷介。若是者，共浸淫习染既非一日，则天下之人，固已相忘于其间而不觉。”⑤因此，他志在振纲纪，兴儒家，治乱世。他认为，他找到的灵丹妙药即是“致良知”。良知就是天理，良知就是人心，是那没有染上尘埃的纯净的赤子之心，因此有此心之人，“孩提之童无不知爱其亲，无不知敬其兄，只是这个灵能不为私欲遮隔，充拓得尽，便完；完是他本体，便与天地合德”⑥。爱其亲，孝也；敬其兄，悌也。其实，王阳明这里论述的是孝悌，关键在于他是从良知也就是从“天理”的角度来论述孝悌，意即孝悌是出自良知，也是出自天理，对人来说是当然之事，不守孝悌天理

① 《王阳明全集》(上)，吴光等编校，上海古籍出版社 2012 年版，第 34 页。
② 《王阳明全集》(上)，吴光等编校，上海古籍出版社 2012 年版，第 25 页。
③ 《王阳明全集》(上)，吴光等编校，上海古籍出版社 2012 年版，第 27 页。
④ 《王阳明全集》(上)，吴光等编校，上海古籍出版社 2012 年版，第 5 页。
⑤ 《王阳明全集》(中)，吴光等编校，上海古籍出版社 2012 年版，第 715 页。
⑥ 《王阳明全集》(上)，吴光等编校，上海古籍出版社 2012 年版，第 30 页。

难容。可见，具体说辞与朱熹虽然不同，但是其论述的方式是一样的，可谓殊途同归。

总之，不论是程朱理学还是陆王心学，都根据时代要求以新的更加严密的方式对封建纲常做了形而上的论证，重新建立了儒学思想体系，重新树立了儒家的独尊地位，对后世产生了深远的影响。

二、宋明理学对五常等道德观念的阐释

这一时期的思想家，不仅重树了封建纲常的权威，而且对以五常为核心的价值观念进行了整理，对于这套价值观念体系的本末主次、相互关系以及这些价值观念的基本含义与要求做了更深入、更系统的阐释和说明。

(一)二程论五常

二程极其重视仁，并且认为他们第一次对仁做了创造性的诠释。正如程颐所说："自古元不曾有人解仁字之义。"[①]那么，二程是如何认识仁的呢？程颢说："'生生之谓易'，是天之所以为道也。天只是以生为道，继此生理者，即是善也。善便有一个元的意思。'元者善之长'，万物皆有春意，便是'继之者善也'。'成之者性也'，成却待他万物自成其性须得。"[②]仁是天地生生不息之理，善根源于此，是生生之理的实现，这一自然的生生之理，同时也是仁的本质。"'天地之德曰生'，'天地絪缊，万物化醇'，'生之为性'，万物之生意最可观，此元者善之长也，斯所谓仁也。"[③]程颢以天地生生之意来解释仁，这就把先秦儒家就人道立言的概念与天道贯通了起来，也为仁这一重要的价值观念建立了确定的宇宙论基础。程颐与程颢不同，他更加注重仁这一概念中"公"的含义："仁之道，要之只消道一公字。公只是仁之理，不可将公便唤做仁，公而以人体之，故为仁。只为公，故物我兼照，故仁，所以能恕，所以能爱，恕则仁之施，爱则仁之用也。"[④]

孔子曰："夫仁者，己欲立而立人，己欲达而达人。能近取譬，可谓仁之方也已。"[⑤]程颐指出："尝谓孔子之语仁以教人者，唯此为尽，要之不出于公也。"[⑥]

程颐从"公"的角度释仁，也算别开生面。他认为，"公"是仁之理。公之理

① 《河南程氏遗书》，上海古籍出版社2002年版，第196页。
② 《二程集》，王孝鱼点校，中华书局1981年版，第29页。
③ 《二程集》，王孝鱼点校，中华书局1981年版，第120页。
④ 《二程集》，王孝鱼点校，中华书局1981年版，第153页。
⑤ 《论语》，中华书局2015年版，第64页。
⑥ 《二程集》，王孝鱼点校，中华书局1981年版，第105页。

落实和体现在人身上，就是仁。公者，背私也，正因为公，因为没有私心，才能同时兼顾自我与他人，所以才会有仁。而恕只是行仁的具体方法，爱也只是仁的具体体现。在程颐看来，公则是仁的重要内容。

二程认为，五常皆为天理、人性，但是它们的地位是不平等的，其中最根本的是仁，其他四者受仁的统帅。“仁者，全体；四者，四支。仁，体也。义，宜也。礼，别也。智，知也。信，实也。”[①]五常好像人的身体，其中“仁，头也；其它四端，手足也”[②]。可见，在二程看来，五常中仁最贵。“仁载此四事，由行而宜之谓义，履此之谓礼，知此之谓智，诚此之谓信。”[③]

(二)朱熹论五常

朱熹更是对五常做了比较系统的论述，在他看来，仁有广义与狭义之分，作为五常之一的仁是狭义上的仁，包四德、含五常的仁是广义的仁。“犹五常之仁。恰似有一个小小底仁，有一个大大底仁。偏言则一事，是小小底仁，只做得仁之事；专言则包四者，是大大底仁，又是包得礼义智底。”[④]

对于仁的内涵，朱熹从不同角度进行了阐发。其一，从形而上的本体论角度论仁。“仁者天地生物之心……从它源头上下来，自然有个春夏秋冬、金木水火土。”[⑤]朱熹自注说：“初有阴阳，有阴阳便有此四者。”把“仁”置于阴阳、四时(季)、五行之上，作为天地化生的本原。他还说：“要识仁之意思，是一个浑然温和之气，其气则天地阳春之气，其理则天地生物之心。”[⑥]可见，朱熹继承了二程的思想，认为天地化生，覆载万物，是仁的本质，因此，仁不仅是人们应当遵循的价值规范，而且是天理的体现，是万物之本原。其二，从爱的内容上论仁。“仁者，爱之理；爱者，仁之事。仁者，爱之体；爱者，仁之用”，“仁是根，爱是苗”。[⑦]“仁之发处自是爱。”[⑧]在朱熹看来，仁与爱是理与事、体与用、根与苗或未发与已发的关系。爱是仁的体现，仁通过爱彰显出来，所以只有理解爱才能感悟仁。其三，从“公”的角度来论仁。他说，“公而无私便是仁”[⑨]；“仁将公字体之”[⑩]；

---

① 《河南程氏遗书》，上海古籍出版社 2002 年版，第 29 页。
② 《河南程氏遗书》，上海古籍出版社 2002 年版，第 196 页。
③ 《二程集》，王孝鱼点校，中华书局 1981 年版，第 352 页。
④ 《朱子语类》，上海古籍出版社 2002 年版，第 252 页。
⑤ 《朱子语类》，上海古籍出版社 2002 年版，第 219 页。
⑥ 《朱子语类》，上海古籍出版社 2002 年版，第 252 页。
⑦ 《朱子语类》，上海古籍出版社 2002 年版，第 690 页。
⑧ 《朱子语类》，上海古籍出版社 2002 年版，第 3224 页。
⑨ 《朱子语类》，上海古籍出版社 2002 年版，第 258 页。
⑩ 《朱子语类》，上海古籍出版社 2002 年版，第 258 页。

"只为你不公,所以蔽塞了不出来;若能公,仁便流行"[①];"公了方能仁"[②];"做到私欲净尽,天理流行,便是仁"[③]。朱熹认为,仁与公关系密切,可以说公是仁的必要条件,没有公,就不能仁;只有去私心私欲私利,才能正确处理自己与他人的关系。当然,有了公,未必就是仁,因为"世有以公为心而惨刻不恤者",因此他主张仁"须公而有恻隐之心"[④]。

朱熹认为五常中的五德虽然都出于上天之命和先天本性,都是天理的体现,但是它们的地位并不是平等的。其一,在五常中,仁包四德,仁统五常,仁是五常的根本与核心。"百行万善总于五常,五常又总于仁。"[⑤]"仁之包四德,犹冢宰之统六官。"[⑥]朱熹用《易》传中天地变化的基本法则——"元、亨、利、贞"来解释仁与四德的关系,即由"仁"来统属"仁义礼智"。其二,朱熹认为,五常中,仁以下,义最为重要。朱熹说:"天命之性,流行发用,见于日用之间,无一息之不然,无一物之不体,其大端全体即所谓仁,而于其间事事物物,莫不各有自然之分。如方维上下,定位不易,毫厘之间不可差缪,即所谓义。立人之道,不过二者,而二者则初未尝相离也。"[⑦]"盖仁仁也,而礼则仁之著;义义也,而智则义之藏……是知天地之道,不两则不以立。故端虽有四,而立之者两仪。"[⑧]宇宙之中,"太极"为"一",而生出"阴阳"两仪。在朱熹看来,"仁"就像太极一样,也生出"仁义"两仪,再由"仁义"两仪生出"仁义礼智"四德。同时,朱熹对于仁与义的关系也进行了说明:"仁义比量心,仁是天理根本处,贼仁则大伦大法亏灭了,便是杀人底人一般。义是就一节一事上言。一事上不合宜便是伤义,似手足上损伤一般,所伤者小,尚可以补。"[⑨]朱熹把伤仁比作杀人,把伤义比作伤手足,很是有趣。意思是,仁是枝,义是叶;仁是本,义是末;仁事大,而义事小。这里只是把义与仁比较,仁更根本,而不是说义不重要,其实朱熹还是很看重义的,认为它在五常中的重要性仅次于仁。其三,仁与四德的关系表现为体用关系,或者总括与条目的关系。"仁对义、礼、智言之,则为体;专言之,则兼体、用"[⑩],"故

① 《朱子语类》,上海古籍出版社 2002 年版,第 3223 页。
② 《朱子语类》,上海古籍出版社 2002 年版,第 258 页。
③ 《朱子语类》,上海古籍出版社 2002 年版,第 258 页。
④ 《朱子语类》,上海古籍出版社 2002 年版,第 3226 页。
⑤ 《朱子语类》,上海古籍出版社 2002 年版,第 254 页。
⑥ 《朱子语类》,上海古籍出版社 2002 年版,第 3179 页。
⑦ 《朱文公文集》,上海古籍出版社 2002 版,第 1703 页。
⑧ 《朱文公文集》,上海古籍出版社 2002 年版,第 2779 页。
⑨ 《朱子语类》,上海古籍出版社 2002 年版,第 1691 页。
⑩ 《朱子语类》,上海古籍出版社 2002 年版,第 257 页。

仁者仁之本体，礼者仁之节文，义者仁之断制，智者仁之分别。犹春夏秋冬虽不同，而同出乎春。春则春之生也，夏则春之长也，秋则春之成也，冬则春之藏也”[①]。总之，在朱熹看来，五常不是没有关系的五种德行，而是由仁统领的一个有机体系，是合乎天理的人们必须遵从的不易准则。

三、观念僵化现象频现

“忠孝节义”的说法，大约始于明代，“忠孝节”正是三纲的要求，这也意味着三纲五常在明代已经深入人心。凡事都有两面性。宋明理学重塑了儒家独尊地位，使三纲五常深入人心，对于封建专制制度的稳定与发展起了至关重要的作用；同时，君权、父权、夫权被抬升到至高无上的地位甚至被神化，直接导致了社会观念的僵化，甚至引发了愚忠、愚孝、愚贞、愚节等各种各样的愚昧行为，这也意味着以三纲为核心的礼教走向极端。

(一)君权绝对化

随着三纲上升为天理，“君为臣纲”的观念日益深入人心。宋代以来，臣对君绝对服从的观念不仅完全被臣子认同，而且成为臣子自觉的行为。

其一，《忠经》将忠提升为最高道德规范。“天之所覆，地之所载，人之所履，莫大乎忠……忠也者，一其心之谓也。为国之本，何莫由忠？忠能固君臣，安社稷，感天地，动神明，而况于人乎？夫忠与身，著于家，成于国，其行一焉。是故一于其身，忠之始也；一于其家，忠之中也；一于其国，忠之终也。”[②]“善莫大于作忠，恶莫大于不忠。”[③]这不仅把忠上升为最高的价值准则，而且把忠当成国之根本。其二，忠与孝的地位也发生了变化，不仅忠比孝具有价值选择上的优先性，忠孝不能两全时，尽忠成为人们的普遍选择；同时，纳孝于忠。“夫唯孝者，必贵于忠”，“君子行其孝必先以忠”。其三，无违、不二、死节成为忠的重要内容。司马光说：“君臣之位犹天地之不可易也……君臣之分当守节伏死而已。”[④]朱熹有言：“臣子无说君父不是底道理。”[⑤]《元史·忠义四》强调“忠臣不事二君”“各事其主”。

宋代以来，至高无上的君权绝对化表现在现实政治生活的各个方面。其

---

① 《朱文公文集》，上海古籍出版社2002年版，第2780页。

② 《忠经》，三秦出版社2008年版，第3页。

③ 《忠经》，三秦出版社2008年版，第15页。

④ 《资治通鉴》，中华书局1956年版，第3页。

⑤ 《朱子语类》，上海古籍出版社2002年版，第400页。

一，宋朝以前，臣子坐而论政。赵匡胤登基后，“坐论之礼”被废除，站着议政随成新规。明太祖朱元璋始施“廷杖”之制，使“公卿之辱，前此未有”①。其二，北宋徽宗政和年间，天、君、主、圣、王等诸字在普通人的人名或字中被禁止使用。其三，“靖难之役”中为建文帝死节的大臣数量之多，为中国历史之最。其四，1449年土木之变后，“河州卫军家子”周敖大哭，绝食七日而死。这是民众对君子尽忠的典型事例。这说明忠君观念不仅被臣子认同，而且已经深入人心。

（二）父权绝对化

宋代以来，随着君权的不断神圣化，父权也不断绝对化，把父子关系推向极端。其典型标志是“天下无不是的父母”观念的出现。这句话最初是北宋末年南宋初年的理学家罗从彦所说，后来被朱熹在《四书章句集注》中引用，然后不断流行，成为当时的流行观念。因此，单方面对子女提出苛刻要求，成为孝的主要特点；无违、不与父母论曲直成为孝的主要内容。

宋代以来，不仅大力倡导忠，而且也大力倡导孝行，对孝悌的表彰及奖励从来没有间断。宋代，为了提倡孝行，对为报父母之仇而杀人者予以宽容。宋初殿前祗候李璘以父仇杀员僚陈友后自首，宋太祖“义而释之”②。史书中这样的例子举不胜举。由于朝廷的持续鼓励与表彰以及理学家的大力提倡，孝的观念深入人心，对于推动社会文明的进步起了重要作用。但同时，宋代以后，对孝子的单方面的绝对化的顺从以及过于苛刻的要求，导致孝观念的极端化，以致社会上出现了各种各样愚蠢的孝行。

其一，为尽孝道而行怪异行为。“董道明，蔡州褒信人。母死出葬，道明遂潜匿墓中。经三日，家人发冢取之，道明无恙，终身庐于墓侧。”③这种事情今天看来不可思议，在宋朝却屡见不鲜。

其二，为父母而自残。“刺血”算是最轻的行为，最为普遍的是“刲股”，即割取股肉煮熟喂病中父母，更残忍的是“探肝”“凿脑”。明朝仁和杨氏女，先“三割胸肉食母，不效。一日薄暮，剖胸取肝一片，昏仆良久。及苏，以衣裹创，手和粥以进，母遂愈”④。明代，山东日照的江伯为了母亲竟然杀儿祭神。

其三，为行孝道随父同死。前文为明英宗而死的周敖，其子也是一位大孝子，当他听说父亲为英宗而死后，痛哭着跑回家，到家看到父亲身死后，竟然“以

---

① 《明史》，中华书局1974年版，第2330页。

② 《宋史》，中华书局1977年版，第16页。

③ 《宋史》，中华书局1977年版，第13393～13394页。

④ 《明史》，中华书局1974年版，第7701页。

头触庭槐”而死。[①]

(三)夫权的绝对化

随着父权的强化乃至绝对化，夫权也不断强化乃至绝对化。二程认为，女子天性不佳，存在先天不足，因此主张女人要绝对顺从男人。“饿死事极小，失节事极大”[②]“从一而终”等观念被广泛认同，甚至“男女授受不亲”“贞女不出闺阁”“义不见门外人”等观念也被强化。贞节观念慢慢地变成与忠孝观念并列的重要的价值准则。

据统计，两汉节妇年均为 0.05 人，魏晋南北朝为 0.09 人，隋唐为 0.1 人，两宋为 0.48 人，元为 4.66 人，明为 98.34 人，清初顺治、康熙两朝为 120 人。[③]节妇数量不断增加，意味着贞节观念不断加强；节妇人数元朝开始急骤增加，明朝时最多，足以说明宋明理学的强化作用极有实效。

元朝以后，由于贞节观念不断强化，不仅社会舆论普遍以守节为美德，而且妇女也日益接受贞节观念。但是，妇女为贞节付出了惨痛的代价。

其一，女人为夫守节，终生清苦。元朝崔氏，夫死守节，“四十余年未尝妄言笑，预吉会”[④]，终生坚守“生为某氏人，死为某氏鬼”的信条。

其二，女人为夫守节而自残。明朝九江的欧阳氏，丈夫死时年仅18岁，“父母迫之嫁，乃针刺其额，为‘誓死守节’字，墨涅之，深入肤里，里人称为黑头节妇”[⑤]。其他的，刺面、割耳、剃发等自残行为数不胜数。

其三，女人为夫守节而殉夫。有的在丈夫病危时做巨型棺材，丈夫死后，就与夫同棺共穴；有的丈夫死后，举火自焚以殉夫；有的因子女幼小，等子女成家立业后再殉夫；更有甚者，殉未嫁之夫。

其四，女人为守名节而自残甚至自杀。明正统年间，吴县女子王妙凤因为坏人调戏她时拉了她的手臂，竟然“拔刀斫臂”，未断，“再斫乃绝”。[⑥] 另一节女更刚烈。说是某地发生战乱，乡里人都到山洞中躲藏。周某妻庄氏却认为男女混杂同居一穴是“男女无别”的“无礼”行为，无礼宁可死，竟然“引刀自裁”[⑦]。

行文至此，便想起鲁迅先生在《狂人日记》中写的封建礼教“吃人”的话来，

---

① 《明史》，中华书局 1974 年版，第 7599 页。

② 《河南程氏遗书》，上海古籍出版社 2002 年版，第 377 页。

③ 参见蔡凌虹：《从妇女守节看贞节观在中国的发展》，《史学月刊》1992 年第 4 期。

④ 《元史》，中华书局 1976 年版，第 4484～4485 页。

⑤ 《明史》，中华书局 1974 年版，第 7714 页。

⑥ 《明史》，中华书局 1974 年版，第 7700 页。

⑦ 《明史》，中华书局 1974 年版，第 7749 页。

圣人立教，在于修身、齐家、治平天下，宋明理学把封建纲常推向极端，最终却成为杀人利器，这显然与圣贤的初衷相违背，值得深思和反省。

清代初中期，资本主义生产关系不断生长，社会生活开始出现新变化，旧的社会结构也不断松动，这必然会导致价值观念的变化。宋明理学营造的价值观念体系必然会受到反思，“存天理，灭人欲”的观点也受到人们的怀疑、批判甚至否定，作为维持人们心灵秩序的价值准则也正在不断地失去其作用。与“天理”相对的“人欲”“利欲”日益被人们肯定、认可。鸦片战争前的中国，价值世界的主题就是天理与利欲。一方面，这是对天理价值世界的反思与批判；另一方面，这是对利欲价值的肯定与提升。尽管清帝国在初期重建了封建专制统治，推崇理学，以天理为标志的纲常礼教一度重新抬头，出现价值回流，但是“天理”价值观念体系的复归，并不能阻挡价值观念演变的进程，更不能改变价值观念发展的趋向，因为价值观念的发展有其规律，不会因统治者的意志而转移。在这场新旧价值观念的冲突中，早期启蒙思想家推陈出新，奋力开拓，以旺盛的生命力和崭新的姿态揭开近代中国价值观念更新的序幕，迎接中国近代价值观念的新生。

第四章　中国传统价值观的危机与重建

近代以来，西方文化对中国文化的冲击和挑战导致中国传统文化出现危机。“中国近百年来的危机，根本上是一个文化的危机，文化上有失调整，就不能应付新的文化局势。”①党的十八大以来，以习近平同志为核心的党中央指出：“文化自信是一个国家、一个民族发展中更基本、更深沉、更持久的力量。”②“没有高度的文化自信，没有文化的繁荣兴盛，就没有中华民族伟大复兴。”③文化的核心是价值观，因此文化危机产生的最深层根源则在于价值观危机。一百多年来，中国由传统社会向现代社会的转型反映在国人的价值观层面就是由传统价值观向现代价值观转变。在中西方文化碰撞中，经济、制度和文化层面的挑战最终都折射在价值观层面上。当前，中国正处于社会转型期，多元文化与价值观念相互交织乃至发生矛盾冲突。这既是近代以来中西文化与中西价值观碰撞的延续，又是当前中国社会矛盾和思想观念的反映。可以说，近代以来，中国人的价值观发生急剧变化，至今仍处于转型与重建中。

第一节　现代启蒙与文化反思

中国的文化启蒙始终围绕着传统与现代之间的关系进行。在启蒙的语境中，西方文化与中国传统文化之间形成了巨大的张力。中国文化启蒙也呈现西风日盛、中学渐衰的发展趋势。反观中国文化启蒙，由于受到救亡图存的窘迫形势和经济发展过程中功利主义的价值取向等因素的影响，启蒙依然是一个很值得反思的文化现象。

---

① 《贺麟集》，中国社会科学出版社2006年版，第2页。

② 习近平：《决胜全面建成小康社会　夺取新时代中国特色社会主义伟大胜利——在中国共产党第十九次全国代表大会上的报告》，人民出版社2017年版，第23页。

③ 习近平：《决胜全面建成小康社会　夺取新时代中国特色社会主义伟大胜利——在中国共产党第十九次全国代表大会上的报告》，人民出版社2017年版，第41页。

一、启蒙问题在中国的衍生

启蒙在近代中国的命运问题，是一个重要而又充满争议的话题。"启蒙"作为一种现代性话语，其衍生与发展的基本语境无疑是西方社会。从西方现代社会的发展历史经验来看，纷繁复杂的思想与意识形态思潮的背后存在一只"看不见的手"，也就是所谓的启蒙思想。现代性在一定程度上就是启蒙思想的产物，抑或说启蒙思想反映了现代性的基本精神。何为"启蒙"？不同的学者对启蒙有不同的理解。其中，影响最大、最具有代表性的当属康德对"启蒙"的界定。康德在《答复这个问题："什么是启蒙运动"？》一文中写道："启蒙运动就是人类脱离自己加之于自己的不成熟状态。不成熟状态就是不经别人的引导，就对运用自己的理智无能为力。当其原因不在于缺乏理智，而在于不经别人的引导就缺乏勇气与决心去加以运用时，那么这种不成熟状态就是自己加之于自己的了。Sapeer aude！要有勇气运用你自己的理智！这就是启蒙运动的口号！"[①]在康德看来，人借助于理性可以逐渐摆脱那些外在的东西，从而达到自由自主的状态。联系到康德在《判断力批判》中所讲的"从迷信中解放出来就叫做启蒙"[②]，我们可以看到，一个成熟的人不是盲目迷信的人，其最重要的标志就是能自觉秉持理性主义。换言之，理性主义就是启蒙的代名词和合法性依据。可以说，康德对启蒙运动的判断是将其作为一个独立的哲学问题来处理的，其深远意义在于启蒙精神在康德的视野中不仅具有历史意义，更具有永恒价值。正如卡西尔指出："18世纪很喜欢自称为'哲学的世纪'，也一样喜欢自称为'批判的世纪'。这两种说法不过是……从不同的角度刻划出那渗透了启蒙时代并造就了伟大的启蒙思潮的基本精神力量的特征。"[③]可以看到，卡西尔把握到的启蒙运动的核心也是理性与批判，这二者恰恰是启蒙运动的精义与价值所在。

源自西方的启蒙，其最大的成就在于在对宗教的批判和反思中把人从宗教的精神奴役之中解放出来，实现了个体理性的自我张扬，从而彰显了人的个性和主体性。基于对启蒙思想的继承、批判与超越，马克思在《〈黑格尔法哲学批判〉导言》中指出："真理的彼岸世界消逝以后，历史的任务就是确立此岸世界的真理。人的自我异化的神圣形象被揭穿以后，揭露具有非神圣形象的自我异化，就成了为历史服务的哲学的迫切任务。于是，对天国的批判变成对尘世的

① ［德］康德：《历史理性批判文集》，何兆武译，商务印书馆2013年版，第23页。

② ［德］康德：《判断力批判》，邓晓芒译，人民出版社2002年版，第136页。

③ ［德］E.卡西勒：《启蒙哲学》，顾伟铭等译，山东人民出版社1988年版，第269页。

批判,对宗教的批判变成对法的批判,对神学的批判变成对政治的批判。"[1]当启蒙思想家举起理性大旗的时候,他们就不能止步于对宗教的批判了,必然会把批判的矛头延伸到宗教之外的社会秩序、政治制度、风俗习惯等现存的一切权威身上。这是因为,理性这个新的权威一旦树立,就成为现代社会中一个非常革命的因素;它必然要排斥任何其他权威,必然要求现存的"一切都必须在理性的法庭面前为自己的存在作辩护或者放弃存在的权利"[2]。

启蒙主义以其推崇理性,倡导科学、民主、自由、人权等,扫除一切黑暗、腐朽的封建残渣余孽,成为现代化的指导思想。伴随着资本主义的世界性扩张和西方文化的向外输出,曾经开辟资本主义新时代的启蒙思想,也随着鸦片战争后中国国门的被迫打开而以西方文化侵略的扭曲形式,开启了近代中国的启蒙进程。

启蒙思想一进入中国就受到被深深禁锢在思想牢笼中的中国人的欢迎,其原因恰恰在于肇始于西方社会的自由、民主、平等、科学精神适应了中国从传统社会向现代社会转变开端时期的客观需要。思想的有效性与时代的现实呼唤之间总是存在内在的一致性和紧密的张力关系。启蒙的"祛魅"作用使国人开始重新审视传统文化,要求冲破统治中国数千年的传统陈旧思想,从而实现个体的自由与解放。因此,启蒙运动在使国人逐渐了解西方启蒙思想的同时,也开始重新审视自身,以批判和超越陈旧思想观念的精神触及国人的灵魂,激荡国人的内心。由此观之,这也是为什么启蒙会在中国发生和为什么中国迫切需要启蒙。

二、中国近代以来的启蒙运动

中国近代以来的启蒙运动可以追溯到 19 世纪 60 年代,大致经历了从器物层面到制度层面再到文化层面的过程。鸦片战争的爆发,使国人面临"千年未遇之变局"。正如马克思所言:"随着鸦片日益成为中国人的统治者,皇帝及其周围墨守成规的大官们也就日益丧失自己的统治权。历史好像是首先要麻醉这个国家的人民,然后才能把他们从世代相传的愚昧状态中唤醒似的。"[3]被西方列强的坚船利炮惊醒的有识之士,意识到了中国古老的传统文明与西方现代文明的差距,"开眼看世界",开始了"救亡图存"的艰苦历程。

以"求富""求强"为代表的洋务运动就是在这一背景下拉开帷幕。严格来

---

① 《马克思恩格斯文集》第 1 卷,人民出版社 2009 年版,第 4 页。

② 《马克思恩格斯选集》第 3 卷,人民出版社 2012 年版,第 391 页。

③ 《马克思恩格斯文集》第 2 卷,人民出版社 2009 年版,第 608 页。

说,洋务运动并不是一场真正意义的启蒙运动,其更像清王朝的自我救赎,其根本目的还是要维系清王朝的皇权统治,但它客观上为中国近代的启蒙运动提供了一个历史契机或文化准备。以林则徐、魏源为代表的一批士大夫率先突破传统的"夷夏之防"的陈腐观念,主张"师夷长技以制夷",通过学习西方先进的军事技术来改变中国积贫积弱的现状。

但他们很快就发现要改变中国落后的状况单纯通过学习西方先进的军事技术远远不够。西方强大的深层次原因是拥有先进的科学知识和近代工业体系。于是,兴起了以学习西方先进科学技术和工业体系的洋务运动。很多手握重权者如曾国藩、崇厚、左宗棠、沈葆桢、李鸿章、张之洞、刘坤一、唐廷枢等开始"采西学""行西法",引进大量西方科技及各类著作,培养欧美留学生,建立近代学堂、制造局、船政局、枪炮厂等,以开西学之门。

从文化启蒙的角度来看,洋务派的主张比起严守"夷夏之防"、宣称"师事洋人,可耻孰甚"的顽固派,无疑是一种觉醒。其"变器不变法"的思想比起拒绝一切变革的守旧思想亦是一种进步。但"中体西用"的基本立场决定了器物层面的变革还谈不上真正的启蒙,充其量不过是面对蹇滞时局的一种应变措施,但客观上却起到了开启近代中国文化启蒙进程的作用。

"在探求应对危机办法的过程中,启蒙运动的一些构成因素在逐步积累。"①随着眼界逐渐开阔,急于寻找救亡之道、实现国家富强的先进知识分子开始超越单纯的技术追求,转而寻求政治体制的变革和促使社会转型的道路。可以说,清末民初真正的启蒙思潮肇始于康有为、梁启超等人的变法维新活动。1895 年中国在甲午战争中的战败宣告了洋务运动彻底破产,一批新型的知识分子从日本明治维新中获得深刻启示,觉悟到君主专制才是国家落后、民族危殆的根本原因。在这种新觉悟下,"师夷长技以制夷"的洋务运动就进一步发展为效法西方宪政以实现政治改良的戊戌变法。虽然这场运动以失败而告终,没有在政治制度、工商经济、文化器物等方面留下多少实实在在的遗迹,但它却在思想、观念的层面上为古老的中国打开了一扇窗,为中国近现代历史提供了宝贵的文化遗产——启蒙。

中国社会思想界也异常活跃,为从西方思想武器库中找到解决中国问题的武器,这一时期的中国人开始大量介绍、翻译西方著作。在法学、政治学、社会学、经济学、历史学等学科领域出现了丁韪良、傅兰雅、林纾、孟森等著名翻译家。被胡适誉为"介绍近世思想的第一人"的严复在 1895—1898 年翻译了英国

① 闫润鱼:《论中国近代启蒙运动的历史规定性》,《中国人民大学学报》2006 年第 2 期。

生物学家赫胥黎的《天演论》,以“物竞天择、适者生存”“时代必进、后胜于今”作为救亡图存的理论依据,在当时产生了巨大影响。它对在思想上长期奉守“天不变道亦不变”观念、在现实中正处于甲午战败后的屈辱状态的中国人来说,无疑产生了醍醐灌顶的警醒效应,使他们对封建思想文化进行了猛烈抨击。随着大量西方著作的引进与介绍,卢梭的社会契约理论、边沁的功利主义思想、达尔文的进化论、孟德斯鸠的“三权分立”学说等逐渐被“新学”知识分子接受。康有为、梁启超、谭嗣同、严复等资产阶级维新派提倡新学,主张“开民智”“兴民权”正是受到西方启蒙思想的影响。

综观戊戌时期的启蒙思想,与洋务运动不同,戊戌维新摆脱了“中体西用”的羁绊,以“物竞天择”的进化论为基础,获得了全新的世界观和方法论。戊戌维新志士以西学为武器,率先向中国传统特别是封建专制制度及其纲常伦理发起猛烈攻击,在思想文化领域刮起了一阵飓风,形成了一股思潮,显示了近代中国人批判理性精神和近代人文精神的觉醒与成长,发近代中国启蒙之先声。从这个意义上来说,戊戌变法开启了近代中国启蒙的大门,成为近代中国启蒙运动的先导。但是,戊戌时期的启蒙运动仍然没有摆脱传统的阴影,也没有跳出传统的窠臼。君主专制和名教伦常虽然已经受到质疑和批判,但是孔孟之道仍然是进行社会变革的重要根据,是嫁接和融合西方新思想——自由、平等、民主等的思想基础。对传统权威的依附显示了“戊戌”启蒙的不彻底性,他们还是借用孔子的权威和对传统的文化认同来宣传西方资产阶级的进化史观和民权观念,来演出历史的活剧,尽管是“旧瓶装新酒”,但“托古”和“尊皇”仍然影响着启蒙的深度。正是对传统文化这种“剪不断、理还乱”的心态,使戊戌变法期间的严复、康有为、梁启超等人由激昂而冷漠进而回归,相继转入保守阵营。因此,无论是反传统的彻底性,还是启蒙的深度和广度,戊戌变法都远不及后来的五四运动。

近代中国启蒙运动的最高潮是新文化运动。新文化运动可以说是近代中国启蒙运动中影响最为深远的事件。以陈独秀、胡适、鲁迅、钱玄同等人为代表的一大批知识分子,向统治中国两千多年的封建君主专制与孔孟礼教发起了猛烈攻击,掀起了一场前无古人的批孔批儒运动,从而使新文化运动成为中国近代启蒙的历史界标。如果说洋务运动的主旨是借用西洋的先进器物来富国强兵,戊戌变法的主旨是采用西方的宪政体制来改良政治,那么新文化运动的主旨则是要全盘引进西方的经济、政治、文化体系以实现对国民性的彻底改造。

1911 年的辛亥革命推翻了帝制,共和制度也得以确立,但是旧思想、旧观念却并未得到清除。辛亥革命后,共和昙花一现,专制阴云密布。袁世凯为了称帝，开始大力倡导儒家经典，与封建势力同流合污，并于 1915 年 12 月 12 日称帝，改元“洪宪”，上演了一出复辟帝制的闹剧。紧接着，1917 年张勋又上演了一出 12 天便破产的复辟闹剧。这两场复辟闹剧均打出了“尊孔保教”的大旗。由康有为及其弟子陈焕章领导的孔教运动与帝制运动合流，复古逆流加重了民国初期时局的黑暗，也使得新一代知识分子产生了新的警惕和觉悟。他们把儒家思想作为封建君主专制赖以生存和维系的土壤。因此，要彻底推翻封建君主专制，维护共和，保全革命成果，就必须从国民思想深处清除封建礼教的流毒。新文化运动应运而生。

1915 年 9 月 15 日，陈独秀创办的《青年杂志》在上海问世。这本日后以《新青年》闻名遐迩的新思想刊物，成为新文化运动的发源地，引领了一场倡导民主科学和与封建礼教相决裂的思想革命，从而将近代中国的启蒙运动推向高潮。这场旨在革新青年思想、启发青年政治参与觉悟的启蒙运动，对 20 世纪中国政治影响深远。它将矛头对准了统治了中国两千余年的孔孟思想，提出了“打倒孔家店”的口号。

《青年杂志》创刊号卷首，是陈独秀撰写的《敬告青年》。该文以进化论观点盛赞青年之于社会新陈代谢的进步意义。陈独秀认为现代是一个革命的时代，革命是社会进化的动力，是一切现代文明的引擎。“自文艺复兴以来，政治界有革命，宗教界亦有革命，伦理道德亦有革命，文学艺术亦莫不有革命，莫不因革命而新兴而进化。近代欧洲文明史，宜可谓之革命史。故曰，今日庄严灿烂之欧洲，乃革命之赐也。”[①]故而，陈独秀呼吁中国“自觉勇于奋斗之青年”当以近世西方道德为参照与中国传统文化决裂。在《法兰西人与近世文明》一文中，陈独秀以引领近世欧洲文明潮流的法兰西为楷模，宣称人权说、生物进化论和社会主义为近代文明的三大特征。

陈独秀、李大钊等人在新文化运动中高举“德先生”(democracy，即民主)与“赛先生”(science，即科学)，将二者尊为现代文明的精华和中国进步的引擎，强调唯有这二位“先生”才能根治当前中国积弱不振的社会弊病。“西洋人因为拥护德赛两先生，闹了多少事，流了多少血；德赛两先生才渐渐从黑暗中把他们救出，引到光明世界。我们现在认定只有这两位先生，可以救治中国政治上道德上学术上思想上一切的黑暗。若因为拥护这两位先生，一切政府的迫压，社会的攻击笑骂，就是断头流血，都不推辞。”[②]

---

① 陈独秀：《文学革命论》，《新青年》第 2 卷第 6 号，1917 年 2 月 1 日。

② 陈独秀：《本志罪案之答辩书》，《新青年》第 6 卷第 1 号，1919 年 1 月 15 日。

《新青年》自创刊之日起，就成为具有新思想的青年知识分子发表哲学、文学、教育、伦理等观点的重要理论阵地，它不仅对封建礼教的旧道德进行了猛烈的批判，而且也大力推动了白话文运动和文学革命。此外，该刊物也成为在中国最早宣传马克思主义理论和共产主义运动的媒体。当时为《新青年》撰稿的先进知识分子——陈独秀、李大钊、胡适、鲁迅、钱玄同、刘半农、周作人、沈尹默、高一涵等——都是新文化运动的重要推动者，正是他们对国民文化素质和伦理觉悟的启蒙，才促成了中国近现代史上最深刻的一场思想解放运动。

如果说戊戌变法把中国的启蒙运动从器物层面推进到政治层面，那么新文化运动则更进一步，把中国的启蒙运动推进到更加深刻的思想文化层面。“一个人的性格就是一个人的命运。一个民族也是一样：一个民族的性格就是这个民族的命运。”[①]新文化运动中的启蒙思想家极力批判封建礼教，力图使中国人彻底摆脱陈旧的国民性，拥有新的国民性。他们高举科学、民主的大旗，对中国传统儒学礼教进行了猛烈批判。陈独秀明确提出：“吾人果欲于政治上采用共和立宪制，复欲于伦理上采取保守纲常阶级制，以收新旧调和之效，自家冲撞，此绝对不可能之事。”[②]他认为要进行政治层面的改革就必须反对儒家的三纲之说。被称为“四川省只手打孔家店”的吴虞甚至愤然写道：“儒教不革命，儒学不转轮，吾国遂无新思想，新学说，何以造新国民？悠悠万事，惟此为大已！”[③]被誉为“民族脊梁”的鲁迅写了大量揭露国民劣根性的著作，在《阿Q正传》中对病态的国民性——愚昧、麻木、保守、自私、狭隘、狡黠、惧强凌弱、以精神胜利法自欺欺人等进行了犀利的解剖，直刺中国国民劣根性的要害。在《狂人日记》中，鲁迅对封建礼教的残酷本质和伪善面目进行了无情的揭露和抨击。“我翻开历史一查，这历史没有年代，歪歪斜斜的每页上都写着‘仁义道德’几个字。我横竖睡不着，仔细看了半夜，才从字缝里看出字来，满本都写着两个字是‘吃人’。”[④]在《孔乙己》《药》等小说中，鲁迅又对传统的科举制度和愚民教育造成的国民蒙昧状态进行了无情揭露和针砭。新文化运动中出现了一系列惊世骇俗的批判文章，对儒家传统的忠君、孝亲、贞操等观念进行了猛烈的抨击，公开宣传人人平等和妇女解放的新道德观，在知识分子和一般民众中产生了极大的影响。

新文化运动在推动思想启蒙的同时引发了一场轰轰烈烈的文学革命。思想启蒙反对旧礼教、倡导新伦理，文学革命反对文言文写作、倡导白话文。思想

---

① 黎鸣著，何宗思选编：《中国人性分析报告》，中国社会出版社2003年版，第319页

② 陈独秀：《吾人最后之觉悟》上册，生活·读书·新知三联书店1984年版，第108页。

③ 吴虞：《儒家主张阶级制度之害》，上海三联书店2002年版，第280页。

④ 《鲁迅全集》第1卷，人民文学出版社2005年版，第447页。

启蒙和文学革命紧密结合使启蒙思想从知识分子的经世致用理想走进了普通大众的日常生活现实，从而极大地改造了国民性。

新文化运动的局限性也显而易见。新文化运动对传统文化的根本性颠覆和批判存在“矫枉过正”之弊。这主要表现在对传统文化的批判存在形式主义的偏差。在陈独秀看来，中西文化之间存在的差异和矛盾是不可调和的，它们分别代表两种完全不同甚至截然对立的价值取向和路径选择。他甚至主张：“无论政治学术道德文章，西洋的法子和中国的法子，绝对是两样，断断不可调和牵就的……若是决计革新，一切都应该采用西洋的新法子，不必拿什么国粹，什么国情的鬼话来捣乱……因为新旧两种法子，好像水火冰炭，断然不能相容；要想两样并行，必至弄得非牛非马，一样不成。”[①]因此，陈独秀认为要全面学习西学就要对一切传统文化进行根本性的颠覆。胡适认为：“我们必须承认我们自己百事不如人，不但物质上不如人，不但机械上不如人，并且政治、社会、道德都不如人。”因此，应该“死心塌地去学人家”。钱玄同认为中国的字形、字义皆不如西文，因此他不仅主张“废孔学、灭道教”，而且主张废除汉字。他说：“欲使中国不亡，欲使中国民族为二十世纪文明之民族，必以废孔学、灭道教为根本之解决；而废记载孔门学说及道教妖言之汉文，尤为根本解决之根本解决。”[②]中国传统文化博大精深，内容丰富多元，儒、释、道、法、墨等共同构成中华文明的精神内核和文化特质。仅就儒学而言，除了作为意识形态的儒学外，还包括伦理儒学、心性儒学等，其蕴含的文化精神之精华，为中华文化认同之基础。儒学大于礼教，而礼教绝不等于儒学之全部。因而，新文化运动的干将将儒学简单地等同为礼教，并粗暴地予以全盘毁弃，则显然以偏概全，矫枉过正。对此，毛泽东进行了冷静的思考和分析：“五四运动本身也是有缺点的。那时的许多领导人物，还没有马克思主义的批判精神，他们使用的方法，一般地还是资产阶级的方法，即形式主义的方法……他们对于现状，对于历史，对于外国事物，没有历史唯物主义的批判精神，所谓坏就是绝对的坏，一切皆坏；所谓好就是绝对的好，一切皆好。”[③]

同时，新文化运动的社会影响力也主要局限于知识精英、大中城市，对于社会底层、广大农村的影响力有限。“这个文化运动，当时还没有可能普及到工农群众中去。它提出了‘平民文学’口号，但是当时的所谓‘平民’，实际上还只能

① 陈独秀：《今日中国之政治问题》，《新青年》第5卷第1号，1918年7月15日。

② 钱玄同：《中国今后之文字问题》，《新青年》第4卷第4号，1918年4月15日。

③ 《毛泽东选集》第3卷，人民出版社1991年版，第831～832页。

限于城市小资产阶级和资产阶级的知识分子，即所谓市民阶级的知识分子。”①

新文化运动后期，一些先进的知识分子意识到源于西方资本主义的“德先生”和“赛先生”并不能真正解除中国之危局，他们转而寻求“第三种文明”，畅言“为救世界之危机，非有第三种文明之崛起，不足以渡此危崖”。② 恰在此时，“十月革命一声炮响，为我们送来了马克思列宁主义”。马克思主义倡导的唯物史观对苦苦寻求救亡图存之道的中国先进知识分子产生了极大的吸引力。加上俄国十月革命的示范引导，他们开始研究和接受马克思主义学说，其中一批人成为中国最早的共产主义者，开始了“以俄为师”改造中国的进程，走上了一条不同于西方启蒙的道路。“中国早期的马克思主义者运用唯物史观的武器，深刻地揭示了封建思想文化的社会根源。他们把反封建主义斗争的立足点和出发点，从争取个人的个性解放上升到争取人民群众的社会解放的高度；把反对封建主义斗争的方式，从由少数人进行的宣传工作，发展到主要由人民群众进行的革命实践，从而推动中国人的思想在更广大的范围内和更深刻的程度上获得解放。”③特别是九一八事变后，随着民族危机日益加深，“救亡”的主题取代“启蒙”的主题。在民族存亡之际，先前极力倡导“西化”的知识分子也开始感受到“灵魂分裂”的深切痛苦，他们一方面仍然向往西方的社会制度和文化成就，另一方面却对西方列强欲图分裂和侵占中国的野蛮行径深感愤慨。这种“灵魂分裂”的状况使中国知识分子对待西方文化的态度发生了重大改变，使启蒙运动开始转向，开始了中国共产党将马克思主义与反帝反封建的革命实践相结合的进程，并最终在中国建立社会主义制度。

新中国成立后，中国共产党将马克思主义从党的指导思想上升为整个国家和民族的指导思想。1951 年夏秋至 1952 年冬，中共中央发动了一场大规模的思想改造运动，目的是使广大知识分子“克服旧思想，接受新思想，树立为人民服务的观点”，从而获得“前进的方向和力量”。同时，在思想文化领域开展文化批判运动，对电影《武训传》、胡适思想、梁漱溟思想、胡风思想的批判等，表明了中国共产党彻底的反传统和彻底的革命性，不仅要同传统的所有制关系实行最彻底的决裂，还要同传统的观念实行最彻底的决裂。通过一系列意识形态运动，各界知识分子在一定程度上清除了陈旧的思想观念，提高了认识，转变了立场，初步接受了马克思主义世界观，但也存在把马克思主义神圣化、简单化、教条化的严重错误。1957 年反右扩大化以后，中国共产党在意识形态领域逐步偏

① 《毛泽东选集》第 2 卷，人民出版社 1991 年版，第 700 页。

② 《李大钊文集》第 2 卷，人民出版社 1999 年版，第 205 页。

③ 中共中央党史研究室著，胡绳主编：《中国共产党的七十年》，中共党史出版社 1991 年版，第 18 页。

"左",1959年在党内又错误地开展反右倾运动,加之随后的反对现代修正主义运动和"文化大革命",马克思主义受到严重扭曲。

《光明日报》1978年5月11日发表的《实践是检验真理的唯一标准》一文引发了"一场规模宏大、内涵丰富、影响深远的关于真理标准问题的大讨论"[①],它冲破了"两个凡是"的严重束缚,推动了全国性的马克思主义思想解放运动,从而成为继"五四运动"之后的另一场影响深远的"新启蒙运动"。它"既是一场对何谓社会主义之认识拨乱反正的政治启蒙,又是一场推动我国理论界开始独立研究的学术启蒙,还是一场破除迷信,引导人们追求社会主义的自由、民主、平等的价值启蒙"[②]。此后,学术界又掀起关于人道主义和异化问题的讨论,这些讨论极大地促进了人们思想的解放,使人们摆脱了思想僵化、迷信盛行的状况,在全社会掀起了宣传科学、民主、人道主义的热潮,带来了人们观念的变革和文化的繁荣。思想解放运动虽然是从体制内发出的改革,但其影响力已远远超出体制,辐射全社会,已从政治领域扩展到文化领域、社会生活领域。这是一场自上而下的波及全社会的思想解放运动,不仅使国家权力机构,而且使整个知识界、文化界从错误的狭隘的教条主义及阶级斗争的思维模式中解放出来,从而深刻地影响了全社会。

"新启蒙运动"最初是在马克思主义人道主义的旗帜下发动的,但后来转变为一种知识分子要求激进的社会改革的运动。市场经济成为主要的经济形态并被纳入全球化的轨道后,"新启蒙运动"也就历史性地衰落了。此后随着社会主义市场经济体制的确立和完善,多元化的价值观念和社会思潮不断冲击着人们的思想。相较于物质的繁荣,人的精神家园荒芜与缺失的现象逐渐凸显。人们开始重新审视传统文化的现代价值。近年来"国学热"不断升温,传统文化复兴热潮方兴未艾,这不仅与世界文化大趋势相一致,而且是中国启蒙运动在剑走偏锋之后的一次理性回归。

三、对现代启蒙的文化反思

相较于西方的启蒙,中国的启蒙有自身的特殊性。因此,中国的启蒙不是简单按照西方模式和思想路径进行的。这也决定了中国启蒙的历程必然伴随着"启蒙"与"救亡"、"富强"与"文明"、"解构"与"重建"的矛盾。

---

① 胡锦涛:《在纪念真理标准讨论二十周年座谈会上的讲话》,《求是》1998年第10期。

② 高惠珠:《论真理标准问题讨论的启蒙意义》,《武汉大学学报》(人文科学版)2013年第3期。

(一)"启蒙"与"救亡"

中国的现代启蒙与西方启蒙运动发生的历史语境存在根本不同。西方现代化是从自主发生的商品进程开始的,是从西方社会内部自主发生的,体现为鲜明的主动性和自主性。与西方商品经济下的启蒙话语不同的是,中国是一个小农经济占据主导地位的国家,封建经济是整个社会发展的主导经济形态,社会个体的自我意识在客观上并不具备。由于缺乏必要的社会基础,在外部因素作用下的启蒙话语自然就带有极大的非自主性质。因此,中国现代化进程的根本动力虽然也来自中国社会内部,但它的诱因毕竟来自外部,西方资本主义的入侵使中国被迫卷入资本主义世界现代化进程,并逐步沦为半殖民地半封建社会。毛泽东对此有精彩的论述:"中国封建社会内的商品经济的发展,已经孕育着资本主义的萌芽,如果没有外国资本主义的影响,中国也将缓慢地发展到资本主义社会。外国资本主义的侵入,促进了这种发展。外国资本主义对于中国的社会经济起了很大的分解作用,一方面,破坏了中国自给自足的自然经济的基础,破坏了城市的手工业和农民的家庭手工业;又一方面,则促进了中国城乡商品经济的发展。"[①]也就是说,中国的现代化带有浓厚的"被迫"色彩,由此也决定了中国的救亡与启蒙经历着共时态的历史语境。换句话说,近代中国既要实现救亡又要实现启蒙。

虽然在深层的意义上中国早期知识精英意识到了中国需要启蒙的客观性和必然性,但由于其自身的局限性,他们无法真正跳出"救亡与启蒙二元对立"的思维模式,因此在真实面对中国的问题时,就只能按照西方启蒙的逻辑和框架来打量中国的社会现实。他们试图模仿西方来实现救亡图存和国富民强,以求恢复或者提升中国在世界中的地位。中国社会由此经历了一系列以救亡图存为目标的现代化探索之路:洋务运动、戊戌变法、立宪运动、辛亥革命、新文化运动等主动和被动交织的现代化进程不断推进,但由于诸多内外部原因,这些运动非但没有取得显著成绩,反而在内外交困的环境中丧失了国家统一这个现代化的基本前提,因此"救亡压倒了启蒙"成为中国现代化进程中更为迫切的现实问题。

"救亡压倒了启蒙"的社会历史境遇提醒我们,一种由外部因素推动下的启蒙注定是被动的、不完整的,因而很难成功。这就解释了自由主义主导的启蒙与现代性运动为什么没有成功,而马克思主义主导的社会主义启蒙最终改变了

---

① 《毛泽东选集》第2卷,人民出版社1991年版,第626页。

中国的命运。

(二)“富强”与“文明”

20 世纪中国革命和建设的目的就是要实现国家富强和人民幸福。毛泽东指出:“在一个半殖民的、半封建的、分裂的中国里,要想发展工业,建设国防,福利人民,求得国家的富强,多少年来多少人做过这种梦,但是一概幻灭了。”[①]因此,中国的现代性启蒙也要置于挽救国运、求得国富民强的大背景下去理解。富强更多关涉的是国家的崛起,而文明问题即安身立命的问题则关涉人类历史演化中生存方式和意义系统的更新再生,它关乎中华民族伟大复兴的中国梦的实现。“在长达一个半世纪的追寻强国梦之中,富强压倒文明始终是中国的主旋律……以寻求富强为中心,三十年的改革开放成就了三千年未有之大变局:中国的崛起……在富强这张脸谱上,中国已经步入‘现代’,而‘现代’的代价却是‘中国’的失落——不是国家主权意义上而是文明主体意义上的中国。”[②]

很多学者在反思新文化运动的时候已经意识到“科学”和“民主”的启蒙理性在很大程度上体现在工具理性层面。工具理性是一种目标定向理想,也就是说它以实现对现实世界的控制为最终目标,人仅仅被视为其实现目标的手段。因此,就 20 世纪中国的现代性启蒙来说,工具理性的体制化运作大举侵占了生活世界的领域,科学知识成为独断性的知识,取代了智慧培养,工艺技能压倒了人生学问。人沦落为实现国富民强的手段,人的价值理性完全被淹没,这已经偏离了启蒙精神的本来目的。余英时曾尖锐地指出:“中国现代的表面变动很大,从科技、制度,以至一部分风俗习惯都与百年前截然异趣。但在精神价值方面则并无根本突破。”[③]因此,20 世纪 90 年代,中国知识分子有感于富强情境下人文精神的失落,提出“重建人文精神”的口号。这其实是对现代启蒙精神的回归。

(三)“解构”与“重建”

晚清到民国以来的百年,是中国固有的文化传统发生危机并逐渐解体的过程,也是现代文明体系建构的过程。对传统文化的解构与重建本为一个问题的两个方面。如欧洲的文艺复兴运动,其基本意义乃是从中古僧侣阶级及烦琐的

---

① 《毛泽东选集》第 3 卷,人民出版社 1991 年版,第 1080 页。

② 许纪霖:《中国如何走向文明的崛起》,《何种文明? 中国崛起的再思考》(《知识分子论丛》第 10 辑),江苏人民出版社 2012 年版,第 9 页。

③ 余英时:《从价值系统看中国文化的现代意义》,(台北)时报文化出版公司 1984 年版,第 110 页。

经院哲学的桎梏中解放出来，热烈向慕古希腊古典文明，它的基本动向是“复古”，而其作用则自觉地不自觉地变为“开来”。它在一切知识领域同一切旧的权威和势力做斗争，但不仅仅是否定和破坏；相反，它是在清除旧时代的垃圾，在旧的废墟上建立起了新的更加坚固的知识大厦。所以，启蒙运动的任务不仅在于破坏，更重要的在于建设。

从晚清到民国初期的启蒙运动表现为一个循序渐进的三部曲，由洋务运动追求富国强兵，到戊戌变法主张兴民权、开民智，再到新文化运动要求改造国民性和全面的文化更新。在这个不断深入的启蒙过程中，“西化”倾向越来越明显，中学传统则危殆日深。这个启蒙三部曲的最终也是最偏激的篇章就是五四运动的“全盘西化”。五四运动的先驱对传统文化的否定是彻底的、全面的，特别是对传统封建道德的批判，几乎到了今人也无法企及的地步。然而，“破”的最终目的是“立”。只有在旧的废墟上建立起新的大厦，“破”才更有意义。令人遗憾的是，五四运动的先驱并没有完成“立”的任务，他们没有像西方资产阶级启蒙思想家那样，在否定旧思想的同时建立一套新的完整的思想体系。

五四运动之后，中国共产党人在新民主主义革命中创造了马列主义与中国现实相结合的典范，为中国的现代化提供了一条崭新的途径。在这个过程中，以毛泽东同志为主要代表的中国共产党人提倡“洋为中用”“古为今用”“批判继承”等观点，为中国传统文化的更新提供了一条具有中国自身特色的独特路径。然而，新中国成立以后对传统文化的偏激改造，特别是“文化大革命”使文化失范，导致了社会的混乱。

可以看到，中国的启蒙运动基本上是沿着一条不断摒弃传统的道路前进的，日益加强的“西化”倾向和急功近利的变革心态使得中国的启蒙历程未能像西方启蒙运动那样把传统与更新辩证地统一起来。作为一种“外发型”的现代化，中国文化和西方文化在不同的斗争、抗拒、融合、认同中推动了中国现代化进程。在这一过程中，传统文化的双重功能始终推动或阻碍着中国社会的发展。但从传统到现代不是历史的断裂，而是传统上的现代化变迁过程。可以说，在现代化的嬗变过程中，中国传统文化的解构和重建是一个问题的两个方面。目前来看，解构已经趋于完成，重建须待时日。

第二节　文化多元与价值重构

当今中国社会正处于重要的社会转型期。伴随着全球化快速发展，社会主义现代化建设稳步推进，人们物质生活水平不断提高。同时，文化多元化趋势必然导致人们的价值观念发生剧烈的变化，不同价值观之间的并存、摩擦乃至矛盾冲突，使当今中国在创造巨大物质财富的同时陷入了道德危机和价值迷失的困境，同时也为中国社会的价值重构提供了契机。

一、文化转型与文化多元

近年来，文化转型问题逐渐成为人们关注的焦点。其原因在于改革开放四十多年来中国社会变革产生的诸多社会矛盾使人们开始追问观念和意义层面的问题，由此也使文化转型再次受到人们关注。文化转型，究其深层次原因，在于社会转型。“社会转型”一词来源于西方社会发展理论，一般指社会从一种形态向另一种形态转换。就中国而言，当前的社会转型是社会经济、政治、文化结构分化重组、递升跃迁的历史运动，是整个社会由僵滞走向变革、由封闭走向开放、由落后走向文明的现代化过程。从中国所处的国际环境来看，一方面，全球化浪潮席卷社会生活的各个领域。全球化使人类交往的空间和规模空前扩大，使不同民族和地域的人的认识和交流不断加深，势必带来不同国家、民族、地域的不同文化之间的交流、碰撞、摩擦乃至对立、冲突。这给文化带来了前所未有的发展机遇，同时也加剧了不同文化之间的冲突和矛盾。另一方面，21 世纪是科学技术全面发展的世纪，世界科技革命开始向更高的阶段迈进，新的科技浪潮汹涌澎湃，在对世界的发展和人类的文明进步产生巨大影响的同时，也使现代人的生活方式、精神世界和价值观念发生了革命性的变化。从中国发展的国内环境来看，改革开放 40 多年来，中国经历了从传统农业社会向现代工业社会乃至后工业社会、从传统封闭性社会向现代开放性社会、从传统计划经济体制向现代市场经济体制的转型和发展。可以说，中国的社会转型是一个非常复杂的过程。转型时期，原有的社会经济结构、社会结构、利益结构发生的巨大变化使社会原有的政治、经济、文化、生活的同质性遭到破坏，异质性和多元化并存。因此，整个社会呈现出传统与现代，东方和西方、封闭和开放、农业化和工业化、计划经济与市场经济相互交织、相互冲突、相互融合，表现在文化结构与价值观上必然会带来多元文化并存、交织、冲突的局面。

(一)由传统文化向现代文化转型

中国社会转型由传统社会向现代社会转型必然带来文化层面由传统文化向现代文化转型。中国几千年的文明史造就了光辉灿烂的传统文化。它世代相因、薪火相传，滋润着中华民族的精神命脉，对中国人的思想和行为方式影响深远。同时，两千多年封建社会占主导地位的自给自足的小农经济和家庭手工业相结合的生产方式决定的传统文化固有的闭关保守、封闭僵化、遵循士农工商的地位等级次序以及传统的天命观使其成为中国由传统社会向现代社会转型的阻碍。近代中国百年发展历程，是由传统社会走向现代社会的历史进程，也是传统文化向现代文化转型的历史进程。清朝末年大规模的西学东渐打破了传统文化一统天下的静态局面，开始了由传统文化向现代文化的转型。从“师夷长技以制夷”“中体西用”的洋务运动到力图借鉴西方经验改良中国传统政治制度的戊戌变法，从五四运动打倒“孔家店”“全盘西化”到新儒家运动提出“内圣”开出“新外王”的主张，从“文化大革命”的“破四旧”到“国学热”的兴起，可以说近现代百余年来传统文化与现代文化的交织与抗衡从未间断。在全球化的今天，世界不同文化相互交融，而且日益呈现出超越性和互补性的特点，这就为中国传统文化在历经百年的被动适应现代化之后，打破以西方现代性为主导的现代化模式提供了新的建设性意义，为中国传统文化的现代转换带来了新的契机。在全球化的今天，中国的政治、经济、文化都将因时而变。中国传统文化也需要转换形式并被赋予新的时代内容，以完成构建适应新时代的新文化的现实任务。

(二)由建立在计划经济体制基础上的文化向适应市场经济体制的文化转型

在传统的计划经济体制下，政治是中心，它要求国家和政府成为经济管理的直接承担者。“在传统的计划经济体制下，国家权力全面渗透进社会生活，对社会形成‘全能政治’性的强大控制。在这种渗透和控制中，国家与社会走向了一体。”[①]因此，个人只有依附于具有强大政治功能的国家和具有强大社会功能的单位组织才能生存。它反映在文化上必然和只能形成借助于政治的强力、在国家意识形态的高度统摄下活动的文化体系。改革开放以后，我国由计划经济体制转向建立和完善社会主义市场经济体制，社会的所有制结构、分配结构以及人与人之间的关系都发生了巨大变化，这些反映到文化层面必然要求建立与社会主义市场经济相适应的文化观念和文化体系。在市场经济条件下，市场交换是建立在平等、自愿、互利的基础上的，“流通中发展起来的交换价值过程，不但尊重自由和平等，而且自由和平等是它的产物；它是自由和平等的现实基础”[②]。因此，反映在人的思想观念上必然会促进人们对自由、平等的追求及自

① 林尚立:《当代中国政治形态研究》，天津人民出版社2000年版，第415页。

② 《马克思恩格斯全集》第31卷，人民出版社1998年版，第362页。

由平等观念的产生。同时，与传统的自然经济条件下人与人的依赖关系不同，市场经济必然造就具有独立性的人。正如马克思所言："在货币关系中，在发达的交换制度中（而这种表面现象使民主主义受到迷惑），人的依赖纽带、血统差别、教养差别等等事实上都被打破了，被粉碎了（一切人身纽带至少都表现为人的关系）。"[①]因此，市场经济是建立在个体主体具有充分的经济选择权或择业权的基础上，在市场经济条件下，人人应是具有高度自主性和高度责任感的活动主体。与此相适应，人的传统观念、宗法思想、隶属意识等也随之逐步退出历史舞台，而代之以反映新的社会关系的新的思想观念。

（三）由精英文化向大众文化转型

精英文化是指以受过良好教育、有一定社会地位的精英、知识分子为主导创造、传播和消费的一种文化类型，具有审美性、抽象性、创造性等特点。大众文化是在工业化技术和消费社会语境下，通过大众传媒广泛传播适应社会大众文化趣味的文化范式和类型，具有消费性、世俗性、娱乐性等特点。大众文化的兴起是改革开放以来中国社会文化转向的一个重要特点。这种文化转向主要表现在三个方面。第一，由公益文化向消费文化转变。计划经济时代，文化具有公益性和计划性，并且具有极强的政治性和意识形态性，文化艺术往往作为政治运动的工具和晴雨表而存在。改革开放以后，随着计划经济向市场经济转型，经济迅速发展，社会也开始由生产型向消费型转变。消费社会悄然到来，人们不仅消费物质，而且消费文化。大众文化正是为了满足人们的需要应运而生。正如丹尼尔·贝尔所说："现代社会的文化改造主要由于大众消费的兴起。"[②]大众文化有着与精英文化不同的策略：它不是通过国家计划和指令生产，而是通过市场进入消费者的生活；它用人们喜闻乐见的形式去迎合大众的口味，不断刺激大众的欲望，从而获取更多的经济利益。第二，由神圣文化向世俗文化转变。精英知识分子创造的精英文化总是呈现为人类的理想、知识、信仰等抽象和高深的内容，成为神圣的、远离一般大众的东西。大众文化的兴起则改变了文化的内涵，颠覆了文化的神圣性，把神性文化转变为世俗文化。在中国，大众文化的兴起极大地冲击和消解了改革开放前的意识形态，促进了我国文化的多元化发展。第三，由批判文化向娱乐文化转变。传统的精英文化总是体现出对社会现实和日常生活的对立性和超越性，在审视、批判现实的同时引

---

① 《马克思恩格斯全集》第 30 卷，人民出版社 1995 年版，第 113 页。

② ［美］丹尼尔·贝尔：《资本主义文化矛盾》，赵一凡等译，生活·读书·新知三联书店 1989 年版，第 113 页。

领人们的精神和价值追求。因此,精英文化常常作为一种精神价值和文化批判,实现对现存生活及其秩序的审视和评判。而在大众文化看来,文化的批判功能发生了根本转变。文化从塑造人们的批判意识演变成放纵人们的消费意识和娱乐意识。正如法国社会学家阿诺德·豪泽尔指出:“通俗艺术的目的是安抚,是使人们从痛苦之中解脱出来而获得自我满足,而不是催人奋进,使人开展批评和自我批评。”[①]应当说,精英文化向大众文化转变是中国由计划经济体制向社会主义市场经济体制转型的必然反映和结果。

因此,社会转型时期传统文化与现代文化、建立在计划经济体制基础上的文化与适应市场经济体制的文化、精英文化与大众文化,以及现代文化与后现代文化、主流文化与非主流文化等多元文化并存,不同文化融合、交织,共同构成当今中国社会的文化图景。由于社会主义市场经济体制的深化和完善仍是一个漫长的过程,文化转型仍面临诸多矛盾、冲突与挑战。

二、文化多元与价值冲突

当前中国社会转型期出现的文化多元必然带来价值多元,其最重要的表现就是社会价值认同的多元、无序与冲突,学者常以“道德滑坡”或“道德爬坡”来描述这一社会困境。文化的核心问题是价值观问题。中国社会转型带来的文化多元必然带来文化价值观的多元,诸多价值观的冲突与矛盾使身处转型时期的中国人陷入“价值迷失”的困境。在多元价值并存的今天,价值冲突与价值认同同时存在,呈现出“新旧更替、多元并存”的局面。可以说,全球化语境下当代中国的价值冲突是深刻、全方位的。

(一)传统伦理道德与现代价值规范之间的价值冲突

传统中国社会中,家庭生活是社会最基本的生活,中国人追寻的美德便是建立在家庭血亲关系基础上的“亲亲”美德。宗法式的社会关系是以家庭关系为纽带建立起来的,是家庭关系的扩大化。因此,传统文化的“家国同构”、家庭伦理的“亲亲”原则渗透至社会生活的各个领域,发挥着道德整合、规范的作用。然而,随着城市化进程的加快,公共生活领域日趋扩大。公共生活领域的扩展必然需要与之相契合的公共道德要求和伦理价值规范。但是,传统文化内含的道德价值凭借其渗透力、延续性,仍以很大的惯性支配着人们的思维和行为方式。现代人仍然擅长通过“亲亲”甚至是“拟亲情化”的方式调节人们在公共领

① [匈]阿诺德·豪泽尔著,居延安译编:《艺术社会学》,学林出版社1987年版,第233页。

域的行为。这种熟人社会中的“拟亲情化”行为处事方式显然不适应市场经济条件下陌生人社会的“去亲情化”的行为模式，因此它在现代广阔的新型公共生活中显得捉襟见肘。一个社会的价值规范总是根植于这个社会的母体文化，而文化则总是与经济社会发展的客观要求相适应。当下中国社会主义市场经济的发展要求一种新的文化伦理和价值体系作为自身的动力与规范。但传统文化伦理和价值体系在适应现代市场经济要求方面出现了明显的不协调和不适应。而新的市场经济孕育的道德观念和价值观念体系还处于形成规范期。因此，现代意识的缺乏，新的价值规范成长受阻造成的传统道德价值与现代市场经济价值规范之间的冲突，使当下中国社会转型出现文化断裂。当今社会对信仰、道德、诚信的关注与讨论以及整体主义与个人主义的价值冲突，可以说是这种文化断裂的真实写照。因此，传统文化价值在新的时代条件下无力发挥作用，而与市场经济相契合的新的价值体系尚不健全，传统伦理道德与现代价值规范之间的历时性冲突使人们在价值认同的问题上遭遇困境。

(二)西方价值和本土价值之间的价值冲突

西方价值与本土价值之间的矛盾冲突从19世纪中期起就已经出现。1840年鸦片战争以来，西方列强对中国进行侵略、瓜分，同时也引发了东、西方文化带来的不同价值观之间的碰撞与冲突。由于历史环境和存在方式的不同，东西方文化之间存在明显的差异性。第一，中国传统文化重人伦，重感情；西方文化则重法制，重理智。第二，中国传统文化注重宗法、血缘关系，注重人情、风俗，把家庭看得比个人更重要；西方文化则带有明显的个人本位倾向，主要强调个人自由、个人权利、人格的独立性等。第三，中国传统文化、民族文化重视经验总结，思维方式是经验性的思维方式；西方文化重视理性分析，思维方式是理性的思维方式。第四，中国传统文化比较保守，重视人与自然的和谐相处；西方文化有着很强的征服性和侵略性。① 加之近百年来中华民族救亡图存、谋求民族独立与复兴，中西文化差异引起的碰撞与冲突在整个中国近现代发展史上显得尤为突出。

全球化的文化景观中，民族的、地域的、本土的文化扬弃了僵硬、封闭与保守的心理，积极参与全球性的文化交流与对话，促成了西方价值与本土价值共时存在的价值多样化。原来在不同历史时期以及不同文化背景下存在的价值观念被全球化进程挤压在同一个平面上，使本国的、外国的，传统的、现代的、后

① 参见[美]塞缪尔·亨廷顿:《文明的冲突与世界秩序的重建》，周琪等译，新华出版社2010年版。

现代的,计划的、市场的等文化价值观互相交织、相互碰撞,混杂在一起。[1] 需要特别指出的是,在转型时空下的中国,西方价值与本土价值之间的冲突又往往和传统价值与现代价值(即现代化过程中形成和发展起来的价值)之间的冲突纠缠在一起。在这样的文化氛围下,人们必然面临多种价值选择。一般说来,多元价值并存并不一定导致多元价值冲突,但由于不同价值客观存在的差异性和不可通约性,西方价值与本土价值之间的矛盾和内在张力不可避免。而中国正处于社会转型过程中主流价值紧迫建构的关键时期,各种价值相互竞争、相互争夺、相互激荡,更加剧了原本多元交织的价值冲突。这一共时性的价值冲突,不论是在广度上还是在深度上都是空前绝后的。

(三)集体主义原则与个人主义原则之间的价值冲突

集体主义和个人主义在当今社会表现为两种对立的价值观。集体主义坚持社会本位,立足于社会整体利益衡量人们行为的价值。与此相对,个人主义坚持个人是万物的尺度,以个人利益标准判断得失。集体主义是中国改革开放之前社会伦理的最高原则。计划经济时期,中国实行的是高度统一的集体管理体制。作为维系计划经济体制运行的文化因素,集体主义价值观发挥着社会文化整合功能。集体或单位作为工作场所与生活场所的共同体,是人们交往的基本场域,而且承担着广泛的政治和社会职能。单位与个人互依互济的关系造就了个人与集体融合统一的“螺丝钉”精神,使整体主义、群体和社会价值处于主导地位。市场经济取代计划经济使人们的生存方式发生转变,集中体现为个人主体性的增强、整体性的生存方式被替代。原来意义上的单位或集体日益消解,生活领域与工作领域日益分化,个人、家庭原子化,个性至上、效率优先等新观念冲击着既有的价值理念;公司“雇佣—契约”关系替代了单位“身份—隶属”关系;企业管理中倡导的工作团队精神已大大不同于曾为人们提供工作、生活、情感整体寄托的集体主义。市场经济条件下日益增强的个人主体性与计划经济倡导的集体主义价值取向之间的张力模糊了人们的价值认同。以追求经济效益为中心的市场经济的竞争原则与以追求社会效益为中心的集体主义协作原则的冲突,市场经济自发产生的两极分化、个人主义、拜金主义阻碍了集体主义价值目标原则的贯彻。当今中国社会转型时期,集体主义与个人主义价值冲突的复杂性还在于市场经济作为配置社会资源的方式和人的活动方式,与集体主义和个人主义都有联系。具体来说,市场经济具有双重性:一方面,它以人的

---

① 参见贾英健:《多样价值观态势与主导价值观的确立》,《山东社会科学》2002年第1期。

依赖关系的解体和人的独立、自由、平等为前提，以追求经济主体利益最大化为基本目标，包含个体主义或个人主义的倾向；另一方面，它又是社会分工和生产社会化高度发展的产物，它以社会主体之间的分工合作与相互需求为前提，满足市场即社会需求是实现各经济主体利益的中介，在利他中才能利己，因而包含产生集体主义的可能性。现实中市场经济作为经济体制和运行机制，都是与一定的社会制度结合在一起的。资本主义经济私有制强化了市场经济中的个人主义的自发倾向，抑制了集体主义的自发倾向，从而使个人主义成为资本主义社会占主导地位的价值观。以公有制为基础的社会主义制度有利于集体主义的成长，保证了集体主义作为社会主义社会主导价值观的地位。这都大大增加了集体主义和个人主义矛盾的复杂性与解决二者之间矛盾的难度。

(四)精英主义与大众主义之间的价值冲突

精英主义是由知识分子阶层包括学术界、知识界、科技界、文化艺术界等阶层创造、传播、分享的文化价值观，对一个社会的精神生活在一定时期具有引领性，对保持一个社会的文化理想和人文精神提供基本价值判断的重要支撑和载体，具有稳定性、前瞻性、艺术性、审美性和批判性等特征。大众主义是在现代工业社会条件下产生，在大众社会中广泛传播适应社会大众的文化品位，为大众所接受和适应的一种当代文化价值观。随着改革开放的逐渐深入，大众主义以一种独具色彩的形式渗透于日常生活的各个领域，具有流行性、复制性、通俗性、时效性、娱乐性等特征。

精英主义是传统社会文化的一种典型表达方式。精英阶层是主流价值的制造者和传播者。它的表达方式是精英—大众的单向度表达方式。少数精英作为文化产品的制造者，往往通过强制灌输或者亲身示范的方式引领价值认同。大众只是被动的接受者，他们没有自己的文化产品和价值意愿，或者即使有也没有传播渠道。这种权威主义的文化传播方式在催生和强化大众价值认同方面发挥着巨大作用。随着社会转型、大众传媒技术和商品市场发展，网络、时尚与消费文化走进人们的日常生活，文化领域的世俗化改变了当前国人的文化接受模式——由被动接受转向主动参与。经典文化以精英为核心的单维度权威主义文化模式被颠覆，代之而起的是大众广泛参与的多元交互的文化模式。随着个人主体性日益增强，草根性、渗透性与开放性正挑战着权威性、灌输性与封闭性，传统的精英主义日益受到挑战。

三、价值冲突与价值重构

处于社会转型期的中国社会存在多元价值冲突。价值冲突既是社会进步、历史发展的动力，但又导致社会不安定、道德水平下降；既能推动社会价值观的变化和发展，但又造成社会价值观多元并存的无序。因为社会不会自动生成一套合理的价值秩序，如不加以规范重构，则无序、迷失、虚无将充斥整个社会。因此，我们必须正视现代性困境带来的种种问题，重构当代中国社会价值秩序，提炼全社会共同认可的核心价值观念，用社会主义核心价值观凝聚社会共识，以在价值冲突中达成价值共识，形成"最大公约数"。

(一)古今融合，实现传统价值观念的现代转化

五四运动以来，如何实现中华传统文化的现代转化一直为国人所关注。西化派、国粹派、综合创新派等不同流派之间的争论从未间断。特别是改革开放以来，中国从传统社会向现代社会转型的加速使传统价值观念与现代价值观念之间的矛盾与冲突凸显。在传统与现代价值观念交织的过程中，我们不是要对传统价值观念进行彻底否定，而是要对传统价值观念进行合理的扬弃，真正实现传统价值观念的现代转化，最大限度地修补由社会转型带来的传统价值观念与现代价值观念之间的裂痕。文化作为一种精神产品是具有历史延续性的，因此没有任何一个社会能够脱离以往的历史而建立一种全新的文化。而且，"文明的传统性并不必然影响它对现代性的接受；相反，文明越是悠久，可能越具有对新事物的吸纳能力，悠久的文明更具有宽大的胸怀和应对复杂变局的丰富经验"。[①] 中华传统文化积淀着中华民族最深沉的精神追求，蕴含着中华民族的集体记忆，延续着中华民族的精神血脉，是中华民族赖以生存和发展的精神纽带。中国传统文化向现代文化的转型并不意味着中华民族传统精神纽带的断裂。新旧价值观念之间的裂痕同样不意味着文明的断裂，因为文化总是与时俱进的，作为特定社会文化核心内容的价值观念同样要依托于特定社会形态实现与时俱进。文明的传承与发展恰恰在于新旧之间、传统与现代之间的连接与转化。"中国现代性的建构不能回避这一文化传统，因为这一传统在数千年的历史发展中已经积淀为中华民族的价值观念模式和实践规范模式，中国社会的现代转型和现代性的建构在某种意义上说就是这种文化传统的现代转型。"[②]因此，重构中国现代文明秩序必须立足于中国传统文化，实现文化传统的现代转型，使中华民族的精神命脉得以延续。

---

① 高述群：《论儒家文明的历史地位与现代意义》，《文史哲》2012 年第 2 期。

② 李佑新：《现代性问题与中国现代性的建构》，《北京大学学报》（哲学社会科学版）2005 年第3 期。

(二)正本清源,消除当代中国经济发展过程中的历史虚无主义征兆

改革开放以来,中国加快了由传统社会向现代社会转型的步伐,实行以公有制经济为主体、多种所有制经济共同发展基本经济制度。这种制度反映在意识形态领域必然是以马克思主义为主流意识形态,其他非主流意识形态同时并存。在经济体制方面,由计划经济体制向社会主义市场经济体制转型,社会主义市场经济体制得以逐步建立和完善。经济体制的成功转型促进了中国经济的飞速发展,也使社会思想空前活跃,平等、自由、公正、法治的理念渐入人心,但与此同时,一些错误、消极、颓废的思想也有所增长,特别是在市场经济极大催生人们创造财富的热情的同时,对金钱的过度追求也造成了现代人价值观的扭曲和精神的迷失。"在社会金钱竞争中濒临失败、垮台的人,最初还只是扫兴(欲望得不到满足),既而是忧郁,最后干脆变得麻木不仁了。人们很清楚,一旦没有钱,便削弱了奋斗的基础,这种心理上的影响会降低自我价值感。"①当整个社会在资本的支配下运行时,就会产生资本拜物教,人们为了获取利润可以不惜一切代价,资本成为人们意志和行动的内在驱动力。传统价值秩序的解构以及拜金主义的盛行,使得人们的价值观念出现混乱和异化,造成了人们价值观念上的虚无。一段时期以来,历史虚无主义在我国思想文化界沉渣泛起,引起了人们的关注和警惕。一些人借口"重新评价"历史歪曲历史,甚至抹杀我国源远流长的传统文化,造成了人们思想的混乱,在社会上导致严重的消极后果。为了正确认识中国近现代革命、建设和改革的历程,科学把握中国近现代历史的真实过程和社会发展的客观规律,大力弘扬民族精神,增强民族自信心和历史责任感,坚定走中国特色社会主义道路的信念,我们应对历史虚无主义进行科学剖析,以更好地坚持历史唯物主义。因此,"中国的现代化,从根本的意义上说,绝不止是富强之追求,也不止是争国族之独立与自由,而实在是中国现代性的建构。中国的现代性的建构,千言万语,则不外乎是一个中国现代文明秩序的塑造"②。中国现代文明秩序的塑造最关键的恰恰是当代社会价值秩序的重构,这也是一个让当代人摆脱价值虚无、重塑国人精神家园的过程。

(三)综合创新,建构符合时代要求的价值观

"人们的观念、观点和概念,一句话,人们的意识,随着人们的生活条件、人

---

① [美]亨利·克莱·林德格瑞:《大期待:金钱心理学》,宿久高、小筠译,吉林人民出版社 1991 年版,第 96 页。

② 秦晓:《当代中国问题:现代化还是现代性》,社会科学文献出版社 2009 年版,第 14 页。

们的社会关系、人们的社会存在的改变而改变。”[①]价值观念作为一种社会意识，其合理性只能从它赖以产生的社会存在中得到说明。当社会存在发生变化时，建立在这一基础上的价值观念也就失去了其合理存在的依据，变得不合时宜。就我国而言，社会主义市场经济体制的建立、社会主义所有制的深化与完善促进了生产力的巨大发展，带来现代人生活方式的深刻变革，必然引起现代人价值观念的变化。一些反映现代市场经济制度的价值观如效率观念、民主观念、平等观念、利益观念等逐渐确立。如果说改革开放前中国社会的价值标准是单一的社会主义价值观，那么改革开放后中国社会的价值观念和价值标准明显呈现出多样化的态势。这在给社会带来观念更新、思想解放、主体作用增强的同时也导致人们思想混乱、是非模糊、价值判断失去参照标准，从另一个侧面也反映出主流价值观念引导上的乏力。在多样化的价值观面前，人们出现价值观上的混乱是难免的，过去那种强迫人们遵守一种统一的价值观的做法早已行不通。这就要求我们对主导价值观进行综合创新，构建符合时代要求的价值观。当然，对主导价值观的综合创新并不是在否定社会主义基本价值观的基础上进行，相反，它是社会主义价值观念的自我完善和发展，应当遵循以下原则。

首先，个人利益与集体利益有机统一。社会主义市场经济条件下的主导价值观念，应该是既能够体现以集体为本位，又能够充分尊重个人价值，实现个人与集体和谐发展的新集体主义价值观。在这种价值观体系中，个人和集体秉承双向原则。个人利益的满足是实现集体利益的基础和前提，而集体利益又是实现个人利益的保证。因此，个人利益和集体利益并不矛盾，集体利益不排斥个人利益，相反，它还为个人利益的实现创造了条件。同样，正当合理的个人利益也不排斥集体利益，个人利益的正当满足是集体利益得以实现的前提。

其次，主导性与宽容性有机统一。任何一个社会的价值观念都是一个以核心价值观为主导的并有多层面价值观与之相结合的结构体系。在处于社会转型时期的当今中国，这种情形表现尤为突出。这要求当今中国社会的价值观体系构建一方面要坚持以社会主义价值观念为主导，避免价值多元带来的价值观念的混乱、模糊甚至扭曲，另一方面也要对其他价值观采取宽容的态度，避免将主导价值观与其他价值观对立起来。

再次，人与自然有机统一。长期以来，我国经济社会粗放式的发展，使自然遭到过度开采，生态环境遭到严重破坏，人与自然的关系持续恶化。因此，在价值观体系中要正确处理人和自然的关系问题。我们社会倡导的价值观既要注

---

① 《马克思恩格斯文集》第2卷，人民出版社2009年版，第50～51页。

重人的利益的满足和实现，也要善待自然，维持人和自然的和谐，坚持社会的可持续发展。要把“建设生态文明是中华民族永续发展的千年大计。必须树立和践行绿水青山就是金山银山的理念”与“像对待生命一样对待生态环境”①的理念真正融入社会主义核心价值观。

（四）求同存异，充分发挥社会主义核心价值观的引领作用

任何一个国家、任何一个民族，都有其核心价值观。核心价值观是一个社会价值体系中居于支配地位、起主导作用的核心理念，是一个社会普遍遵循的基本价值准则。社会主义核心价值观体现着社会主义社会的本质要求，表达着社会主义的基本价值理念，引导着社会主义发展的方向和目标，是整合并引领社会主义社会多样化价值取向的主导价值理念，决定着整个社会价值体系的基本特征和基本方向，在整个社会价值体系中处于支配地位，发挥着主导作用。

一个社会基本的价值观念，归根结底是建立在现实的经济生活基础之上并由这种经济生活所决定。在一定的历史阶段，由于社会发展的复杂性，就决定了社会价值观的多样性和复杂性。而核心价值观往往是在社会多样的价值观中具有主导性的价值观。随着改革开放的深入，我国社会经济成分、组织形式、分配方式、利益关系日益多样化，人们的价值选择、生活方式、物质文化需要日益多样化，必然形成利益群体、价值主体的多元化和价值观念的多元化。面对多样性的价值世界和多元化的价值主体、价值观念，既要尊重差异、包容多样，又要在多样性和多元化价值系统的基础上，确立一元的价值主体和一元的价值观。

社会主义核心价值观是中国特色社会主义的本质要求，也是从价值层面对中国特色社会主义所作的本质规定。中国特色社会主义核心价值观是以马克思主义为指导思想，以中国特色社会主义为共同理想，以爱国主义为核心的民族精神和改革创新为核心的时代精神为纽带，以社会主义荣辱观为道德基础构建而成。它体现了中国共产党领导人民建设中国特色社会主义的价值取向、思想理论、理想信念、精神支撑和道德基础，并且以其强大的引导力和整合力，成为联结、凝聚全党和全国各族人民的精神纽带，成为激励全党和全体人民团结奋斗的巨大精神力量。因此，应该发挥社会主义核心价值观的引领作用，最大限度地形成社会思想共识，引导社会主义初级阶段不同层次的价值观向更高水平发展，从而实现整个社会价值观的提升。

---

① 习近平：《决胜全面建成小康社会　夺取新时代中国特色社会主义伟大胜利——在中国共产党第十九次全国代表大会上的报告》，人民出版社2017年版，第23～24页。

第三节 社会主义价值观的形成

中国共产党确立马克思主义作为其指导思想，取得了新民主主义革命和社会主义革命的胜利，并对社会主义建设的道路进行了艰辛探索，最终成功开辟了中国特色社会主义道路。在这一过程中，社会主义价值观逐渐形成并成为中国社会的主流价值观。

一、马克思主义与中国革命

(一)马克思主义两大主题——革命与建设

革命与建设是马克思主义的两大主题。科学社会主义的一条基本原则就是“在批判旧世界中发现新世界”。“批判旧世界”的主题是革命，“发现新世界”的主题是建设。社会主义革命包括了两个发展阶段：第一个阶段，无产阶级要夺取政权，把自己上升为统治阶级，即革命；第二个阶段，无产阶级要消灭“整个旧社会生存的条件”，经过一系列“环境和人都完全改变的进程”，从而实现无产阶级和整个人类的解放，即建设或发展。围绕这两大主题，马克思主义形成了两种不同的话语体系。一种是革命话语体系。革命性源于马克思主义的批判性。马克思主义不仅科学地揭示了资本主义的矛盾和社会主义社会代替资本主义的必然性，还指出“无产阶级是资本主义的掘墓人”。所以，马克思主义成为无产阶级斗争和争取解放的思想武器。在此话语体系的视域下，马克思主义主要表现为一种社会革命和社会批判理论，否定性、批判性和革命性是其主要特征。另一种是建设话语体系。马克思主义对于资本主义的批判，目的在于提出一个理想的社会模式，这个理想社会就是自由人的联合体。正如马克思所说：“代替那存在着阶级和阶级对立的资产阶级旧社会的，将是这样一个联合体，在那里，每个人的自由发展是一切人的自由发展的条件。”①在资本主义社会和未来的共产主义社会之间，还存在一个过渡性的社会，也就是社会主义社会。未来的理想社会是通过社会主义社会的建设而逐步实现的。所以，马克思主义又具有建设性。

客观地说，革命是马克思主义的主导话语、显性话语，建设是与显性话语相对的隐性话语，甚至被人们有意无意地忽视。出现这种情况，与马克思生活的

① 《马克思恩格斯文集》第2卷，人民出版社2009年版，第53页。

时代有关。马克思生活在资本主义社会，其主要任务就是批判资本主义社会，揭示资本主义社会的历史暂时性；批判资产阶级的剥削统治，揭示无产阶级的异化生存的现实。可见，在资本主义的现实环境下，马克思主义更多地表现出革命性、批判性的一面。

（二）革命话语的马克思主义中国化

近代以来，中国面临的两大历史任务是民族独立和人民解放。解决民族与人民的生存问题，只能靠革命话语的马克思主义中国化。十月革命一声炮响，给中国送来了马克思主义。此时的马克思主义是经历了俄国十月革命即俄国化的马克思主义。也就是说，通过列宁的创造性转化，马克思主义得到进一步发展，成为不仅是可以实践的革命理论，而且是具有民族性和东方特色的革命理论，即马列主义。它是基于俄国国情对马克思主义理论的继承与发展。由于俄国较之欧洲与中国国情更为接近，俄国革命为中国革命提供了可资借鉴的革命经验，马克思列宁主义也更符合中国革命实际需要。

中国共产党人将马克思主义基本原理同中国革命具体实践相结合，实现了马克思主义中国化的第一次飞跃，形成了毛泽东思想。马克思主义与具体实践相结合，准确地说，是革命话语的马克思主义与中国革命实践相结合，同时也意味着马克思主义同中国的历史文化遗产相结合。在中共六届六中全会上，毛泽东第一次明确提出“马克思主义中国化”的命题，他指出：要“使马克思主义在中国具体化，使之在其每一表现中带着必须有的中国的特性，即是说，按照中国的特点去应用它，成为全党亟待了解并亟须解决的问题”[①]。同时，他也强调了马克思主义与中国传统文化相结合的重要性，并明确指出：“今天的中国是历史的中国的一个发展；我们是马克思主义的历史主义者，我们不应当割断历史。从孔夫子到孙中山，我们应该给以总结，承继这一份珍贵的遗产。”[②]而继承历史文化遗产的根本态度，就是用马克思主义的方法批判地继承。在此基础上，毛泽东提出新民主主义文化是“民族的科学的大众的文化”，这种新文化的目的就是建立一个新的生存模式。正如毛泽东所说：“我们共产党人，多年以来，不但为中国的政治革命和经济革命而奋斗，而且为中国的文化革命而奋斗；一切这些的目的，在于建设一个中华民族的新社会和新国家。在这个新社会和新国家中，不但有新政治、新经济，而且有新文化。这就是说，我们不但要把一个政治

---

① 《毛泽东选集》第2卷，人民出版社1991年版，第534页。

② 《毛泽东选集》第2卷，人民出版社1991年版，第534页。

上受压迫、经济上受剥削的中国，变为一个政治上自由和经济上繁荣的中国，而且要把一个被旧文化统治因而愚昧落后的中国，变为一个被新文化统治因而文明先进的中国。”①

二、从革命到建设的转变

(一)社会主义的根本任务是发展生产力

发展生产力是马克思主义的基本原则。中国共产党在领导中国革命和建设的实践中，为尽快改变旧中国贫穷落后的状况，深刻认识到了大力发展社会生产力的极端重要性和必要性，并为此在理论和实践上进行了积极的探索。早在1940年毛泽东就在《新民主主义论》中指出：新民主主义革命的任务是为了解放被束缚的生产力，社会主义革命的目的是发展生产力，要大大地发展工业、农业。为了达成这一目的，必然实现工作重心的转移，即完成革命到建设的转型。在党的七届二中全会上，毛泽东就指示全党实现工作重心转移。他指出：“在革命胜利以后，迅速地恢复和发展生产，对付国外的帝国主义，使中国稳步地由农业国转变为工业国，把中国建设成一个伟大的社会主义国家。”②这说明中国共产党开始努力实现由革命到建设、由新民主主义向社会主义的转变。关于新民主主义和社会主义的关系，毛泽东的思路是非常明确的。他在《新民主主义论》中提出，中国革命必须分两步走，第一步是新民主主义革命，第二步是社会主义革命，新民主主义革命完成后必然进行社会主义革命。也就是说，新民主主义革命完成后仍然面临继续进行社会主义革命的任务。

1949年新中国成立后，经过三年的国民经济恢复期，国家经济建设取得巨大成就。中国共产党开始考虑继续革命即向社会主义过渡的问题。1953年，中国共产党公布了社会主义过渡时期的总路线，即“一化三改”，并对总路线做了比较完整的表述：“从中华人民共和国成立，到社会主义改造基本完成，这是一个过渡时期。党在过渡时期的总路线和总任务，是要在十年到十五年或者更多一些时间内，基本上完成国家工业化和对农业、手工业、资本主义工商业的社会主义改造。”③毛泽东认为，这是一个革命和建设并举的路线。“一化”是主体，“三改”是两翼，二者相互关联且不可分离。从革命的角度看，社会主义革命是新民主主义革命的延续，是更彻底地消除封建主义和资本主义的革命。从建设

---

① 《毛泽东选集》第2卷，人民出版社1991年版，第663页。

② 《毛泽东选集》第4卷，人民出版社1991年版，第1437页。

③ 逄先知、金冲及主编：《毛泽东传(1949—1976)》(上)，中央文献出版社2003年版，第253～254页。

的角度看，中国近代工业小生产普遍，社会化程度低，生产力不发达，所以面临变小生产为社会化大生产即迅速实现社会主义工业化的任务。所以，“一化三改”既是革命也是建设，既是解放生产力也是发展生产力。

1956年“三大改造”基本完成，社会主义制度在中国基本确立。在生产资料私有制社会主义改造基本完成之后，毛泽东主张把全党的工作重点集中到社会主义经济建设上来。在党的八大上，毛泽东肯定了几千年来我国的阶级剥削制度的历史已经结束，革命时期大规模的急风暴雨式的群众阶级斗争已经过去，今后的主要任务是大力发展生产力。“发展生产力”的思想也集中体现在《论十大关系》和《关于正确处理人民内部矛盾》等著作中。可以说，这一时期中国共产党由革命向建设转变的思路是非常清晰的。

（二）公有制是消灭剥削，实现共同富裕的最佳模式

马克思、恩格斯在《共产党宣言》中指出：“共产党人可以把自己的理论概括为一句话：消灭私有制。”[①]他们把生产资料公有制看成是未来社会的基本特征。为了使人民尽快摆脱贫困，实现共同富裕，必须改造私有制、建立公有制，这也是保证实现共同富裕的制度前提。毛泽东在中共七届二中全会报告中指出：中国革命在全国胜利并解决土地问题以后，中国还存在两种基本矛盾：国内是工人阶级和资产阶级的矛盾；国际上是中国和帝国主义国家的矛盾。为了解决这两种基本矛盾，我们在经济方面应当采取的基本政策是：必须建立和发展社会主义性质的国营经济，使之成为整个国民经济的领导，必须对私人资本主义经济采取利用和限制的政策，以利于国民经济向前发展，另外对私人资本主义经济必须采取恰如其分的有伸缩性的限制政策，限制反限制将是新民主主义国家内部阶级斗争的主要形式；对个体农业和手工业经济，要谨慎地、逐步地而又积极地引导它们向着现代化和集体化的方向发展；同时，必须逐步实现社会主义工业化。这说明中国共产党对将来社会的所有制形式，一方面要求公有制经济（特别是国有经济）占主导地位；另一方面对非公有制经济并不是要简单地消灭。当时毛泽东已经认识到对建立在小生产基础之上的小私有制（个体农业和手工业经济）要“积极地、逐步引导”；对于私人资本主义经济应当采取“利用和限制的政策”。新中国成立以后，中国人民以最快的速度完成经济恢复后，开始着手向社会主义社会过渡。1950年6月23日，毛泽东在全国政协一届二次会议闭幕词中说：“经过战争，经过新民主主义的改革，而在将来，在国家经济事业

① 《马克思恩格斯选集》第1卷，人民出版社2012年版，第414页。

和文化事业大为兴盛了以后，在各种条件具备了以后，在全国人民考虑成熟并在大家同意了以后，就可以从容地和妥善地走进社会主义的新时期。”[①]1951 年 2 月，中共中央政治局扩大会议提出“三年准备，十年建设”的发展战略。但是到 1952 年下半年，国内国际形势发生了一些根本性的变化，促使毛泽东开始考虑继续革命的问题。毛泽东说：“我们现在就要开始用 10 年到15 年的时间基本上完成到社会主义的过渡，而不是 10 年或者以后才开始过渡。”[②]1953 年，中国共产党提出了“一化三改”的总路线，其中“三改”就是要逐步实现对农业、手工业和资本主义工商业的社会主义改造。到 1956 年底，社会主义公有制经济已占绝对优势，剥削制度和剥削阶级已经基本上被消灭，标志着社会主义制度在中国确立。

“三大改造”完成后，中国利益主体由多元化转变为高度单一化，经济政治也高度集中。为了最大限度地调动各方面力量，发动群众进行社会主义建设，以便在尽可能短的时间里实现社会主义工业化，高度集中的资源动员方式成为必然选择。加之战争刚结束不久，战争时期的动员机制仍未丧失，可以直接用于经济建设。因此，新民主主义时期的革命逻辑仍然贯彻于确立社会主义制度后的相当长一段时期。“火红的年代”“激情燃烧的岁月”等宏大的革命话语成为描述 20 世纪五六十年代的常用语，赶超思维、斗争思维、革命理想主义等仍旧主导着这一时期的政治文化，“大跃进”“一大二公”“跑步进入共产主义”都深刻地说明了这一点。本应当根据新的发展实际，实现马克思主义从“革命”到“建设”的话语体系的转换，但这一转换在确立社会主义制度后的相当长的时期内并不顺利。用革命思维去思考建设时期的事情，就会造成用理论剪裁现实的情况，结局也必然是悲剧性的。

三、社会主义价值观实现路径的继续拓展

(一)社会主义的价值认识路线:“实事求是”思想路线的重新确立

实事求是是中国革命和建设取得胜利的宝贵经验，是马克思主义中国化的哲学基础和精髓。毛泽东思想最重要的观点和方法就是实事求是。中国共产党之所以能领导人民取得新民主主义革命的胜利，建立新中国、建立社会主义基本制度，并领导人民进行社会主义建设，原因就在于坚持了实事求是的思想

① 《毛泽东文集》第 6 卷，人民出版社 1999 年版，第 27 页。

② 薄一波：《若干重大决策与事件的回顾》上卷，中共中央党校出版社 1991 年版，第 213 页。

路线。中国共产党在新中国成立以后所犯的一些错误恰恰也在于背离了“实事求是”这条思想路线。“这条思想路线,有一段时间被抛开了,给党的事业带来很大的危害,使国家遭到很大的灾难,使党和国家的形象受到很大的损害。”[①]因此,要实现党的指导思想的拨乱反正,必须首先恢复实事求是的思想路线。1977年2月,《人民日报》、《红旗》杂志、《解放军报》发表的社论都提出了当时党中央主要负责人奉行的“两个凡是”的错误方针,即“凡是毛主席作出的决策,我们都坚决维护,凡是毛主席的指示,我们都始终不渝地遵循”。其实质是继续维护毛泽东晚年“文化大革命”的错误理论和实践。1978年5月11日《光明日报》刊登特约评论员文章《实践是检验真理的唯一标准》。文章明确指出:实践是检验真理的唯一标准,不能有其他任何标准,任何理论都要经受住实践标准的检验。躺在马克思列宁主义、毛泽东思想的现成条文上甚至拿现成的公式去限制、宰割、剪裁无限丰富、飞速发展的革命实践,这种态度是错误的。凡是有超越实践并自奉为绝对“禁区”的地方,就没有科学,就没有真正的马克思列宁主义、毛泽东思想,而只有蒙昧主义、唯心主义、文化专制主义。随后,在全国范围内引发了关于真理标准问题的大讨论。这场讨论冲破了“两个凡是”的束缚,解决了思想路线、认识路线问题,实现了思想上的拨乱反正,成为我国改革开放初期具有重大意义的思想解放运动。1978年12月,在中共中央工作会议闭幕会上,邓小平发表《解放思想,实事求是,团结一致向前看》的重要讲话,这个讲话实际上成为随后召开的党的十一届三中全会的主题报告。党的十一届三中全会坚决批判了“两个凡是”的错误方针,充分肯定必须完整、准确地掌握毛泽东思想的科学体系,高度评价了关于真理标准问题的讨论,确定了解放思想、实事求是、团结一致向前看的指导方针。党的十一届三中全会也因此成为新中国成立以来党的历史上具有深远意义的伟大转折。

(二)社会主义价值观的实现手段:改革也是一场革命

在《解放思想,实事求是,团结一致向前看》中,邓小平提出了“实现四个现代化是一场深刻的伟大的革命”[②]的命题。邓小平认为,实现四个现代化是一场生产力方面的深刻革命,它将从根本上改变中国经济和技术的落后面貌,因而是“决定祖国命运的千秋大业”[③]。全国人民在今后一个相当长的时期内都要把实现四个现代化作为压倒一切的中心任务。为了顺利实现四个现代化这一中

① 《邓小平文选》第2卷,人民出版社1994年版,第278页。

② 《邓小平文选》第2卷,人民出版社1994年版,第152页。

③ 《邓小平文选》第2卷,人民出版社1994年版,第209页。

心任务，邓小平把发展生产力提升到社会主义本质的高度。“马克思主义的基本原则就是要发展生产力”[①]，“革命是要搞阶级斗争，但革命不只是搞阶级斗争。生产力方面的革命也是革命，而且是很重要的革命，从历史的发展来讲是最根本的革命”[②]。

为了完成这场生产力的革命，就必须对生产关系和上层建筑进行改革。1984年10月10日，邓小平在同联邦德国总理科尔的谈话中明确提出“我们把改革当作一种革命”[③]，不久进一步提出“改革是中国的第二次革命”[④]。在《对中国改革的两种评价》中，邓小平又对这个命题进行了详细的阐述。他认为，在生产关系和上层建筑领域，“任何改革都是扫除生产力发展的障碍”[⑤]，“改革的性质同过去的革命一样，也是为了扫除发展社会生产力的障碍，使中国摆脱贫穷落后的状态。从这个意义上说，改革也可以叫革命性的变革”[⑥]。社会主义革命建立了生产资料公有制，建立了计划经济体制。这是一场革命。在特定的历史时期，计划经济发挥了社会主义集中力量办大事的优势，将有限的人力物力财力用于国家经济建设，在较短的时间内迅速建立起完整的工业体系和国民经济体系。但随着时间的推移，计划经济也暴露出不利于调动各方面的积极性、效率低下、不能适应不断变化的市场、不能进一步提高生产力和人民生活水平的弊端。因此，需要由计划经济向市场经济转型。邓小平指出：“社会主义和市场经济之间不存在根本矛盾。问题是用什么方法才能更有力地发展社会生产力。我们过去一直搞计划经济，但多年的实践证明，在某种意义上说，只搞计划经济会束缚生产力的发展。把计划经济和市场经济结合起来，就更能解放生产力，加速经济发展。”[⑦]

邓小平认为有两种性质的革命：生产力方面的革命和扫除生产力发展障碍的革命。前者发生在生产力领域，解决的是人类社会与自然界的矛盾；后者发生在生产关系和上层建筑领域，解决的是经济基础和上层建筑的矛盾。二者有着密切的关系：前者是后者的根本目的，后者为前者扫清障碍。这种革命观使中国共产党实现了工作重心从阶级斗争到发展生产力的战略转移。它所引发的社会变革的深度和广度，是前所未有的；它所释放的巨大社会生产力，更是世

---

① 《邓小平文选》第3卷，人民出版社1993年版，第116页

② 《邓小平文选》第2卷，人民出版社1994年版，第311页。

③ 《邓小平文选》第3卷，人民出版社1993年版，第82页。

④ 《邓小平文选》第3卷，人民出版社1993年版，第113页。

⑤ 《邓小平文选》第3卷，人民出版社1993年版，第311页。

⑥ 《邓小平文选》第3卷，人民出版社1993年版，第135页。

⑦ 《邓小平文选》第3卷，人民出版社1993年版，第148～149页。

所罕见。新的革命创造了经济持续30多年高速增长的中国奇迹，奠定了中国世界经济大国的重要基础。

（三）社会主义价值目标：中国特色社会主义现代化

中国的现代化历经坎坷，中国共产党人在20世纪70年代由学习和模仿苏联模式转向开辟中国特色的社会主义现代化道路。中国特色社会主义现代化是比较而言的，它既不同于资本主义国家现代化，也不同于苏联社会主义现代化道路。相对于资本主义国家现代化来说，中国特色社会主义现代化的主要特征在于坚持社会主义方向，处处体现社会主义的价值取向；相对于苏联现代化道路而言，中国特色社会主义现代化的特征在于突破了传统社会主义的观念，并非以消灭商品和市场为前提的社会主义为目标，避免了苏联社会主义现代化模式的明显缺陷，如高度集中和高度集权的经济体制和管理体制，以及政治上的阶级斗争扩大化和个人崇拜等。因此，中国特色社会主义现代化道路是中国共产党人的伟大创造，是马克思主义中国化的产物。邓小平指出："过去搞民主革命，要适合中国情况，走毛泽东同志开辟的农村包围城市的道路。现在搞建设，也要适合中国情况，走出一条中国式的现代化道路。"①"把马克思主义的普遍真理同我国的具体实际结合起来，走自己的道路，建设有中国特色的社会主义，这就是我们总结长期历史经验得出的基本结论。"②

以邓小平同志为核心的党的第二代中央领导集体确立了以经济建设为中心的基本路线，针对地提出现代化的目标。1987年，党的十三大报告明确提出了分三步走实现现代化的发展战略：第一步，实现国民生产总值比1980年翻一番，解决人民的温饱问题；第二步，到20世纪末，使国民生产总值再增长一倍，人民生活达到小康水平；第三步，到21世纪中叶，人均国民生产总值达到中等发达国家水平，人民生活比较富裕，基本实现现代化。以江泽民同志为核心的党的第三代中央领导集体提出了全面建设小康社会的奋斗目标，鉴于"第三步"要经历半个世纪，时间跨度较大，第三代中央领导集体从实际情况出发，精心谋划，在党的十五大报告中将"第三步"又具体分为三个阶段来实施，即在21世纪第一个十年实现国民生产总值比2000年翻一番，使人民的小康生活更加富裕，形成比较完善的社会主义市场经济体制；再经过十年努力，到建党100周年时使国民经济更加发展，各项制度更加完善；到21世纪中叶新中国成立100周年

① 《邓小平文选》第2卷，人民出版社1994年版，第163页。

② 《邓小平文选》第3卷，人民出版社1993年版，第3页。

时，基本实现现代化，达到中等发达国家水平，到21世纪末全面实现现代化，达到世界发达国家水平。党的十七大报告将其明确为“建设富强民主文明和谐的社会主义现代化国家”，并提出了全面建设小康社会“五个方面”的新要求。党的十八大根据我国经济社会发展实际，从五个方面提出了全面建成小康社会的新的目标要求，即经济持续健康发展，人民民主不断扩大，文化软实力显著增强，人民生活水平全面提高，资源节约型、环境友好型社会建设取得重大进展。同时，党的十八大报告还提出“两个翻番”的目标，即“实现国内生产总值和城乡居民人均收入比2010年翻一番”，使小康社会目标更加明确，同时标准也更加严格。

在党的十九大报告中，以习近平同志为核心的党中央立足于中国进入中国特色社会主义新时代的实际，综合分析国际国内形势和国家发展条件提出从2020年到21世纪中叶分两个阶段来安排的重大战略部署。“第一个阶段，从二〇二〇年到二〇三五年，在全面建成小康社会的基础上，再奋斗十五年，基本实现社会主义现代化。”“第二个阶段，从二〇三五年到本世纪中叶，在基本实现现代化的基础上，再奋斗十五年，把我国建成富强民主文明和谐美丽的社会主义现代化强国。”[①]两个阶段的目标使现代化建设的时间表和路线图更加完整、更加清晰。

(四)社会主义的核心价值:人的全面发展

马克思指出，“根据共产主义的原则组织起来的社会，将使自己的成员能够全面地发挥他们各方面的才能”，“代替那存在着阶级和阶级对立的资产阶级旧社会，将是这样一个联合体，在那里，每个人的自由发展是一切人的自由发展的条件”。[②] 人的全面自由发展作为科学社会主义的核心价值，意味着人的本质的全面展开和丰富，意味着人作为人的自觉能动性、创造性和自主性的充分实现。

可以说，中国共产党成立以来对于实现人的全面的发展的社会主义价值诉求从来没有中断过。对于半殖民地半封建社会的中国而言，要想实现人的全面发展就必须先实现人的解放。以毛泽东同志为核心的第一代领导集体在马克思主义价值理想的指引下，结合中国的实际，推翻了三座大山，使人民翻身做了主人，为人的全面发展提供了制度保障。在此基础上，以邓小平同志为核心的党的第二代中央领导集体把“发展是硬道理”当作实现人的全面发展的第一尺度，开辟了中国特色社会主义理论和实践的新局面。以江泽民同志为核心的党的第三代中央

① 习近平:《决胜全面建成小康社会　夺取新时代中国特色社会主义伟大胜利——在中国共产党第十九次全国代表大会上的报告》，人民出版社2017年版，第28～29页。

② 《马克思恩格斯文集》第2卷，人民出版社2009年版，第53页。

领导集体提出："实现人民的富裕幸福，是我们建设社会主义的根本目的。"要实现这一目的，就必须"不断推进人的全面发展。"[①]以胡锦涛同志为总书记的党中央提出"坚持以人为本，树立全面、协调、可持续的发展观，促进经济社会和人的全面发展"[②]。以习近平同志为核心的党中央提出"必须坚持以人民为中心的发展思想，不断促进人的全面发展、全体人民共同富裕"[③]，为人的全面发展注入了新的时代内涵。

进入21世纪，我国社会经济发生巨大变化，把"不断推进人的全面发展作为社会主义的本质要求"提出来的条件已经成熟。但同时也应该看到，一方面，我们虽然找到了实现国家繁荣富强和人民共同富裕的中国特色社会主义道路，但是这一历史任务却远没有完成，我们仍处于社会主义初级阶段，仍将在一个相当长的历史时期内不断解放和发展生产力，逐步实现全体人民共同富裕，进而为实现人的全面自由发展创造条件。另一方面，在人的全面发展的关键——人的社会性、精神性方面，也迫切需要加强社会主义核心价值观的引导。特别是改革开放后中国主动学习西方先进技术和市场经济制度，但在西方新自由主义思潮的冲击下，西方现代价值的影响也日益扩大。与此同时，中国传统价值的影响力却在减弱。这导致现代化过程中价值规范和价值引导的缺失，进而引发一系列社会矛盾和危机。在科学技术高歌猛进的今天，中国传统的人文精神被湮没在以工具理性为特征的西方科学主义之中。人们普遍相信科技无所不能，相信人定胜天，相信"知识改变命运"。现代科技不再只是单纯的工具，反而成为一种宰制人的力量。市场经济的发展使市场理性大行其道。"理性经济人"为获得利益最大化而进行无休止和无限制的竞争，从而导致社会道德水准的下降和人际关系的紧张。"它把人的尊严变成了交换价值"，"人和人之间除了赤裸裸的利害关系，除了冷酷无情的'现金交易'，就再也没有任何别的联系了"。[④] 这也意味着人的单向度发展。因此，有必要重新对传统价值观进行评估，发现光大其价值，以重建我们的价值传统，为当今社会发展注入新的活力，为人的全面发展创造新的精神条件。

---

① 江泽民：《论"三个代表"》，中央文献出版社2001年版，第179页。

② 本书编写组：《关于完善社会主义市场经济体制的36个重要问题》，中共党史出版社2003年版，第3页。

③ 习近平：《决胜全面建成小康社会　夺取新时代中国特色社会主义伟大胜利——在中国共产党第十九次全国代表大会上的报告》，人民出版社2017年版，第19页。

④ 《马克思恩格斯选集》第1卷，人民出版社2012年版，第403页。

第五章 社会主义核心价值观与中华优秀传统文化的内在契合

中国已经从一个经济大国走向政治大国、文化大国。在世界舞台上，中国开始以负责任大国的身份思考世界的问题，习近平总书记在党的十九大报告中提出，中国共产党始终把为人类做出新的更大贡献作为自己的使命，呼吁各国人民同心协力，推动构建人类命运共同体。中国的世界观开始影响世界体系，中国的文化价值已经在世界文明中彰显。现在的中国需要文化自觉，需要用实证主义的态度、实事求是的精神反思中国社会和中国文化；需要一种思考，那就是重思中国，基于中华优秀传统文化的弘扬光大和时代发展，“重新建立自己的思想框架和基本观念，重新思考自身与世界，思考中国的前途、未来理念以及在世界中的作用和责任”①。

这种文化自觉既不是传统文化的回归与复旧，也不是西方文化的全盘西化，而是对自身文化的“自知之明”，知道中国文化的特色、精髓、核心以及未来发展趋势。这种文化自觉有利于增强文化的自信心，有利于在新时代、新环境中实现文化的创新与转型。中国社会主义核心价值观的提炼正是中国文化的文化自觉，正是当今世界格局下中国文化的重思与重构。习近平总书记指出：“一个民族、一个国家的核心价值观必须同这个民族、这个国家的历史文化相契合，同这个民族、这个国家的人民正在进行的奋斗相结合，同这个民族、这个国家需要解决的时代问题相适应。”②社会主义核心价值观正是基于此提出，它继承了博大精深的中华优秀传统文化，紧紧抓住了作为精神命脉的根本，它把握了时代发展带来的历史机遇，对文化自身进行了创造性转化和创新性发展。社会主义核心价值观的产生可以说是中国“文化自觉”的产物，是“中国重思”的过

---

① 赵汀阳：《天下体系——世界制度哲学导论》，中国人民大学出版社 2011 年版，第 5 页。

② 习近平：《青年要自觉践行社会主义核心价值观——在北京大学师生座谈会上的讲话》，人民出版社 2014 年版，第 8 页。

程，为中华民族实现文化自觉谱写了新篇章。

因此，从根本上讲，社会主义核心价值观与中华优秀传统文化有着难以割舍的联系和情感，前者重思并构建新时代中国文化的世界观，它批判过去、指向未来，是中华优秀传统文化的文化自觉过程，它们有着内在的契合，同时又肩负并践行着时代的使命。它们有着共同的价值取向、民族的文化认同、崇高的理想信念、积极的进取精神以及指向未来的、先进的文明路径。

第一节　共同的价值取向

一、中华优秀传统文化中的“仁爱”思想

“仁爱”思想在中华传统文化中具有十分重要的地位，是中国传统文化的重要核心价值观。儒家的“仁爱”思想向世人诠释人之所以为人的根本是什么？人如何能够成为真正的人？中华优秀传统文化向世人提供了一种人际交往的道德原则：亲人之爱和他人之爱。“仁爱”思想对于人性问题的回答是朴素的，人是自然之子，“天”赋予人以心，天有善心，天心与民心相通，是对人性问题的逻辑预设。正是这样一种文化思路，使中国文化具有天然的非功利性与德性优先的文化偏好。

(一)人性善思想

中国传统文化中对于人性问题的回答占主流地位的是儒家文化的“人性善”思想。孟子主张人性善，他讨论了心与性、性与天、心与天的关系，认为心与性、性与天、心与天是相互贯通的，而起到贯通作用的则是心，心是人、性、天这一系统的核心，即“尽其心者，知其性也。知其性，则知天矣”[①]。孟子认为，人心中的善是与生俱来的，心来自“此天之所与我者”。“人性之善也，犹水之下也。人无有不善，水无有不下。”[②]在孟子看来，人性善就像水往下流一样自然，是自然赋予人的特性。进而，孟子还将仁义礼智都归于人心，是人心固有的，是人的本性。“恻隐之心，仁也；羞恶之心，义也；恭敬之心，礼也；是非之心，智也。仁义礼智，非由外铄我也，我固有之也，弗思耳矣。”[③]

孟子主张性善论，认为人的本性是善的，这是一种道德层面的先天预设，他

① 《孟子》，中华书局2016年版，第289页。

② 《孟子》，中华书局2016年版，第241页。

③ 《孟子》，中华书局2016年版，第246页。

认为人先天具有高尚的道德情感和道德理性，他所讲的“四心”中，“恻隐之心”就是道德情感，而“羞恶之心”“恭敬之心”“是非之心”则是思考之后的道德理性。这样的道德预设在中国传统文化中起到了重要的作用，有助于培养人的高尚品格、对理想人格的教化起到积极的作用，同时对于人与人之间的关系处理起到了个人自身的道德制约，为形成良好和谐的交往关系起到了促进作用。

孟子性善论中所认为的性善，指的是人们有一种先天向善的可能性，这是一种潜能，而非指现实中所有人心都是善的。现实之善不同于可能之善，从可能之善到现实之善还需要一个过程，需要在现实生活中加以展开和培养，只有这样向善的本心才能发展为完整的“善”，即具有仁义礼智四种道德品质。

面对现实中人们的“恶”，孟子的性善论并没有回避，他认为，恶之所以产生是因为人们丧失了自己的良心、本心，“不能尽其才”。“人之所以异于禽兽者几希，庶民去之，君子存之。”①由于“舜之居于深山之中，与木石居，与鹿豕游。其所以异于深山之野人者几希”②。人与禽兽、庶人与君子的区别就在于向善的本心，君子之所以为君子，是因为他保存善性不失。孟子认为：“君子所性，仁义礼智根于心。”“君子所性，虽大行不加焉，虽穷居不损焉，分定故也。”③在孟子看来，君子和庶人都具有向善的可能性，在这一点上二者并无区别，君子之所以为君子就在于他的信念与自律，向善的道德信念和把持本心的道德自律，也是每个人向往的人格境界。

（二）道德自足论

在“人性本善”思想的主导下，中国传统德性论具有浓厚的自然主义色彩。中国传统文化特别强调道德的“应然”。“‘自然’在天表现为必然，即必然如此者；在‘人’则表现为当然，即应该如此者，必然者表现在人事方面或领域则具有当然的性质。”④中国人做事情总喜欢追问其合理性，古代的皇帝为了得到百姓的认可和接纳，会通过人为制造的刻有自己名字的“天然之物”向世人展示他是受命于天的。百姓最接受这样一种形式，因为他们认为上天或自然赋予的是最具合理性的，是上天不可违背的意愿，百姓知道顺天而行。在道德层面，当人们追问“应该如此”时，追问将不再继续，因为大家明白这是应然的，大家更在乎其合理性，至于其是否合法，似乎没有那么重要。

---

① 《孟子》，中华书局 2016 年版，第 179 页。

② 《孟子》，中华书局 2016 年版，第 296 页。

③ 《孟子》，中华书局 2016 年版，第 299 页。

④ 何中华：《谈谈中国传统文化及其现代命运》，《山东大学报》2011 年 12 月 28 日，第 3 版。

中国传统德性论的自然主义色彩还表现为特别注重血缘关系的维系和传承。在孟子看来，仁爱之心是人生来就有的，仁的理由只能来自仁本身。孔子把“仁”作为处理人际关系的道德准则，“仁”所表现出来的两种爱的形式即对亲人之爱和对他人之爱，对亲人之爱是人际交往的基础，如果不懂得对家人、对有血缘关系的人的爱，将不具备“仁”的品质，则无法推及他人。反过来，只局限于对亲人的爱，而没有推广至对他人之爱，则也谈不上“仁”。孔子这种对人的最本然的情感信任具有浓厚的道德自然主义色彩，他追求的“仁”的最高境界则是指向内的，是对“慎独”境界的追求。慎独是一种修养、是一种情操，是一种自律、更是一种坦荡荡。“此谓诚于中，形于外，故君子必慎其独也。”[①]三国时期的曹植说：“祗畏神明，敬惟慎独。”[②]

正是由于中国传统思维的道德应然性，凡事追求事物存在的合理性，所谓人追求的最高境界“慎独”，则成为人自我修炼、自我约束的对内要求。人性本善不是对事实的经验描述，因此它不适用于经验的归纳推理，只能靠逻辑预设实现其合理性。正是这样一种文化的思维特点，决定了中国文化的非功利性。

(三)非功利性

中国传统文化十分看重人的德性，儒家文化把“仁”作为人道德层面最重要的道德品质，在孟子的“仁、义、礼、智”中，“仁”是根本，“义”次之，“礼”位居第三，“智”则排在末位。人内心如果失去了仁，自然也就没有了义，礼也就成了矫饰和造作，智也就成为巧舌和狡辩。在义利之辩中，中国文化主张义对利的优先性，强调“见利思义”“先义后利”“义重于利”等。孟子说：“生，亦我所欲也，义，亦我所欲也；二者不可得兼，舍生而取义者也。”[③]董仲舒认为：“天之生人也，使人生义与利。利以养其体，义以养其心。”他提出了自己的“义利”观，即义利两有，义重于利、义利对立，言义不言利。

孟子曰：“口之于味也，目之于色也，耳之于声也，鼻之于臭也，四肢之于安佚也，性也。有命焉，君子不谓性也。仁之于父子也，义之于君臣也，礼之于宾主也，知之于贤者也，圣人之于天道也，命也。有性焉，君子不谓命也。”[④]显然，孟子把“口之于味、目之于色、耳之于声”等生物属性称为命，而把“仁、义、礼、智”等人的道德、精神属性称为性，这里的“性”是指人性，人区别于禽兽就在于

① 《礼记》，中华书局2017年版，第1163～1164页。

② 《下太后诔》，《曹植集》，上海古籍出版社2019年版，第312页。

③ 《孟子》，中华书局2016年版，第253页。

④ 《孟子》，中华书局2016年版，第331页。

人具有道德属性。

二、社会主义核心价值观对“仁爱”思想的继承与发展

社会主义核心价值观继承和发展了“仁爱”思想的精华，在文化自觉、价值判断以及人类发展方面进行了批判和重构，在解决国际关系、提升国民修养等问题方面实现了传统文化继承与当代问题解决的较好结合。

(一)“美人之美”的文化态度

“仁爱”思想中，孔子十分强调“仁”。“仁”的直接意义是“二人”，是人与人相处的原则，是人与人相处的最优模式。因为在复杂的社会关系中，最基本的就是人与人相处的模式，孔子所推崇的“己所不欲，勿施于人”和“已欲立而立人，已欲达而达人”的道德完美主义原则更有利于现代社会和谐人际关系的形成。较之以熟人为人际关系网的古代社会，现代社会则是充斥着陌生人网络的人际关系社会，虽然这样的社会关系错综而复杂，但由于受经济文化政治一体化的影响，人与人之间虽然陌生却相互依存，形成了“你中有我，我中有你”的交往关系。在这样一种背景下，孔子“仁”的“二人”模式则是发展和谐、和平、幸福的最优模式，在这个模式中可以实现共赢，可以实现双方利益的最大化。为了实现仁，义和礼则发展为实现“仁”的具体规则。《礼记》记载：“礼，闻取于人，不闻取人；礼，闻来学，不闻往教。”在价值观发生冲突时，中国文化强调自愿的原则、强加于人的他者性原则。

孔子十分反对自我中心或个人本位，提出“有教无类”，即在可以接受教化上人是不分类别的；他还提出“己所不欲，勿施于人”的原则，即凡是自己不愿接受的事，不要强加于人，人的价值观念可以通过教育达至一致，但不能强加于人。历史证明，古代中国虽然抱持大国意识、以我为中心的思想，但却始终践行“不取人，不往教”的原则。虽然古代中国保持着三千多年的优势，但其文化对外界的影响却仅仅局限于周边小国，更谈不上文化扩张。正如费孝通先生所说：“各美其美，美人之美，美美与共，天下大同。”这正是中国儒家文化“仁爱”思想的延伸。这也是面对多元文化和文明冲突论应有的态度和价值观。在文化层面，我们要尊重文化的多样性，首先要尊重自己民族的文化，培育好、发展好本民族的文化，还要尊重其他民族的文化，不强加于其他民族和人民，承认世界文化的多样性。用费孝通的话讲，就是“各种文明教化的人，不仅欣赏本民族的文化，还要发自内心地欣赏异民族的文化，做到不以本民族文化的标准，去评判

异民族文化的优劣,断定什么是‘糟粕’,什么是‘精华’”[①]。“各美其美,美人之美”的思想,是一种能够把文化冲突最小化的世界文化原则,表现在政治领域则是一种以和为本的世界政治交往原则,是当今时代在经济、文化、政治、外交各领域中国应该持有的一种大国意识和大国情怀。

(二)“德性优先”的价值判断

中国文化特别是儒家文化十分看重道德,可以说道德是人之为人的最后或最高的根据或标准。在中国人的思维方式和日常生活中,人们经常习惯性地使用各种道德判断,首先考虑的是“应不应该的问题”而不是“能不能够的问题”,前者更多的是一种道德选择,而后者则是理性层面的知识论意义上的选择。中国人是用道德的眼光看待整个世界,赋予事物更多的道德色彩,在中国文化中,道德判断高于理性判断,“德性优先”成为人们思想和行事的标准,因此这样一种文化特点有助于道德人格的养成和自我修养的提升。

中国文化中的“德性优先”不仅体现在看待事物和事件的思维方式上,还体现在人与人相处的行为方式上。“正其义不计其利,谋其道而不计其功”,与人相处,贵在以德待人。“尊贤而容众,嘉善而矜不能”,“躬自厚而薄责于人”,“不以己所能病人,不以人所不能愧人”,待人宽厚、为人大度是人与人交往的重要品德;“待物莫如诚”,“开诚心,布公道”,以诚待人,可以化解人们之间的成见和矛盾;“言必信,行必果”,“人无信不立”,“信不足焉,有不信焉”,守诚信、重承诺则是儒家倡导的道德准则。

个体修养是道德建设的根基,个体只有内外兼修才能达到“有德”的境界。以孔子为代表的先秦儒家最早把道德修养与道德教育提升到理论高度,孔子认为智、仁、勇是品行高尚的君子应具备的三种重要美德。《大学》提出了格物、致知、诚意、正心、修身、齐家、治国、平天下的“八条目”,以个人内在的德智修养为本,内在修养提升了,个人的事业甚至国家责任才能充分发展和更好履行。“物格而后知至,知至而后意诚,意诚而后心正,心正而后身修,身修而后家齐,家齐而后国治,国治而后天下平”,这样一种顺序是不能颠倒的,这也是儒家对个人修养的看重,只有通过格物、致知、诚意、正心的个体修身才能实现齐家、治国、平天下的价值目标。儒家高扬的道德具有重要的社会意义,强调道德对个人具有安身立命的价值,有利于社会和谐、稳定和文明进步。因此,社会主义核心价

① 费孝通:《全球化与文化自觉——费孝通晚年文选》,方李莉编,外语教学与研究出版社2013年版,第42页。

值观对仁爱思想的继承和发展有助于国家层面的道德建设,有助于个人价值目标和国家价值目标的融合与实现。

(三)“自我实现”的人格思想

理想人格是一个国家、一个民族或一个社会中人们最推崇和向往的人格模式,集中体现了该社会文化的基本特征和价值标准,对人们具有巨大的精神感召力。儒家的理想人格是“内圣外王”的君子型人格,它重视个体的内在修身和道德人格养成途径。孔子提出仁的学说,仁道的基本要求是爱人,这一要求决定了理想人格必须具有仁爱的精神,礼和义是仁的具体表现。他重视人的德性与品行,无德无以成仁,可以说儒家的理想人格也是一种道德型理想人格,它强调的道义价值、个人对社会的责任感和使命感,对中华民族精神的诠释和传播有着广泛而深远的影响。

儒家思想的君子人格对于塑造现代社会的理想人格有着十分重要的意义,我们应该取儒家理想人格之精华塑造现代社会的理想人格。通过内在修身达到道德人格的自我完善,在修身成人的基础上实现安身立命的外在价值;弘扬儒家济世安民、自强不息的进取观,引导人们树立崇高的人生理想和远大目标与积极的人生价值观,将个人理想与社会理想相结合,将个人目标融入国家总目标之中。

第二节 民族的文化认同

随着世界的发展,特别是随着全球经济一体化,每个民族都面临文化发展、文化适应甚至转型的问题,任何一个民族都很难保持传统而纯粹的民族生活和民族习惯,因为在这个多元文化的世界,每个民族都需要融入更大的文化世界去适应去发展。

一、中华文化的民族性认同

民族不同于国家,它不是地理概念,或许从文化层面去理解会更确切一些。作为拥有五千多年历史和文化的中华民族,如何在风起云涌的世界生存?在世界多元文化发展的今天,我们该以何种姿态看待本民族文化?又该如何在新的文化世界中生存并更好地发展?这就是我们强调中华文化的民族性认同的意义所在。

(一)文化的生命意义和尺度传承

对于世界任何一个民族而言,其延续和发展的重要因素无外乎血缘、生活、语言、宗教和风俗习惯等,其中作为其生命意义的文化传统,对一个民族的延续更为重要。一种文化只有融入更为丰富、更为多元的文化世界才能保证其自身的生存。“只有民族的才是世界的”,一个民族需要保持其自身的文化传统,但反过来讲,只有世界的才是民族的,只有使本民族的文化适应当今世界文化的发展才能更好地保有和发展本民族的文化。文化的生命意义就在于此,“适者生存”同样适用于文化领域,文化上的唯我独尊或者故步自封,只会让自身的文化传统失去活力、丧失魅力。

对待文化传统需要的是尺度传承。文化首先要有自知之明,明白自身的来历、形成以及所具有的特色和发展趋势,这不同于文化回归,这不是复古主义,也不是坚守传统,而是对文化传统的尺度传承,目的是在适应新环境、新时代的文化选择中保有文化特色、提升自主选择的能力。何谓“尺度传承”?取其精华,去其糟粕,任何一种思想都有其文化历史背景,因为时代背景不同,儒家思想很多不适应当下社会的内容需要扬弃,但这并不意味着它对于当今社会没有积极价值。我们要看到,它对于人类对自我的内在约束和限制的启示意义,是人类不论发展到哪个时代都需要的。这就是文化传统的精髓,对于这些精髓,我们要有充分的文化认知。

(二)中华文化的文化自觉

从中华文化发展的历史长河中,我们发现中华文化的一个重要特点是它的包容性,无论是从中华民族的形成过程还是现代中国出现的“一国两制”,无论对待其他文化还是对待其他民族,中华文化都体现出“和而不同”“多元互补”的特点。中华文化讲的是王道而非霸道,主张以德服人而非以力服人,主张用仁爱之心来处理人与自然、人与人之间的关系,面对异己者,持“各美其美、美人之美”的文化态度。

中华民族的形成经历了漫长的过程。首先,形成了一个凝聚的核心——汉族。从夏、商、周起,经过春秋战国,直至秦统一黄河、长江流域,汉代及其以后中原人与四周外族融合产生了汉族。其次,汉族逐渐与北方、南方以及西方的少数民族融合。汉族人几乎占据了所有易耕种的平原地区,同时还深入少数民族聚居地以及重要交通要道和商业据点,与其他少数民族在语言、习惯、文化上进行融合。最后,形成了以汉族为主体、包括 56 个民族的中华民族统一体,用费孝通先生的话讲，这是一个多元一体的民族，众多民族融合成一个民族实体，不同民族文化之间的差异并存。在中华民族的形成过程中，多元的民族文化相互碰撞、相互影响、相互融合，最终形成了“和而不同”的传统文化。

另一个体现兼容并包的中华文化特点的重要实例是“一国两制”的实施。“一国两制”的顺利实现不仅具有里程碑式的政治意义，向世人展示了两种对立的社会制度可以在一个国家并存和发展，还具有重要的文化意义，这是中国文化中兼容并包特点的充分体现和继承发展，这是“和而不同”之后的对立统一，向世人展示了实践中“多元互补”“和而不同”的文化态度。

中华文化的包容性并非在每一个时期或任何时代都能得到充分体现，因为文化的繁荣需要特殊的历史背景做支撑。春秋战国、两汉隋唐时期，由于政治经济的繁荣，中华文化的包容性得到了充分的体现。随着社会的发展与进步，我们进入政治、经济各个方面高速发展的时期，在这一新的背景下，中国将会迎来又一次文化鼎盛，中华文化的特点将会再次被发扬和创新。这是中国特色社会主义文化发展到当今面临的机遇，也是中华文化走向世界向世人展示的最好契机。党的十九大报告提出“中国要促进和而不同、兼收并蓄的文明交流”，“要尊重世界文明多样性，以文明交流超越文明隔阂、文明互鉴超越文明冲突、文明共存超越文明优越”，这充分体现了中华文化的包容性，推动构建人类命运共同体，就需要这样一种兼容并包的文化交流氛围和交流机制。

二、社会主义核心价值观在国家层面的文化认同

社会主义核心价值观继承和发展了传统文化的“民本”思想，延续和发扬了中国文化“中庸之道”的整体思维，在“家—国—天下”的传统政治关系中形成无外天下的家国同构、相依相存的家国理念。这就是社会主义核心价值观在国家层面的最好表述，即富强、民主、文明、和谐。

(一)中国传统文化中的民本思想

中华文化历来强调“民本”。最早的“民本”思想源自《尚书》：“民可近，不可下。民惟邦本，本固邦宁。”[①]“民为邦本”的思想在夏朝就已出现，《夏书》的佚文中就有“后非众无与守邦”的说法。春秋战国时期的战乱让人们意识到，只有百姓安定、富足，国家才能长治久安。孟子的民本思想最为典型，即“民为贵，社稷

① 《尚书》，中华书局2012年版，第369页。

次之，君为轻”[①]，在人民和国家、君主之间，人民至上，其“民贵君轻”思想是他“仁政”学说的核心。荀子说：“天之生民，非为君也；天之立君，以为民也。”[②]天下百姓的存在，不是为君王服务的；相反，天下人所立的君王则是服务百姓的。“君者，舟也；庶人者，水也。水则载舟，水则覆舟。”[③]君王好比是船，百姓好比是水，百姓既可以拥护君主，也可以推翻君主，因此君主与百姓之间是相互扶助的关系。虽然荀子不同于孟子，主张性恶论，但他们都抱持以民为本的“仁政”思想。中国古代的思想家早已看到人民群众对于国家稳定发展的重要作用和基础性地位，儒家的这一民本主义精神在明末清初时再次发扬光大，民本思想发展为中国初期的“民主精神”。黄宗羲提出“天下之治乱，不在一姓之兴亡，而在万民之忧乐”[④]，他反对君主专制，主张以“天下之法”取代“一家之法”，以保证民众之权益。虽然他的这一主张的目的是更好地稳固统治，只是提倡分权和分治，但其所传递的民主精神是难能可贵的，较儒家民本主义精神迈出了重要一步。

马克思主义唯物史观认为：历史活动是人民群众的事业，人民群众是历史的创造者。人民群众是物质财富的创造主体，同时参与了精神财富的创造；他们不仅创造了整个社会的财富，还是变革社会的重要力量。中国共产党正是看到了这一点，才能将全国的农民和工人团结起来，在中国人民革命中极大地发挥了人民群众的力量，最终取得了胜利。这一思想不断被中国特色社会主义理论体系运用和发展，直到今天，社会主义核心价值观倡导的“富强”“民主”就是一切从人民群众的利益出发，一切为了人民、一切依靠人民，这是民本思想在当今时代的升华。习近平总书记在“不忘初心，继续前进”的一系列要求中提出，人民立场是中国共产党的根本政治立场，坚持不忘初心、继续前进，就要坚信党的根基在人民、党的力量在人民，坚持一切为了人民、一切依靠人民，充分发挥广大人民群众的积极性、主动性、创造性，不断把为人民造福事业推向前进。他还提出“确立民本民生民主相统一的新型人民观”，关于人民至上的人民立场，已经超越了传统民本的思想主张，是民本、民生、民主的统一体，或者说，是一个从民本到民生再到民主的新型的人民立场和人民观点。可以说，这也是社会主义核心价值观在国家层面的重要认同，是对传统民本思想的继承和创新。

① 《孟子》，中华书局 2016 年版，第 325 页。

② 《荀子》，中华书局 2011 年版，第 453 页。

③ 《荀子》，中华书局 2011 年版，第 118 页。

④ （明）黄宗羲：《明夷待访录》，中华书局 2011 年版，第 16 页。

(二)中庸之道的整体思维与辩证思维

中庸的本意是不偏不倚、无过无不及,其核心是"致中和",即《礼记·中庸》所讲"喜怒哀乐之未发,谓之中;发而皆中节,谓之和。中也者,天下之大本也;和也者,天下之达道也。致中和,天地位焉,万物育焉"[①]。"致中和"直到现在仍被中国人作为一种价值目标不断追求。

中庸首先是一种至高无上的美德:至德。孔子说:"中庸之为德也,其至矣乎!民鲜久矣。"[②]中庸这种美德在民众中缺失已久,应当在国民中大力弘扬。孔子还说:"君子中庸,小人反中庸。君子之中庸也,君子而时中;小人之[反]中庸也,小人而无忌惮也。"[③]君子之所以具备中庸之德,是因为君子随时可以做到适中、不偏不倚,而小人违背中庸之德,是因为他们无所顾忌、肆无忌惮。其次,中庸作为一种美德,需要自我修行和自我约束才能达成,其方法就是"执两用中"。孔子主张"叩其两端而竭焉"[④],只有把握住"过"与"不及"两种倾向的"度"才能达到"时中"。这就赋予中庸之德方法论的意义。

中庸之道是中国传统文化的精髓,不仅是儒家思想追求的境界,而且也是道家思想向往的理想境界。老子曰:"道生一,一生二,二生三,三生万物。万物负阴而抱阳,冲气以为和。"[⑤]道家多讲"阴阳合和","阴胜则阳病,阳胜则阴病;阳胜则热,阴胜则寒",[⑥]人的疾病是阴阳二气失衡所致,人只有"和于阴阳,调于四时"才不至于生病。正如道家所讲:"阴阳者,要在中和。"可见,道家阴阳互补的思想与儒家的中庸之道有着一致的相似性,他们都追求"中""和"的境界,不多不少、不偏不倚。

随着中华民族的发展,中庸之道在中国文化中已不仅仅是一种美德、达成美德的方法以及追求的理想境界,而且成为人们的思维方式和生存方式,强调的是自身的禁欲和修行。这种品质造就了中华民族谦逊、温和的民族品德,这是我们民族的人民和国家应该继承和发扬的。

中庸之道更重视事物整体的发展,通过不断调整把握事物发展的度,既不"过"也无"不及",不走两个极端,寻求事物整体的和谐发展。中庸之道注重整

---

① 《论语》,中华书局 2011 年版,第 289 页。

② 《论语》,中华书局 2011 年版,第 72 页。

③ 《论语》,中华书局 2011 年版,第 291 页。

④ 《论语》,中华书局 2011 年版,第 101 页。

⑤ 《道德经》,中华书局 2013 年版,第 25 页。

⑥ 《黄帝内经》,中国画报出版社 2008 年版,第 19 页。

体思维，蕴含着辩证思想，就像太极，没有绝对、没有泾渭分明的是与非，其内在精神在于变化，于变化中寻求事物发展的尺度，于变化中实现中庸。这也是中国文化的精神所在，通过“化”的形式“包容”一切，通过“以己化他”达到“化他为己”，最终实现自我与外界发展的和谐与统一。

（三）相依相存、责任担当的家国理念

中国文化的中庸之道直接影响中国古代甚至现代国家理念的形成。前面提到中国文化的基本精神在于“化”，通过“以己化他”以实现“化他为己”。老子说万物是由“一”衍生而来，随着事物的发展，“一”变成了许多新事物，然而“一”并非不再存在，而是以新的形态、更加包容的形式存在着。这就是“一”与“多”的辩证关系，它们之间是互动的，“多”只有在“一”的总体框架下才具有多样性，否则只能是一片混乱。

中国文化的这一思想认为不存在通过“化”而化不进来的超越存在，对于外在之物，都可以寻求到某种方法将它化为和谐的存在，这也是在中国为什么不会出现“宗教”，不能被“化”进来的绝对超越（上帝或异教徒）是不存在的。中国文化的这一思想运用到国家理念中就是除了自身之外的其他国家和地方并不是完全对立的、需要征服的，国家与国家之间的远近亲属是不断变化的，是可以通过“化”实现和谐统一的。赵汀阳提出的“天下体系”对于中国的发展、中国寻找自身在世界秩序中的位置具有重要的反思意义。“天下”需要一个先验完整的世界体系，虽然现实的世界是人以群分的，不同的群体常常有着不同的利益、不同的价值观和不同的认同，但如何在不同利益之间达成妥协，使不同价值观和谐共存、不同主体团结起来更值得我们思考。

中国的快速发展需要中国自己有所回应，中国文化的精神使中国作为一个完全新型的世界性大国崛起。中国是一个具有世界胸怀的大国，也是勇于承担世界责任的强国。面对国际关系，中国始终秉持“己所不欲，勿施于人”的处世原则和“设身处地，将心比心”的处世态度，希望“以己化他”实现和谐发展。中国的大国责任就是积极捍卫每一个参与者在世界这个大舞台中表达和捍卫自己的立场和主张，真正实现全球对话，实现各国人民之间的对话，建立公平、有序的国际秩序。在党的十九大报告中，习近平总书记强调：中国共产党始终把为人类做出新的更大贡献作为自己的使命，中国将继续发挥负责任大国作用，积极参与全球治理体系改革和建设，不断贡献中国智慧和中国力量。“天下兴亡，匹夫有责”，以世界作为思考单位的天下，需要我们有一种新的思路，超越国家，以世界责任为己任，这是我们作为大国义不容辞的责任。正如党的十九大

报告所说："世界命运握在各国人民手中，人类前途系于各国人民的抉择。中国人民愿同各国人民一道，推动人类命运共同体建设，共同创造人类的美好未来！"[①]

第三节　崇高的理想信念

就像每个人需要有自己的理想信念，一个民族、一个国家同样需要有自己的理想信念，这里的理想信念应该是崇高的、具有国家视野和民族特色的，它源自本土文化，与传统文化精髓相契合。综观中国传统文化，"天人合一"的思想是中华文化的精髓，"人与自然相和谐"的思想主旨可以说是中国文化对人类的最大贡献，这一思想影响着一代代中国人，对中国甚至对世界的发展起着指导性作用。在高速发展的今天，我们继续把握中华文化的这一精髓，汲取传统文化中的理想追求，结合时代特点，提出了当今中国的理想——中国梦。

一、"天人合一"的思维方式

西方著名历史学家汤因比说："人类已经掌握了可以毁灭自己的高技术手段，同时又处于极端对立的政治意识营垒，最需要的精神就是中国文明的精髓——和谐。"他还说："中国如果不能取代西方成为人类的主导，那么整个人类的前途就将是可悲的。"[②]"天人合一"的思维方式直接影响着人们对自然的态度，在当今人类过度向自然攫取的世界，人类已经开始品尝与自然对立、过度向自然索取的恶果，人类正在反思自己的行为，但关键需要我们转变思维，未来世界的发展需要中国追求和谐的"天人合一"的思维方式。

（一）顺其自然（人与自然的关系）

"天人合一"思想的一个重要方面就是体现出的人与自然的关系是和谐、统一的，这个"统一"并非人类征服自然后的顺从，而是顺应自然、敬畏自然的"人与自然的统一"，一言以蔽之，就是"一天人，合内外"。

人道顺应天道，只有更好地体现天道，人道才能充分展现出来。"天生神物，圣人则之；天地变化，圣人效之；天垂象，见吉凶，圣人象之；河出图，洛出书，

① 习近平：《决胜全面建成小康社会　夺取新时代中国特色社会主义伟大胜利——在中国共产党第十九次全国代表大会上的报告》，人民出版社2017年版，第60页。

② 《中国文化"协和万邦"思想的基本准则》，《光明日报》2000年10月10日。

圣人则之。"[①]圣人是根据自然产生的各种神奇、变化来判断、预测以及揣摩其表征的。"春耕、夏耘、秋收、冬藏四者不失时,故五谷不绝而百姓有余食也。"[②]百姓只要把握和顺应自然之规律,则不用担心最基本的粮食问题,还会有结余。中国文化讲究"不违天时""节四时之适",或许因为中国自古就是以农耕为主的农业大国,特别注重节气,讲究春耕、夏播、秋收、冬藏,每个时节应该做什么是有其自然规律的,就像应该顺应太阳东升西落一样,人们也应该遵循"日出而作日入而息"的规律和作息,只有这样才能保证可以获得维系生存的基本条件。

顺应自然还表现为敬畏自然。孔子认为天生万物,"天何言哉,四时行焉,百物生焉,天何言哉!"[③]董仲舒强调:"天者,万物之祖,万物非天不生。"[④]人与自然是相通的,即天离不开人,人也离不开天,人和天不应被看成是对立的,破坏天就是对人的损害。在对人与自然关系的理解上,中国文化十分强调畏天。如何理解敬畏自然?一方面,自然是万物的始祖,是神圣的,人应该认识和把握自然规律,顺应自然规律,在自然面前应有所收敛;另一方面,在自然面前的这种收敛,并非无所为,而应平衡好自然的无限性和人的有限性之间的关系,应抱有对自然的"敬",在深入认识自然的同时还应怀有一点"畏",因为人与自然是统一的、相通的,对自然的不敬或破坏就是对人的损害,最终都会回报给人。

随着工业社会的到来,人与自然的关系变得越来越紧张、越来越疏远,人类随着知识的积累不断发现更多的自然规律,通过各种科技手段开始了对自然的征服和改造。人类自信地认为可以改造自然、征服自然,人的力量是无穷的。然而,人类在改造自然的过程中开始品尝到将自然作为人类对立面的恶果,环境的恶化迫切需要中国文化中"天人合一"思想的指导,需要人类重新认识人与自然的关系,学会在认识自然的同时保护自然、敬畏自然,这也是对人类的保护与尊重。

(二)贵和尚中("天人合一"的理想境界)

中国古代"天"的概念,不同于西方的"上帝",它不是超越人的绝对存在,"天"和"人"是内在的统一,人的一切行为都是在"天"的基本原则之内,人是不可能超越"天"的,即所谓"成事在人,谋事在天";另外,天也不是仅仅按照自己的方式运行,它会对人的行为做出相应的回应,即所谓"天道酬勤"。

① 《周易》,中华书局2011年版,第596页。

② 《荀子》,中华书局2012年版,第128页。

③ 《论语》,中华书局2015年版,第219页。

④ (汉)董仲舒:《春秋繁露》,中华书局2012年版,第557页。

从社会学的角度讲，人是自然演变过程中的阶段性产物，故人是自然的一部分，人的演变和发展必然遵循自然的法则和规则，随着人类智慧的丰富和人类文明的发展，人类形成了自然这个大环境下的相对独立的小环境，即社会、文化，虽然小环境是相对独立的，有着自己的运行法则，各种社会规则却遵循自然的法则和规律，无法摆脱自然的约束。因此，人类的社会活动应该顺应自然、遵循自然的规律，而不是与自然抗衡、想方设法超越自然规律，这样人类的活动才能被自然接纳，人与自然的关系才能达至内在的和谐。

西方文化崇尚科技，相信通过科技等外在手段可以更好地认识自然、改变自然，正因为此才有了西方科学的高速发展。西方文化习惯把自然独立于人之外去研究和思考，于是慢慢出现了物理学、化学、生物学等研究自然的自然学科。近代中国在学习西方科技的同时，却抛弃了自身良好的传统，在一段时期里对自身能力的盲目自大，将西方人与自然对立的思想引入生活和生产，出现了“战天斗地”“人有多大胆、地有多大产”“人类有能力改造自然”的自大想法。这完全背离了中国几千年文化中的人与自然相互依存、相互欣赏、相互通融的“天人合一”思想，是一种典型的视人与自然的关系为敌对关系的思维方式，它不利于人类的发展，更不利于自然的演进。

“天人合一”思想是人类文明成果，对于人类的发展起着至关重要的作用。这一思想不仅是一种观点，还是一种态度，更是一种思想境界。它是人作为主体对外在客体的一种态度，“这种态度，具有某种‘伦理’的含义，决定着我们‘人’如何处理自己和周围的关系，而这种关系，是从我们‘人’这个中心，一圈圈推出去，其实也构成一个‘差序格局’”[①]。这不仅表现在人与自然的关系、人与人的关系、作为主体的国家与国家的关系等，还将影响对其他民族、其他国家、其他文化等的看法与态度。“天人合一”思想更是一种理想境界，一种“和”的境界，一种“贵和尚中”的境界。“贵和尚中”是处理各种社会关系的理想境界，即“和而不同”。面对异己，我们承认不同，但是要“和”，这是中国处理民族问题的观点和态度，也是看待世界多元文化的观点与态度，更是“各美其美、美人之美、美美与共、天下大同”的和谐状态。

二、尚和合、求大同的理想追求

一个社会在不同历史时期有不同的理想，即使在同一历史时期不同的社会

---

① 费孝通:《全球化与文化自觉——费孝通晚年文选》，方李莉编，外语教学与研究出版社 2013 年版，第 194 页。

阶层也可能有不同的理想。因此，对于理想的追求，对国家或者社会而言是持续发生、绵延不绝的，更是对现实生活的批判和现实诉求的反映。“天人合一”的思维方式，奠定了中国传统文化中“尚和合，求大同”的理想社会追求和理想境界。中国梦的提出，正是将国家理想、民族理想与个人理想有机结合，是国家梦、民族梦和个人梦的统一，它不仅具有理想的超现实性，还具有现实的可通达性，是中国特色社会主义共同理想。

(一)中国传统文化的理想追求

大同社会是中国传统文化对理想社会的描述。春秋末到秦汉之际，在社会制度巨变的同时，产生了三种理想社会的设计，分别是农家的“并耕而食”理想、道家的“小国寡民”理想以及儒家的“大同”理想，这三种理想社会的设想成为汉代之后不同社会阶层追求的理想社会的典型代表，也是中国传统文化中“大同”思想的思想原型。

农家的“并耕而食”理想是战国时期许行提出的，“贤者与民并耕而食，饔飧而治”[①]，他主张君王应该与农民一样参加劳作，这样的理想社会是简单、纯粹的以务农为主的社会，在这个社会里没有剥削，人们以务农为生存方式，没有制造业，有简单的手工业，人与人之间的交换也是等价的。可以说，这是典型的最简朴的小农经济理想社会，成为之后农民阶层追求的理想。“小国寡民”是道家提出的，它认为理想的社会状态是相对隔绝、封闭的原始状态，国家谈不上物产丰富，但可以通过落后的农业生产实现基本的自给自足，国民处于一种回归自然、寻求“天人合一”的淳朴状态，他们与世无争，不相互攀比，老死不相往来。这种“小国寡民”的理想社会实则是历史的倒退，却表达了人们想通过“避世”而逃脱世俗纷争的简单诉求。儒家的“大同”理想则最具影响，它不同于前两者，它的思想更加丰富、更加美好，也更具有吸引力。“大道之行也，天下为公。选贤与能，讲信修睦，故人不独亲其亲，不独子其子，使老有所终，壮有所用，幼有所长，矜寡孤独废疾者皆有所养。男有分，女有归。货恶其弃于地也，不必藏于己；力恶其不出于身也，不必为己。是故谋闭而不兴，盗窃乱贼而不作，故外户而不闭。是谓大同。”[②]“大同”社会是公平的社会，人们以天下为公，而非以己之利，男女老少各司其职、和谐共处。这种社会模式的理想是当时新兴地主阶级为巩固封建政权而设计的，这也成为后来新兴社会力量的代表人物追求的状态。

---

① 《孟子》，中华书局2016年版，第111页。

② 《礼记》，中华书局2017年版，第419～420页。

中国传统文化更注重个人人生理想境界的追求，中国古代哲人构想的理想人生境界是“天人合一”，追求人与自然、人与社会、人与人以及美与真善的和谐统一。儒家强调，作为主体的人应该保持积极向上的精神，以达到“求仁得仁”的圣人境界。“仁”成为儒家人生理想境界的核心，热爱他人、热爱社会，既是对他人情感上的爱，更是注重道德品质的提升，“仁”除了体现品质和仁爱之外，还有对他人、对社会的一份责任，故孟子云：“富贵不能淫，贫贱不能移，威武不能屈，此之谓大丈夫。”儒家的人生理想倡导的是一种积极向上的精神状态，“仁”之爱不仅指爱亲人、爱他人的“小爱”，还有爱国家、爱社会、爱民族之“大爱”，倡导人们要以天下为己任，为了自己的人生理想而不懈努力。以孔子为代表的儒家先哲可以说为人们设计了积极、健康、乐观、向上的人生理想，这种人生理想并不仅仅是个人的人生理想，它是联结社会责任和民族精神的人生理想，“士不可以不弘毅，任重而道远。仁以为己任，不亦重乎？死而后已，不亦远乎？”[1]

（二）中国梦的价值追求

中国梦是中华民族近代以来最伟大的梦想，是国家梦、民族梦和个人梦的统一。它既不同于中国哲人的理想追求，也不同于共产主义的理想追求，而是共产主义理想与爱国主义精神的有机统一，是当代理想与优秀传统的有机统一。

理想本身具有存在的现实意义和可通达性。理想是人们立足于有限生存并超越有限生存的诉求，即源于现实而高于现实。理想既是现实生活的诉求的反映，也是批判现实生活的一种价值尺度。这是因为理想是人们试图超越现实的有限性而构建的，它必然与现实生活保持着一定的距离并体现为人的一种价值追求。另外，这种源于现实而高于现实的理想又应该是通过努力可以实现的。中国梦的提出不同于以往中国先哲提出的理想社会设计，因为它们仅仅体现了源于现实而高于现实的一面，阶级色彩十分浓厚，社会愿望十分美好，却不具备可通达性的一面，理想就只能是理想，是通过努力而无法实现的。

中国梦也不同于共产主义的理想追求，因为它不仅具备理想应具备的两个条件，还背负民族复兴、国家责任的使命。中国梦凝聚了几代中国人的夙愿，历史上中华民族遭受了太多苦难，为了民族复兴，几代人魂牵梦萦、亿万人心结难解；今天，我们已经找到实现中华民族伟大复兴的道路：坚持走好中国特色社会主义道路；明天，我们将为实现民族复兴充满信心、凝聚力量、不懈努力。习近

① 《论语》，中华书局2015年版，第83页。

平总书记指出："现在，我们比历史上任何时期都更接近中华民族伟大复兴的目标，比历史上任何时期都更有信心、有能力实现这个目标。"①中国梦承载的历史使命和民族责任是重大的，它不仅是党和国家面向未来的政治宣言，而且是中华民族面向未来的庄严承诺。中国梦将共产主义理想与爱国主义精神紧密结合在一起，将国家利益、民族利益和每个人的具体利益紧密结合在一起，它不是空洞的口号，体现了中华民族的"家国天下"情怀。

中国梦充分体现了中华民族优秀传统中"天人合一""中庸之道"的文化精髓。中华民族的复兴之路不是排除异己、称霸天下之路，而是崇尚和平、发展合作之路。中华民族崇尚的是"有教无类""己所不欲，勿施于人"，奉行的是"和"的观念，追求"和而不同"；面对不同民族、不同价值观抱持包容的理念，希望通过"化"的形式包容一切，通过"以己化他"达到"化他为己"，最终实现自我与外界的和谐与统一。这是中华民族文化的精髓，中国梦充分展现了这一文化特点，向世人宣示：中国梦不是霸权梦，更不是扩张梦，中华民族拥有的是"穷则独善其身，达则兼济天下"的品德与胸怀，秉持"天下兴亡，匹夫有责"的天下国家的家国理念，不仅担负着民族复兴的重任，还承担着更多的国际责任和义务；中国梦是和平梦，更是世界人民的梦，中国希望在实现这一梦想的道路上造福世界人民、推动世界和平。

2012年，习近平总书记在参观《复兴之路》展览时提出了"中国梦"这一概念。之后，党的十九大报告再述中国梦，其间中国发生了历史性变革，中国特色社会主义进入新时代，党的十九大报告已经擘画出实现中国梦的更清晰、更具体的实现路径，为实现中华民族伟大复兴的中国梦提供了科学的行动指南和强大的精神力量。实现伟大理想，必须进行伟大斗争，战胜政治、经济、文化、社会等领域和自然界出现的一切困难和挑战；实现伟大理想，必须建设伟大工程，不断增强党的政治领导力、思想引领力、群众组织力、社会号召力，确保党永葆旺盛生命力和强大战斗力；实现伟大理想，必须推进伟大事业，要更加自觉地增强道路自信、理论自信、制度自信、文化自信，始终坚持和发展中国特色社会主义。

第四节　积极的进取精神

中国文化的基本精神可以说源自儒家思想，儒家的很多思想如"君子和而不同""以和为贵""中庸之道"等都成为中华文化的精髓。其中"自强不息，厚德

---

① 《习近平谈治国理政》，外文出版社2014年版，第167页。

载物”被国学大师张岱年先生看作中华民族精神的核心内涵。短短八个字却意味深长，蕴含着中国文化之精髓，这也成为后来清华大学的校训。中华民族具有的积极向上的进取精神、宽容并包的包容精神、浩然正气的爱国主义精神以及敢于担当的天下责任，是为实现中国梦不断奋斗的中国所需要的，这是传统文化赋予我们的优秀美德，也是当代中国发展过程中需要的精神品质，更是社会主义核心价值观凝练过程中表达的中国品质。

一、自强不息的进取精神

“自强不息”源自《周易·象传》：“天行健，君子以自强不息。”[①]古代哲人认为，人处于天地之间，应吸取天地之精华，“天”（自然）的运动刚强劲健，生生不息，日复一日、年复一年，永不停止，人也应该刚健有为、积极向上、努力拼搏、自强不息。它既是个人理想的人格品质，又是国家、民族应有的气节和精神，还是中国文化的特征之一，蕴含着中国传统文化刚柔相济的内在结构。中国的发展、中华民族的崛起都需要这种品质，社会主义核心价值观的凝练更需要这种精神。

自强不息是古代哲人理想人格具备的品质。自强不息的前提是拥有独立的人格。孟子说：“富贵不能淫，贫贱不能移，威武不能屈。”[②]还说：“欲贵者，人之同心也。人人有贵于己者，弗思耳。人之所贵者，非良贵也。”[③]孟子所说的良贵是人人都有的，是与生俱来的，而人之所贵则是由权势决定的，是可以被剥夺的，人人都有自己固有的价值，孟子对人的价值的肯定在当时可以说是比较超前的。

对人的价值的肯定是自强不息精神的重要方面，同时自强不息还体现为生活态度上的自信自强和乐观向上。孔子说：“其为人也，发愤忘食，乐以忘忧，不知老之将至云尔。”[④]孔子经常勉励自己和学生积极乐观，视“苦”为无，面对生活积极主动，若抱持安贫乐道的态度，生活将会更加美好和快乐。《周易》中“复”卦彖辞曰：“‘复，亨’。刚反，动而以顺行，是以‘出入无疾，朋来无咎’。‘反覆其道，七日来复’，天行也。‘利有攸往’，刚长也。复，其见天地之心乎。”[⑤]这生动地说明阳作为新生力量不容小觑，虽然暂时被阴压抑，但这股不断生长的力量将变得越来越强大，这是自然之规律，我们应顺应这一规律。乾卦“九三”爻辞

① 《周易》，中华书局2011年版，第8页。

② 《孟子》，中华书局2016年版，第126页。

③ 《孟子》，中华书局2016年版，第260页。

④ 《论语》，中华书局2015年版，第72页。

⑤ 《周易》，中华书局2011年版，第225页。

曰:“君子终日乾乾,夕惕若厉。无咎。”[①]意思是说君子应当终日不懈,自强不息,即使到了晚上也要抱有警惕之心,不能松懈。这样才能虽遇险情但安然无恙。“升”卦释为:“《象》曰:地中生木,升。君子以顺德,积小以高大。”[②]“渐”卦释为:“《象》曰:山上有木,渐。君子以居贤德善俗。”[③]“《彖》曰:渐之进也,女归吉也。进得位,往有功也。进以正,可以正邦也,其位刚得中也。止而巽,动不穷也。”[④]这都是在讲君子应志存高远、自强不息,顺应自然规律,顺势而上。《周易》除强调君子应具有自强不息的人格品质外,还特别强调人道应顺应天道,这也是中国文化中的“天人合一”思想,即“天垂象,见吉凶,圣人象之”[⑤]。

自强不息被儒家视为理想人格的重要品质,是孔子眼中君子之道的重要内容。圣人相对于君子而言是看不见、摸不着的,君子则是人们可以通过不断努力达到的理想人格形象,甚至成为中华优秀传统文化塑造的中国人的理想人格。君子不仅是个人层面的理想人格,还是国家作为个体所崇尚的品格形象。君子具有的三大品质,即以天下兴亡、匹夫有责为重点的国家责任与担当,以仁义共济、立己达人为重点的社会关爱,以正心笃志、崇德弘毅为重点的修身向善,分别与社会主义核心价值观倡导的国家层面的价值目标、社会层面的价值取向以及个人层面的价值准则相对应。自强不息正是个人层面修身向善的品质追求,是社会主义核心价值观倡导的“爱国、敬业、诚信、友善”的精神品质。

二、厚德载物的包容精神

“天行健,君子以自强不息;地势坤,君子以厚德载物。”张岱年先生将自强不息视为中国文化的基本精神。天的德性在于其健行不已,而地的品质则是孕育众生、博大包容,人应该顺应并效法它,兼容并包、厚德载物。

厚德载物体现的是一种包容的精神、是一种“和而不同”、有容乃大的胸怀。包容的精神不同于宽容的态度,前者比后者具有更大的胸怀与气度。宽容的前提是以自己的标准去衡量他者,当他者有悖于或损害于自己时所表现出来的不计较、不在乎、有气量,这就是宽容;包容所体现的则是通过“化”的形式包纳一切,通过“以己化他”来达到“化他为己”,以实现自我与外界发展的和谐与统一,更强调的是“和而不同”中的“和”,一种和谐的统一,正如史伯所说:“夫和实生

① 《周易》,中华书局2011年版,第3页。
② 《周易》,中华书局2011年版,第405页。
③ 《周易》,中华书局2011年版,第462页。
④ 《周易》,中华书局2011年版,第461页。
⑤ 《周易》,中华书局2011年版,第596页。

物，同则不继。以他平他谓之和，故能丰长而物归之；若以同裨同，尽乃弃矣。”[①]只有在“以己化他”到“以他化己”的过程中，事物才能不断成长，进而发生质的变化。

厚德载物作为中华民族的精神核心，更多地是从国家、民族层面提出的品德和要求，具体表现在国家民族关系、文化价值观以及人际关系上。

在国家民族关系上，厚德载物要求对待其他国家、其他民族要把中国文化中“和”的理念置于具体国家关系和民族关系之中，做到“和而不同”。正如费孝通先生所言，“中华民族的主流是许许多多分散独立的民族单位，经过接触、混杂、联接和融合，同时也有分裂和消亡，形成一个你来我去，我来你去，我中有你，你中有我，而又各具个性的多元统一体”[②]。中国一直奉行独立自主的和平外交政策，主张国家发展的独立、民族发展的自主，但在全球化大趋势下，国家、民族想要发展，必须求同存异、和而不同，走和平发展的道路。正因为中国传统文化的这一特点，中国的崛起将是和平崛起，遵循“以力服人者霸，以德服人者王”的发展之道。

厚德载物体现在文化价值观上，就是对文化抱持“各美其美、美人之美”的态度。张岱年先生说：“在西方有宗教战争，不同的宗教绝对不相容。佛教产生于印度，却不为婆罗门教所容，结果佛教在印度被消灭了。在中国，儒学、佛教、道教彼此是可以相容的，这种现象只有中国才有。”[③]的确，中国文化中的“和合”文化和厚德载物的包容性，使中国文化在面对外来文化时始终保持谦逊、平和的心态，因为不同的文化和文明都有精华与糟粕，我们应该用君子的风范去欣赏、接纳不同，而不是用本民族的文化标准去评判其优劣。这就是“各美其美、美人之美”的文化态度。

厚德载物在人际关系上，表现为“和为贵”“己所不欲，勿施于人”。这里的人际关系不仅指人与人之间的个体交往，还指国家与国家、民族与民族之间的交往。中国传统文化注重人与人交往要“推己及人”，强调自己“不应该做什么”，而不是要求别人“应该做什么”，“修己而不责人”，在群体关系中建立相互尊重、相互容忍、互利互惠的合作关系。

厚德载物与自强不息均为中华民族精神的核心内容，自强不息强调的是一种韧性的品质，拼搏、坚韧；厚德载物则强调的是宽厚的气度，包容、接纳。这是

---

① 《国语》，中华书局 2013 年版，第 573 页。

② 费孝通：《全球化与文化自觉——费孝通晚年文选》，方李莉编，外语教学与研究出版社 2013 年版，第 17 页。

③ 《张岱年全集》第 6 卷，河北人民出版社 1996 年版，第 168 页。

中华民族开启复兴之路更加需要的品质和胸怀。只有具备积极向上、乐观进取的人生态度，坚韧不拔、勇于拼搏的坚强品质，海纳百川、和而不同的气度胸怀，只有凝聚全中国人民的力量，中国才能实现经济的腾飞、政治的进步、文化的发展、生态的改善；中国在世界的舞台上才能展现大国的风范、发挥大国的作用；中华民族才能克服种种困难，在复兴之路上勇往直前。

三、浩然正气的爱国情怀

什么是爱国情怀？爱国情怀是热爱、维护国家的一种情结，体现了对国家的深厚感情，反映了个人对国家的依存关系，是对国家、民族和文化的归属感、认同感。爱国主义集中表现为民族自尊心和自豪感，体现在国家政治、经济、文化、法律、道德、艺术等领域，是影响民族和国家发展的重要因素。

中华民族有着深厚的爱国主义传统，几千年来形成了以爱国主义为核心的团结统一、爱好和平、勤劳勇敢、自强不息的伟大民族精神。不同历史时期爱国主义的具体表现不同，战争年代，爱国主义主要表现为天下兴亡、匹夫有责的爱国情怀和视死如归、宁死不屈的民族情节。中国人民经历了残酷而艰难的抗日战争，其间爱国主义的表现是抗战精神，正如习近平总书记所说："在中国人民抗日战争的壮阔进程中，形成了伟大的抗战精神，中国人民向世界展示了天下兴亡、匹夫有责的爱国情怀，视死如归、宁死不屈的民族情节，不畏强暴、血战到底的英雄气概，百折不挠、坚忍不拔的必胜信念。"[①]战争年代，如果没有爱国主义的民族气节，人民则饱受羞辱，家园被任意践踏；如果没有爱国主义的民族精神，国家则亡、民族则衰。和平年代，爱国主义更多地表现在人们的思想信念和生活细节中，更多地表现为人们对国家和民族文化的归属感、认同感、尊严感和荣誉感，对故土家乡的归属、对民族文化的认同、对国家主权和尊严的捍卫、对国家荣誉的维护。

爱国主义可以产生巨大的凝聚力，可以不通过严密的逻辑论证去说服民众，而仅仅通过情感的激发就能够深入人心的价值观，它可以凝聚力量，使全国人民为了国家独立、民族振兴无所畏惧、勇往直前。

新时代赋予爱国主义新的内容，我们要倡导的是理性的爱国主义价值观。虽然中国发展的速度很快，但人均 GDP 还处于世界发展中国家水平，在世界文化体系中，西方文化还处于强势地位，而且源源不断地向中国输入，在外来文化

① 习近平：《在纪念中国人民抗日战争暨世界反法西斯战争胜利 69 周年座谈会上的讲话》，人民出版社 2014 年版，第 11 页。

(强势文化)冲击下,中国的发展更需要提升文化自信。

近年来,随着分裂势力不断抬头,国内陆续出现了非理性爱国主义和狭隘民族主义的苗头。在这种情况下,我们更应该倡导理性的爱国主义、浩然正气的爱国情怀,只有在社会主义核心价值观倡导的平等、公正、法治的社会主义价值理念引导下,以爱国主义为核心的民族精神才能在推动国家发展、民族振兴方面发挥更大作用。

四、爱好和平、"以天下国家为己任"的担当精神

自强不息、厚德载物是中华民族之精神,浩然正气的爱国情怀则是中华民族精神之核心,爱好和平、担当责任不仅是中华民族的优良传统,而且也是民族精神的核心内容之一。

中华民族爱好和平,儒家倡导与人为善、"有教无类""己所不欲,勿施于人",儒家从修身讲起,推己及人,进而拓展到齐家、治国,一直到"平天下"。其中,如何处理人与人之间的关系、国与国之间的关系,儒家讲推己及人,"己所不欲,勿施于人",将心比心,做到"老吾老以及人之老,幼吾幼以及人之幼",用仁爱之心处理彼此关系,反对以力服人,主张以理服人。儒家倡导和平的思想,影响了中华民族几千年的发展,使中华民族崇尚"协和万邦""四海之内皆兄弟"。今天,崇尚和平、爱好和平依然是中国处理国际关系遵循的重要原则。近代,中国饱受被殖民、被侵略的苦难,这是刻骨铭心的,也更让我们珍惜现在的和平与安定。中国政府明确指出,将坚定不移地走和平发展道路,中国梦也是追求和平之梦。习近平主席指出:"中国这头狮子已经醒了,但这是一只和平的、可亲的、文明的狮子。"[①]中国在崛起的道路上绝不搞霸权主义、不走称霸扩张之路。这也成为构建社会主义核心价值观的价值导向。倡导文明、和谐,倡导平等、公正,倡导诚信、友善,不仅是对民众提出的价值要求,也是对国家提出的价值目标和行为准则。

中国爱好和平,希望尽最大努力为自己创造和平稳定的发展空间,希望尽最大努力维护世界的和平与发展。在发展的过程中,中国以世界的视角去看待世界,秉承"不拒他者"的传统精神,以包容的心态去理解世界,尊重不同国家发展的多样性和价值理念的多样性,希望"以己化他"的方式达到"化他为己",中国有责任为了世界的发展做出自己的贡献。党的十九大报告强调:"中国将高

---

① 习近平:《在中法建交50周年纪念大会上的讲话》,http://www.xinhuanet.com/world/2014-03/28/c_119982956.htm。

举和平、发展、合作、共赢的旗帜，恪守维护世界和平、促进共同发展的外交政策宗旨，坚定不移在和平共处五项原则基础上发展同各国的友好合作，推动建设相互尊重、公平正义、合作共赢的新型国际关系。”①这表明中国将进一步推动构建人类命运共同体，积极促进和而不同、兼收并蓄的文明交流，始终做世界和平的建设者、全球发展的贡献者、国际秩序的维护者。中国作为一个拥有十几亿人口的大国，肩负的责任更加重大，“以天下国家为己任”体现了中国的大国担当，“穷则独善其身，达则兼济天下”是中华民族始终崇尚的品德和胸怀。随着国力的增强，中国将在力所能及的范围内承担更多的国际责任和义务，中国将更有力量，用实际行动认真回答好社会主义核心价值观所构建的“建设什么样的国家”“建设什么样的社会”“培育什么样的公民”，为人类和平与发展做出更大贡献。

第五节 先进的文明路径

任何一种文化一定具有指向未来、更新创造、超越自我、不断丰富自身的能力，只有这样才能实现生存与发展，才能推动民族发展、观照人类命运。中华文化特别是中华优秀传统文化同样具有指向未来的特质，为实现中华民族伟大复兴提供文化滋养和精神支持。

一、任何民族的发展始终要保持其民族精神的先进性

(一)“三个代表”重要思想的提出

2000年2月25日，江泽民总书记在视察广东省工作时，针对国内外的政治经济形势和中国共产党的历史发展，明确地提出了适应中国社会形势的“三个代表”重要思想，具体内容为中国共产党始终代表中国先进生产力的发展要求、始终代表中国先进文化的前进方向、始终代表中国最广大人民的根本利益。这一重要思想适应了当时的国内外形势，明确了中国共产党在世纪之际的光荣使命，集中概括了中国共产党的意识形态和全部的理论活动及实践活动，为中国共产党的前进、发展和实现小康提供了科学的指南。

中国共产党是人民的党，诞生于半封建半殖民地的旧中国，正是中国共产

① 习近平：《决胜全面建成小康社会 夺取新时代中国特色社会主义伟大胜利——在中国共产党第十九次全国代表大会上的报告》，人民出版社2017年版，第58页。

党使中华民族获得了独立,也使中国人民站立起来,赢得了世界的尊重。因此,中国共产党从诞生的那一天起就立志改造落后的中国,带领中国人民走上民族复兴之路。21世纪,中国共产党要始终代表中国先进生产力的发展要求,因为这是党的理论、路线、纲领、方针、政策,也是中国共产党人的各项具体工作,唯有如此,中国的社会主义建设才能符合生产力发展的规律,进而完全体现社会不断发展和推动社会生产力解放的要求,而且中国共产党推动先进生产力发展,既是中国共产党党纲的要求,也是历史赋予中国共产党人通过发展生产力不断提高人民群众的生活水平的历史使命。中国共产党是中华民族历史文化的主体担当者,始终代表中国先进文化的前进方向,是因为中国共产党担负着中华民族面向现代化、面向世界、面向未来的主体使命,体现着中国特色社会主义文化的要求,也承担着促进全民族思想道德素质和科学文化素质不断提高的责任,为中国经济腾飞和社会向善提供精神动力和智力支持。中国共产党代表最广大人民的根本利益,是因为中国共产党是由广大人民群众中的先进分子组成,没有理由不代表人民的利益。所以说,中国共产党始终代表中国最广大人民的根本利益,就是讲中国共产党的理论、路线、纲领、方针、政策以及党的各项工作都必须坚持以最广大人民的根本利益作为出发点和归宿,充分发挥最广大人民的积极性、主动性、创造性,在推动中国社会不断发展进步的基础上建构中国特色的社会主义经济体系和政治制度,使全体人民不断获得切实的经济、政治、文化利益。

(二)社会主义核心价值观的构建

价值是客体满足主体需要的尺度,是人类社会生活中满足人类需要的社会现象的概括。每个社会都有影响自己社会存在的核心价值观,在不同的社会背景下核心价值观呈现出不同的形态。一个社会的核心价值观是这个社会文化的根基,通常也决定着整个社会的价值倾向和价值选择标准。因此,一个社会的核心价值观体现在一个社会的方方面面,如决定社会的政治制度的倾向,影响社会的法律法规的精神、社会经济体制的构建以及社会文化生活的生成和道德伦理的演化。所以,核心价值观在一个社会中能够起到整合社会思想资源、引领社会的价值判断、完善社会道德的功能。

当然,核心价值观不是一成不变的,随着社会的发展变化而不断嬗变。核心价值观也是历史的必然产物,通过核心价值观的特征就可以了解核心价值观的历史性和共时性建构特点。一般来说,“核心价值观的特征就在于:核心价值观作为历史发展的产物,具有不断发展变化的特点,但这并不意味着核心价值观没有共同的特征。在不同的社会中，在不同的历史发展阶段，核心价值观都有某些共同的特征，如历时性、主导性、理想性、稳定性等。因为凡是核心价值观，其主导性的特征肯定是比较突出的。核心价值观作为生存的长期愿景，存在理想建构的特征。核心价值观作为某个社会的理想价值观形成之后，在短时间内难以改变，因此具有稳定性”[①]。

社会主义核心价值观是社会主义社会占据主导地位的价值观念体系，是社会主义社会对现实生活产生影响的价值形态。当下中国多元价值观并存的状况，正是中国社会主义社会初级阶段的反映，改革开放使中国迅速发展起来，同时伴随改革开放出现的一些社会问题，正是中国社会主义社会发展遇到的一些“烦恼”，也必然在中国进一步改革开放的过程中得到彻底的解决。所以，社会主义核心价值观的建构是当下中国的历史使命。可以说，社会主义核心价值观正是当代中国应对意识形态安全问题需要建构的价值观，不但体现了中国特色社会主义国家的政治理想，同时也是应对当前价值危机和价值多元碰撞的根本举措。

正义是社会的美德，富强、民主、文明、和谐，自由、平等、公正、法治，爱国、敬业、诚信、友善意蕴广泛，体现了社会主义核心价值观的正义诉求。社会主义核心价值观是对中国社会历史规律认知的深化。在不同的社会发展时期，由于人们各自的需要存在差异，追求也各自不同，所以人们对何为公平正义有着不尽相同的看法，人类对公平正义的诠释也随着社会时代的发展变化而不断演变，这也使得正义的概念存在多义性和多样性。社会主义核心价值观的正义诉求体现在四个方面——法律的权威、政治的合法性、道德的权威、公民的尊重，进而建构公平正义的社会规范和制度美德，维护社会的公平正义。

社会主义核心价值观的正义诉求正是由于个体同国家和社会结合而成的一种关系和体会，而个人与国家的问题根本上就是权利和义务的关系问题，“没有无义务的权利，也没有无权利的义务”。“富强、民主、文明、和谐”是针对国家而言的建设目标，也是社会主义核心价值观正义需求的原则呈现；“自由、平等、公正、法治”是针对社会的制度正义的表现，反映的是国家与个人的制度正义；“爱国、敬业、诚信、友善”是个人层面的正义理念，是约束个人的道德规范。“和平、发展、公平、正义、民主、自由，是全人类的共同价值，也是联合国的崇高目标。”[②]

也就是说，社会主义核心价值观三个层面之间是具有内在联系且有机统一

---

① 谢晓娟：《社会主义核心价值观研究》，中国社会科学出版社 2012 年版，第 10～11 页。

② 习近平：《携手构建合作共赢新伙伴，同心打造人类命运共同体——在第七十届联合国大会一般性辩论时的讲话》，《人民日报》2015 年 9 月 29 日。

的关系，概言之，国家民族层面的社会主义核心价值观是中国的政治体制和社会主义制度基本价值追求的体现，是中国社会主义经济、政治、文化、社会以及生态文明的内在要求；社会集体层面的核心价值观是中国特色社会主义属性的体现，是中国现代化建设的整体价值取向和理想目标体现；个人层面的核心价值观是公民必须遵循的道德准则和价值原则。可以说，三个层面是相互依赖、相互贯通、相互联系的辩证统一的关系，社会主义核心价值观是中国的国家目标、社会导向和个体行为准则的有机统一。

(三)习近平新时代中国特色社会主义思想的形成

习近平新时代中国特色社会主义思想诞生于党的十九大，是在中国特色社会主义道路的探索中进行的开创性重大理论探索和思想创新，其形成是历史的必然选择。在过去五年间，中国取得了全方位的、开创性的成就，发生了深层次的、根本性的变革，这是历史性变革，中华民族的面貌发生了前所未有的变化。中国社会的主要矛盾也发生了改变，已不再是人民日益增长的物质文化需要同落后的社会生产之间的矛盾，中国人民的温饱问题已经基本解决，总体上实现了小康，随之社会矛盾也发生了关系全局的历史性变化。人民不仅在物质文化上有要求，对民主、法治、公平、正义等也有越来越多的需求，社会发展的不平衡不充分很难满足人民日益增长的对美好生活的需要。中国特色社会主义进入新时代，这在中华民族发展史、人类社会发展史上都具有重要意义。

习近平新时代中国特色社会主义思想是以新时代社会主要矛盾的变化为逻辑起点的，中国共产党坚持以马克思列宁主义、毛泽东思想、邓小平理论、“三个代表”重要思想、科学发展观为指导，坚持解放思想、实事求是、与时俱进、求真务实，坚持辩证唯物主义和历史唯物主义，紧密结合新的时代条件与实践要求，以全新的视野深化对中国共产党执政规律、社会主义建设规律、人类社会发展规律的认识，进行了艰辛的理论探索，取得了重大理论创新成果，形成了习近平新时代中国特色社会主义思想。

习近平新时代中国特色社会主义思想系统全面地回答了中国进入新时代后坚持和发展什么样的中国特色社会主义、怎样坚持和发展中国特色社会主义的问题，“八个明确”清晰地阐明了“是什么”的问题，“十四个坚持”具体谋划了“怎么做”的问题，这对于更好地发展中国特色社会主义既给予了世界观和方法论的理论指导，又给予了实践层面的具体指导。习近平新时代中国特色社会主义思想内涵是丰富的，目标是明确的，逻辑是清晰的。

二、任何民族发展始终要在实践观基础上解决当下的时代问题

(一)“一带一路”倡议的提出

如果说社会主义核心价值观是中国的国家目标、社会的导向和公民的行为准则的话,那么“一带一路”倡议就是践行社会主义核心价值观的最好注释,因为“一带一路”倡议不仅是丝绸之路的复兴,而且有助于促进国际经济要素有序自由流动、资源高效配置和市场经济深度融合,更有助于建构开放、包容、普惠、尊重的区域经济合作新框架——命运共同体。

国家主席习近平2013年9月访问哈萨克斯坦和10月访问印度尼西亚期间先后提出共同建设“丝绸之路经济带”和“21世纪海上丝绸之路”(合称“一带一路”)的构想。习近平主席首次提出中国要与沿线国家和地区加强政策沟通、道路联通、经贸畅通、货币流通、民心相通,主张中国与沿线国家进行全面加强务实合作,进而推动双多边合作迈上历史新高度。习近平主席的倡议得到了沿线国家广泛支持和国际社会高度关注。“一带”是横贯东西走向、连接欧亚大陆,主要着眼于中国从陆上向西开放,经由中亚、蒙古国、俄罗斯、西亚至欧洲,把中国与中亚、西亚、中东欧和欧洲大多数国家紧密连接起来,形成新亚欧大陆桥经济走廊和区域合作带。中国是海洋国家,“21世纪海上丝绸之路”途径太平洋、印度洋,可以连接陆海,着眼于中国从海上由东向西开放,经由南海、印度洋进入非洲、地中海延伸至欧洲,把中国的近邻东盟和南亚、西亚、东非、北非、地中海沿岸和欧洲等区域经济板块连接起来,形成面向太平洋和印度洋的亚非欧合作经济带。[①]

“一带一路”倡议是党中央在国际经济形势复杂严峻和全球经济格局面临深刻调整的大背景下统筹国内外形势做出的重大战略决策,是中国更进一步改革开放的恢宏战略,也是中国建构全方位开放、增强中国周边区域经济辐射力、强化中国与周边国家外交和安全合作、推动形成以中国为核心的区域经济分工合作体系的新思维和新举措,更是实现中华民族伟大复兴中国梦的具体重大实践和行动指南,是在和平共处五项原则基础上建构全球经济命运共同体的根本大计,具有重大的历史意义。具体言之,第一,贯通中国东部、中部、西部地区的经济发展,协同共进,使东部沿海地区的经济发展辐射全国,振兴东北老工业基地,助力西南少数民族地区经济发展,带动西北内陆的资源经济和治理西部生

① 参见吴润生:《“一带一路”战略的几个问题思考》,《中国发展观察》2015年第6期。

态环境。培育经济增长点，调整产业结构，实施“中国制造 2025”经济战略。第二，面对复杂的国际经济形势，注重开拓新兴市场和培育发展中国家的经济，既要学习发达经济体的先进技术，也要兼顾发展中国家的经济变化，输出国内过剩资本和产能，推动中国和共建“一带一路”国家的经济合作，建设利益共同体和命运共同体。为中国企业的投资和产业合作提出了战略性的构想和设计，也使中国经济降低了对发达经济体的依赖程度，增强了中国经济的竞争力，更好地提升了中国经济在全球经济体系分工中的地位和影响力。第三，“一带一路”倡议，海陆统筹，东西互济，也是中国陆权利益和海权利益的最好保障。“在坚决维护我国海洋权益和海运通道安全的同时，通过开辟建设向西开放的亚欧经济合作大走廊，实现沿线国家基础设施互联互通、安全高效，保障我国境外陆运通道安全可靠，推动形成陆海统筹的经济大循环和地缘战略大格局，减少我国外贸商品、能源资源对马六甲海峡的过度倚重，更多更好地利用国际市场和国外资源，为我国未来发展赢得更大的国际战略空间。”①第四，参与国际规则和国际标准制定的新战略构想。WTO 是全球多边贸易支付体系，尽管全球化中西方资本主义国家占据着话语霸权，但随着经济实力的逐步提升和国际竞争力的不断增强，中国的话语权也在不断增强，“一带一路”倡议的提出正是中国话语权的最好展示，也使世界经济的发展更多地惠及后发国家和广大发展中国家，使更多的国家都能够参与国际规则和国际标准的制定，也进一步促使中国经济参与全球经济治理，推动中国梦的实现。

总之，“一带一路”倡议谱写了中华民族复兴古丝绸之路的新篇章，也使经济要素更加有序自由流动，从而使全球资源能够高效配置和市场深度融合，使全球经济的参与者共同打造尊重、开放、包容、均衡、普惠的“命运共同体”的区域经济合作新构架，目的就在于加快培育和提升中国企业参与和引领国际合作竞争新机制中，推动中国经济转型升级，由劳动密集型企业转向知识密集型企业，进而带动中国国内优势产业向全球产业价值链中高端迈进，既不断强化中国经济对区域经济合作进程的主导性影响，同时又为中国与沿线不同政治体制的国家共同打造政治互信、经济融合、文化包容、安全互助的“利益共同体”“责任共同体”“命运共同体”创造有利条件，为继续抓住用好进而拓展、延伸中国重要战略机遇期提供重要战略支撑。

(二)中国特色社会主义发展的“四个自信”

建构社会主义核心价值观，打造关涉区域经济合作共同体——命运共同

① 吴涧生：《“一带一路”战略的几个问题思考》，《中国发展观察》2015 年第 6 期。

体，提出“一带一路”倡议，正是源于中国特色的社会主义制度和社会主义道路的自信，也是践行“四个自信”的最好体现。

党的十八大报告指出：“中国特色社会主义道路，中国特色社会主义理论体系，中国特色社会主义制度，是中国共产党和中国人民九十多年奋斗、创造、积累的根本成就。”[①] 所以，中国共产党人要坚定“四个自信”。正是在中国共产党的带领下，中华民族获得独立与解放，中国人民赢得了世界的尊重，中国人变得富有和强大。所以说，“四个自信”是对中国共产党精神状态的新要求，也是中国人民对中国共产党领导的中国特色社会主义的新认识。“四个自信”源于对中国特色社会主义的坚定信念，体现了对中国国情的深刻把握、对中华民族命运的理性思考、对全体中国人民福祉的责任担当。

首先，一个国家选择什么样的道路是决定这个国家命运的根本问题。1840～1949 年，中华民族为了生存在选择中取舍。正是中国共产党主张和坚持及拓展的中国特色社会主义道路，开启了中华民族道路创新和道路自觉，中国共产党人勇敢地承担起民族解放、民族独立和民族复兴的艰巨历史任务，把马克思主义基本原理同中国具体实际和时代特征结合起来，团结和带领全国各族人民，历经千辛万苦，取得新民主主义革命的伟大胜利，开创和发展了中国特色社会主义道路，从根本上改变了中国人民和中华民族的前途命运，不可逆转地结束了近代中国内忧外患、积贫积弱的悲惨命运。1949 年新中国的成立，也使中华民族解决了生存问题。进而中国特色社会主义道路的开辟、中国特色社会主义道路的创新，又不可逆转地开启了中华民族发展壮大、走向伟大复兴的历史进军，中国特色社会主义道路的自觉，同样也将不可逆转地书写社会主义中国生机勃勃的新篇章，描绘中华民族屹立于世界民族之林的光明前景。1978 年，中国共产党领导中国人民坚持改革开放，坚持和拓展中国特色社会主义道路，立足基本国情，走上了社会主义的富裕之路，中国共产党人坚持以经济建设为中心，坚持四项基本原则，坚持改革开放，提出了“五位一体”总体布局，促进人的全面发展，逐步实现全体人民共同富裕，建设富强民主文明和谐美丽的社会主义现代化国家，坚定不移地捍卫中国特色社会主义。

其次，选择了正确的道路，同样也需要建构科学的思想理论体系，即理论自信。没有革命的理论，就没有革命的实践。理论的发展源自理论形成、理论创新和理论自觉，这就需要我们进一步坚持和丰富中国特色社会主义理论体系。

---

① 胡锦涛：《坚定不移沿着中国特色社会主义道路前进 为全面建成小康社会而奋斗——在中国共产党第十八次全国代表大会上的报告》，人民出版社 2012 年版，第 12 页。

理论自信要求我们在坚持理论创新和理论自觉时，必须坚持用发展着的马克思主义指导中国特色社会主义现代化建设的实践，这既是保持中国共产党的先进性的本质要求，也是中国共产党在世界形势深刻变化的历史进程中始终走在时代前列的历史使命，更是中国共产党在应对国内外各种风险考验中始终成为全国人民主心骨的要求。中国共产党人的理论选择正体现了“中体、西用、马魂”的原则。一百多年来，中国共产党人在中国革命、建设和改革发展过程中把马克思主义中国化，诞生了毛泽东思想，回答和解决了在一个半殖民地半封建的东方大国如何实现新民主主义革命和社会主义革命的问题，并对建设什么样的社会主义、怎样建设社会主义进行了艰辛探索；在建构中国特色社会主义理论体系过程中，诞生了邓小平理论、“三个代表”重要思想、科学发展观和习近平新时代中国特色社会主义思想等科学理论体系，系统回答了在中国这样一个拥有十几亿人口的发展中国家建设什么样的社会主义、怎样建设社会主义，建设什么样的党、怎样建设党，实现什么样的发展、怎样发展，新时代坚持和发展什么样的中国特色社会主义、怎样坚持和发展中国特色社会主义等一系列重大问题，是对马克思主义的继承和发展。

再次，社会主义制度的建构，创造了人间奇迹，解决了 14 亿多中国人的生存问题，也为 14 亿多中国人的美好生活奠定了坚实的基础。因此，社会主义的制度自信源于社会主义制度确立、制度创新和制度自觉，我们现在需要做的就是进一步坚持和完善中国特色社会主义制度，与时俱进地发展中国特色社会主义，践行中国梦，创造和谐中国、美丽中国。中国特色社会主义制度不仅关乎中国共产党的方向，更关系国家建设、中华民族的团结和全中国人民的根本福祉。中国特色社会主义进入新时代，科学社会主义使中国焕发强大生机活力，在世界上高高举起了中国特色社会主义伟大旗帜，在实践中不断推动中国特色社会主义道路、理论、制度、文化向前发展，为世界那些既希望加快发展又希望保持自身独立性的国家和民族提供了加快社会发展的新选择，为世界提供了人类社会发展的中国思路、中国智慧和中国方案。

最后，文化自信是一个国家、一个民族对自身文化价值的充分肯定，是对自身文化生命力的敬畏与信仰。没有高度的文化自信，没有文化的繁荣兴盛，就没有中华民族的伟大复兴。中国特色社会主义文化是马克思主义中国化的产物，它源自中华民族五千多年文明孕育的中华优秀传统文化，植根于中国特色社会主义的伟大实践。马克思主义是中国特色社会主义文化发展的精神旗帜，丢掉这个旗帜就会迷失方向；中华优秀传统文化则是中国特色社会主义文化发展的“根”和“魂”。丢掉这个“魂”，文化将割断自己的精神命脉。因此，要想发展好中国特色社会主义文化，就必须以马克思主义为指导，坚守中华文化立场，立足当代中国现实，结合当今时代条件，发展面向现代化、面向世界、面向未来的，民族的科学的大众的社会主义文化。

总之，中国特色社会主义进入新时代，中国共产党人要抓住重要战略机遇期，不断推进实践创新、理论创新、中国特色社会主义制度创新和文化创新，在经济、政治、文化、社会等各个领域形成一整套相互衔接、相互联系的制度体系，不断完善中国特色社会主义事业总体布局，坚持和发展中国特色社会主义制度。我们要在制度确立和制度创新的基础上，以高度的制度自觉，不断推进社会主义制度自我完善和发展，与时俱进地发展中国特色社会主义。

第六章　社会主义核心价值观对中华民族精神的继承和发展

张岱年先生说："在一个民族的精神发展中，总有一些思想观念，受到人们的尊崇，成为生活行动的最高指导原则，这种最高指导原则是多数人所信奉的，能够激励人心的，在民族的精神发展中起着主导的作用。这可以称为民族文化的主导思想，亦可简称为民族精神。"[①]民族精神是对在人们世世代代生活中起作用的那些生活方式、行为方式、思维方式、价值观念和风俗习惯的高度提升和凝练，是一个民族赖以生存和发展的精神支柱，是一个民族独特的精神标识和灵魂，也是一个民族走向强盛的精神力量。

五千多年的文明铸就了中华民族光辉而灿烂、博大而精深的民族精神。以爱国主义为核心的团结统一、爱好和平、勤劳勇敢、自强不息的中华民族精神是中华民族共有的精神家园，积淀了中国人民共同的最深层次的价值追求，千百年来激励着中国人民的伟大实践。新时代，中华民族精神也积极回应着新的时代课题，为开创中国特色社会主义事业、实现中华民族伟大复兴的中国梦提供精神给养，成为社会主义核心价值观形成的深厚土壤，也赋予社会主义核心价值观浓郁的中国特色、中国风格、中国气派。同时，中华民族精神也因与社会主义理想信念和实践融合获得了新生，拥有了鲜明的时代特色，践行和培育社会主义核心价值观将会带来中华民族精神新的发展。

习近平总书记指出："核心价值观是一个民族赖以维系的精神纽带，是一个国家共同的道德基础。如果没有共同的核心价值观，一个民族、一个国家就会魂无定所、行无依归。"[②]中华民族之所以能够在几千年的历史长河中生生不息、薪火相传、顽强发展，靠的就是中华民族一脉相承的精神追求、精神特质、精神

---

① 张岱年：《文化与哲学》，中国人民大学出版社 2006 年版，第 74 页。

② 习近平：《在文艺工作座谈会上的讲话》，人民出版社 2015 年版，第 22 页。

脉络。在党的十九大报告中，习近平总书记进一步指出，培育和践行社会主义核心价值观，就要“深入挖掘中华优秀传统文化蕴含的思想观念、人文精神、道德规范，结合时代要求继承创新，让中华文化展现出永久魅力和时代风采”①。

第一节　爱国主义的新发展

爱国主义是中华民族精神的核心。爱国主义传统源远流长，深深植根于中华儿女心中，是中华民族的精神基因，维系着中华民族的团结统一，激励着一代又一代中华儿女为国家的繁荣发展而不懈努力。四大文明古国中，传统的古老文化生生不息、薪火相传的唯有中国，中华民族经受了五千多年的风雨始终巍然屹立于世界东方，这同中华民族有着深厚悠久的爱国主义传统是密不可分的。

一、爱国主义的中华传统

中华民族早在两千多年前就出现了“爱国”的观念。《战国策·西周策》中有“周君岂能无爱国哉”，《汉纪》中有“亲民如子，爱国如家”。爱国主义精神的孕育得益于中华民族独特的自然地理环境、社会结构、文化观念和历史际遇等诸多要素。其一，自然地理条件。梁启超在《中国地理大势论》中赞叹道：“美哉中国之山河！美哉中国之山河！中国者，天然大一统之国也。人种一统，言语一统，文学一统，教义一统，风俗一统，而其根原莫不由于地势。”②农耕文明大大强化了人们对土地的依存和眷恋，安土重迁、对乡土的热爱和难以割舍是爱国精神的最初形式。其二，社会结构和组织原则。中国传统社会由于农耕、治水、征战的需要较早地形成了大规模的国家组织，以血缘、亲情为纽带的宗法家庭关系直接上升为国家的组织原则，“家国同构”“家国合一”的社会结构将家庭和国家紧密联系在一起，积家成国，国是家的延续，个体的价值只有在家庭中才能实现，而国家的治乱则是家庭能否完满的前提和保障。③ 所以，中国人对国家的热爱发乎人伦自然之情，最为持久，最为浓烈。其三，文化观念。优越的自然地理条件和悠久的历史文化传统，培育了中华民族的自尊心、自信心和自豪感。张岱年先生提出，爱国主义的思想基础就是民族的自尊心和自信心，而这种自

① 习近平：《决胜全面建成小康社会　夺取新时代中国特色社会主义伟大胜利——在中国共产党第十九次全国代表大会上的报告》，人民出版社2017年版，第42页。

② 梁启超：《中国地理大势论》，《梁启超全集》第2册，北京出版社1999年版，第926页。

③ 参见孙伟平主编：《家园——中华民族精神读本》，广西人民出版社2014年版，第116页。

尊心和自信心又来源于对民族文化优秀传统的认识。[①] 自古以来,中国人就自以为处在世界的中央,正所谓"中国者,天下之中也",甚至认为"天下"即是中国,中华之外皆是蛮夷。直到近代,中国人还沉浸在"天朝上国"的迷梦之中。虽然不免有盲目自大的成分,但是正是凭借这种高度的自尊心和自豪感,中国人民倍感珍惜国家统一和民族独立,珍视民族的历史与文化,随时准备为维护国家统一和民族独立赴汤蹈火。其四,历史际遇。中华民族是一个多灾多难的民族,自然灾害、王朝更迭给中华民族带来无数次战争和灾难,尤其是近代以来外敌的多次入侵将中华民族一次次推到危亡的边缘,不愿沦为亡国奴的中国人民奋起抗争,投入救亡图存、保家卫国的斗争,赋予了爱国主义精神革命的内涵。从鸦片战争到五四运动,爱国主义与反帝反封建结合起来,具有了民主革命的色彩。五四运动的全面胜利锤炼了中华民族的爱国主义精神,即彻底地毫不妥协地反对帝国主义和封建主义,为国家找到前途、带来希望。也正是在这一历史时期,中华民族觉醒为一个自觉的民族,很多仁人志士开始对中华文化和中华民族精神进行深刻反省,疾呼"国民性之改造""国民新灵魂之铸造",希冀烈火重生出一个"青春之中华"。[②]

因此,救亡图强成为中华民族传统爱国主义的主题,它包含"大一统"的价值取向、"舍生取义"的英勇献身精神、"居安思危"的忧国忧民情结、"坚贞不屈"的民族气节、"天下为公"的社会责任感等,具有强大的民族凝聚力和向心力,并激荡于国家和民族的伟大实践。

二、新民主主义时期的爱国主义

在中华民族危亡之际,中国共产党诞生,从此中华民族的历史命运得以扭转,黑暗中得见光明。中国共产党人是中华民族爱国主义精神最忠诚、最坚定、最无畏的践行者、开拓者、奋进者、奉献者。

中国共产党从成立之时就把实现共产主义作为最高理想和最终奋斗目标,把爱国斗争和社会主义前途紧密结合起来,救国家于危亡,救人民于水火,给中国人民指明了光明的前途和希望。全民族抗战时期,在中国共产党的倡导下,以国共合作为基础,形成了抗日民族统一战线。无数共产党人抛头颅、洒热血,全体中华儿女同仇敌忾、共赴国难,在波澜壮阔的全民族抗战中谱写了爱国主义的新篇章,铸就了伟大的"抗战精神"。胡锦涛同志指出:"抗日战争,既是一

① 参见张曙光主编:《民族信念与文化特征——民族精神的理论研究》,人民出版社 2009 年版,第 186 页。

② 欧阳康主编:《民族精神——精神家园的内核》,黑龙江教育出版社 2010 年版,第 178 页。

场军事实力和经济实力的较量，更是一场精神和意志的较量。在那场空前壮阔的伟大斗争中，中华民族进一步弘扬了以爱国主义为核心的伟大民族精神，并表现出许多鲜明的特点，这就是：坚持国家和民族利益至上、誓死不当亡国奴的民族自尊品格，万众一心、共赴国难的民族团结意识，不畏强暴、敢于同敌人血战到底的民族英雄气概，百折不挠、勇于依靠自己的力量战胜侵略者的民族自强信念，开拓创新、善于在危难中开辟发展新路的民族创新精神，坚持正义、自觉为人类和平进步事业贡献力量的民族奉献精神。伟大的民族精神，不仅成为激励中国人民团结一心、血战到底的坚实思想基础和强大精神支柱，而且在抗战的烽火中得到了新的丰富和升华。这是伟大的抗日战争留给我们的最宝贵的精神财富，我们一定要结合新的时代条件大力继承和发扬。"①

三、新中国时期爱国主义的发展

新中国成立后，中华民族的爱国主义精神在社会主义革命、建设和改革中得到弘扬和培育。一方面，中华人民共和国的成立使中国人民战胜了一切剥削阶级和压迫力量，翻身成为国家的主人，一个四万万人口的东方大国建立了社会主义国家，人民的自尊心、自信心得到空前的提升，人民对国家的自豪感、认同感和归属感高涨；另一方面，帝国主义对新中国政治上孤立、外交上不承认、军事上封锁、经济上遏制，企图将新中国扼杀在摇篮里，中华民族不畏强权、不甘屈服、保家卫国、独立自主、自力更生的爱国之情又一次被激发出来；再就是中国人民在改造旧世界、建设社会主义的过程中，发扬了"艰苦奋斗、战天斗地的革命精神和排除万难、不畏时艰、自强不息的创业精神，同时也培育了体现社会主义理想和共产主义品格的时代精神"②。一些既保留传统爱国主义精神又具有时代特色的新的爱国主义精神不断涌现，譬如抗美援朝精神、大庆精神、"两弹一星"精神、大寨精神、红旗渠精神、北大荒精神、焦裕禄精神、抗洪精神、抗击非典精神、抗震救灾精神、载人航天精神、奥运精神、改革创新精神、干事创业精神、脱贫攻坚精神、伟大抗疫精神等。这些精神都是爱国主义精神在新的历史时期的丰富和发展。

四、新时代爱国主义的深刻内涵

党的十八大以来，习近平总书记在不同的场合多次提及和论述爱国主义，

---

① 胡锦涛：《在纪念中国人民抗日战争暨世界反法西斯战争胜利60周年大会上的讲话》，人民出版社2005年版，第12～13页。

② 宇文利：《中华民族精神——现当代发展新论》，北京大学出版社2007年版，第124～125页。

积极倡导秉持和永续中华民族优秀的爱国主义传统，高度重视爱国主义精神在中国特色社会主义建设和祖国统一事业中的巨大作用，特别关心祖国未来一代青少年的爱国主义教育。俄罗斯人民友谊大学教授塔夫罗夫斯基在《习近平：正圆中国梦》“导言”中用“具有爱国主义和忠于信仰的基因”高度评价习近平的爱国情怀。中国梦、“四个自信”、传承中华优秀传统文化、全面建成小康社会、“两个一百年”奋斗目标等都是习近平总书记关于爱国主义的最新阐述，准确把握了爱国主义的新发展和新要求，对弘扬爱国主义精神具有重大的指导意义。

首先，实现中华民族伟大复兴的中国梦，是当代中国爱国主义的鲜明主题。

习近平总书记指出：“中国梦的本质是国家富强、民族振兴、人民幸福。”这个梦想，把国家的追求、民族的向往、人民的期盼融为一体，表达了每一个中华儿女的共同愿景。2013 年 3 月 17 日，习近平总书记在十二届全国人大一次会议上进一步指出：“实现中华民族伟大复兴的中国梦，就是要实现国家富强、民族振兴、人民幸福。”他把中国梦与当代中国爱国主义联系起来，提出“实现中华民族伟大复兴的中国梦，是当代中国爱国主义的鲜明主题”。

中华民族为人类文明的进步做出了不可磨灭的贡献，在很长一段历史时期都走在世界前列。近代以来，中华民族历经磨难，封建主义的腐朽和帝国主义的欺凌使中华民族深受屈辱，并一度陷入亡国灭种的绝境，“救亡图存，振兴中华”成为近代以来无数仁人志士的毕生追求。中国共产党成立后，团结带领人民前仆后继、顽强奋斗，把贫穷落后的旧中国变成日益走向繁荣富强的新中国，中华民族从来没有像今天这样如此接近伟大复兴的目标，从来没有像今天这样更有能力和信心实现这个目标。

社会主义核心价值观从国家层面提出富强、民主、文明、和谐的价值目标，这是对中华民族伟大复兴的集中概括，为现阶段和未来一个阶段国家的工作任务和奋斗目标进行了准确定位，也是对爱国主义情感和行为明确的时代要求，引导人民将对国家的热爱之情转化为建设中国特色社会主义强国的具体实践。

进而言之，当代中国的爱国主义就是在中国共产党的领导下，立足国情，以经济建设为中心，坚持四项基本原则，坚持改革开放，解放和发展社会生产力，巩固和完善社会主义制度，建设社会主义市场经济、社会主义民主政治、社会主义先进文化、社会主义和谐社会，建设富强民主文明和谐的社会主义现代化国家。其中，以经济建设为中心是实现中华民族伟大复兴的基本前提，坚持四项基本原则是实现中华民族伟大复兴的基本保障，坚持改革开放是实现中华民族伟大复兴的基本动力和必由之路。在当前条件下，实现祖国的完全统一和维护祖国的安全既是民族伟大复兴的重要条件，也是爱国主义新的时代要求。[①]

其次，坚持爱国和爱党、爱社会主义相统一，是当代爱国主义的本质体现。

习近平总书记指出："祖国的命运和党的命运、社会主义的命运是密不可分的。只有坚持爱国和爱党、爱社会主义相统一，爱国主义才是鲜活的、真实的，这是当代中国爱国主义精神最重要的体现。今天我们讲爱国主义，这个道理要经常讲、反复讲。"[②]

一个古老民族的伟大复兴，不仅需要有凝神聚力的民族精神，还需要有代表和促使民族精神不断发扬光大的领导核心。历史选择了中国共产党作为实现中华民族伟大复兴的坚强领导者，而实现中华民族伟大复兴正是当代中国最鲜明的爱国主义主题，因而中国共产党毫无疑问是真正代表和体现爱国主义精神并最好地弘扬和践行爱国主义精神的政治力量。中国共产党从成立之日起，就"完全是为着解放人民的，是彻底地为人民的利益工作的"[③]，这是中国共产党先进性的根本体现。同样，中华民族伟大复兴要实现国家富强、民族振兴，最终目的也是指向人民的利益和人民幸福，这是当代中国爱国主义精神的先进性之所在。中国共产党的先进性与爱国主义精神的先进性在人民利益上的一致性，为爱国和爱党的统一提供了理论基础。

我国的爱国主义始终围绕实现民族富强、人民幸福发展，最终汇流于中国特色社会主义。中国近现代的实践证明，只有社会主义才能救中国，只有社会主义才能发展中国。新中国成立后，党领导人民进行了社会主义革命，开展了社会主义建设，推进了社会主义改革，中华民族日益走向繁荣昌盛，中国人民越来越体验到幸福感和获得感，中华民族伟大复兴展现出前所未有的光明前景。在这一历史过程中，党、国家和社会主义紧密结合在一起，形成一个命运共同体，并在中国特色社会主义事业中得到集中体现。

再次，坚持爱国情怀、创新精神、世界眼光相结合，是当代中国爱国主义的突出特征。

改革开放是当代中国的时代特征，这种时代特征赋予了当代中国爱国主义最新的精神气质和精神风貌。改革体现的是一种解放思想、与时俱进的创新精神，开放体现的是一种开放、包容的世界眼光和胸怀。从这个意义上说，时代精神是一个民族在最新的创造性实践中生发出来的，是民族精神与时俱进、最具时代性的体现。习近平总书记在讲话中谈道，实现中国梦必须弘扬中国精神，

① 参见陈金龙：《改革开放与民族精神》，广东教育出版社2008年版，第99～100页。

② 习近平：《在中共中央政治局第二十九次集体学习时的讲话》，《人民日报》2015年12月31日。

③ 《毛泽东选集》第3卷，人民出版社1991年版，第1004页。

中国精神就是以爱国主义为核心的民族精神和以改革创新为核心的时代精神，它们共同托举着中华民族伟大复兴的光荣梦想。执着于改革开放的发展道路，是爱国主义与改革创新精神相契合的最新实践。

在时代精神的有机体中，改革是当代中国发展进步的活力之源，创新则是民族进步的灵魂，是国家兴旺发达的不竭动力，也是中华民族最深沉的民族禀赋。在以经济实力和科技实力为核心的综合国力的较量中，没有改革和自主创新意识，就会永远处于被动的地位，真正的中国力量也难以凝聚，中国更无法自立于世界先进民族之林，爱国就成为一句空话。唯创新者进，唯创新者强，唯创新者胜。创新居于新发展理念之首，已深深地熔铸于民族的生命力、创造力和凝聚力，与以爱国主义为核心的民族精神一起，成为社会主义核心价值体系的重要内容和思想精髓。

当今世界是开放的世界，随着全球化的不断深入，对外开放已经成为一个国家最基本的存在样态，国家也只有在国与国的竞争和较量中才能获得生存和发展的空间。当今中国积极融入全球化进程，因此必须具有世界眼光和“海纳百川”的国际胸怀。习近平主席在谈到中国同世界的关系时强调：“中国人是讲爱国主义的，同时我们也是具有国际视野和胸怀的。随着国力不断增强，中国将在力所能及的范围内承担更多国际责任和义务，为人类和平和发展做出更大贡献。中国将坚定不移走和平发展道路。我们也希望世界各国都走和平发展道路，国与国之间、不同文明之间平等交流、相互借鉴、共同进步，齐心协力推动建设持久和平、共同繁荣的和谐世界。”①所以，当代中国的爱国主义绝不是狭隘的民族主义，中国也决不会让民族主义走向极端。敢于兑现大国承诺、勇于承担大国责任、忠于履行大国义务的国际主义精神是爱国主义精神在世界民族范围内的实施和践履。

最后，坚持爱国之情、知国之理、报国之行相贯通是当代爱国主义的具体要求。

爱国首先表现为对国家的热爱之情，但是这种情感并不是盲目的、抽象的、无所依托的，它建立在人们对国家的正确认知之上，体现在人们的具体行为之中。

知国之理表现为对国家悠久历史、深厚文化的理解和接受，表现为对国家的政治、经济、社会制度和社会组织形式的认同和遵循，表现为对国家所处发展

---

① 《习近平在接受金砖国家媒体联合采访时强调　坚定不移走和平发展道路　坚定不移促进世界和平与发展》，《人民日报》2013 年 3 月 20 日。

阶段和现实任务的认知和定位，表现为对国家前途和民族命运的关注和关心，表现为对国家处于危难之时的警觉和慷慨，表现为对国家发展道路、方针、政策的领会和执行，表现为对人民的敬畏和尊重……这是爱国主义情感培育和发展的重要条件。但是，这些条件不是自发形成的，因此弘扬爱国主义精神必须把爱国主义教育作为永恒主题。习近平总书记提出："要把爱国主义教育贯穿国民教育和精神文明建设全过程……要充分利用我国改革发展的伟大成就、重大历史事件纪念活动、爱国主义教育基地、中华民族传统节庆、国家公祭仪式等来增强人民的爱国主义情怀和意识，运用艺术形式和新媒体，以理服人、以文化人、以情感人，生动传播爱国主义精神，唱响爱国主义主旋律，让爱国主义成为每一个中国人的坚定信念和精神依靠。"①特别是要在广大青少年中开展爱国主义教育，培育爱国之情、砥砺强国之志、实践报国之行，让爱国主义精神世代相传、发扬光大。

爱国主义教育将爱国与知国贯通起来，建立在知国之理之上的爱国之情才是理性的、正当的、有远见的，冲动、盲从和无知只会滑向大国沙文主义、狭隘的民族主义和极端的民族主义等。在当今时代条件下，培育和弘扬爱国主义精神一定要探寻合理的途径和方式，让民众的行为和实践能够正确地表达和释放爱国情感。而对绝大部分民众而言，爱国主义不是空洞的，勿忘国耻、勿忘国忧、立足本职、积极投身中国特色社会主义现代化建设的伟大实践是最为现实和紧迫的报国之行。

第二节　团结统一的新理念

团结统一是中华民族生存、延续和发展的精神纽带。尽管各个民族有自己独特的传统和文化，但是都把自己看作中华民族的一个组成部分，维护民族团结和国家统一的意识植根于各族人民内心深处，成为各族人民的共识。团结统一是社会主义核心价值体系的重要组成部分，其精华凝聚于社会主义核心价值观之中。

一、中华民族的团结统一传统

中华民族作为一个民族整体的自觉是近代以来才有的，是近代中国在与西

① 中共中央文献研究室编：《习近平关于社会主义政治建设论述摘编》，中央文献出版社 2017 年版，第 128 页。

方列强的对抗中形成的，但是作为一个自在的民族实体，作为一个统一的多民族国家的格局则早已定型。史前史研究表明，中华民族在其起源时代时就呈现出交融和统一的趋势。[①] 中华民族远古时代的部族冲突很少有赶尽杀绝、完全剿灭的情况出现，只要一方表示服从，即可化干戈为玉帛，握手言和。炎、黄两大部族虽有征战，却长期结为联盟，两个部落后来发展为华夏族的主干。据史书记载，以蚩尤为首领的九黎族战败后，一部分被炎黄族俘获，被称为“黎民”，表明他们已融入炎黄族。到尧帝时，形成“亲九族”“九族既睦，平章百姓。百姓昭明，协和万邦”[②]的观念。[③] “华夏诸族同根同祖”的观念、“兼容并包共同开创未来”[④]的观念成为炎黄文化、华夏文明的精神核心。

至夏启废“禅让”而“家天下”，建立了高于部落联盟的原始国家机构，而且其文明程度高于周边地区并具有一定的凝聚力。经商到西周，天下一统的思想得到进一步表述，《诗经》有云：“溥天之下，莫非王土；率土之滨，莫非王臣。”[⑤]周起于戎狄，但自称夏人，进一步统一了黄河中下游地区，促进了部族的融合和文化交流，在夏人、商人、周人的基础上，又吸收了南方和北方一些部族，华夏民族初具雏形，政治、经济、文化更趋统一。春秋战国时期是民族融合和文化交流的第一个繁盛期，“夷夏之辨”指用文化区分华夏民族与非华夏民族，却也为华夷一统提供了文化上的可能性。孔子主张夷夏可变，夷用周礼可进而为夏，夏用夷礼则退而为夷。“远人不服，则修文德以来之。既来之，则安之。”[⑥]孟子则直接主张“定于一”[⑦]，以夏变夷。“吾闻用夏变夷者，未闻变于夷者。”[⑧]荀子主张“天下为一”[⑨]。周王室衰微，一统于周的时代成为历史，各国各自称王，纷纷谋求天下的重新统一，到战国晚期，以华夏民族为核心的古代民族共同体最终形成。

秦灭六国，建立了第一个中央集权的统一多民族国家，“一法度衡石丈尺，车同轨，书同文字”[⑩]，不同的民族交往与合作更加便利，民族共同性增强。汉承秦制，平定少数民族叛乱，开发边疆，促进了国家政治、经济、文化、风俗的统一。

---

① 欧阳康主编：《民族精神——精神家园的内核》，黑龙江教育出版社 2010 年版，第 146 页。

② 《尚书》，中华书局 2012 年版，第 5～6 页。

③ 参见郑师渠主编：《中华民族精神研究》，北京师范大学出版社 2009 年版，第 3～4 页。

④ 郑师渠主编：《中华民族精神研究》，北京师范大学出版社 2009 年版，第 4 页。

⑤ 《诗经》(下)，中华书局 2015 年版，第 488 页。

⑥ 《论语》，中华书局 2015 年版，第 200 页。

⑦ 《孟子》，中华书局 2016 年版，第 11 页。

⑧ 《孟子》，中华书局 2016 年版，第 116 页。

⑨ 《荀子》，中华书局 2011 年版，第 285 页。

⑩ 《史记》，中华书局 1959 年版，第 339 页。

秦汉数百年的统一格局使崇尚、尊重统一的思想——“大一统”成为正统，董仲舒使“大一统”成为先天合理、不可逆转的永恒法则，“华夷一体”的观念也最终确立。此后，从汉唐至明清，虽然国家分裂、民族冲突多有发生，但是民族融合、国家统一始终是历史的主流，更是民心所向，“华夷一体”“共为中华”的观念不断得到强化，中华民族发展为完整的不可分割的统一整体。近代以来，自鸦片战争始，外国列强对中国的侵略扩张不断加剧，中华民族陷入生死存亡最危急的境地，民族灾难和民族危机唤醒了中华民族自觉的民族意识。各族人民团结一致、共御外侮，在一致对外的救亡图存斗争中，中华民族的整体性更加凸显。

二、中国共产党开辟的团结统一新境界

中国共产党成立后，坚持和弘扬团结统一的民族精神，并赋予其新的内容和活力。中国共产党自成立之日起，就以实现中华民族伟大复兴为己任，领导中国民族和民主革命取得了胜利，维护了国家主权和领土完整，真正实现了民族平等和民族团结，“五十六个兄弟姐妹是一家”的观念深入人心，成为凝聚各族人民的强大精神力量。

抗日战争期间，中国共产党人坚持抗战、反对妥协，坚持团结、反对分裂，积极倡导、促成、维护抗日民族统一战线。国共两党实现合作，两个战场相互配合；各民主党派抛弃前嫌，全力支持抗战；各族人民团结一心，共同投入民族解放斗争；海外华侨捐款捐物，甚至回国参加抗日战争。抗日战争的胜利，正是中国共产党领导的各族人民发扬团结统一的民族精神，维护国家统一的伟大胜利。

新中国成立后建立了最广泛的爱国统一战线，标志着中华民族实现空前大团结、高度统一的新时代的开启。新中国成立后，我们实行民族区域自治制度，大力支持少数民族地区政治、经济、文化的发展，既保障了各民族平等和少数民族权利的实现，又促进了民族团结，维护了国家的完整统一。中国共产党始终不忘推动国家的和平统一大业，“一国两制”成功解决了香港、澳门问题，我们今天坚决反对“台独”，统一国家的决心始终不曾动摇。实践证明，维护民族团结、国家统一及主权独立是中华民族爱国主义精神的永恒主题，也是当代中国人民矢志不渝的奋斗目标。历史一再证明：只有民族团结、国家统一，经济才会发展，政治才会稳定，社会才会和谐。

三、新时代中国共产党的团结统一的新理念

2012 年 11 月 15 日，在第十八届中央委员会第一次全体会议上刚刚当选中

共中央总书记的习近平说:“我们的责任,就是要团结带领全党全国各族人民,接过历史的接力棒,继续为实现中华民族伟大复兴而努力。”“我们的责任,就是要团结带领全党全国各族人民,继续解放思想,坚持改革开放,不断解放和发展社会生产力,坚定不移走共同富裕的道路。”①团结统一的精神被突出强调并成为新的执政理念。

第一,“四个意识”:党内团结统一的新要求。中国共产党是一个拥有9600多万名党员的执政党,如果没有党的团结统一,党就不会成为一个坚强的领导核心。党员必须履行维护党的团结统一的义务,《中国共产党章程》明确规定:要维护党的团结和统一,对党忠诚老实,言行一致,坚决反对一切派别组织和小集团活动,反对阳奉阴违的两面派行为和一切阴谋诡计。这种高度的自觉性是党在长期革命和建设中形成的优良传统和独特优势,是党开展工作的鲜明旗帜。

习近平总书记将团结统一的精神理念诠释为“四个意识”,即政治意识、大局意识、核心意识、看齐意识,只有增强“四个意识”,自觉在思想上政治上行动上同党中央保持高度一致,才能使党更加团结统一、坚强有力,始终成为中国特色社会主义事业的坚强领导核心。他特别强调看齐意识,指出全党同志必须有很强的看齐意识,经常、主动向党中央看齐,向党的理论和方针政策看齐。同党中央保持高度一致不仅是政治要求,更是政治纪律。这是新时代习近平总书记面对党的新问题和新情况提出的新的政治要求:“党面临的形势越复杂、肩负的任务越艰巨,就越要加强纪律建设,越要维护党的团结统一,确保全党统一意志、统一行动、步调一致前进。”②一个政党如果没有政治纪律约束,就会在政治方向、政治立场、政治言论和政治行为上出问题,就会是一群乌合之众,很快会分崩离析。如果党的政治纪律成为摆设,就会形成“破窗效应”,使党的章程、原则、制度和部署丧失严肃性和权威性,党就会沦为各取所需、各行其是的“私人俱乐部”,就会失去战斗力,党的政治理想和政治目标也无从谈起。习近平总书记说:“干部在政治上出问题,对党的危害不亚于腐败问题,有的甚至比腐败问题更严重。在政治问题上,任何人同样不能越过红线,越过了就要严肃追究其政治责任。有些事情在政治上是绝对不能做的,做了就要付出代价,谁都不能拿政治纪律和政治规矩当儿戏。”③这是对全体党员特别是党员领导干部提出的政治遵循。只有增强“四个意识”,做政治上的明白人,才能自觉维护党中央权

① 《习近平谈治国理政》,外文出版社2014年版,第4页。

② 中共中央文献研究室编:《十八大以来党的重要文献选编》(上),中央文献出版社2014年版,第131页。

③ 习近平:《在中共十八届四中全会第二次全体会议上的讲话》,《人民日报》2015年1月16日。

威，维护党的团结统一。

党的团结统一是党的力量所在。党的十八大以来，习近平总书记多次强调维护党的团结统一的重要性，将团结统一放到事关党的凝聚力和战斗力、领导能力和执政能力的高度上来。我们比以往任何时候都更加意识到党的团结统一是实现中华民族伟大复兴的中国梦、全面建成小康社会以及实现“两个一百年”奋斗目标最重要的政治保证。

第二，“大统战”：党内外团结统一的新战略。统一战线经历了民主联合战线、工农民主统一战线、抗日民族统一战线、人民民主统一战线和爱国统一战线等几个重要的历史阶段，始终是中国共产党克敌制胜的三大法宝之一。党的十八大以来，以习近平同志为核心的党中央高度重视统战工作，形成了“大统战”的战略思维。

1950～2006 年，共计召开 20 次全国统战工作会议。2015 年，全国性的统战工作会议再次召开，名称调整为“中央统战工作会议”，并制定了党关于统战工作的第一部党内法规《中国共产党统一战线工作条例（试行）》。这不仅是名称的调整，而且将会议的规格提升到中央层面，表明新的中央领导集体对统战工作的高度重视，凸显中央的“大统战”思维，即“要巩固和发展最广泛的爱国统一战线，坚持和完善中国共产党领导的多党合作和政治协商制度，寻求最大公约数，凝聚改革共识，汇聚改革正能量”。“大统战”思维凝聚着诸多创新性亮点。

一是对统战工作重要性的新定位。习近平总书记提出，人心向背、力量对比是决定党和人民事业的关键，是最大的政治。统战工作的本质要求是大团结大联合，解决的就是人心和力量的问题。这是党治国理政必须花大心思、下大力气解决好的重大战略问题。我们搞统一战线是因为有用、有大用、有不可或缺的大用。我们党所处的历史地位、所面临的国内外形势、所肩负的使命任务变化越大，越是需要把统一战线发展好、把统战工作做好。

二是对统战工作共同思想政治基础的新拓展。党的十八大以来，习近平总书记提出实现中华民族伟大复兴的中国梦，这成为团结海内外中华儿女的最大公约数，拓展了统一战线团结奋斗的共同思想政治基础。《中国共产党统一战线工作条例（试行）》将“致力于中华民族伟大复兴”写入其中，使其完善为“全体社会主义劳动者、社会主义事业建设者，拥护社会主义爱国者、拥护祖国统一和致力于中华民族伟大复兴爱国者的联盟”。“统一战线是做人的工作，搞统一战线是为了壮大共同奋斗的力量。”[①]民主党派、无党派人士、民族宗教界人士、新的社会阶层、港澳台海外爱国人士等各方面统一战线成员达数亿之多。只要把这么多人团结起来，我们就能为实现“两个一百年”奋斗目标、实现中华民族伟大复兴的中国梦增添强大力量。只要我们守住政治底线这个共同的“圆心”，包容的多样性半径越大，画出的“同心圆”就越大。

三是对党外人士力量的新认识。习近平总书记深刻分析了一些党员干部不重视统一战线工作的原因，即对党外人士力量错误的思想认识，没有打开思想上的“结”。首先是力量比较的“结”，认为党外人士不是什么了不起的力量。其次是作用发挥的“结”，认为党外人士是一支比较麻烦的力量。最后是性质判断的“结”，认为党外人士是一支消极甚至异己的力量。习近平总书记深刻剖析了这些深层次的认识问题，提出了一些重要的新论断。比如，他提出，同过去相比，党内会聚的各方面人才很集中、很庞大，但依然有大量人才在党外。党外知识分子有 8900 多万人，占知识分子总数的 75%，特别是民主党派拥有一大批人才。习近平总书记强调，要将新经济组织、新社会组织的知识分子、留学人员纳入统战工作视野，加强联系，引导其政治观点，增进其政治认同；要潜移默化地巩固爱国力量，争取中间力量，分化敌对力量，争取人心，尤其是赢得港澳台同胞和海外青年的认同；要科学使用、科学地发展党外人士的才能，有意识地把一部分优秀人才留在党外，为培养一批同党亲密合作、可堪重用的党外代表人士涵养水源；要拿出一些岗位甚至是重要岗位培养党外干部，培育其理想信念，增进其政治认同，丰富其阅历，提高其素质能力。

四是对各级党委统战工作的新要求。针对一些地方党委不重视统战工作、有的同志认为“做统战工作出不了大成绩，不做统战工作出不了大问题”的错误认识，习近平总书记强调统战工作是全党的工作，必须全党重视，大家共同来做。统战工作是各级党委必须做好的分内事、必须种好的责任田。统一战线无小事，各级党委要把统战工作摆在重要位置，真正做到“四个纳入”：纳入党委重要议事日程，纳入党政领导班子考核内容，纳入宣传工作计划，纳入党校、行政学院、干部学院、社会主义学院的重要教学内容。各级党政领导干部要做到“三个带头”：带头学习宣传和贯彻落实统一战线政策法规，带头参加统一战线重要活动，带头广交深交党外朋友。

第三，中华民族共同体意识：民族团结统一的新思维。中华民族是一个大家庭，56 个民族一家亲，各族人民同呼吸、共命运。习近平总书记提出：“加强中

---

① 《习近平谈治国理政》第 2 卷，外文出版社 2017 年版，第 304 页。

华民族大团结,长远和根本的是增强文化认同,建设各民族共有精神家园,积极培养中华民族共同体意识。”[①]各民族多元一体,是一笔重要的历史财富,也是我们国家的优势,特别是近代以来,在共同抵御外侮、争取民族独立和人民自由幸福的历史进程中,各民族你中有我,我中有你,谁也离不开谁,民族团结创造出无穷伟力。在新的历史条件下,这种共同体的意识来自各族群众对中华民族、中华文化、中国共产党、中国特色社会主义事业的认同。

民族团结是发展进步的基石,是各族人民的生命线。习近平总书记用生动的、充满深情的语言阐述了民族团结稳定对于中华民族共同发展进步的重要性。“各族干部群众都要像爱护自己的眼睛一样爱护民族团结,像珍视自己的生命一样珍视民族团结。”[②]“民族团结是各族人民的生命线……各民族要相互了解、相互尊重、相互包容、相互欣赏、相互学习、相互帮助,像石榴籽那样紧紧抱在一起。”[③]“船的力量在帆上,人的力量在心上。做民族团结重在交心,要将心比心、以心换心。各民族同胞要手足相亲、守望相助,共同维护民族团结、国家统一。”[④]

发展是解决民族问题的关键,加快发展是促进民族团结进步的要义。习近平总书记从不空谈民族的团结,而是将民族团结置于共同为中华民族伟大复兴贡献力量、共享祖国繁荣昌盛成果的现实之中。他指出,增强团结的核心问题,就是要积极创造条件,千方百计加快少数民族和民族地区的经济社会发展,促进各民族共同繁荣发展。全面实现小康,一个民族都不能少。加快民族地区发展,核心是加快民族地区全面建成小康社会的步伐。2014 年 9 月 28 日,在中央民族工作会议暨国务院第六次全国民族团结进步表彰大会上,习近平总书记提出了当前和今后一个时期我国民族工作的大政方针,就是要着力解决民族地区经济社会发展、基础设施建设、精准扶贫、扶贫开发、改善民生、加强生态环境保护、传承和发展民族文化、挖掘民族地区的潜力、增强民族地区自身发展能力、推进基本公共服务均等化、加大教育投入等现实问题,助力少数民族地区经济社会发展。民族问题同时也是一项民生问题,应以发展促团结,以团结聚民心。

加强民族团结,要敢于向宗教极端思想和恐怖主义“亮剑”。2014 年 4 月

---

① 习近平:《在中央民族工作会议上的讲话》,《人民日报》2014 年 9 月 30 日。

② 中共中央文献研究室编:《习近平关于社会主义政治建设论述摘编》,中央文献出版社 2017 年版,第 154 页。

③ 《习近平在第二次中央新疆工作座谈会上强调　坚持依法治疆团结稳疆长期建疆　团结各族人民建设社会主义新疆》,《人民日报》2014 年 5 月 29 日。

④ 《习近平:民族团结是各族人民的生命线》,http://theory.people.com.cn/n1/2017/0609/c40531-29329154.html。

27～28 日，习近平总书记视察新疆。在喀什公安局基层派出所，习近平总书记说："新疆各族群众是我们的兄弟姐妹，宗教极端思想和恐怖主义是我们共同的敌人。团结兄弟姐妹，我们要付出真情、献上真心；打击共同敌人，我们要针锋相对、毫不留情。"①团结稳定是福，分裂动乱是祸。全国各族人民要珍惜民族大团结的政治局面，要坚决反对一切危害各民族大团结的言行；要坚决依法惩处和打击暴力恐怖活动，筑牢民族团结、社会稳定、国家统一的铜墙铁壁。

民族团结与宗教和谐密切相关。习近平总书记强调，宗教是人类社会的客观存在，做好宗教工作要依法保障群众的正常宗教需要，要尊重信教群众的习俗，稳步拓展信教群众正确掌握宗教常识的合法渠道。引导他们确立正信、抵制极端。要重视爱国宗教教职人员队伍，采取有力措施提高宗教界人士素质，动员宗教界人士发扬爱国爱民的优良传统，更有针对性地批驳歪理邪说，更广泛地宣讲爱国、和平、团结、中道、宽容、善行的思想，更积极地宣扬有益于社会主义建设的好的理念，确保宗教组织领导权牢牢掌握在爱国爱教人士手中，发挥好他们在促进经济社会发展、民族团结统一方面的积极作用。

第四，人类命运共同体：国际社会团结统一的新倡导。

中国在处理国际关系的过程中，一贯奉行和平共处五项原则，赢得了世界上绝大多数国家的称道和赞誉。特别是在全球一体化进程中，各国你中有我、我中有你，"地球村"成为人类生存的共同家园，世界各国面临许多共同的问题，如发展经济、保护环境、粮食安全、应对毒品、打击恐怖主义、解决失业、不平等和贫困问题等，这已不允许只从自己的立场和利益考虑问题。

在和平、发展、合作、共赢成为世界共识的背景下，习近平主席提出了"人类命运共同体"的理念，这一超越民族国家和意识形态的"全球观"，表达了中国追求世界各国团结一心、共谋发展的愿望。自党的十八大报告提出"倡导人类命运共同体意识"以来，习近平主席在一系列双边和多边重要外交场合多次主张建构人类命运共同体的倡议，提出共建中国—东盟命运共同体、中巴命运共同体、周边命运共同体、亚洲命运共同体、中拉命运共同体、中非命运共同体等，并在联合国成立 70 周年大会上发表《携手构建合作共赢新伙伴　同心打造人类命运共同体》的重要讲话，强调当今世界各国相互依存、休戚与共，要继承和弘扬联合国宪章的宗旨和原则，构建以"合作共赢"为核心的新型国际关系，打造人类命运共同体，唱响了"人类命运共同体"时代最强音。中国告诉世界："要跟上时代前进步伐，就不能身体已进入 21 世纪，而脑袋还停留在过去，停留在殖

---

① 《天山雪松根连根　各族人民心连心(在新疆大地上)》，《人民日报》2014 年 5 月 29 日。

民扩张的旧时代里，停留在冷战思维、零和博弈老框框内。”[①]

“人类命运共同体”是中国国际秩序观的创新和发展，为世界提供了思考人类未来的“中国方略”。习近平主席提出的建立平等相待、互商互谅的伙伴关系，营造公道正义、共建共享的安全格局，谋求开放创新、包容互惠的发展前景，促进和而不同、兼收并蓄的文明交流，构筑尊崇自然、绿色发展的生态体系——“五位一体”的路线图，为未来国际关系走向团结互助、协作共赢提供了很好的发展路径，成为新时代中国展现大国担当，以天下为己任，推进世界和平发展的重要贡献。

“人类命运共同体”是对中国传统团结统一精神的继承和发展，习近平主席说：“中国发展绝不以牺牲别国利益为代价，我们绝不做损人利己、以邻为壑的事情。”[②]中国倡导构建人类命运共同体，正是为了找到利益共同点，以共同发展让更多人共享美好未来。因而，“人类命运共同体”不仅是中国的外交承诺，更是中国的外交实践。

2013 年，习近平主席在访问中亚和东南亚时分别提出建设“丝绸之路经济带”和“21 世纪海上丝绸之路”，即“一带一路”倡议。“一带一路”贯穿欧亚大陆，东连亚太经济圈，西接欧洲经济圈，是经济文化交流的大通道，中国希望通过这个包容性巨大的发展平台，把快速发展的中国经济同沿线国家的利益结合起来。用共商、共建、共享的平等互利方式，追求沿线各国政策沟通、设施联通、贸易畅通、资金融通、民心相通，实现互利合作和共同发展。“一带一路”追求的是“百花齐放”的大利，不是“一枝独秀”的小利。这条路不是某一方的私家小路，而是大家携手前进的阳光大道。中国推动共建“一带一路”、设立丝路基金、倡议成立亚洲基础设施投资银行、推进金砖国家新开发银行建设等，全心全意支持各国发展，共谋世界团结统一大局。

第三节　爱好和平的新主张

中华民族是平和友善的民族，中华“和”文化源远流长，以和为贵，崇尚和谐，追求和谐。爱好和平是中华民族精神的重要内容。习近平总书记指出：“中国人自古就推崇‘协和万邦’、‘亲仁善邻，国之宝也’、‘四海之内皆兄弟也’、‘远亲不如近邻’、‘亲望亲好，邻望邻好’、‘国之大，好战必亡’等和平思想。爱好和

① 《习近平谈治国理政》，外文出版社 2014 年版，第 273 页。

② 本书课题组：《习近平总书记系列讲话精神学习读本》，中共中央党校出版社 2013 年版，第 96 页。

平的思想深深嵌入了中华民族的精神世界,今天依然是中国处理国际关系的基本理念。"①

一、中国爱好和平思想的文化传统

早在西周时期,就有了关于"和"的概念,"和"是作为事物的创生原则提出来的。齐国大夫晏婴指出:"和如羹焉,水火醯醢盐梅以烹鱼肉,燀之以薪。宰夫和之,齐之以味,济其不及,以泄其过。"这就是说,"和"是由不同的事物结合、合作形成的和谐、平衡的状态。他又说:"若以水济水,谁能食之?若琴瑟之专壹,谁能听之?同之不可也如是。"②同一、均质的事物只是雷同,是无法达至和谐状态的。西周末年的史伯赋予"和"以"以他平他"的意义,"和平"概念的文化意蕴可以由此窥知。"和实生物,同则不继。以他平他谓之和,故能丰长而物归之;若以同裨同,尽乃弃矣。故先王以土与金木水火杂,以成百物。"③因此,"和"作为事物的创生原则是杂多统一、多端一统的,是不同的事物相辅相成、同济共生、共存共荣的状态,是友好相处、和睦共存的状态。使不同的要素共同存在、相互调适达至平衡、均衡,是"和"的真谛。

"和"是中华文化关于宇宙万物、人类社会的最高原则和最理想状态。《中庸》有云:"中也者,天下之大本也;和也者,天下之达道也。致中和,天地位焉,万物育焉。"④《易传》则将"和"上升到"天道"的高度:"乾道变化,各正性命,保合太和,乃利贞。"⑤"中和""太和"就是自然和社会人事、天地万物各得其所的和谐状态,天地之美莫大于和,和谐是最美好的状态。因此,"和"作为中华文化的核心价值成为中华民族最高的价值追求,并具化为一整套中华民族特有的待人接物的根本道理和行为方法。

在人与自然的关系上,主张"道法自然""民胞物与""天人合一",强调顺应自然、尊重自然、爱护自然,与自然和谐共存;在人与人的关系上,主张以"和为贵""仁者爱人""己所不欲,勿施于人""己欲立而立人,己欲达而达人",强调与人为善、成人成己、共同进步的友善关系;在人与己的关系上,主张"修身""内圣外王""心平气和"和"内省"的功夫,强调修己达人、从善如流、扶贫济困、乐于助

---

① 习近平:《在纪念孔子诞辰2565周年国际学术研讨会暨国际儒学联合会第五届会员大会开幕式上的讲话》,人民出版社2014年版,第3页。

② 《左传》,上海古籍出版社2017年版,第847、848页。

③ 《国语》,中华书局2014年版,第322页。

④ 《论语》,中华书局2011年版,第289页。

⑤ 《周易》,中华书局2011年版,第6页。

人、人心和善的道德观；在社会秩序上，主张“政通人和”“和而不同”“和而不流”，强调求同存异、相异相依、互斥互济，让不同的社会力量多元共生、凝聚合力；在国与国关系上，主张“万邦和谐”“万国咸宁”“修文德以来之”“兼爱非攻”“不战而屈人之兵”，强调睦邻友好、互惠共赢、尊重差异、平等对待，反对不义之战，用和平的方式结交朋友；等等。

“仇必和而解”是中华民族“和”文化最高的觉解。正如罗素所说：“如果在世界上有‘骄傲到不屑打仗’的民族，那就是中国。中国人天生宽容而友好、以礼待人，希望别人也投桃报李。”[①]习近平总书记深刻指出：“在5000多年的文明发展中，中华民族一直追求和传承着和平、和睦、和谐的坚定理念。以和为贵，与人为善，己所不欲、勿施于人等理念在中国代代相传，深深植根于中国人的精神中，深深体现在中国人的行为上。”[②]和作为一种极高明的智慧，是古圣先贤用几千年的理论和实践为我们积淀、流传下来的精神瑰宝，为我们今天构建和谐社会、和谐世界仍然提供着不竭的思想文化动力，值得我们高度重视、弘扬。

二、中国共产党对爱好和平思想的发展

中国共产党人在领导革命、建设和改革的社会实践中，继承发扬了中华民族“贵和”“重和”的精神品质，将爱好和平的民族精神发扬光大。我们同一切侵略者、反动派进行坚决的、彻底的、不屈服的斗争，就是为中国人民谋求长期的和平。新中国成立后，奉行独立自主的和平外交政策，实行“积极防御，绝不先发制人”的战略方针。毛泽东在革命实践中长期在思考和平与战争的问题，他对待和平与战争的态度有三：第一，“我们要和平，不要战争”；第二，“坚决反对战争”，“和平是赞成的，战争也不怕”；第三，要准备好战争，“准备好了，敌人反而不敢来”。我们在外交上奉行和平共处五项原则，与世界各国求同存异，真诚帮助第三世界国家，赢得了国际赞誉。20世纪80年代，邓小平对整个世界的形势做出了新的断定，指出“和平与发展”成为时代主题，中国应当利用有利的国际环境尽快发展，以壮大世界和平力量。近年来，中国在反对霸权主义、倡导世界和平、参与维和、援非医疗、为弱小国家伸张正义、促进世界经济文化交流方面做出了重大贡献，成为维护世界和平的主要力量之一。

---

① ［英］罗素：《中国问题》，学林出版社1996年版，第154页。

② 习近平：《在中国国际友好大会暨中国人民对外友好协会成立60周年纪念活动上的讲话》，《人民日报》2014年5月16日。

三、新时代爱好和平思想的深刻内涵

党的十八大以来，习近平总书记在不同的场合多次谈到中华民族的“和”文化以及和谐相处的国际观。他把“和”文化归纳为天人合一的宇宙观、协和万邦的国际观、和而不同的社会观和人心和善的道德观，对“和”文化做出了新的提炼，他倡导的“共谋和平、共护和平、共享和平”向世界宣示了中国人民珍爱和平、维护和平的理念。在外交战略和举措中，中国政府也越来越自觉地运用“和”文化的理念处理对外关系，新型大国关系、“一带一路”倡议、亚投行的筹建等深刻地影响和改变了世界的政治经济格局。学者将这一实质性地发挥作用的“和”理念和思路概括为“和实力”，这是爱好和平的中华民族精神的新的升华和主张，是中华民族文化自觉和文化自信的突出表现，最终汇聚于社会主义核心价值观。

所谓“和实力”，就是以和平的方式获得和使用实力。一个国家的实力是多方面的，“和实力”综合军事、经济、文化和制度等力量，以和平的方式加以使用，谋求国家之间的和平、发展、合作和共赢。其中，军事实力是后盾，经济实力是基础，文化实力是引领，制度实力是保障，只有四者相结合“和实力”才能发挥出最大效用。其主要内涵包括以下几个方面。

第一，和平发展：以“和”思维构建国家实力。

和平发展，其核心是“以和的思维方式去建构国家硬实力和软实力，以平衡发展的方式去支撑国家实力的持续增长和长远发展”[①]。经过 40 多年的高速经济增长，中国取得了举世瞩目的成就，摘掉了贫穷落后的帽子，成为仅次于美国的世界第二大经济体，全面建成了小康社会。回首中国经济发展的模式，我们可以骄傲地说，同西方资本主义国家通过掠夺、侵略、殖民和战争走向现代化的方式不同，我们实现了迅速和平发展，依靠自己的力量和改革创新实现自身的发展，打破了“国强必霸”的魔咒。习近平主席说：“中国不认同‘国强必霸’论，中国人的血脉中没有称王称霸、穷兵黩武的基因。”[②]中国始终践行永远不称霸、永远不搞扩张的庄严承诺，中国始终是维护世界和平的坚定力量。习近平主席深刻指出，选择和平发展的道路，顺应时代发展潮流，符合中国根本利益。没有和平的国际环境，我们不可能实现这么好的发展，同样，没有持续的发展，中国和世界也不会有持久的和平。走和平发展之路的中国是世界繁荣的正能量。

---

① 彭永捷：《外交战略“如何运用实力”》，《人民论坛》2015 年第 19 期。

② 习近平：《弘扬和平共处五项原则　建设合作共赢美好世界——在和平共处五项原则发表 60 周年纪念大会上的讲话》，人民出版社 2014 年版，第 12 页。

因此，不断提高综合国力，不断让人民享受和平发展的成果，不断夯实国家的物质和社会基础是我们坚定不移的道路。

同时，我们也必须清楚看到，我们仍然是一个发展中国家，经济实力、国防实力、科技文化水平、人民生活质量还远远落后于发达国家。当前中国必须坚持和谐发展、均衡发展，正确处理人与自然、个人与社会的关系，改善民生，缩小贫富差距、城乡差距、地区差距，实现社会的公平正义和平衡协调。党的十八届五中全会提出了“创新、协调、绿色、开放、共享”的新发展理念，形成了“四个全面”的战略布局，致力于实现中华民族伟大复兴。只有首先实现国家内部的和谐发展，让民众感受到国家的强盛、政治的民主、社会的公正、生活的富足、精神的充实、环境的优美，才能使和平发展的中国道路和中国方案成为其他国家的向往和借鉴，中国的“和实力”才能变成现实。

第二，和平外交：以“和”思维使用国家实力。

“和实力”继承了中华民族崇和尚和、和平共处、求同存异的精神实质，与西方学者基于主宰世界提出的实力外交和帝国理论大异其趣。[①] 我们的目标不是称霸，不是以我们的意志主宰世界，与他国交往不附带任何强迫性的政治条件，不崇尚使用武力，主张以对话的方式解决各种冲突和矛盾，倡导互惠互利、合作共赢、休戚与共的人类命运共同体。

在经济“和实力”方面，中国提出“包容性增长”的概念，坚持义利并举、义重于利的和气生财观。随着各国对外交往和对外合作的深入，国家之间唇齿相依，损人利己、零和博弈的经济交往“失道寡助”。中国在对外经济交往中主张利他、谦下、共同发展、合作共赢，努力使中国的发展成果惠及周边及世界各国。习近平主席曾幽默地说：“欢迎大家搭乘中国发展的列车，搭快车也好，搭便车也行，我们都欢迎。”[②]他提出，中国在追求维护、扩大、争取本国的国家利益时，必须关切他国的利益和他国的感受，尤其要照顾对方的核心关切，妥善处理两国之间存在的问题和分歧，对长期对华友好而自身发展任务艰巨的周边国家和发展中国家，要更多考虑对方利益，绝不能唯利是图、斤斤计较。我们对周边国家提出“亲、诚、惠、荣”的理念，坚持睦邻、安邻、富邻，多走动，多做得人心、暖人心的事；对非洲国家提出“真、实、亲、诚”的理念，讲情义、讲道义，多向它们提供力所能及的帮助，切实做好对非援助工作；对东南亚国家提出，中国发展要给东南亚国家创造更多机会。提出“一带一路”倡议，牵头筹建亚投行就是中国践行

---

① 参见彭永捷：《外交战略“如何运用实力”》，《人民论坛》2015 年第 19 期。

② 《习近平在蒙古国国家大呼拉尔发表重要演讲》，《人民日报》2014 年 8 月 23 日。

互利共赢、共同发展和平理念的重要举措。中国政府庄严承诺,随着国力的不断增强,中国将在力所能及的范围内承担更多的国际责任和义务,为人类和平与发展做出更大贡献。

在政治“和实力”方面,中国是联合国安理会遵守《联合国宪章》、维护世界和平的主要力量。首先,中国长期致力于推动朝鲜半岛无核化,促成伊朗核问题第一阶段协议签署,反对单方面向叙利亚政府施压。作为负责任的大国,中国正在为维护世界和平贡献更多的公共产品。习近平主席在讲话中庄严承诺:“中国将积极承担更多国际责任,同世界各国共同维护人类良知和国际公理。在世界和地区事务中主持公道、伸张正义,更加积极有为地参与热点问题的解决。中国将继续通过平等协商处理矛盾和分歧,以最大的诚意和耐心,坚持对话解决分歧。”[①]其次,在对美关系上,中国提出建设新型大国关系的主张,即不冲突、不对抗、相互尊重、合作共赢。新型大国关系改变的就是一种实际不平等的国家关系,主张国家不分大小、强弱、贫富一律平等,尊重各国人民自主选择发展道路的权利,反对干涉别国内政。习近平主席用“鞋子是否合脚,只有自己穿了才知道”的例子,指明树立和而不同、开放包容的观念,就能防止战争发生。最后,呼吁世界和平,在不结盟的前提下广交朋友,结成人类命运共同体。习近平主席这样定位和平对于人类的意义:“和平是人民的永恒期望。和平犹如空气和阳光,受益而不觉,失之则难存。没有和平,发展就无从谈起。”[②]珍视和平是中国最坚定的政治立场。习近平主席提出广交朋友、广结善缘和增强国家亲和力的思想,形成遍布全球的伙伴关系网络,结成人类命运共同体,努力塑造一个天下太平、协和万邦的世界新秩序。

在军事“和实力”方面,中国近年来派兵参与国际维和、救灾、撤侨、反恐、反海盗、人道主义救援行动,既维护了世界和平,也赢得了受助国家的感激和赞誉。中国已经成为联合国安理会常任理事国派出维和人员数量最多的国家,中国军人也用自己的生命捍卫了正义和世界和平。中国军队在抗击非洲埃博拉疫情所做的重大贡献,在利比亚撤侨中发挥的积极作用,在也门危机时帮助中国公民和其他国家公民撤出的行动,其实都会产生一种让人尊敬、有好感、有吸引力的影响,这也是一种实实在在的“和实力”。军事“和实力”成为中国主张和平的坚强后盾。习近平主席向世界宣告:“我们要坚持走和平发展道路,但决不能放弃我们的正当权益,决不能牺牲国家核心利益。任何外国不要指望我们会拿自己的核心利益做

---

① 习近平:《在中国国际友好大会暨中国人民对外友好协会成立60周年纪念活动上的讲话》,《人民日报》2014年5月16日。

② 习近平:《共同创造亚洲和世界的美好未来》,《人民日报》2013年4月8日。

交易，不要指望我们会吞下损害我国主权、安全、发展利益的苦果。”[①]在涉及维护国家主权和领土完整、保护人民生命财产安全等情况时，我们不放弃使用武力。

在文化“和实力”方面，中国主张多元并存、和平共处，反对文化霸权主义和文化帝国主义。中国不向任何国家输出有政治目的的文化理念和价值观，“修文德以来之”，以文化人、以德感人是中华“和”文化的精髓，它的吸引力来自“谦逊、处下、无私、不争、不居功自傲”，双方“相互认识、理解、尊重、认同、好感、亲和、感召、追随”，或是“赞成、支持、接受、尊重、追随”，继而产生吸引力，达成一种包容共处的关系。[②] 中国在对外文化交流中受到世界人民的喜爱，与中华民族对“和”文化的命脉和基因的传承有着直接的关系。

当今世界，中国应基于中华“和”文化，以“和谐”的价值观为核心，以“和平、发展、合作、共赢”的理念为国际交往准则，以不同文明的平等包容、相互借鉴和学习为基础，建立公平正义的国际秩序，结成人类命运共同体，形成“和实力”，从而实现“为万世开太平”的人类永久和平愿景，这既是中国人民的价值理想，也是中华文明助力塑造世界新秩序的伟大实践。

第四节　勤劳勇敢的新实践

勤劳勇敢是中华民族在人类艰难的历史发展长河中形成的吃苦耐劳、不畏艰险、艰苦奋斗的精神品质。勤劳是人们对待劳动的积极态度和行为品质，勇敢是人们身处困境、险境时无所畏惧的意志和毅力。勤劳勇敢是中华民族形成最早、普及甚广、影响深远的精神力量。依靠这种精神，中华民族获得了顽强的生命力，展现出非凡的创造力和影响力，缔造出了惊叹世人的人间奇迹和灿烂文明。今天，这种精神力量成为社会主义核心价值观的重要思想内涵。

一、中国人民勤劳勇敢的传统

勤劳勇敢何以成为中华民族最早形成的精神素养？原因就在于人类要想生存下来并获得发展，首先必须能够征服和战胜自然。厄境中求生存，铸就了早期的中华民族精神。远古时代中国先民面对的自然环境异常恶劣，丛林茂密、野兽出没、天灾不断，洪水滔天和“十日共出”，加上生产工具简陋，为了生存，以树叶蔽体、栖居岩洞、采摘狩猎，承受着自然界巨大的压力，积极回应环境

---

① 《习近平谈治国理政》，外文出版社2014年版，第249页。

② 参见叶自成、龙泉霖：《中国和实力的战略深意》，《人民论坛》2015年第19期。

的挑战，顽强地与其拼搏抗争。慢慢地，他们养成了吃苦耐劳、勤勉俭朴、不畏艰险的生活习惯和精神品质，催生了中华民族勤劳勇敢的民族精神。

在中国，“三皇五帝”说广为流传，“三皇五帝”受到人们尊崇。细数之，人们所敬重和敬仰的先祖，如女娲氏、伏羲氏、有巢氏、燧人氏、神农氏、轩辕氏，正是他们用自己的勤劳、勇敢和智慧改变了人类命运，推动了人类文明进步，人们追尊他们为皇和帝，并用美丽的神话传说颂扬他们的伟大功业。中国远古时代的神话传说有盘古开天辟地、女娲补天、夸父追日、后羿射日、神农尝百草、愚公移山、精卫填海等不胜枚举，更有大禹治水三过家门而不入，以致“股无胈，胫不生毛”①。这些神话传说展现出的不辞辛劳、不畏艰苦、敢为人先、勇者无畏、坚韧不拔的精神力量被中国人民奉为“圭臬”，深深地融入中华民族的心理结构和文化意识，沉淀为中华民族精神，一代一代地传承下来。

中国古代的经书典籍对勤劳勇敢的民族精神有广泛的记载。《诗经》中对勤劳淳朴的民风多有描述，“夙兴夜寐”正是对初民不辞辛劳、日夜劳作的真实写照。《尚书》中有“功崇惟志，业广惟勤”“克勤于邦，克俭于家”，提醒统治者只有勤劳、俭朴才能治国安邦。勤劳俭朴是人们崇尚的美德，“劳则思，思则善心生；逸则淫，淫则忘善，忘善则恶心生”②，“君子以俭德辟难”③，“民生在勤，勤则不匮”④，“俭，德之共也；侈，恶之大也”⑤。先圣孔子更多地谈论为学和为师的“勤”之乐，“爱之，能勿劳忽？”⑥，“学而时习之，不亦说乎？”⑦，“学而不厌，诲人不倦”⑧。勤劳、俭朴成为中华民族修身、传家、治国的重要品德。“天道酬勤”“业精于勤，荒于嬉”“生于忧患而死于安乐”“一家之计在于和，一生之计在于勤”“百行业为先，万恶懒为首”“勤俭黄金本”等流传甚广。

勤是精进不懈，时刻努力前进，务求把事做好；勇则是无畏不屈，遇到任何困难都必须克服。勤劳是对身心的砥砺与磨炼，必然升华为敢于攻坚克难的勇气，勇敢亦是中华民族重要的传统美德。在孔子的思想中，仁、智、勇并称“三达德”，“知者不惑，仁者不忧，勇者不惧”，⑨“仁者必有勇，勇者不必有仁”⑩，真正

---

① 《韩非子》，中华书局 2013 年版，第 440～441 页。
② 《国语》，中华书局 2013 年版，第 219 页。
③ 《周易》，中华书局 2011 年版，第 126 页。
④ 《左传》，上海古籍出版社 2016 年版，第 588 页。
⑤ 《左传》上海古籍出版社 2016 年版，第 197 页。
⑥ 《论语》，中华书局 2015 年版，第 165 页。
⑦ 《论语》，中华书局 2015 年版，第 1 页。
⑧ 《论语》，中华书局 2015 年版，第 65 页。
⑨ 《论语》，中华书局 2015 年版，第 102 页。
⑩ 《论语》，中华书局 2015 年版，第 163 页。

有德性之人在心中有无所畏惧的情感和意志，在行为上也会有勇敢的表现，“杀身成仁”是仁人志士应具有的勇，也是最高层次的勇。而仁者之勇，必以智为根基，“好勇不好学，其蔽也乱”，“暴虎冯河，死而无悔者，吾不与也。必也临事而惧，好谋而成者也”。[①] 孔子强调，勇必是对于义的捍卫，“见义不为，无勇也”[②]“君子义以为上。君子有勇而无义为乱，小人有勇而无义为盗”[③]，用自己的行动去解救危难、伸张正义是孔子主张的勇的真正含义。勇也必须用礼加以节制和规范，“勇而无礼则乱”，失去礼的约束，勇就会成为社会动荡、民不聊生的祸源。因此，中华传统文化倡导的勇敢是与仁爱、智慧、正义、气节相关联的。“知耻而后勇，知不足而奋进”是中华民族勤劳勇敢精神的最好表达，奠定了中华民族坚不可摧的立业根基。

二、中国共产党继承和发展勤劳勇敢的光荣传统

中国共产党人在长期的奋斗历程中，从无到有、由小到大、由弱变强，将勤劳勇敢精神发扬光大，并把艰苦奋斗作为中国共产党的优良传统和作风，领导中国人民取得了举世瞩目的成就。革命战争年代，中国共产党为民族的独立应运而生，为人民的解放冲锋陷阵、浴血奋战，用鲜血和英勇无畏的牺牲换来了新中国的成立和人民的幸福安康。1949 年新中国成立时全国有 300 万名共产党员，而新中国成立前有名可查的党员烈士就达 370 万人，一半以上的共产党员为国捐躯；和平建设时期，中国共产党人为实现国强民富呕心沥血，艰难地探索社会主义建设道路。毛泽东把进驻北平称作“进京赶考”，这种战战兢兢、如履薄冰的谨慎让他保持着清醒的头脑，他要求全党继续保持谦虚谨慎、实事求是、不骄不躁、艰苦奋斗的优良作风，带领中国人民顺利完成了社会主义改造，建立了独立的比较完整的工业体系和国民经济体系，为中国以后的发展奠定了重要的物质技术基础；进入改革开放的新时期，中国共产党人为实现中华民族的伟大复兴，执着追求、耕耘不辍、开拓创新、与时俱进、继往开来。从农村家庭联产承包责任制到建立社会主义市场经济体制、从对外开放到加入 WTO、从贫穷落后到成为世界第二大经济体、从刚刚解决温饱到全面建成小康社会……敢闯敢干的改革精神促使中国坚定而自信地走在中国特色社会主义的大道上。邓小平说：“没有一点闯的精神，没有一点‘冒’的精神，没有一股气呀、劲呀，就走不出一条

① 《论语》，中华书局 2015 年版，第 215、68 页。

② 《论语》，中华书局 2015 年版，第 16 页。

③ 《论语》，中华书局 2015 年版，第 222 页。

好路，走不出一条新路，就干不出新的事业。”[①]

伟大的事业铸就伟大的精神。“开天辟地、敢为人先”的红船精神体现了中国共产党人为了坚定的理想信念而百折不挠的勇气；为了积蓄革命的力量和足以燎原的星星之火，沉淀了以坚定的革命信念和艰苦奋斗作风为主要内涵的井冈山精神和苏区精神；为了给中国革命找寻出路和方向，形成了“不怕任何艰难险阻、不惜付出一切牺牲”的长征精神；自力更生、艰苦奋斗的革命历程孕育了延安精神；为了甩掉“贫油国”的帽子，为国家建设寻找能源，第一代大庆人独立自主、自力更生、艰苦创业，在石油大会战中形成了崇高、执着的大庆精神、铁人精神；等等。此外，更有“热爱祖国、无私奉献，自力更生、艰苦奋斗，大力协同、勇于登攀”的“两弹一星”精神，“亲民爱民、艰苦奋斗、科学求实、迎难而上、无私奉献”的焦裕禄精神，“万众一心、众志成城，不畏艰险、百折不挠，以人为本、尊重科学”的抗震救灾精神，“特别能吃苦、特别能战斗、特别能攻关、特别能奉献”的载人航天精神……

历史的经验充分说明，在中国革命、建设、改革的过程中，艰苦奋斗、勤劳俭朴、不畏艰险、奋发向上的精神和作风一脉相承，成为中华民族固本立业的精神精髓。胡锦涛深刻指出：“中华民族历来以勤劳勇敢、不畏艰苦著称于世。我们的古人早就讲过，‘艰难困苦、玉汝于成’，‘居安思危，戒奢以俭’，‘忧劳兴国，逸豫亡身’，‘生于忧患，死于安乐’，等等。这些警世名言，今天对我们依然有着重要启示作用。历史和现实都表明，一个没有艰苦奋斗精神作支撑的民族，是难以自立自强的；一个没有艰苦奋斗精神作支撑的国家，是难以发展进步的；一个没有艰苦奋斗精神作支撑的政党，是难以发展进步的。”[②]在新的历史时期，我们依然以“辛勤劳动”“艰苦奋斗”为荣，并将之作为我们的生活方式、人生态度、工作习惯和思维方式，不断发挥勤劳勇敢精神巨大的启示和激励作用。

三、新时代勤劳勇敢的内涵

经过历史考验的伟大精神必将助推更加伟大的实践。党的十八大以来，以习近平同志为核心的新一代中央领导集体承载中国发展的历史担当，秉持改革创新的智慧与勇气，肩负起亿万人民的重托，身体力行，带领全国人民在实现中华民族伟大复兴中国梦的道路上取得了新的伟大胜利，诠释了勤劳勇敢、艰苦奋斗精神的新时代内涵。习近平总书记说：“我的执政理念，概括起来说就是：

① 《邓小平文选》第3卷，人民出版社1993年版，第372页。

② 《胡锦涛文选》第2卷，人民出版社2016年版，第6页。

为人民服务，担当起该担当的责任。”[①]勤政爱民、勇于担当成为新时代中国共产党人特别党的领导干部的行为准则和道德金律。

2014 年 2 月 7 日，习近平主席在俄罗斯索契接受俄罗斯电台专访时幽默地说：“承担我这样的工作，基本上没有自己的时间。今年春节期间，中国有一首歌，叫《时间都去哪了》。对我来说，问题在于我个人的时间都去哪了？当然是都被工作占去了。”[②]任职的前 15 个月，习近平总书记就 12 次离京，用39 天调研了国内三分之一的省份，出访国外 39 天，足迹遍布世界五大洲，参加各种会议 80 多次，主持集体学习听讲课 12 次，还有难以计数的其他活动安排，如接待外宾、出席各类活动、参加民主生活会等。

夙夜在公，励精图治。心系人民，胸怀天下，才有这样的勇气和胆识去清除前行路上的“拦路虎”和“绊脚石”，才能敢于面对和破解一系列“最复杂”“最敏感”问题相互交织的迷局，才能敢于正视和解决党存在的“危险”和“考验”，才能敢于立下实现中华民族伟大复兴中国梦的誓言。党的十八大以来，党中央部署的引领民族复兴的“四个全面”战略布局和伟大实践是对勤政与担当的最好诠释。

第一，全面建成小康社会的伟大实践。“民亦劳止，汔可小康。”[③]中国人民早在《诗经》中就表达了对安定、幸福生活的期盼，走过历史的无数苦难与辉煌，“小康”仍然停驻于人们的梦想之中。今天，我们比以往任何时候都更加接近这个梦想的实现。习近平总书记在党的十八届中央政治局常委同中外记者见面时，用平实的语言说道：“我们的人民热爱生活，期盼有更好的教育、更稳定的工作、更满意的收入、更可靠的社会保障、更高水平的医疗服务、更舒适的居住条件、更优美的环境，期盼孩子们能成长得更好、工作得更好、生活得更好。人们对美好生活的向往，就是我们的奋斗目标。”[④]这是对小康社会最朴实的描述和对人民最坦诚的承诺。

全面建成小康社会和实现中华民族伟大复兴的中国梦是波澜壮阔的事业，是国家、民族的梦想，也是人民的梦想，无论是国家富强、民族振兴还是人民幸福，都要靠广大人民群众凭借勤劳的双手来实现，人民共创共享是全面建成小康社会和实现中国梦的内在要求。习近平总书记指出：“生活在我们伟大祖国

---

① 《习近平关于党的群众路线教育活动论述摘编》，党建读物出版社、中央文献出版社 2014 年版，第 41 页。

② 《习近平接受俄罗斯电视台专访》，《人民日报》2014 年 2 月 9 日。

③ 《诗经》(下)，中华书局 2015 年版，第 656 页。

④ 《习近平谈治国理政》，人民出版社 2014 年版，第 4 页。

和伟大时代的中国人民，共同享有人生出彩的机会，共同享有梦想成真的机会，共同享有同祖国和时代一起成长与进步的机会。”①把自己美好的梦想和崇高的追求融入国家和民族的伟大事业，是勤劳勇敢、艰苦奋斗、不懈努力的民族精神的最新注脚。

第二，全面深化改革的伟大实践。回顾历史，改革开放改变了当代中国的命运。在改革开放的伟大实践中，我们找到了激发和释放社会活力的“密钥”，走上了强国之路，迎来了实现中华民族伟大复兴的曙光。邓小平指出：“改革的意义，是为下一个十年和下世纪前五十年奠定良好的持续发展的基础。”②在改革进入深水区后，习近平总书记依然肯定了改革的重大意义：“改革开放是决定当代中国命运的关键一招，也是决定实现‘两个一百年’奋斗目标、实现中华民族伟大复兴的关键一招。”③

在这么大体量的国家进行改革，唯勤才能行之，舍勇气与担当不能为之。同过去相比，中国改革的广度和深度都大大拓展，接下来的改革面临的都是难啃的硬骨头，需要涉险滩。全面深化改革更是一项难度巨大的系统工程，习近平总书记亲自担任中央全面深化改革领导小组组长，他强调：“全面深化改革，全面者，就是要统筹推进各领域改革……‘这项工程极为宏大，零敲碎打调整不行，碎片化修补也不行，必须是全面的系统的改革和改进，是各领域改革和改进的联动和集成’。”④

全面深化改革需要有敢于直面问题的勇气。我们全面深化改革基于强烈的问题意识，以重大问题为导向，是由问题倒逼而来。习近平总书记从不避讳我们前进路上的困难和问题，比如发展中不平衡、不协调、不可持续问题依然突出，科技创新能力不强，产业结构不合理，发展方式依然粗放，城乡区域发展差距和居民收入分配差距依然较大，社会矛盾明显增多，教育、就业、社会保障、医疗、住房、生态环境、食品药品安全、安全生产、社会治安、执法司法等关系群众切身利益的问题较多，部分群众生活困难，形式主义、官僚主义、享乐主义和奢靡之风问题突出，一些领域消极腐败现象易发多发，反腐败斗争形势依然严峻，等等。全面深化改革顺势而为、势在必行，是迎难而上，是对现实问题的积极回应。经过努力，我国经济、政治、文化、社会、生态文明体制和党的建设制度改革

---

① 《习近平谈治国理政》，人民出版社 2014 年版，第 40 页。

② 《邓小平文选》第 3 卷，人民出版社 1993 年版，第 131 页。

③ 中共中央文献研究室编：《习近平关于全面深化改革论述摘编》，中央文献出版社 2014 年版，第 30 页。

④ 《“四个全面”学习读本》，人民出版社 2015 年版，第 118 页。

得到深化，主要领域的“四梁八柱”已经架起，全面深化改革的大框架基本成形。

全面深化改革需要有祛除积弊、敢于触碰既得利益的勇气。改革从本质上讲是利益的调整，必然会触碰既得利益。因此，需要有“明知山有虎、偏向虎山行”的劲头，要敢于“断腕”、刀刃向内。简政放权这一全面深化改革的关键举措积极实行；国有企业负责人薪酬制度改革启动；规范领导干部配偶、子女及配偶经商办企业行为试点展开；生态文明改革总体方案公布；领导干部干预司法活动、插手具体案件处理的记录、通报和责任追究制度正式建立；军委管总、战区主战、军种主建的新格局诞生，军队组织架构实现历史性变革；深化供给侧结构性改革，落实“三去一降一补”政策；取消手机漫游费、国际长途通话费；绝不允许增加“三公”经费；等等。既有顶层设计又有基层探索，既统筹推进又重点突破，既稳步推进又择机快行，中央高层改革有决心和担当，每一项改革都是对既得利益亮出“利剑”。正如习近平总书记所说：“开弓没有回头箭，我们将继续坚定不移实现改革目标，风雨无阻，勇往直前。”①

全面深化改革需要有为民的担当。全面深化改革必须以促进社会公平正义、增进人民福祉为出发点和落脚点，让人民群众有更多获得感。正是由于这样的历史价值和历史担当，中国共产党在全面深化改革的道路上砥砺奋进、坚持不懈。人民有所呼，改革有所应。民心所望，改革所向。人民反映最突出的是教育、就业、养老、医疗等问题，改革就从这些问题入手，回应群众关切。深化教育体制综合改革，健全家庭经济困难学生资助体系，促进教育公平，推进考试招生制度改革；健全就业创业体制，规范招人用人制度，消除城乡、行业、身份、性别等影响平等就业的制度障碍和就业歧视，政府激励创业，社会支持创业；实行以增加知识价值为导向的分配政策，激励创新；全面放开二孩，优化人口结构；深化农村土地制度改革，提出“三权分置”，使农民获得更多实惠……此外，还有司法体制改革、养老金并轨、户籍制度改革、无户口人员登记户口、异地办身份证等，让人民有更多的获得感。人民有获得感，才能凝聚奋进的力量，推进伟大的实践。

第三，全面推进依法治国的伟大实践。“立善法于天下，则天下治；立善法于一国，则一国治。”②在全面建成小康社会、实现中华民族伟大复兴的中国梦，全面深化改革、完善和发展中国特色社会主义制度，提高党的执政能力和执政水平的实践背景下，全面推进依法治国是中国共产党人面临的重大时代课题。

① 《历史的选择，人民的期待》，《人民日报》2017年1月3日。

② 《“四个全面”学习读本》，人民出版社2015年版，第207页。

法治是中华民族在艰辛探索后找到的利于发展进步的光明道路和前途，是实现国家长治久安、社会和谐稳定、人民幸福安康的必由之路。

走依法治国之路是中国共产党对中国民族的历史、现实和未来的沉重忧思和战略谋划。习近平总书记说："法治兴则国家兴，法治衰则国家乱。"[①]"文化大革命"严重破坏了法制，使党和国家、人民遭到重创。经过 40 多年的改革开放，中国特色社会主义进入新时代，经济进入"三期叠加"的新常态，面临从粗放式发展阶段转向科学发展阶段；改革进入"深水区"，需要制度上的"顶层设计"，更加规范有序地推进下去；社会进入矛盾多发的"转型期"，人民的民主意识、法治意识和权利意识日益增强，传统的权力思维和行政化、简单化、粗放化的矛盾处理方式已经过时；腐败问题日益凸显，危及党和国家的生死存亡……全面建成小康社会后路该怎么走？如何跳出历史周期律实现长期执政？如何实现党和国家的长治久安等？这些都是需要我们深入思考的重大问题。探索用法治思维和法治方式迈过前进路上的荆棘和坎坷，考验着新一届党中央的智慧、勇气和魄力。

走依法治国之路是"把权力关进制度的笼子里"。依法执政是一个国家走向现代文明的标志，是改革成功与否的界限。凡属重大改革都要于法有据，确保在法治轨道上推进。"政府职能转变到哪一步，法治建设就要跟进到哪一步"，"法无授权不可为"，以权压法、以言代法不可为，党纪国法不可违，以法用权，要让权力在法治的框架内运行，在阳光下运行。严格依法行政，营造透明有序、公平正义的市场环境是党面临的艰巨任务。党必须和善于运用法律手段来治国理政，确保国家权力运行的制度化、规范化和有序化，使国家的发展更加健康和稳定。

走依法治国之路是勇于回应人民群众对公平正义期盼的自觉担当。习近平总书记恳切地说："如果升学、考公务员、办企业、上项目、晋级、买房子、找工作、演出、出国等各种机会都要靠关系、搞门道，有背景的就能得到更多照顾，没有背景的再有本事也没有机会，就会严重影响社会公平正义。这种情况如不纠正，能形成人才辈出、人尽其才的生动局面吗？这个社会还能有发展活力吗？

① 中共中央文献研究室编：《习近平关于全面依法治国论述摘编》，中央文献出版社 2015 年版，第8 页。

我们党和国家还能生机勃勃向前发展吗?”[①]“老百姓无处伸冤,民间就会骚乱。”[②]党的十八大以来,纠正冤假错案,推进司法体制改革取得了重大进展。劳教制度废止,密集出台防范冤假错案制度规定,建立涉法涉诉信访依法终结制度,全面推进审判流程公开、裁判文书公开、执行信息公开三大平台建设,严格规范减刑、假释、保外就医程序,健全错案防止、纠正、责任追究机制等,最大限度地捍卫了社会公平正义。为了人民、依靠人民、造福人民、保护人民,体现人民利益、反映人民愿望、维护人民权益、增进人民福祉是以法治国的最终归宿和落脚点。

第四,全面从严治党的伟大实践。治国必先治党,治党务必从严。这是中国共产党作为执政党的自觉担当和政治勇气,是党植根于辉煌历程的自信、着眼于长期执政的自省、“打铁还需自身硬”的自觉。“党是领导一切的”,习近平总书记这样定位党的历史责任,这既是一种自信,也是一种担当。重任面前当仁不让,关键时刻挺身而出,这就是共产党人的勤勉与勇毅。

中国共产党时刻在思考“在中国长期执政”这一政治课题。习近平总书记向全党发问:“毛泽东同志当年提出‘两个务必’,主要基于哪些考虑?”“我们对‘两个务必’坚持和弘扬的怎么样?”“今天如何结合新的形势弘扬。”这就意味着谦虚、谨慎、不骄、不躁的作风,艰苦奋斗的作风始终是我们党的生命之本,不忘初心才能更好前行。中国共产党人要始终牢记自己的历史责任,团结和带领全党全国各族人民,接过历史的接力棒,继续为实现中华民族伟大复兴而努力奋斗,使中华民族更加坚强有力地屹立于世界民族之林,为人类做出新的更大的贡献。

以中央八项规定为切入点,从中央政治局做起,为全党树立标杆和典范,全面从严治党以自我革命的政治勇气开了一个好头。2016 年 11 月 30 日,习近平总书记主持召开中央政治局会议,对党和国家领导人办公用房、住房、用车、交通、工作人员配备、休假休息等待遇进一步做出规定:“党和国家领导人退下来要及时腾退办公用房;不能超标准配备车辆、超规格乘坐交通工具,外出要轻车简从,最大限度减少对群众生产生活的影响。”[③]

---

① 中共中央纪律检查委员会、中共中央文献研究室编:《习近平关于党风廉政建设和反腐败斗争论述选编》,中央文献出版社、中国方正出版社 2015 年版,第 95 页。

② 中共中央文献研究室编:《十八大以来重要文献选编》(上),中央文献出版社 2014 年版,第 137～138 页。

③ 新华月报编:《新中国 70 年大事记(1949.10.1—2019.10.1)》(下),人民出版社 2020 年版,第 1752 页。

经过几年"拍蝇""打虎"的高压反腐,"不敢腐"的政治惩戒机制运行良好,"不能腐"的防范机制和"不想腐"的保障机制逐渐展开。中央通过巡视派驻、机制创新、法规建设,构筑起一道道制度的"防火墙";用科学理论、优秀文化、良好家风,建立理想信念的精神家园;用群众路线教育实践活动、"三严三实"专题教育、"两学一做"学习教育,营造风清气正的政治生态。① 从中央到农村社区,400多万个党组织,9600多万名党员,管党、治党"严"字当头绝不放松。习近平总书记斩钉截铁说道:"从严治党,惩治这一手决不能放松。要坚持'老虎'、'苍蝇'一起打,既坚决查处领导干部违纪违法案件,又切实解决发生在群众身边的不正之风和腐败问题。要坚持党纪国法面前没有例外,不管涉及谁,都要一查到底,决不姑息。"②"作风建设永远在路上。如果前热后冷、前紧后松,就会功亏一篑。"③"不得罪成百上千的腐败分子,就要得罪13亿人民。这是一笔再明白不过的政治账,人心向背的账。"④从严治党深得民心,党的发展和完善是国家的根本所在、命脉所在,是全国各族人民的利益所在、幸福所在。

综上,"四个全面"战略布局的理论与实践是党继承和弘扬中华民族勤劳勇敢、艰苦奋斗精神的新成果,必将铸就中华民族新的精神丰碑,也必然为社会主义核心价值观的完善和发展奠定基础。

第五节　自强不息的新篇章

自强不息是一个民族在发展中形成的独立自主、奋发向上、不屈不挠、不断进取的精神。千百年来,它激励着中国人民变革创新、不懈奋斗,支撑着中华民族生生不息、薪火相传,并深深熔铸于中华民族的血脉之中,成为中华民族的灵魂,为社会主义核心价值体系注入了强大的正能量,是社会主义核心价值观的应有之义。

一、自强不息的中华文化传统

自强不息是对中华民族刚健有为、生生不息精神的集中概括和生动描写。

---

① 参见《历史的选择,人民的期待——党的十八大以来以习近平同志为核心的党中央治国理政评述》,《人民日报》2017年1月3日。

② 《习近平总书记系列讲话精神读本》,中共中央党校出版社2013年版,第164页。

③ 《习近平谈治国理政》,外文出版社2014年版,第381页。

④ 《坚定不移正风肃纪反腐(新时代的关键抉择)——以习近平同志为核心的党中央推进党风廉政建设和反腐败斗争述评》,《人民日报》2021年11月8日。

茫茫宇宙中，万物的生成、流转、变化完全取决于自身的生命力。同样，人也应当效法自然，发挥主动性、能动性和创造性，确立人的主体地位和主体价值，实现“为天地立心，为生民立命，为往圣继绝学，为万世开太平”。继而，一个民族的生存和发展也应当发掘自身的生命力，独立自主、艰苦创业、自力更生，实现民族强盛。

自强不息的精神首先表现为独立的人格和积极进取的人生之道。子曰：“我欲仁，斯仁至矣。”[①]“不怨天，不尤人。”[②]“三军可夺帅也，匹夫不可夺志也。”[③]“知其不可为而为之。”[④]在孔子看来，只要人志向坚定，有气节，有顽强的拼搏精神和不屈的意志，定能立于天地之间。孟子则将这种独立人格和进取之道表述为“大丈夫”精神，“富贵不能淫，贫贱不能移，威武不能屈，此之谓大丈夫”[⑤]。正是由于此，中国历史上涌现出很多仁人志士，他们以胜不骄、败不馁，安不懈、险不惧，忧道不忧贫，锐意进取的个体人格展现了中华民族自强不息的伟大精神与在民族危难中和困难之时誓死不做亡国奴，万众一心、众志成城、不怕困难、坚强不屈的民族气概。

自强不息的精神还表现为革故鼎新的变革之道。中国是一个民族传统深厚、历史悠久但绝非守旧的国家。革故、求变、日新的积极进取精神是中华民族的传统智慧。《诗经》曰：“周虽旧邦，其命维新。”《大学》有云：“苟日新，日日新，又日新。”《易·系辞下》曰：“易，穷则变，变则通，通则久。”《易传》亦曰：“革去故，鼎取新。”可见，革故鼎新、除旧布新是自强不息精神的应有之义。没有创新就没有增益，也就根本谈不上发展，这是永恒不息的关键之所在。无论是对一个人还是对于一个民族而言，立意于创新、创造，生生不息都是生存发展和富强之道。中国古代的政治家和思想家深谙变化、创新之道的事功，将变化的观念具体运用到社会生活领域，提出变革、革新的思想。商鞅变法、王安石变法等在中国历史上对于改革弊政、化解社会矛盾等发挥了重大作用，在一定程度上实现了政治稳固、经济恢复、吏治整肃、百姓安宁，甚至有些达到王朝的鼎盛时期。

近代以来，倡导变革的声音更加强烈。面对封建制度的没落和清王朝的腐朽，龚自珍、魏源等有先见之人就疾呼进行社会改革，通过变通旧法除弊兴利、

---

① 《论语》，中华书局 2015 年版，第 76 页。

② 《论语》，中华书局 2015 年版，第 179 页。

③ 《论语》，中华书局 2015 年版，第 101 页。

④ 《论语》，中华书局 2015 年版，第 180 页。

⑤ 《孟子》，中华书局 2016 年版，第 126 页。

挽救危机。康有为认为:“筹自强之策,计万安之世,非变通旧法,无以为治。”[①]梁启超指出:“变亦变,不变亦变!变而变者,变之权操诸已,可以保国,可以保种,可以保教。”[②]谭嗣同提出“变法则民智”“变法则民富”“变法则民强”“变法则民生”。[③] 近代中国,为了摆脱民族危机,求得民族的独立和国家的富强,开启民智和实现人民富裕,除了变革旧的制度以外,没有其他的路可走。总之,近代的有识之士莫不呼吁变革求存、革新图强,将自强不息的民族精神发展到新的境界。从1839年林则徐禁烟开始,从鸦片战争到三元里抗英,从甲午海战到戊戌变法,从辛亥革命到五四运动,一系列反对外来侵略、救亡图存的斗争和运动都是中华民族发扬前仆后继、不屈不挠、英勇抗争、变革图强精神即自强不息精神的历史见证。

二、中国共产党对自强不息传统的继承和发展

中国共产党成立后,中国共产党人发扬勇于革命、不怕牺牲、排除万难、革命到底的革命乐观主义和英雄主义精神,谱写了自强不息的民族精神的新篇章。

抗日战争的伟大胜利是中国人民弘扬自强不息精神的典范。毛泽东在抗日战争期间特别强调民族气节、民族自尊心和自信心在战争中的重要作用。在晋察冀边区从事宣传工作的邓拓曾撰写《论民族气节》一文,提出一个民族的自尊心和自信心就是民族的气节,它们“是一个民族能否获得自由解放、能否永久存于世界的一个最标准的检温表”[④]。中华民族崇尚民族气节,中国历史上有很多忠贞节烈、具有“宁死不二的气魄和精神”的大人物。[⑤] 民族自尊心、自信心和民族气节也激励着中国共产党人和中国人民为了民族大义不怕牺牲、无所畏惧,而这种民族气节正是自强不息精神的源泉和动力。

在抗日战争战略防御阶段,毛泽东极为推崇鲁迅精神,希望以此激发全民族对于战争胜利的信心和全民族奋勇抗争的勇气与决心。在毛泽东看来,鲁迅先生具有直面黑暗与暴力的斗争精神,在暴风雨中像一棵独立的大树不偏不倒,认准了目标就会奋勇前进,决不中途妥协、变节;鲁迅先生具有无所畏惧的牺牲精神,毫不畏惧敌人的威胁、利诱和残害,像勇士一样反抗、前进;鲁迅先生

---

① 丁守和主编:《中国近代启蒙思潮》(上),社会科学文献出版社1999年版,第185页。

② 梁启超:《变法通议》,广东省出版集团、花城出版社2010年版,第12页。

③ 参见陈金龙:《改革开放与民族精神》,广东教育出版社2008年版,第126页。

④ 参见《邓拓散文》(下),中国广播电视出版社1997年版。

⑤ 参见郑师渠主编:《中华民族精神研究》,北京师范大学出版社2009年版,第350页。

具有痛打落水狗的精神，他丝毫不向敌人妥协，直到打得敌人不能翻身。[①] 毛泽东呼吁全国各族人民要勇于牺牲，一定要把日本帝国主义彻底赶出中国，富于民族自尊心和正义心的伟大民族，“现在再来一次伟大的证明”。这是有民族气节的中国共产党人对自强不息精神的新阐释。

自力更生、独立自主是毛泽东对自强不息精神深入的领悟和运用。1935年12月，毛泽东在陕北瓦窑堡党的活动分子会议上所作的报告中指出：“我们中华民族有同自己的敌人血战到底的气概，有在自力更生的基础上光复旧物的决心，有自立于世界先进民族之林的能力。”[②]早在革命根据地建设时期，党就在中央苏区探索进行经济建设，在极端严酷的环境下开展生产、建立工厂、开展贸易，进行土地革命，改善群众生活，使根据地有了自己的经济基础和物资储备，能够打破敌人的封锁并取得了四次反“围剿”的胜利。抗日战争时期，由于日军的封锁和“扫荡”，国民党断绝八路军军饷，再加上华北地区遭受严重的自然灾害，根据地危在旦夕。在这种情况下，毛泽东号召大家“自己动手，丰衣足食”，开展大生产运动，使陕甘宁边区靠自力更生渡过了最困难的时期。井冈山精神、长征精神、南泥湾精神、沂蒙精神、延安精神、西柏坡精神等都是自强不息精神在革命战争年代的继承和发扬。解放战争时期，面对强大的美帝国主义支持的国民党，毛泽东坚定地说：“我们的方针要放在什么基点上？放在自己力量的基点上，叫做自力更生。我们并不孤立，全世界一切反对帝国主义的国家和人民都是我们的朋友。但是我们强调自力更生，我们能够依靠自己组织的力量打败一切反动派。”[③]事实也正是如此，“亦将剩勇追穷寇”、将革命进行到底的勇气和决心成为中华民族自强不息精神的集中表现。

社会主义建设时期，各条战线继续发扬独立自主、自力更生的自强不息、干事创业精神。在“一穷二白”的基础上，在西方大国对我们全面封锁，苏联单方面撕毁合同、全部撤回援助中国的专家的不利条件下，我们在石油、钢铁、汽车制造等各工业部门取得了重大成就，我们拥有了自己研制的原子弹、氢弹和卫星，我们建立了一个相对独立的完整的工业体系和国民经济体系，从根本上改变了工业品受制于人的尴尬境地。这一时期，雷锋、王进喜、研发“两弹一星”的科学家、张海迪、中国女排的姑娘们等都是不同历史时期继承和弘扬自强不息精神的楷模，他们赋予自强不息精神更为丰富的时代内涵。

党的十一届三中全会做出了改革开放的重大决定，弘扬了民族的变革精

① 参见郑师渠主编：《中华民族精神研究》，北京师范大学出版社2009年版，第351页。

② 中共中央文献研究室编：《毛泽东著作专题摘编》（下），中央文献出版社2003年版，第1489页。

③ 中共中央文献研究室编：《毛泽东著作专题摘编》（上），中央文献出版社2003年版，第299页。

神。正是在这个意义上,邓小平把改革称为"中国的第二次革命"。江泽民指出:"改革开放,是中华民族自强不息和变革创新精神在当代的集中体现和创造性发展。"[①]改革是社会主义制度的自我完善和发展,是发扬优势、革除弊端、大胆创新的过程。改革是为了扫除生产力发展的障碍,改变中国贫穷落后的面貌。把社会主义与市场经济结合起来,用市场经济再造中国,是邓小平理论最杰出的贡献和创造。农村实行家庭联产承包责任制,启动国有企业改革、经济体制改革,废除领导干部职务终身制,进行文化体制改革、教育体制改革、科技体制改革、分配制度改革等,以及对社会主义本质、任务、发展阶段、发展动力和发展目标重新定位和解释等激发了社会活力,勇于开拓、大胆进取,将社会向前推进了一大步。在改革开放的过程中,中国共产党既弘扬了民族的变革精神、创新精神,又将自强不息的民族精神融入社会主义事业的伟大实践,抗洪精神、抗震救灾精神、北京奥运精神、载人航天精神、脱贫攻坚精神、伟大抗疫精神进一步丰富了中华民族自强不息的精神谱系,将中华民族自强不息精神提升到新的境界。

三、新时代自强不息传统的光大

党的十八大以来,以习近平同志为核心的党中央领导全国各族人民继续发扬自强不息、与时俱进的改革精神、创造精神、创新精神、进取精神,在全面深化改革的道路上,为实现中华民族伟大复兴的中国梦和"两个一百年"奋斗目标而不懈努力。

首先,"四个自信"的提出,高扬了民族自尊心和自信心,铸就了新时代中华民族自强不息的强大精神力量。

习近平总书记指出:"全党要坚定道路自信、理论自信、制度自信、文化自信。当今世界,要说哪个政党、哪个国家、哪个民族能够自信的话,那中国共产党、中华人民共和国、中华民族是最有理由自信的。有了'自信人生二百年,会当水击三千里'的勇气,我们就能毫无畏惧面对一切困难和挑战,就能坚定不移开辟新天地、创造新奇迹。"[②]坚持"四个自信",既是中国共产党人对于带领中国人民推动中国特色社会主义事业不断胜利的必胜信念,又是中国共产党人敢于承担中华民族伟大复兴事业的历史责任感和时代担当。

坚持"四个自信"并不是妄自尊大,我们有值得自信的底气和理由。中国特

---

① 中共中央文献研究室编:《十五大以来重要文献选编》(上),中央文献出版社2000年版,第74页。

② 习近平:《在庆祝中国共产党成立95周年大会上的讲话》,人民出版社2016年版,第12～13页。

色社会主义道路是党带领中国人民浴血奋战、艰苦创业、自力更生、历尽千难万险才寻找到的实现社会主义现代化和创造人民美好生活的必由之路；中国特色社会主义理论体系是党在坚持马克思主义基本原则的立场上，立足于中国革命、建设和改革的问题实际，与时俱进，立足于时代前沿进行的理论创新和创造，马克思主义中国化是马克思主义发展史上重要的理论突破；中国特色社会主义制度是中国共产党人一次次面对国家危难，用历史的代价和教训换来的推动中国发展进步的根本制度保障，它创造了发展的中国奇迹，让有着五千多年文明的中华民族焕发勃勃生机，也为世界许多国家提供了中国方案；中国特色社会主义文化自信则是中华民族最基础、最广泛、最深厚的自信，五千多年文明发展孕育的中华优秀传统文化和中华民族精神，党和人民在伟大斗争中孕育的革命文化和社会主义先进文化，在新时期以改革创新为核心的时代精神，汇聚成社会主义核心价值和实现中华民族伟大复兴的精神力量。

习近平总书记明确指出："中国特色社会主义不是从天上掉下来的，是党和人民历尽千辛万苦、付出巨大代价取得的。"①中国特色社会主义是不是好，也只能由中国人民自己来判断，而且中国共产党人和中国人民完全有信心为人类对更好社会制度的探索提供中国方案。立足于中国、立足于中国人民的意愿、坚信自己的道路、坚定无比强大的前进动力，是每一个中国人都应该有的信心。

习近平总书记语重心长地劝慰大家："找到一条好的道路不容易，走好这条道路更不容易。我们必须坚定不移走下去，要虚心学习借鉴人类社会创造的一切文明成果，但不能数典忘祖，不能照抄照搬别国的发展模式；要始终保持清醒坚定，保持强大前进定力，既不走封闭僵化的老路，也不走改旗易帜的邪路，不为任何风险所惧，不为任何干扰所惑，真正做到'千磨万击还坚劲，任尔东西南北风'。"②一个有着清醒的头脑、明确的方向、坚定的步伐、不懈的追求的民族才能自信、自醒、自为、自立、自强于世界先进民族之林，并能获得持久发展的动力。这是一个具有自强不息精神的民族最深层次的精神追求和独特的精神标识，也是其能够生生不息的精神基因和密码。

其次，"大众创业，万众创新"谱写中华民族自强不息精神的新篇章。

我国一直致力于建设自主创新型国家。创新是一个民族进步的灵魂，自主创新是民族发展的不竭动力和活水之"源"，而且创新是中华民族最鲜明的民族禀赋。党的十八大以来，习近平总书记在讲话中经常引用"苟日新，日日新，又

---

① 习近平：《在庆祝中国共产党成立95周年大会上的讲话》，人民出版社2016年版，第12页。

② 中共中央宣传部：《习近平总书记系列重要讲话读本》，学习出版社、人民出版社2016年版，第30页。

日新”的中华历史名言，他积极倡导勇于实践、善于创新，在党的十八届五中全会上提出了以“创新”为首的新发展理念，对我们破解发展难题、厚植发展优势提供了思想遵循。

勇于实践、敢于创新。“十三五”是我国实现全面建成小康社会的决胜阶段，但是我们依然面临世界经济低迷，我国经济处于“速度换挡期、结构调整期、经济转型期”三期叠加，有很多发展难题需要破解。必须有勇于实践、敢于创新、大胆担当的大无畏的改革和创新精神。习近平总书记强调：“培育和弘扬励志奋进、奔竞不息的‘图强’精神。‘图强’，就是勇于拼搏、奔竞不息，就是奋发进取、走在前列。要始终保持昂扬向上、奋发有为的精神状态，认清目标不动摇，抓住机遇不放松，坚持发展不停步。”[①]我们需要弘扬和发展自强不息的精神以激发创新、创业活力，推动大众创业、万众创新，创造条件支持大众大胆实践、大胆探索。

遵循规律、善于创新。创新必须以实践为基础，尊重规律，遵循规律。2014年，习近平总书记在中央经济工作会议上指出，市场要活、创新要实。创新要坚持从世情、国情、区情出发，从我们面临的形势、任务出发，从人们的实际愿望要求出发，不囿于经验，不照搬别人做法，要符合实际、遵循规律。习近平总书记指出，要“培育和弘扬遵循规律、崇尚科学的‘求真’精神。‘求真’就是追求真理、遵循规律、崇尚科学。‘求真’，就是求理论之‘真’，坚持不懈地用发展着的马克思主义最新成果武装头脑、指导实践，创造性地开展工作”[②]。

在继承中创新、在创新中发展。习近平总书记指出：“我们是历史唯物主义者，要认识到没有继承，就没有发展；没有创新，就没有未来。必须始终坚持在继承中创新，在创新中发展。”[③]朝令夕改、故步自封对党、国家、人民的事业都是有害的，必须稳中求进。对于创新与发展的关系，习近平总书记强调，抓创新就是谋发展，谋创新就是谋未来。不创新就要落后，创新慢了也要落后。我们要全面推进理论、制度、科技、文化创新，为中华民族续写好创新的历史，使中华民族不断与时俱进，保持坚定的民族自信心和强大的修复能力，无愧于前人，无愧于后人。

---

① 习近平：《干在实处　走在前列——推进浙江新发展的思考与实践》，中共中央党校出版社2006年版，第322页。

② 习近平：《干在实处　走在前列——推进浙江新发展的思考与实践》，中共中央党校出版社2006年版，第320页。

③ 习近平：《干在实处　走在前列——推进浙江新发展的思考与实践》，中共中央党校出版社2006年版，第78页。

2015年6月16日，国务院发布了《关于大力推进大众创业万众创新若干政策措施的意见》，全面、系统地推进大众创业、万众创新，创新成为引领发展的第一动力。在“十三五”主要目标和重大举措中，创新摆在国家发展全局的核心位置，我们将全面深入实施创新驱动发展战略。众创、众包、众扶、众筹平台成为搞创新、增就业、助创业、促发展的有力平台，为社会大众广泛平等参与创业创新、共同分享改革红利和发展成果提供了更多元的途径和更为广阔的空间。中国人民掀起了干事创业的新高潮，更使自强不息精神成为社会主义核心价值观的重要内涵。

再次，体育精神和奥运精神为自强不息精神汇聚了更为丰富的时代内容。

习近平总书记曾直言自己是体育爱好者，他在诸多场合也毫不掩饰自己对体育的热爱。他把体育视为一项神圣的事业，因为体育背后彰显的是“重在参与、自强不息、顽强拼搏”的体育精神和奥运精神。2013年8月，习近平总书记在出席全国体育系统先进集体和先进工作者表彰会时指出：“体育在激励全国各族人民弘扬追求卓越、突破自我的精神方面，有着不可替代的重要作用。”①他在俄罗斯索契看望参加第22届冬季奥林匹克运动会的中国体育代表团时说：“重大赛事最令人感动的未必是夺金牌，而是体现奥运精神。这正是中国人讲的自强不息。在冬奥会这样的国际大赛前夕，你们会面临不少困难和挑战，你们更多表现出的是信心。希望你们赛出成绩、赛出成果。竞技场上强手云集。成绩不仅仅在于能否拿到或拿到多少块奖牌，更在于体现奥林匹克精神，自强不息，战胜自我、超越自我。希望大家保持良好心态，力争发挥出自己应有的竞技水平。”②他还引述鲁迅的话说：“我每看运动会时，常常这样想，优胜者固然可敬，但那些虽然落后而仍非跑至终点不止的竞技者，和见了这样竞技者而肃然不笑的看客，乃正是中国将来的脊梁。”③他更看中的是运动员身上自强不息的精神。

他极为重视群众体育运动，希望通过体育运动提升全国人民的身体素质和健康水平，促进人的全面发展，丰富人民的精神生活。他多次强调：“全民健身是全体人民增强体魄、健康生活的基础和保障，人民身体健康是全面建成小康社会的重要内涵。”④他高度重视大型体育赛事对民众的影响和带动作用，大力

① 《深入领会习近平总书记重要讲话精神》(上)，人民出版社2014年版，第375页。

② 《习近平亲切看望索契冬奥会中国体育代表团》，《人民日报》2014年2月8日。

③ 《习近平亲切看望索契冬奥会中国体育代表团》，《人民日报》2014年2月8日。

④ 《习近平在沈阳会见参加全国群众体育先进单位和先进个人表彰会、全国体育系统先进集体和先进工作者表彰会的代表时的讲话》，《人民日报》2013年8月31日。

支持北京承办2022年冬奥会和残奥会，中国成为历史上第一个奥运“全满贯”国家。他希望人们在体育运动中培养追求卓越、突破自我的自强不息精神，并通过奥运精神、体育精神振奋民族精神，带着这种精神投入推动社会发展的伟大实践，为中华民族伟大复兴提供凝神聚气的强大精神力量。

最后，青年是中华民族继往开来的自强不息精神的承继者和发扬者。

为实现中华民族伟大复兴的中国梦而奋斗，是当代中国青年运动的时代主题。党的十八大以来，习近平总书记对青年成长成才问题做了一系列重要论述，明确了青年应当具有的历史担当和使命，指明了青年成长成才的正确方向，为广大青年建功立业提供了广阔的舞台。

青年应“志当存高远”，树立崇高理想。习近平总书记指出，青年要以国家富强、人民幸福为己任，胸怀理想，志存高远，积极投身于中国特色社会主义伟大实践，为之终生奋斗。为了理想能坚持、不懈怠，创造无愧于时代的人生。历史和现实都证明，青年一代有理想、有担当，祖国和民族才有前途和希望，我们的发展目标才能获得源源不断的强大动力。他还说：“只有把人生理想融入国家和民族的事业中，才能最终成就一番事业。希望你们珍惜韶华、奋发有为，勇做走在时代前面的奋进者、开拓者、奉献者，努力使自己成为祖国建设的有用之才、栋梁之材，为实现中国梦奉献智慧和力量。”①

青年要勤于为学、自强不息、发愤图强。习近平总书记指出，青年人正处于学习的黄金时期，应该把学习作为首要任务，作为一种责任、一种精神追求、一种生活方式，树立梦想从学习开始、事业靠本领成就的观念，让勤奋学习成为青春远航的动力，让增长本领成为青春搏击的能量。青年要自强不息，在学校学习要心无旁骛、如饥似渴、孜孜不倦地读书学习。习近平总书记指出：“要勤于学习、敏于求知，注重把所学知识内化于心，形成自己的见解，既要专攻博览，又要关心国家、关心人民、关心世界，学会担当社会责任。”②他还指出，“广大青年要牢记‘空谈误国、实干兴邦’，立足本职、埋头苦干，从自身做起，从点滴做起，用勤劳的双手、一流的业绩成就属于自己的人生精彩”③，“要勇于创业、敢闯敢干，努力在改革开放中闯新路、创新业，不断开辟事业发展新天地”，为实现中华民族伟大复兴锲而不舍、继续奋斗。

青年要勇于创新、开拓进取。习近平总书记说，青年是社会上最富活力、最

---

① 中共中央文献研究室编：《习近平关于青少年和共青团工作论述摘编》，中央文献出版社2017年版，第45页。

② 《习近平谈治国理政》，外文出版社2014年版，第172页。

③ 《习近平同各界优秀青年代表座谈时的讲话》，《人民日报》2013年5月4日。

具创造性的群体，理应走在创新创造的前列，做锐意进取、开拓创新的时代先锋。青年是国家和民族的希望，创新是社会进步的灵魂，创业是推动经济社会发展、改善民生的重要途径。青年富有想象力和创造力，是创新创业的有生力量。习近平总书记寄语青年："要敢于做先锋，而不做过客、当看客，让创新成为青春远航的动力，让创业成为青春搏击的能量，让青春年华在为国家、为人民的奉献中焕发出绚丽光彩。"①只有青年一代又一代地继承和发扬自强不息的精神，才能为国家和民族的发展提供续航的动力，才能在激扬青春、开拓人生、奉献社会的伟大进程中书写新的篇章，从而使中华民族精神不断得到升华和弘扬。

总之，社会主义核心价值观反映了时代要求。这就要求我们既要发掘、整理和汲取原来的具有共性的传统中华民族精神，又要根据时代的变化和发展总结、归纳和提炼新时代的民族精神。"只有弘扬和培育反映时代特征、适合社会发展要求的民族精神才能使民族精神永葆青春和活力，才能对民族发展起支撑作用。"②中华民族精神的培育和弘扬是整个中华民族的共同任务，是每一个中华儿女的责任和义务。精神的引领作用是极其巨大的，习近平总书记高度重视对中华民族精神的发掘和整理，将宝贵的精神财富汇入当代社会主义价值体系的构建。在中国共产党的领导下，中华儿女将始终保持昂扬向上的精神状态，为实现中华民族伟大复兴和"两个一百年"奋斗目标提供强劲的精神动力，树立新的精神丰碑。

---

① 习近平：《在知识分子、劳动模范、青年代表座谈会上的讲话》，《人民日报》2016年4月29日。

② 郑师渠主编：《中华民族精神研究》，北京师范大学出版社2009年版，第388页。

第七章　发掘中华优秀传统文化中的价值观元素丰富社会主义核心价值观

中华民族在几千年的发展中创造了博大精深的传统思想文化，形成了支撑中华民族存续和发展的核心价值观。我们提炼社会主义核心价值观应当坚持古为今用的原则，批判地吸收传统价值观的合理内核，同时借鉴其积极的内容及表达方式，使社会主义核心价值观既承接传统又清晰地体现社会主义的制度属性，具有中国文化特征。

第一节　儒家文化中的“仁义礼智信”

纵观数千年儒家思想文化发展历程，在其博大精深的思想文化体系中，其核心价值观念集中体现为“仁义礼智信”。这五个字内涵丰富，价值导向明确，意义深远。其中，仁以爱人为核心；义以尊贤为核心；礼是对仁和义的具体规定；智是智慧、机智；信为信用、诚信，正所谓一诺千金。对“仁义礼智信”，古代思想家有比较多的注解，而且在认识中逐步深化，内涵日趋丰富。汲取“仁义礼智信”的合理因子，有利于民众树立对共同道德信念的权威感和归属感。儒家道德的主导地位，使“仁义礼智信”成为中国传统思想道德的价值核心，成为社会普遍的道德价值共识，在历史上对提高中国民众道德素质发挥了积极作用，并且至今仍有提升世道人心的现实意义。

一、儒家文化的历史脉络

儒家在先秦时期和其他诸子地位平等，秦始皇焚书坑儒，儒家受到重创。西汉时期，汉武帝采纳董仲舒“罢黜百家，独尊儒术”的建议，儒家被定为一尊，社会上大力崇儒，儒家思想成为官方统治思想。儒家“亲亲有术”的宗法政治伦理，适合我国以血缘关系为纽带的专制等级制度的需要，这与加强君主权力是一致的。董仲舒所倡导的儒学所体现的重名分、别尊卑、贵礼法、“主唱臣和”“主先臣随”“君权神授”和“大一统”等思想文化，巧妙地用儒家的外衣包裹其强化王权、实现统一的真实目的，以曲径通幽的方式最终与君主专制主义中央集权结合起来，使儒家礼治理想成为汉代社会的现实，儒家的人生价值观成为占支配地位的统治思想，对于中国古代精神文明的发展起到巨大的作用，对中国文化的发展产生了非常深刻的影响。

孔子曰：“仁者人也，亲亲为大；义者宜也，尊贤为大。亲亲之杀，尊贤之等，礼所生也。”①孟子在仁、义、礼之外加入“智”，构成四德或四端，曰：“仁之实，是事亲也；义之实，从兄是也；智之实，知斯二者弗去是也；礼之实，节文斯二者是也。”②汉代，董仲舒将它们合称“五常”。董仲舒在“仁义礼智”的基础上加入“信”，并将“仁义礼智信”视作与天地同长久的经常法则——常道，号“五常”，“夫仁谊礼知信五常之道”③。从此，“五常”成为中国古代社会秩序的基本道德准则与中国古代社会的核心价值观。按照儒家的看法，人的道德优劣、境界高低与具体知识没有直接关系。心思向内，重在对道德本心、本性的反思，强化道德行为的自觉性。在儒家看来，天的根本义是道德之天或义理之天，是内在于道德心性的价值性范畴，旨在为人的道德生活提供一个形而上的超越性的根据。

儒家的德治主义思想集中体现在《大学》中。《大学》提出的格物、致知、诚意、正心、修身属内圣的工夫，齐家、治国、平天下是外王，属政治实践活动。按照儒家的设想，只要当政者具有很高的道德水平，能以自身道德行为教化天下人，自然就能天下平治。因此，儒家强调为政以德，重视的是以德服人，主张推行仁政。这一政治模式把政治的清明与当权者的道德水准紧紧地联系在一起，推崇圣君明臣式的政治治理方式。

二、儒家文化价值观的基本精神

(一)仁与以人为本

早在春秋时代，仁作为一种美德或规范性的要求就被提了出来，其最初的含义是“爱亲”。《大学》曰：“亡人无以为宝，仁亲以为宝。”④朱子《大学章句》注

---

① 《论语》，中华书局2011年版，第30页。
② 《孟子》，中华书局2016年版，第168页。
③ 《汉书》，中华书局1962年版，第2505页。
④ 《论语》，中华书局2011年版，第276页。

曰:"仁,爱也。"在以血缘关系为纽带的家庭、亲族社群中,当然是"亲亲"为大,所以最为核心的伦理价值就是爱自己的亲人,这就是"仁"。儒家奠基人孔子创立了仁学,其思想学说的核心是重视道德价值,孔子提出"克己复礼"[1],将"仁"改造升华成最高的道德原则和道德规范。所谓"仁",就是"爱人",就是"己欲立而立人,己欲达而达人"[2]。仁内在于心,发乎情,止乎礼,非礼勿视、勿听、勿言、勿动,而仁是礼之所本。所有合乎礼的仪节,孝与敬,及恭、宽、信、敏、惠等品格,都是仁的外显和具体化。孔子之后,仁成为儒家思想的核心观念,不断地被阐释和丰富,是历代儒者着力发挥的最为重要的范畴。

战国时代,儒家分化出不同的学派,其中影响较大的是孟子和荀子。孟子发挥孔子"仁"的学说,提出性善论。孟子还强调义,义是指思想行为符合一定标准。荀子反对孟子的性善论,主张性恶论。荀子讲仁、义、礼,并特别强调礼的重要性。

(二)义与公平正义

义是某种适当或者相宜的原则,宜与不宜,关键是要看是否符合仁与礼的要求,显仁即为义,合礼即是宜。凡合乎道德义理的行为就是义,反之便是不义。对义做了重要发挥且影响最大的当数孟子。他强调仁的内在性,重视道德行为的心理基础,讲"亲亲而仁民,仁民而爱物"[3],把仁的普遍性提到了一个很高的位置。同时,他亦将仁、义并举,仁是内心之安宅,义是所由之正路,仁的发端就是恻隐之心,由恻隐而生羞恶,产生道德感,辨别是非,这便是义。义是区分善与恶、美与丑、荣与耻的基础,是道德行为的准则,所以往往和利并举。义的现代意义可能就在于公平相宜,把平等正义作为构建和谐社会的基本价值理念,以积极的社会公正性来克服自然因素或客观条件限制导致的差别性,以消弭人性的缺失和欲望的极度膨胀带来的各种社会矛盾和极端的不平等。目前很多的社会问题,就是权力的滥用无度和各种利益关系极不公平造成的。一些政府工作人员或企业主只重局部利益、眼前利益甚至是个人利益,而置社会的整体利益于不顾,不讲长远性、平衡性和相宜性,背离了公平正义这一核心价值理念,造成了某种程度的社会不公正,使食品、卫生、环境等基本生存安全系统遭遇危机。我们要全面建设社会主义现代化国家,就必须倡导公平正义的价值理念,让社会正义成为普遍的原则。

---

① 《论语》,中华书局2011年版,第227页。

② 《论语》,中华书局2011年版,第111~112页。

③ 《孟子》,中华书局2016年版,第316页。

(三)礼与民主法治

礼是一个内涵丰富而又非常复杂的概念,从先民最早的宗教祭祀活动,崇拜日月星辰、山川鬼神,到后来的尊天事鬼和敬天法祖,礼始终是贯穿其间的一条主线。周公制礼作乐,对礼做了系统化、社会化和人文化的加工改造,形成了一整套的礼乐制度,礼包括礼文、礼制、礼仪、礼器、礼容等,是一个从思想、典籍、程式到仪容和器物的庞大系统。

孔子克己复礼,就是要恢复和振兴礼乐的精神,从内在性来承续三代文明的遗产。所谓"礼",是指行为规范和政治制度。显然,先秦时代儒家思想学说主要是关于人、人的价值问题。此后,儒家继承这个传统,在不同的历史时期阐发了各种各样的人生价值理论。对于个人在社会中的价值问题,儒家主要是从群体观念和等级观念出发进行阐述的。儒家认为,社会是个体组合而成的集合体,个人只有在群体中才能生存、发展,群体高于个体,个体利益应服从集体利益。群体内部是有等级的,个体只有恪守本分,才能维持群体的稳定和实现自身价值。孔子主张君臣父子的等级隶属关系,孟子更提出"父子有亲,君臣有义,夫妇有别,长幼有序,朋友有信"①,把社会人际关系分为五个层次,不同身份的人承担不同的义务,并且相应地有一套严密的等级规范,以维护封建等级秩序。同时,儒家从群体观念出发,又强调"爱人""博爱",更高的要求是"博施于民而能济众"。

(四)智与敬业

在儒家的道德规范体系中,智是最基本、最重要的德目之一,也是儒家理想人格的重要品质之一,被列入"三达德""四德""五常"。孔子首先是把"智"视为道德规范、道德品质或道德情操来使用的,他把智与仁、勇两个道德规范并举,定位为君子之道,即"知(智)者不惑,仁者不忧,勇者不惧。"②此"知者"即聪明、有智慧之意。到了孟子,更是明确地将智与仁、义、礼相提并论,作为君子"四德"之一,"恻隐之心,仁也;羞恶之心,义也;恭敬之心,礼也;是非之心,智也"③,他从行为的节制和形式的修饰、道德的认知与意志的保障等意义上确立了礼与智在道德体系中不可动摇的地位。最终,仁、义、礼、智四位一体,相依互补,恰成一完整的范畴系统,构建为人道的全部蕴涵。

智是明辨是非的良知良能,是人之所以为人的根本属性,它不是外在的,也

① 《孟子》,中华书局 2016 年版,第 114 页。

② 《论语》,中华书局 2015 年版,第 102 页。

③ 《孟子》,中华书局 2016 年版,第 246 页。

不是由学习而得来的一般知识，而是人与生俱来的一种能力，具有某种内在性，只是需要靠后天的不断努力去扩充开发才能显扬光大。社会主义核心价值观中的敬业，就是要求专心致力于学业或工作，它在很大程度上属于道德的范畴，是一个人在工作中严格遵守职业道德，对自己所从事的工作基于热爱而产生的一种全身心投入的精神和态度，是社会对人们工作态度的一种道德要求。它的核心是无私奉献意识。低层次的即功利目的的敬业，由外在压力产生；高层次的即发自内心的敬业，把职业当作事业来对待。

(五)信与诚信

信在五常中排名最后，但信既是一种世界观，又是一种社会价值观和道德观，无论对于社会还是个人都具有重要意义。古人云："信，诚也。"[①]信字的结构是左人右言，意思是做人要言而有信。《弟子规》也说："凡出言，信为先。诈与妄，奚可焉"。[②] 儒家把诚信作为人的基本道德。《大学》以"正心诚意"作为"修身"的前提。孔子说："人而无信，不知其可也"[③]"民无信不立。"[④]与人交往要言而有信，治理国家要敬事而信。君子应当言行一致，诚实笃信，"言忠信，行笃敬"才能行于天下。孔子说："信则人任焉"[⑤]，只有当你被证明是一个值得信赖的人时才会把事托付给你。孟子说："有诸已之谓信。"[⑥]"言必信，行必果""一诺千金""一言既出，驷马难追"等流传了千百年的古语均体现了中华民族诚实守信的品质。与信相反的是表里不一，背信弃义，虚伪欺诈，不守信用。如果一个人经常失信，他就会失去朋友，在社会上很难立足。如果一个社会缺失了诚信，人与人之间尔虞我诈，这个社会将是一个可怕的社会。诚信的缺失和信用危机，会成为制约人格完善和社会健康发展的严重隐患。继承发扬守信的传统价值观，在当今社会显得尤为迫切。于个人而言，诚信是立身之本。诚信是个人必须具备的道德素质和品格。诚不仅是德、善的基础和根本，而且也是一切事业得以成功的保证。信是一个人形象和声誉的标志，也是人所应该具备的最起码的道德品质。一个人如果没有诚信的品德和素质，不仅难以形成完备的自我，而且很难发挥自己的潜能和取得成功。因此，诚信是个人立身之本、处世之

① (东汉)许慎：《说文解字》上册，中华书局 2020 年版，第 76 页。

② 《弟子规》，商务印书馆 2015 年版，第 47 页。

③ 《论语》，中华书局 2015 年版，第 15 页。

④ 《论语》，中华书局 2015 年版，第 3 页。

⑤ 《论语》，中华书局 2015 年版，第 213 页。

⑥ 《孟子》，中华书局 2016 年版，第 32 页。

宝。诚信对于社会和国家同样具有重要的意义，它是普遍适用的道德原则和规范，是社会主义精神文明建设的重要任务。

三、儒家文化价值观的当代价值

儒家文化博大精深，经过几千年的积淀和继承发扬，其中的哲理智慧、理性价值和人文精神仍然具有重要的价值，熠熠生辉，并且潜移默化地影响着中国人的思想习惯。因此，在培育核心价值观时不可以抛弃传统、丢掉根本。继承传统才能创造美好的未来，善于继承才能更好地创新。

儒家的积极入世态度以及对圣人品德的追求，构想的是一种以礼为基础的在尊重现实人伦关系的基础上赋予价值内容的小康社会。儒家要求人应当立德、立功、立言，认为这是人生的崇高使命和真正意义之所在。儒学作为主观境界形态之学，亦即内圣之学，关注的是人的内在德性，它肯定人生价值，强调道德价值的重要性，其根本目标是提升人的道德境界，改善人的道德生命，以期成贤成圣。”

我们也应当从新时代继续新征程的角度，为世界和平发展提供中国智慧和中国方案，为未来社会发展道路和意义定位定标。当今人类在前进，同时也面临危机，种种情势都更加重了我们的使命和责任。我们都应在工作和生活中努力为世界的发展、人类的进步、他人的幸福做出自己的贡献。其中，强调道德修养是培养、确立主体人格理想的方法和条件，并以此协调人际关系。一个人要追求人生理想境界，一个社会要存在和发展，离开个人的道德修养是难以想象的。当今社会，经济、政治、文化、社会、生态建设等全面推进，思想文化的进步、道德修养的提高、社会的道德建设是社会健康发展、全面进步的重要方面。

“仁义礼智信”的价值观虽然形成于封建社会，但是作为绵延数千年的社会核心价值观，其价值不仅仅在于维护某一个阶级或小群体的利益，而是在更大程度上体现中国人民共有的传统价值追求，体现中华文化的价值内核，体现全体中华儿女的美德和品质，反映全体人民的精神追求。由此可见，现代意义上的“仁义礼智信”从多个角度、在多个层面与社会主义倡导的以人为本、公平正义等价值主张对接，具有历久弥新的精神价值。在大力弘扬社会主义核心价值观、加强社会主义道德建设的今天，这些价值理念值得大力弘扬。

第二节　道家文化中的“道法自然”

道家文化属于中国传统文化，是中华民族智慧的精神财富。人类文明的发展，以及现代、未来的文明和人类的前途，都与儒、佛、道传统文化密切相关。道家学说形成于先秦时期，与儒家文化互相激荡、相辅相成，一起成为中国古代文化的思想精髓，道家学说是以道为最高哲学范畴，认为道是世界的最高实体，道既是宇宙万物的本原，也是宇宙万物赖以生存的依据。道家学派以“道”来探究自然、社会、人生之间的关系，其主要代表人物是老子、庄子。

一、道家文化的历史脉络

道家之名，始见于西汉司马谈《论六家要旨》，称为“道德家”。《汉书·艺文志》称为道家，列为九流之一。老子是道家的创始人，庄子继承和发展了老子的思想。道家学说以老庄自然天道观为主，强调人们在思想、行为上应效法“道”的“生而不有，为而不恃，长而不宰”[①]；政治上主张“无为而治”“不尚贤，使民不争”；伦理上主张“绝仁弃义”，以为“夫礼者，忠信之薄而乱之首”，与儒墨之说明显对立。其后，道家思想与名家、法家相结合，称黄老之学，为汉初统治者所重。到汉武帝时独尊儒术，黄老之学渐衰。同时，道家思想流入民间，对东汉末年农民起义运动中道教思想的产生有所影响。魏晋时期玄学盛行，王弼等以老庄解释儒家经文，促成儒、道融合。佛教传入中国后，学者用老庄诠释佛典，又有释、道合流之势。宋明理学家力倡儒家道统，佛、老并斥，但对道家思想仍有某些吸收。道家思想对中国政治、思想、科技、文化、艺术等方面都产生深刻影响，是中国传统文化的重要组成部分。

二、道家文化价值观的基本精神

在道家思想中，道是核心概念、最高范畴，是世界的本原和人类活动的根据。道家价值观以道为基础和旨归，以道为本位价值，所有用语言不能言说的、感性认知不能传达的就是具有超越性的存在本体——道。由于道如此重要，老子、庄子等都做过描述和解释，认为万物皆由道所生成，道是先天地生的一切事物的本原，作为万物的内在依据永恒存在，存在于天地万物之中，体现于天地万物之中。在老子、庄子看来，化生万物、“万物之宗”的道是一切价值之源，是一切价值的根据。道总揽万物，“道不远人”，在自然之道面前，人人都可体道、得道，人们一切活动的目的就在于求道、体道、悟道，依道而行。老子曰：“道者，万物之奥，善人之宝，不善人之所保。”[②]在决定天地万物的大道面前，人并不是特别的存在，要遵循天道，依道而行。道家要求人们抛弃高高在上、自以为是的人

---

① 《道德经》，中华书局2013年版，第6页。

② 《道德经》，中华书局2013年版，第37页。

类中心主义,放弃一切无谓的智谋、机巧和努力,全身心地追求自然与人之间的和谐和统一,达到"天地与我并生,而万物与我为一"[1]的境界,即天(道)人合一、"物我一体"的境界。

对于美好社会理想的追寻,对于生命意义的发掘,老子给出的良策是"道法自然",《道德经》云:"人法地,地法天,天法道,道法自然。"[2]他主张贯通天道与人事,要求人类以天道为法。由于道的根本特性就是自然,自然就是天道,因而效法道也就是效法自然。

(一)"道法自然"的文明原则

道家奠基人老子提出道本原论,以无为的道为宇宙的本原和根本法则,对宇宙理论做出了突出贡献,同时他又从宇宙论衍生出人生论,强调人应以道为法,虚静无为,因循守旧,顺其自然,无知无欲,以符合人的本性。老子重视保全自身,提出"后其身而身先,外其身而身存"[3]的观点,强调柔弱的作用,主张以弱胜强、以柔克刚,宣扬贵柔学说。庄子继承老子的人生哲学,进一步提出逍遥游的思想,认为仁义、善恶、是非、利害等的区别都是虚妄的,主张通过坐忘等工夫达到"天地与我并生,而万物与我为一"的境界,以获得绝对的自由,把个人的精神的绝对自由作为人生的最高理想境界。

老子一方面重视人的地位,另一方面又提倡不争,他说:"夫唯不争,故天下莫能与之争。"[4]主张凡事听其自然,不要人为加以干预,只有这样人才能在社会上取得成功,也只有这样才能救人救物而不弃人弃物。庄子从齐物的观点出发,强调人的美丑、认识的是非都是相对的,是平等无差别的。他反对人为,认为人的真正自由在于任其自然,无条件地与自然为一。

(二)"返朴归真"的自然观

道家将体悟大道视为人生的最高价值目标,而道的特性是朴,"道常无名,朴"[5],于是抱朴守真便成为道家价值观的核心内容。真、朴即未经雕琢的自然状态,亦即事物自身固有的本质和规定性。老子主张"复归于朴""见素抱朴",保持和发展自己的独特本性,纯朴而真实地立身处世才是实现了人生价值的大

---

① 《庄子》,中华书局 2010 年版,第 31 页。
② 《道德经》,中华书局 2013 年版,第 15 页。
③ 《道德经》,中华书局 2013 年版,第 4 页。
④ 《道德经》,中华书局 2013 年版,第 13 页。
⑤ 《道德经》,中华书局 2013 年版,第 19 页。

丈夫。道家的根本命题是道法自然，强调天人合一，但不是认知意义上的主客合一，不是认知的境界，而只是表示心顺自然、无执无为，所显现的只是一个自由逍遥、洒脱自在的心灵。老子提出无为的学说。所谓无为者是指无意于为，任其自然，是虽有为也是无为，由此无为又是无不为。无为要求人人排除智慧、欲望，过自然的生活。“大丈夫处其厚不居其薄；处其实，不居其华。”[①]从这一价值目标出发，道家强调人各有性，因性而为，各尽其宜，个人只要认识并发挥了自己的真性，根据自己的本性和才能来做事，尽自己之职分，也就获得了人生的意义。

道家主张人的生活应以顺从、符合本性为原则，凡合乎本性的生活都是有价值的，不合乎本性的生活都是有害的。老子反对过分的享受，强调多欲的害处，提倡无欲、寡欲，要知足知止。庄子也讲无欲：“恶、欲、喜、怒、哀、乐六者，累德也。”[②]欲望、情感是伤害德性的，应当涤除。道家追求的是人生理想的精神生活和境界。只要人们舍弃争先争胜之心，做到无欲、无事、无为，回归素朴、无知、无虑的自然境界，那么一切将随缘自化，彻底摆脱人世间的纷争和烦恼。

庄子进一步由无为而逍遥，主张游心于四海之外，而与天地万物为一体，既不为物所动，又不为情所动，即以逍遥游为理想生活。所谓与宇宙为一，也就是不分主客，浑然一体，无己无物。达到这种完全忘我而无己境界的人，称为至人，至人与宇宙万物为一，也就不受任何束缚，获得了极大的自由。

道家还认识到持守自然本性与社会角色的内在冲突，在物质文明高度发展却失去精神家园的现代社会，道家抱朴守真的价值观启示人们：个体在遵循既定社会文化及其行为规范的社会化过程中亦不能忽略自我个性的保存和发展，而应认识自我，接纳自我，坦然地正视自己的不足，顺性而为，量力而行。道家人生价值观给人安身立命的智慧，启示人生命的意义在于返朴归真、回归自然，过一种合理节欲、清静无为、有利身心的生活，将人生提升到更高的境界，只有按照自然的本性去规范和调整人对自然的活动，才能在与自然打交道时获得人生的自由。

（三）“佐国扶命”的爱国传统

道教是土生土长的传统宗教，其诞生、成长、发展都离不开中华传统文化的滋养，同时也对中华传统文化思想的不断丰富和中华文化性格的塑造产生了重

---

① 《道德经》，中华书局2013年版，第23页。

② 《庄子》，中华书局2010年版，第397页。

要影响。道教因其与道家思想有近似的内涵和承继关系，作为本土化的宗教，其教义中既有道家思想的精华，又融入了社会历史发展变化中的时代元素。爱国是道教与生俱来的自然本色。早在教团创立之初，道教就提出了“佐国扶命”的主张。道教的爱国思想体现在“功德成神”这一重要教义中。道教认为，学道成仙“功行全备”，不仅要修养内功——精气神，而且要行立外功——积功德，而功德最重要的内涵就是要有功于国、有益于民。基于这种理念，道教把那些有功于国、有益于民的民族英杰列入自己的信仰体系，如关公、岳飞等。道教的爱国主义思想不仅有着悠久的思想渊源和深厚的理论基础，而且具有长期的信仰实践与积累，这对于深入理解社会主义核心价值观中的爱国价值导向也有着重要的意义。

(四)“齐同慈爱”的平等观念

道教希望人们在众善奉行的思想指导下创造一个“慈爱和同”的理想社会，在这个理想社会中，人们如同亲兄弟、亲姐妹，没有压迫、没有欺骗、没有嫉妒、没有仇恨，大家相互尊重，相互帮助，国家平安，人民富裕，生活幸福。道教的平等不仅指人类的平等，还主张万物的平等，要求人们“慈心于物”，“昆虫草木，犹不可伤”。这样的平等观念不仅对于处理社会关系有益，而且对于处理人与自然的关系也有重要的参考价值，还可以让我们从中体悟到生命平等的现实意义。道教的和谐思想还贯彻于道教徒的内修与处世原则，主张清心寡欲、和光同尘、含光内敛、不与俗争。这些和谐思想闪耀着智慧的光芒，对于我们今天深入认识“和谐”的内涵、构建和谐社会具有重要的启迪作用。

三、道家文化价值观的当代价值

道家文化价值观源远流长，不仅直接影响了古代士大夫的人生道路，而且影响了某些时代的政治生活，还深刻地影响到道教和佛教的发展。道家诸子以“万物一齐”“物无贵贱”的理论思辨摧毁了仁、义、礼、利等价值观的绝对至上性，揭示了价值的相对性，从而建构了自己独具特色的相对价值论。老子首先提出价值的相对性问题。他认为，美丑、善恶、祸福、高下、贵贱、大小等价值区分都是相对的。“天下皆知美之为美，斯恶也；皆知善之为善，斯不善矣。”[①]“祸兮，福之所倚，福兮，祸之所伏。”[②]人们知道美之为美，丑也就存在了，美与丑之间没有绝对固定不变的界限，实际上相互对立的价值是相互依待、相互转化的。

① 《道德经》，中华书局 2013 年版，第 1 页。
② 《道德经》，中华书局 2013 年版，第 35 页。

老子的这种相互依待、相互转换的辩证思想用于价值域实质上就否定了世俗社会种种价值对立的绝对性。

庄子沿着老子的路线，进一步明确提出“物无贵贱”“万物一齐”的思想，从而老子关于价值的相对性论说发展为理论形态更为完备的相对价值论。在庄子看来，价值并非纯粹客观的事实，某物有无价值以及价值的大小依赖于人们用什么样的价值标准来看待该物以及如何使用该物。从超现象的道的层次来看物，则万物是齐一的，没有价值大小的区分；从每一个独特事物的角度来看待物时，常常是以他物为无价值，以自身为有价值，即自贵而相贱；道家则认为“万物一齐”“天地不仁”。道家的这种价值观念落实到社会政治生活和伦理生活层面，便合乎情理地形成了“绝圣弃智”的价值批判思想。更深刻地说，这种价值批判实际上是对当时社会崇奉的圣、智、仁、义、礼、乐等观念的一次价值重估。

道家思想不乏对封建制度和封建道德规范的批判，特别是对个性自由、人格独立、人性解放思想的产生等起到了积极的先导作用，但其价值理想带有消极保守的一面。“小国寡民”的设想具有乌托邦性质，但也反映了老子、庄子注重天然的真朴之性和内心的宁静和谐，反映了他们希望实现人人长生久视、自由自在、社会安宁和谐的人道情怀。当然，在崇古复古的同时，他们实际上对人类精神家园也怀有美好的期许，蓝图中包含他们对未来社会的用心设计，包含他们质朴的价值取向和终极关怀。

在道家看来，天的根本义是自然。自然不是实性范畴，不是指知性意义上的自然界，而是指意性范畴，表示自然而然、自己而然。因而，它不是认知的对象，而是道德的根据及其本身。自然是一种境界，它是通过修养求得的内心的和谐宁静，追求主体生命的完善，达到真正意义上的乐天知命，各主体依其最本真的形态真诚地相处，求得一种和谐有序、共生长久的状态。无为并非自然，无为是手段，自然是目的。物我贯通、人道合一的思想，否决了人定胜天、征服自然的人类中心主义，否弃了人超越自然、凌驾于自然之上的特权，否弃了一切违反自然法则的胡作非为，强调人只是自然的一部分，只有顺应自然，率性无为，才能根深蒂固，长生久视。这是一种处理人与自然关系的生态智慧，在环境污染、生态失衡但人类依然无度索取、强力作为的当今世界，具有深刻的警示和启迪意义。

第三节　法家文化中的“强国”“富民”

法家是先秦诸子中最重要的学术派别之一。“法家”作为学术派别意义上的概念，最早见于西汉史学家司马谈《论六家要旨》。刘歆说：“法家者流，盖出于理官，信赏必罚，以辅礼制。”[①]历史上，法家的“法治”理论是古代文化的一部分，在我国历史上产生了巨大的影响。正确认识其理论对于理解现代法治和建设社会主义法治国家具有重要的现实意义，在倡导依法治国、弘扬社会主义核心价值观的今天，依然彰显出法家思想的借鉴意义。

一、法家文化的历史脉络

春秋时期出现了专职司法官，而且有关于执法、司刑、治狱的工作程序、专门知识与法律艺术。春秋中后期，诸侯国中相继出现了一大批重视法律、“以法治国”的政治家，他们是新兴地主阶级的政治与学术代言人，如齐国的管仲，郑国的子产与邓析，晋国的赵盾、范武子等。战国时期的法家分为前期法家和后期法家，前期法家的代表人物有李悝、吴起、商鞅、慎到、申不害等，后期法家主要是韩非。战国中期，商鞅在成为法家理论与学说的开创者与奠基者，是法家在实践和理论上的最高代表者，是使法家成为一大学派的第一人。

法家所谓的“法”，系指由统治者制定并颁布、国家强制实施、要求臣民共同遵守的行为准则和制度，其形式是实证法或成文法，其内容主要是刑赏。在从汉代到近代两千多年的时间里，由于儒家的主导地位，法家“法治”理论长期受到批判和贬斥。早在春秋战国时期，法家就继承了春秋后期公布的成文法的主要思想，并在此基础上提出了“明法”的主张。法家“法治”理论的第一项内容就是国家“立法明分”，要实行法治，首先要制定法律。法律的好坏，直接影响法治的效果。法家虽没有罗列法律条文，但认为要实行法治必须有法，而且必须以法为本，做到有法可依。另外，为避免模棱两可，使百姓钻营取巧，心存侥幸，失去制定法令的用意，成文公布的法令必须明确、具体，并保持相对的稳定性。法家通过严格的赏罚制度保证法律的施行，奖赏守法人，用重刑打击违法的人，用严刑重罚治理国家，建立“六亲相保终无寇贼”的社会秩序。法家的重刑理论源于春秋时期子产“宽猛并用，以猛为主”的思想。法家中，以商鞅和韩非论重刑主义的言论最多，散见于其著作各篇。

二、法家文化价值观的基本精神

（一）以性恶论为基础的法治思想

先秦诸子百家对人性善恶的争论是永恒的话题，法家根据人的自然欲和人

① 《汉书》，中华书局1962年版，第1736页。

的后天性来解释人性恶。法家认为人都是自私自利、唯利是图的。无论是夫妻、君臣还是朋友都是以利益为纽带联结在一起的，因此要严格用法来保证统治。法家诸子认识到，现实社会中人性的好恶要比善恶更接近于人的本真想法和行为动机。法家的“法”在形式上是一种以急功近利为要旨的专政手段，其主要内容是刑赏，法家法治的目的是维护专制和等级。它把君主排除在法之外，认为法的权威源于君主的权威。法家的“法”只是治国御民的帝王之具。但法家的价值观中已有“法律面前人人平等”观念的萌芽，法家主张以法治国、治人、治世，不仅要求各级官吏守法、任法，而且要求君王也要“断事以一”。

法家的“法”是“编之于图籍，设之于官府，而布之于百姓”的法律条文，具有客观性，是人人必须遵守的政治准则。法家也推崇术，术是君主“循名责实”、潜御臣民的手段。在法家那里，法从属于君主专制制度，是为君主服务的。君主的权力没有任何客观性的限制。君代表法，法是君主意志的体现，是君主的统治手段。法家价值观的另一个特点就是法家之刑与儒家之礼的结合，道德的法律化与法律的道德化，既是中国古代现实法律的基本特色，也是法家刑罚与数千年的文明共存、与古代发达的道德哲学并行不悖的原因。

（二）富国强兵

战国诸侯纷争，各诸侯国竞争激烈。在法家看来，要在诸侯争霸中获胜，唯有诉诸“强力”，即“处多事之时，用寡事之器，非智者之备也；当大争之世，而循揖让之轨，非圣人之治也”[①]。由此，法家开出他们的救世良方——富国强兵，并成为战国变法运动中各国的政治选择。在法家看来，务力耕战是为了富国强兵，而要务力耕战，就需要赏罚，而赏罚的标准就是法律。战国时期剧烈的社会动荡和社会分化的社会现实，使各诸侯国对社会的控制能力持续减弱，而为了在国与国之间的竞争中取胜，就必须竭尽全力来提高国家的综合实力，集中一切战争资源，因此强化君主集权成为战国时代的必然选择。法家先驱管仲非常务实，把民众组织起来，增加收入，将选贤任能作为富国强兵的手段。在管仲看来，英明君主的任务是加强农业，发展农业生产应是执政者的第一要务。农业是成就王业的根本，是君主治理国家的重大事务。因此，就要多做有利于粮食生产的事，不做有损于粮食生产的事，粮食产量增加了，国家就富裕了。

春秋战国时期，兵源来自农民，财力、物力来源于农业，所以要使国家富强并取得兼并战争的胜利，必须依靠农业，所以商鞅主张通过大力发展农业生产

① 《韩非子》，中华书局2013年版，第423页。

加强军事力量。为了达到这一目的，最有效、最直接的办法就是“以法治国”，通过以赏罚为主要内容的法治，依靠奖赏，鼓励有功于农战的人。从奖励农战、富国强兵的思想出发，商鞅在秦国实行变法改革。在商鞅看来，国家实际上是靠强力来统治的，即对内施用刑罚，对外使用武力。商鞅认为治国要禁绝虚言，使人民集中力量于农、战，唯有重视农、战，才能切实增强国家实力，达到富国强兵的目的。所以，商鞅主张用刑罚驱使农民生产粮食，通过授爵鼓励富人捐出粮食，又用刑罚驱使怯弱的人民在战争中勇敢，用官爵鼓励勇敢的人民在战争中拼杀，这在商鞅变法实践中得到了充分体现。

韩非承接商鞅之说并加以扩充，使富国强兵的价值体系更加巩固。韩非认为，国与国之间以利害为前提，强权争执，唯在实力，欲图富国强兵，必须实行重农主义，国家之争绝无仁义和公理可言，仁义和道德皆不足以解决争端。为政者抵抗外侮，保全独立，只有凭其实力。韩非告诫君主，如果不注重功用实效而喜听虚言就可能亡国。所以，韩非认为国家的公利高于一切，追求国家的安全和富强是最高价值。

法家基于国家本位主义的立场，其富强之路是建立在国富民穷、国强民弱的零和博弈基础上的，即主张无限扩大国家权力而缩小人民的权利，不为民众设定任何权利，民众从来只有服从的义务。在法家看来，人民并不是国家的主人，而只是君主成就霸业的工具。法律规定的赏与罚能够成为人民为国效力的指引和动力源泉，国家也将因此而强大。也就是说，通过“法”可以统一人民的行动，共同为国家的富强而努力。

三、法家文化价值观的当代价值

法家强调用实际效用来衡量人们的言行而摒弃一切空谈。由于务实功利、注重现实，法家清楚地看到，强力主宰着整个社会，所以主张以法治国、富国强兵，并把是否有利于富国强兵作为法律赏罚的依据。法家务实功利、富国强兵的价值观有其存在的必要性和合理性。在弱肉强食的战国时代，要使自己的国家生存下去，必须尽快使自己的国家迅速富强起来，而要迅速富强起来就不能不采取功利主义的策略。法家的功利主义就是这种现实要求在治国理论上合乎逻辑的反映。因此，崇尚实力成为战国时期法家的共识，当然也是法家以法治国的治国策略的基石。法家“以法治国”思想以务实功利的理论为基础，从而推演出富国强兵的价值观。

先秦法家“以法治国”思想，特别是法家富国强兵的价值观对我国实行依法治国、建设社会主义法治国家仍然具有重要的借鉴意义。在争战日烈的春秋战国，儒家力图以血亲人伦来淡化、消解社会矛盾；道家企图超越时代，返归人的古朴本性；墨家则假“天志”的名义呼吁统治者“兼爱”。唯有法家，对现实政治有着深刻理解。讲求以“法”为本，法、术、势三者相结合的韩非学说，受到秦王嬴政的赞赏，直接促成了秦王的反儒意识与君主专制的策略，为秦统一中国、建立大一统的封建专制主义的君主集权制国家提供了有力的理论根据。

法家注重客观性，虽然并不能导向绝对的社会公正，但相对于人治的主观取向来说，显然更有利于实现社会公正。在实践中，法家强调“壹断于法”[①]，主张因功授爵，打破了传统的政治秩序。法家的这种激励机制客观上增强了国家的凝聚力，规范了社会秩序，在相对公平的规则下保证了人们通过自身努力而改变命运的机会，从而使社会充满活力。事实证明，只有充分发挥人的内在潜力和自由创造力，充分实现各种社会力量的整合，才能实现社会价值目标和制度革新。因此，对法家自强学说的借鉴，必须充分激发与发挥民众的能动性和自我觉醒意识。如此，才有可能实现国家与民众利益的共赢，真正走上富强之路。

法家“以法治国”的目的是富国强兵，富国强兵作为法律的价值追求和治国的基本理念，对于当下社会主义法治建设具有重要的借鉴意义。我们所处的时代与先秦法家所处的时代迥然有异，但当今的国际关系较之战国诸侯国之间的关系则极为相似：国与国之间存在实力竞争，各国都在为富强而奋斗，一国的国际地位最终取决于自身的实力。一个民族要想屹立于世界民族之林，一个国家要想在国际事务处理中拥有举足轻重的地位，首要的就是拥有比他国更强的综合国力。在综合国力竞争中，经济实力是基础，军事实力是保障，而知识和科技创新是关键，民族凝聚力则是思想保证和精神动力。中国要想在纷繁复杂的国际社会占据主动地位，要想顺利实现中华民族伟大复兴的中国梦，加快发展不断增强综合国力是最根本的途径。因此，我们必须坚持以经济建设为中心不动摇，重视教育和科技，努力提高综合国力，以便在日趋激烈的国际竞争中占据主动。

第四节 墨家文化中的“兼爱”“非攻”

墨子及其创建的墨家学派尽管自汉代以后趋向衰落，但在中华民族的文化血脉中，它仍是重要的组成部分，中华民族精神的标识中仍然能够发现它的影

① 《汉书》，中华书局1962年版，第2713页。

子。墨家文化在民族文化心理的形成、民族价值观的建构方面所起到的作用仍然不容忽视和低估，墨家思想蕴含着积极而深刻的社会价值和学术价值。

一、墨家文化的历史脉络

秦朝建立，统一了全国，结束了先秦以来的百家争鸣局面。大一统的中央集权封建专制主义，需要思想统一，秦朝是“法家一尊”，汉朝则是“儒家一尊”。所以，汉代以后各家思想受到冷落，尤以墨家为甚。历史事实证明，在漫长的封建时代，儒家的宗法政治伦理适合以血缘关系为纽带的专制等级制度的需要；而墨家的不分亲疏贵贱的普遍的“兼相爱”，在专制时代是根本行不通的，只是一个美好的理想而已。所以，在两千多年的封建社会中，除西晋鲁胜为《墨辩》作注、唐乐台为《墨子》作注而外，墨家思想很少有人问津，以上两注也都佚而不存，墨学几近成为绝学。

墨家学说一蹶不振的原因与自身的特点和传达的价值理念密切相关，一方面，封建等级秩序不容许主张“兼爱”、不分亲疏贵贱的墨家思想存在；另一方面，儒家也极力排斥墨家。两家在许多价值观方面都是相左的，甚至是截然对立的。儒家提倡“学而优则仕”，苦读先贤之书，有朝一日为官一方，成为很多士子的选择和奋斗目标。儒家把对日常现象背后原理的探究视为雕虫小技，墨家的科学思想无人过问，墨家的逻辑理论也无人继承，致使原本与西方逻辑学、印度因名学齐名的中国逻辑学难以发展。另外，墨家思想脱离实际，过分严苛地追求节用，崇尚节俭，提倡以苦为乐，人们难以做到。其学说不重文采，不近古人，也是其被冷落的重要因素。在根本价值理念上，墨家思想向外发用的致思理念与传统文化的内在超越的价值观大相径庭。墨家的心思向外发用，后期墨家在逻辑学、物理学、几何学、光学等领域皆做出了自己的贡献。而无论是儒家、道家还是后来的佛教理论，都强调的是心物合一，使心思向内发用，而不向外探索，所以对心性探讨得越精深，离自然科学就越远。正是这种强大的文化氛围彻底地淹没了墨家思想。

到了清中叶，许多儒生攻研经书时常常需要参阅其他诸子的著作，而《墨子》中载有《诗》《书》旧文，可以用来考证经义，于是墨家思想逐渐显露出复兴的迹象。鸦片战争后，西学东渐，《墨子》讨论了声、力、光和几何诸多方面，一些学者想借此与西学抗衡，所以开始了对墨学的研究。

进入 21 世纪，在传承中华优秀传统文化的背景下，古代先贤的经典著作重新被开掘和发现，包括墨家在内的诸子百家的学说，都成为我们继承优秀传统文化基因、延续中华民族精神和文化特质的宝贵资源。但其代表人民的政治思想、不屈不挠的救世精神、重视科学的求实态度、朴素的唯物论和朴素的辩证法以及逻辑思想等，在先秦诸子中是独一无二的。他在天文学、光学、力学、几何学、工程学、逻辑学等方面的成就也是令世人瞩目的。

二、墨家文化价值观的基本精神

（一）民本的价值定位

春秋战国时期，诸子百家从各自的立场出发都表达了对劳动人民的情感，形成了重民思潮。但它们大都站是在统治阶级的立场上，其学说作为一种统治术而提出。从某种意义上说，墨家的“爱民”“利民”站在百姓的立场上，真正反映了劳动人民的意愿和要求，而不是假借民意。其“尚贤”主张也是彻底的，不仅认为一切官吏包括公卿乃至天子都必须是由人民推举的贤者，而且农与肆之人只要是贤者都可举为官长，这是政治平等的本真表达和朴素表达。《墨子》一书提出的一系列重大原则和举措，是阶级社会中普通民众的政治要求、愿望和理想的集中表现，是小生产者、平民阶层的呼声。墨子作为普通民众的代言人，他的一切言论和行动的出发点，恰恰是广大劳动人民的实际利益，其思想天然地带有反剥削、反压迫的要求。墨家“兼爱”的民本价值观之首要的主张就是要人们要珍惜、爱护民众的生命，保障人的安全，保护人的健康，满足人的基本需要。

墨子通过直观的观察看到两方面，一方面，动物与人在生产劳动方面存在差异：动物有羽毛、蹄爪，足以自卫；有天然水草，足以自给。人类却不是这样，要维持生存，就必须参加劳动，自食其力。这叫“赖其力者生，不赖其力者不生”①。另一方面，正因为劳动者是劳动成果的创造者，一个真正的劳动者才会真正爱惜自己的劳动成果，所以他反对任何人不劳而获。墨子坦率地指出：人们吃、穿、用的东西，靠自己劳动得来。男人要搞好“耕稼树艺”，女人要搞好“纺绩织纴”②，“不与其劳”，就不能“获其实”③。正因为如此，所以他在提倡“强力疾作”的同时，也特别注重人们在劳动中的表率作用，反对“厉民而自养”的可耻行为。这种直觉的道德感表达了小生产者阶层坚决保护劳动果实以至私有财富的要求，表明了人民的立场。正是由于从事实际而具体的生产劳动，又不脱离从事劳动的生产劳动者，墨家才能运用科学的分工看待社会劳动过程，也同

① 《墨子》，中华书局 2011 年版，第 279 页。
② 《墨子》，中华书局 2011 年版，第 276 页。
③ 《墨子》，中华书局 2011 年版，第 246 页。

样能够把这种观点运用到社会生活的具体领域，考虑到具体的工序安排，提出诸如生产分工、技术协作之类的思想，体现着劳动人民的智慧，闪耀着朴素唯物主义的光彩。

从朴素的劳动观念出发，墨子还注意到保护劳动生产者的身体健康，正确掌握“劳”与“息”的关系，在任何情况下都不应当过度劳累，要保证适当的休息，充满了为劳动人民利益而斗争的精神。

(二)平等思想

尚贤、尚同是墨子的社会政治理论和政治革新的核心内容。墨子认为社会产生动荡混乱的根源就在于人们不相爱，国与国相攻、家与家相篡、人与人相贼的原因，就在于人们不知“兼相爱、交相利”的好处。为此，他开出的医治社会混乱的药方便是“兼爱”，也就是要做到“视人之国若视其国，视人之家若视其家，视人之身，若视其身”①。通过实行“兼爱”，达到“天下之人皆相爱，强不执弱，众不劫寡，富不侮穷，贵不傲贱，诈不欺愚”②的理想状态。不分贵贱，不分亲疏，对他人、他家、他国一视同仁，要以“兼”来代替“别”，用无差别的爱代替有差别的爱，这是区分善恶的标准，是“兼爱”的实现途径。这一观念是理性的产物，是认知理性的体现，它把人从血缘关系中解放出来，使人获得了社会性存在的意义。

针对世袭贵族制度和才疏德寡的贵族官员，墨子提出，让平民百姓中的贤良之士参与管理国家和治理社会。他认为，各级官职应该平等地、无条件地向农夫和手工业者等开放，只要他们贤能，可以担任任何官职。他说：“虽在农与工肆之人，有能则举之，高予之爵，重予之禄，任之以事，断予之令。”③墨子提出“官无常贵，而民无终贱，有能则举之，无能则下之”④。在社会关系中，每个人在政治上都是独立的，身份都是对等的，这里面隐含着平等的意识，而平等意识又关涉权利意识。

在墨子看来，天志是一个很重要的观念，具有双重属性：一是主宰性、超越性；二是外在性、客观性。墨子承认天志，把天视作具有意志的主宰，等于恢复了西周时期天之人格神的品格。但其理论宗旨在于为人道确立一个形而上的根据。天是最高主宰，是评判是非善恶的最终准则。天公正无私，在天面前人人都是平等的。上至天子，中到公卿大夫，下至平民百姓，都应该顺从天志，以

---

① 《墨子》，中华书局 2011 年版，第 126 页。
② 《墨子》，中华书局 2011 年版，第 126 页。
③ 《墨子》，中华书局 2011 年版，第 52 页。
④ 《墨子》，中华书局 2011 年版，第 52 页。

天志作为行为的尺度。墨子眼中的天,其功能与儒道之天似乎有相通之处,但本质却判然有别。它不是内在于主体的意义性存在,而是外在于自我的客观性存在。天与人处于对立的状态。这种强烈的天人之分的宗教情怀、人格独立平等的政治意识、尚知的理智眼光和重辨的逻辑思维,都是认知精神的体现,蕴含着向民主和科学道路上前进的基因。

(三)民主思想

"兼爱""尚贤"等观念,即是墨子以天为超越性的根据提出来的,从中可以引申出民主的观念。在后期墨家那里,天的主宰性、超越性被摒弃,外在性、客观性凸显,转化为表示实体性自然界的范畴。以后期墨家之见,天与人是主体与客体的关系,因而天只是人改造和认识的对象。正是在这一观念支配下,后期墨家注重对外物的探索,从而有自然哲学、知识论、逻辑学的形成,为科学的产生铺平了道路。

墨家文化潜藏的民主政治因素,集中体现在兼爱和尚贤观念上。从世界的经验看,民主政体的形成与平等观念密切相关。所谓平等,很重要的一个方面就是在承认自己利益的同时也承认他人同样的利益。但事实上,社会成员或不同的社会集团的利益常常发生冲突,因此为了维护平等,协调人们的利益,就需要制定客观的制度和法律,由此形成所谓"民主政体"。

(四)友善思想

"兼爱"作为墨家核心思想,以"天下之人皆相爱"的口号构建平等互利、互济互助的人际关系,追求人与人之间的和谐,崇尚人类之爱,反对恃强凌弱,关心弱势群体。墨子认为,"兼爱"与"交利"相互联系,即爱人的动机与利人的效果相一致。爱人的效果要以利人来衡量。"义利统一"是"利人"思想的核心。一方面,义在利人中得以落实,"用义为政于国家,人民必众,刑政必治,社稷必安"[①]。统治者在治理国家中行义,则人丁兴旺,政治清明。另一方面,义不是空洞的道德教条。人作为社会的基本单位,人与人的和谐是社会稳定发展的基本保障,诚信友爱是和谐社会的基本要求,全社会互帮互助、诚实守信,全体人民平等友爱、融洽相处是和谐社会中人与人关系的基本特点。墨子"兼爱"思想中的"视人若己""爱无差等""兼以易别"对调和当代社会人际关系具有指导意义。

---

① 《墨子》,中华书局 2011 年版,第 400 页。

(五)富强思想

墨家十分重视物质利益的价值，坚决反对“饥者不得食，寒者不得衣，劳者不得息”[①]的社会现实，劝导人们努力生产，积极工作，主张兴利除害，富国安邦，利民厚生。只有立志为天下兴利除害，才能把利天下作为自己的分内事，也才能真正兼利天下。兼利天下，就是义。只有利民、利国、利天下之大利，才是合乎义的。墨家不仅贵义，而且也贵利。他们认为，衣食之利是人类赖以生存的条件，财富之利是国家得以富强的基础。墨子说：“衣食者，人之生利也。”[②]只有当物质财富能够满足人们的生存需要时，人们才能维持正常的生活，社会方能正常运行，“衣食之财不足”则“饥寒冻馁之忧至”[③]。不仅百姓难以生存，就连各种社会活动也难以进行，更何谈人民的幸福和国家的富强。

三、墨家文化价值观的当代价值

墨家提出的“兼爱”“非攻”，反对互相侵略，为和平而四处奔波，主张“强不执弱”“富不侮贫”是符合当代和平与发展这个主题的。墨家思想是中国和人类古典人道主义的旗帜。墨家“兼相爱”“交相利”的利人主义哲学，在价值观上是对利己主义价值观的挑战。墨子终生不丢劳动者本色，处处想到劳动者的利益，并为劳动者的利益不辞辛苦。墨子是古代把哲学从哲学家的课堂里解放出来的先驱和卓越的科学家，其“兼相爱、交相利”的思想给今天人们互助互利、相亲相爱以重要启示。

社会主义核心价值观正是代表人民利益的社会价值观，而墨家“贵义”的思想无论是在形式还是在实质上都与之有共通之处；建设现代市场经济与社会所要确立的互惠互利的原则，与墨家的“兼相爱，交相利”的思想亦有共通之处。如果说墨家“兼相爱，交相利”的思想在剥削阶级占统治地位的社会里是乌托邦，那么在人民群众当家作主的社会主义现代社会已具有可以转化为现实的客观基础。致力于对墨家义利相容的价值观进行创造性转化，深入探讨墨家义利观与中国现代社会道德观念之间的内在一致性、趋同性、继承性和转化性，探讨墨家价值观念与现代市场经济价值体系建构之间的同一性，并在此基础上通过创造性的诠释和义理建构来阐释墨家价值观，不仅是十分必要的，而且有着十分重要的时代性和实践性。

---

① 《墨子》，中华书局2011年版，第275页。

② 《墨子》，中华书局2011年版，第210页。

③ 《墨子》，中华书局2011年版，第292页。

第五节　佛教文化中的“众生平等”

当代中国，蕴含着浓厚道德情怀和普世伦理情怀的佛教文化，因其对民众生活与行为方式的潜化与道德观念的暗示而成为中国文化的重要组成部分，也理应成为社会主义核心价值观可资借鉴、改造的精神资源。

一、佛教文化的历史脉络

佛教创始人释迦牟尼鉴于人生的痛苦，为求解脱而创立佛教。原始佛教的基本教义是“四谛”和“三法印”，其内容的核心是讲对待人生的痛苦的方式和解脱苦难的办法。“四谛”和“三法印”都是从缘起思想出发，阐述现实世界和现实人生的痛苦、造成痛苦的原因、解除痛苦的途径和目标。原始佛教是解脱之道，是一种解脱人生苦难的说教。

佛教约在两汉之际传入中国，经过与中国固有文化的碰撞、交汇、融合，逐渐成为汉代以来中国传统文化的一部分。自传入以来，佛教以其深邃严密的思辨和教理，对中国传统文化产生巨大冲击，影响深远，且渗入中国固有的文化体系并日益中国化，产生了天台宗、三论宗、法相宗、华严宗、禅宗等佛教宗派，可见其生命力的强大。一般来说，佛教分为分别派、经论派、唯识派、中观派四大派别，其中分别派、经论派归于小乘佛教，唯识派、中观派属于大乘佛教。

印度佛教文化与中国本土传统文化长期的对立碰撞、交融渗透在佛教中国化的过程中，可以分为两个阶段：第一阶段，以翻译并解释佛教经典为主要特征；第二阶段，佛教与本土文化深度融合并随民众的不断迁徙得以广泛传播。佛教文化在隋唐达到鼎盛。禅宗各宗派的形成，标志着佛教中国化的完成。明清时期，佛教文化已深深渗入中国文化之中。博大精深、奥妙无穷的佛教文化，对中国的社会、政治、历史、哲学、伦理道德、逻辑、文学、艺术以及民俗民风、民族性格和民族心理等产生了重要影响。

佛教是以出世为导向的宗教。佛教及佛教文化在继承传统的基础上，反映时代的变化特征，适应社会及信教群众的需求进而成为反映社会思想文化的重要部分。改革开放不仅带来人们思想观念的变化，而且推动着社会文化系统的演进，中国社会主义核心价值观也从佛教文化价值体系中借鉴了一些合理的内容。

二、佛教文化价值观的基本精神

(一)因果报应

佛教特别是中国佛教内在信仰的核心是因果报应思想。“诸恶莫作,众善奉行”,表达的是因果报应思想。善因产善果,“自作自受”是佛教徒内在信仰的核心。这种信仰哲学试图告诉人们如何从整体上认识自我、善待人生、观照社会。在人生观上,佛教强调主体的自觉并把个人的解脱与拯救人类联系起来。从“诸恶莫作,众善奉行”的道德观、“一切众生,悉皆平等”的平等观到“不为自己求安乐,但愿众生得离苦”的奉献精神,都体现着一种比较积极的生存伦理。因佛结缘、淡泊名利、追求僧团内部和善相处体现的则是与人为善、追求和谐的社会伦理观念。佛教认为唯有持守一颗出离心,方能破除世人执着的种种贪欲、嫉妒、骄狂及其带来的贪、瞋、痴等痛苦,并借苦行生活以达到“无有诸苦、唯有诸乐”之精神境界。

(二)慈悲为怀

人要有慈悲之心,不要把他人视为敌人。个人与他人是一体的,互相依存,互相依靠。善恶观是贯穿佛教全部教义的核心价值观,是统摄佛教一切义理、戒律与道德观的核心,与佛教苦乐轮回、生死轮回、因果报应的观念是一脉相承的。佛教因其独特的价值和魅力而经受住了人类世俗社会的考验得到普遍认可和接受。唯有从人的本性出发,内求于心,静心静虑,方能使本性觉悟,顿悟成佛。在佛教看来,世事无常,苦海无涯,人摆脱不了“三世报应论”的循环轮回。一切恶因注定会变为恶果,一切善因注定会变为善果;若要规避恶果,就先要规避恶因;若要求善果,就要从当下做起,行善业之道,为利人之功。人要摆脱苦难,获得来世的幸福,唯有今世止恶修善、积累功德而别无他途。这一道德教化思想充溢着悲观、自怨、厌世的情调,无疑是不利于建构积极入世的道德价值观的,但它对人之道德存在事实的揭示与生命安顿意义的强调,又具有自身的合理性。佛教围绕解脱人生痛苦这一核心主题,就协调、缓和、平衡人与自我、人与社会、人与自然的关系阐发了不同的主张、观点,其中包含对人类生存智慧的精辟总结,与社会主义的一些核心价值理念有相近相似、相容相通之处。

(三)众生平等

佛教讲的平等有四层含义:众生与佛的平等,人与人的平等,人与其他动物的平等，人与花草树木、山河大地的平等。在平等价值理念方面，佛教讲的人与人的平等，和社会主义平等观是一致的。基于平等观的一致性，也必然导致佛教对社会主义社会公正理念的高度认同。释迦牟尼在创立佛教时从众生平等的观念出发，强调人与人是平等的，一切众生都具有成佛的根据与可能；主张个人出家修行，成就为佛，进入涅槃境界。佛教主张以戒为师，强调戒律面前人人平等，任何人不得凌驾于戒律之上。

三、佛教文化价值观的当代价值

"人人能成佛"的理念和"普度众生"的慈悲胸怀和包容善心是现代文明社会可以借鉴的主要方面。佛教的基本精神是以发达人生、净化人间、建设人间净土为己任。佛家重视净化心灵、提升精神境界、重塑灵魂以实现对人的改造，关注对人内心世界，其作用和意义主要体现在对人自身素质和内在精神世界的提升、人格的健全上，在于使人摆脱各种精神枷锁，使心灵达到一种纯美、纯情、纯真的状态，使人达至超脱、恬淡、自由的心境。因此，它具有超功利实用、超感性物欲的特征，使人在对人生和宇宙终极本体觉悟和洞识后幡然醒悟，彻底被改造为新人。

佛教道德劝化、淳化世风、净化人间、改造社会的价值取向是现代文明社会可供借鉴的方面，主要表现为指导人们合理生活，自觉控制行为，塑造完美人格，提高道德水平和精神境界，促进社会精神文明建设。这对民族振兴、世界和平、人类向上能起到独特的作用。佛教的善与恶、道与非道、正与邪、净与染等伦理范畴以及缘起性空、业报轮回、涅槃解脱等理念，对信众的修行实践、人格完善有着直接而有效的影响。

佛教的慈悲精神"有助于提升道德境界，塑造良好的人格形象；有助于正确处理人与自我、人与社会、人与自然的矛盾；有助于维护社会的稳定，推进全面建设小康社会的进程"[①]。佛教因果报应说强调"善有善报，恶有恶报，不是不报，时辰未到，时辰一到，马上就报"[②]，把自身的善恶和个人的苦乐祸福、前途命运统一起来，从而回答了个人为什么必须弃恶行善、践行道德规范的问题。由此可以说，佛教因果报应说为公民道德理论建设的形而上学立论提供了有益的参照，为个体内在道德意识的自觉和信仰提供了有力支撑，为人们适应吉凶祸福的心理行为提供了基本的机制，为社会的伦理价值取向提供了重要的思想基石。

---

① 刘胜梅：《论中国佛教的慈悲精神及其现实意义》，《雁北师范学院学报》2005年第2期。

② 《璎珞经·有行无行品》。

阐扬佛教思想精华，为推进多元价值观念整合和共同建设社会主义核心价值观建设服务，有利于凝聚佛教界与其他界别民众的共识，增强中国社会的价值认同，一方面要使佛教徒更加认同和积极践行社会主义核心价值观，另一方面也要使非佛教徒正确认识和更好地了解佛教的思想特质，进而同心同德、同心同向、同心同行，共同为建设社会主义现代化强国而努力奋斗。

第八章　吸收中华优秀传统文化中的基本精神滋养、涵养社会主义核心价值观

习近平总书记指出:“对历史文化特别是先人传承下来的价值理念和道德规范,要坚持古为今用、推陈出新,有鉴别地加以对待,有扬弃地予以继承,努力用中华民族创造的一切精神财富来以文化人、以文育人。”[①]中华传统文化蕴含着丰富的思想道德资源,其倡导和形成的一整套思想、道德、规范,如“天人合一”的宇宙观、“自强不息”的奋斗精神、“民为邦本”的民本思想、“和而不同”和合精神等,是涵养社会主义核心价值观的重要源泉。这些宽宏睿智的思想和积极向上的道德追求,对于培育和弘扬社会主义核心价值观具有重要借鉴意义。弘扬中华优秀传统文化需要将其融入社会主义核心价值体系建设实践,充分发挥传统思想资源的优势,为社会主义核心价值观的建设做出贡献。同时,社会主义核心价值观建设不能脱离中华优秀传统文化,否则就会成为空中楼阁,失去民族性和历史性。

第一节　“天人合一”的宇宙观

天人关系是中国哲学的基本关系,“天人合一”也是中国哲学的基本精神。“天人合一”观念深入人心,影响着中国人其他观念的生成。“天人合一”是以“天—人”关系为中心思考宇宙和人生问题,它既是一种宇宙观,也是一种世界观,这一思维方式和价值追求,为人们的生活提供人生意义和人生境界。“天人合一”要求人与自然保持和谐统一。需要注意的是,古代“天”的意义与现代“天”的意义有很大不同,因此天人和谐统一的基础是理解天所具有的生命意义,这是天自身的内在价值。换句话说,天是一切生命形态(包括人类)的生命之源。

---

① 《习近平谈治国理政》,外文出版社 2014 年版,第 140 页。

一、“天人合一”宇宙观的历史演进

周人对天的敬畏体现了天的人格意义，孔子对天虽然深怀敬意，但并没有更多保留天的人格神意味。事实上，从孔子开始，天已经从宗教神学的上帝转变为人类道德的发源地。由此，天具有生命意义和伦理价值，并不完全是自然存在。孔子用自己的人文思想对天这个概念做了诠释，为儒家思想的进一步发展奠定了坚实的基础。孔子说：“天何言哉？四时行焉，百物生焉，天何言哉？”[①]这里所说的天，是四时运行，万物生长的天。有人借此说孔子的天有自然之天的意义，这并不准确。“四时行焉”是天的基本功能，其中“百物生焉”之“生”，明确肯定了天所具备的生命特征。生命绝不能仅仅理解为生物学上所说的生命。天之“生生”与人生的意义是密切相关的。人应当像天那样，对待生命要爱，要无私，要帮助万物生长发育。而且，这种德性是人性之自然要求，而不是后天的刻意造作。有鉴于此，孔子心目中的圣人才是尧和舜，尧之所以伟大，在孔子看来是因为他能够法天而行，助天地化育，他说：“唯天为大，唯尧则之。”[②]两者并举，说明尧在孔子心中与天一样伟大。他还说“仁者乐山，智者乐水”，看上去，孔子有美学上的情感体验，但究其实，孔子所要表达的是伦理学意义上的人文关怀。

天与人的“合一”还表现在“天命”观念上。在孔子看来，天命是道德的绝对命令，是天与人内在统一的表现方式，亦即“天人合一”是通过天命这一具体形式体现出来的。当然，天命的内容需要人的道德感悟。这一点为孟子所发扬。孟子说：“尽其心者，知其性也。知其性，则知天矣。存其心，养其性，所以事天也。”[③]孟子遵循孔子的修养路径，注重心的体悟，通过心的感受理解天对生命和生命意义的规定，这是“天人”思想的进一步发展。荀子抛弃了这种思路，他认为人类德性的基础不是天，而是人类理性发展的产物，其产生是后天的。为此，他提倡“天人相分”。但是，荀子并没有完全抛弃天的生命本源。他提出“礼有三本”，“三本”是指“生之本”“类之本”“治之本”，其中“生之本”就是天地。他说：“天地者，生之本也。”[④]荀子所说的天是典型的自然之天，自然之天是人类生命的根源。荀子主张天地之间“人为贵”，提倡人的主体性。他认为水火有气而无生，草木有生而无知，禽兽有知而无义，只有人有气、有生、有知、且有义，“故

---

① 《论语》，中华书局 2015 年版，第 219 页。

② 《论语》，中华书局 2015 年版，第 88 页。

③ 《孟子》，中华书局 2016 年版，第 289 页。

④ 《荀子》，中华书局 2011 年版，第 303 页。

最为天下贵”[1]。荀子所说的“义”,是一个价值范畴,具有普遍性。那么,“义”之于人对其他生物来说是独有的特点,它的产生在人还是在天?如果在人,那也是天赋予人这种特有的能力,让其享受“最为天下贵”的资格;如果在天,则是天在人产生之初赋予人类的人性基础。所以,尽管荀子主张天人相分,但是他的理论却能够说明天与人是合一的。

有鉴于此,不难发现,道家的法道、体道、畜德以合于“自然”的方式与儒家大有不同。道家认为,人类的行为方式应该与天地的运行相一致,因为人和天地都为自然所统摄。因此,法自然成为人必须保有的理性自觉,这种理性自觉以顺天保命为目的,这和儒家对天命的体悟不同。再者,儒、道对道和德的理解不同。道家的道更多是天地自然运行变化的根据,而儒家的道更多体现生命的意义和价值。但是,与天地合德则是儒、道两家都秉承的基本思想。

二、“天人合一”宇宙观的当代价值

由以上对儒家“天人合一”的论述,可以看出继承和弘扬儒家“天人合一”理念具有现实意义,尤其是对建立社会主义核心价值观会产生一定的影响。汤一介先生说:“儒家思想中的‘天人合一’把天和人、把天道和人道统一起来思考的思维模式同样可以贡献于今日人类社会。”[2]当天的含义为自然之天时,“天人合一”蕴含的自然哲学是顺应自然,尊重自然的内在规律,达到人与自然之和谐;当天的含义为“义理之天”时,“天人合一”蕴含的道德哲学是遵循伦理规范,加强自我修养,实现自我身心之和谐,并按照道德准则行事,实现人与自然之和谐。创造性转化和创新性发展儒家“天人合一”理念,对培育和践行社会主义核心价值观具有重要的启示意义。

第一,培育和践行社会主义核心价值观要全面提升公民个体的道德素质,着力提高国家与社会的道德水平。“天人合一”的思想中内含道德修养和人生境界。孔子说:“志于道,据于德,依于仁,游于艺。”[3]这是说,道是做人的志向,德是做人的立足点,仁则是做人的根本点,艺是做人的基础。而有道德品质或道德修养,是一个人立足于天地之间,进而达到“天人合一”境界的根基。从公民个体的道德素质与国家、社会的道德水平的关系而言,一个国家、社会的文明程度与道德水平,建基于公民个体的道德水平和文明素质。加强公民道德建设,提高公民个体的道德水平和文明素质,是社会主义精神文明建设的根本任

---

① 《荀子》,中华书局 2011 年版,第 127 页。

② 汤一介:《瞩望新轴心时代——在新世纪的哲学思考》,中央编译出版社 2014 年版,第 56 页。

③ 《论语》,中华书局 2015 年版,第 66 页。

务。从道德哲学层面来看,儒家“天人合一”思想以德把天与人融为一体,亦即“天人合德”,由此确立天道与人道、天德与人德合一的模式。习近平总书记说:“核心价值观,其实就是一种德,既是个人的德,也是一种大德,就是国家的德、社会的德。”[①]即是说,社会主义核心价值观与社会主义道德是息息相通的,融个人的德、国家的德、社会的德于一体。因而,我们应该从道德层面把握社会主义核心价值观的观念体系,使公民个体层面的道德诉求与国家、社会层面的道德目标融为一体。中国文化自古以来重视道德教育,重视道德品质的培育和人格境界的提升。儒家“天人合一”的思想包含中华民族最根本的伦理基因和精神追求,表征着人生的最高价值境界。

第二,每个人都负有自己特定的使命和责任,应该为社会做出自己应有的贡献。社会主义核心价值观如果想要深入人心,必须持续深化。其中,重要的一步就是让每个人都有责任心、使命感。有了这样的责任心和使命感,在实际工作中就会积极主动地寻找工作规律,落实工作责任。而且,使命感还会让责任心常态化。同时,在使命感的带动下,人们工作积极主动,任劳任怨。凡事从大处着眼,为他人、为社会着想。而且由于在这种使命的存在,工作的时候内心自然会要求自己与他人合力共为,平等协调。如果每个人都有这样的使命感和责任意识,社会主义核心价值观建设将会取得新的进展。

第三,培育和践行社会主义核心价值观是使各种价值理念多元共生,从而产生新的思维模式,促进社会向好发展。从总体上来看,马克思主义价值观、中华传统价值观、西方文化价值观构成当代中国社会价值观的主体格局。其中,马克思主义价值观是当代中国社会的主流价值观。儒家“天人合一”思想启示我们,主导价值观与多元价值观和谐共生,还要在社会主义核心价值观建设中予以丰富和发展。这实际上就是“生生”的过程。

第四,培育和践行社会主义核心价值观要加强社会主义生态文明建设,建构人与自然的和谐关系。儒家“天人合一”思想是一种人与天地万物和谐共处的伦理智慧,“在儒家文化中,‘天命之谓性’、天人合一的基本态度奠定了服从自然的秩序的基本生存模式,人与自然为一体的道德追求把道德共同体扩展到了天地万物,尊重生命、让生命完成自己的周期、实现自己的目的的处世方式肯定了一切生物的内在价值。人类存在方式的生态转变需要向东方,寻求儒家生态智慧的启发,回到东方文化的原则上”[②]。可见,儒家“天人合一”理念蕴含的

① 《习近平谈治国理政》,外文出版社2014年版,第168页。

② 乔清举:《泽及草木恩及水土——儒家生态文化》,山东教育出版社2011年版,第6页。

生态伦理智慧具有时代性和现实性，对于改变人们的生活方式、建构现代生态伦理观、解决当前的生态危机具有不可忽视的价值意义。党的十九大报告提出，人与自然是生命共同体，人类必须尊重自然、顺应自然、保护自然。“生命共同体”概念的提出，体现了天人合一的一贯看法，即天人一体，人类和自然界是难分彼此、生生与共的整体。因此，儒家“天人合一”理念为我们坚持新发展理念，更好地统筹人与自然和谐发展，走可持续发展之路提供了必要的伦理支持和理性指导。

总的来说，儒家“天人合一”理念蕴含着丰富的道德意蕴，体现了中国先哲的哲学智慧和价值取向。据此，我们应该从现代化实践出发，结合时代精神，创造性转化和创新性发展儒家“天人合一”理念，赋予其时代内涵和现实意义，为培育和践行社会主义核心价值观提供根源性的文化资源和深刻的哲学智慧，从而不断增强社会主义核心价值观的生命力、凝聚力和感召力。

第二节　“为政以德”的治国理念

习近平总书记指出：“国无德不兴，人无德不立。如果一个民族、一个国家没有共同的核心价值观，莫衷一是，行无依归，那这个民族、这个国家就无法前进。”[①]党的十九大报告要求坚持干部德才兼备、以德为先的原则，同时坚持五湖四海、任人唯贤，坚持事业为上、公道正派的原则，把好干部标准落到实处。不论是习近平总书记的讲话还是党的十九大报告，都突出了德在国家建设和干部任用上的重要性。在中华优秀传统文化中，德居于核心地位。在五千多年的政治治理中，德也始终贯穿其中。

一、“为政以德”的深刻内涵

个人层面，为政首先要确立自我的德性，这是先决条件。《论语·为政》开篇即言：“为政以德，譬如北辰，居其所而众星共之。”[②]集中表达了儒家为政的基本理念。何为“为政以德”？朱熹解释道：“为政以德，则无为而天下归之，其象如此。”这揭示了为政的本质，凸显了德这一治国理念的重要旨归，这恰恰就是儒家追求的“圣王”理想。“圣王”理想是儒家重要的政治追求，“圣王”需要“内圣”，“内圣”是“外王”的前提，“外王”是“内圣”的结果。所以，要实现“圣王”理

---

① 《习近平谈治国理政》，外文出版社2014年版，第168页。

② 《论语》，中华书局2015年版，第8页。

想，必须做到“内圣”，即为政者要有内在修为，注重自身的道德修养，努力达到“圣”的境界。那么，如何做到“内圣”呢？

修身以德是“内圣”的方法。根据朱熹的解释，为政者应该注重修身，守住自己的德行。处理政事，首先从德上下功夫。朱熹说：“民心归向处，只在德上，却不在事上。许多事都从德上出。若无德而徒去事上理会，劳其心志，只是不服。”①

修身也要加强德治。孔子说：“无为而治者，其舜也与？夫何为哉？恭己正南面而已矣。”②舜能恭己，首先是因为他意识到德行能够影响和感化民众，其次是因为他在继位后选贤任能，让贤臣恪尽职守，发挥作用。孔子还说：“政者，正也。子帅以正，孰敢不正？”③意即为政者为政的前提是正己修身，自己正，天下人谁还敢不正？孔子又说：“苟正其身矣，于从政乎何有？不能正其身，如正人何？”④为政者自己德行端正，即使不发号施令，也自然能得到民众的响应和拥护；如果自己德行不端正，即使三令五申，民众也不会听从。所谓“君子之德，风；小人之德，草；草上之风，必偃。”⑤

国家层面，只有为政以德才能政通人和。为政者不仅要加强“内圣”修养，而且要在治国理政的实践中贯彻自我的德性体会，从而制定一系列让百姓安居乐业的治国方略。孔子说：“道之以政，齐之以刑，民免而无耻；道之以德，齐之以礼，有耻且格。”⑥意思是说，用政令来治理百姓，用刑法来整顿他们，百姓只求能免于犯罪受惩罚，却没有廉耻之心；用道德引导百姓，用礼制去同化他们，百姓不仅会有羞耻之心，而且有归服之心。也就是说，刑罚只是辅助手段，具有外在强制力，只有为政以德，唤起民众的羞耻之心，才能引导百姓向善，收到治理之效。孔子还说：“圣人之治化也，必刑政相参焉。太上以德教民，而以礼齐之。其次以政言导民，以刑禁之。刑，不刑也。化之弗变，导之弗从，伤义以败俗，于是乎用刑矣。”⑦意思是说，圣人治理教化民众，必须是政令和刑罚相互配合。

① 《朱子语类》，中华书局 1994 年版，第 537 页。
② 《论语》，中华书局 2015 年版，第 186 页。
③ 《论语》，中华书局 2015 年版，第 143 页。
④ 《论语》，中华书局 2015 年版，第 154 页。
⑤ 《论语》，中华书局 2015 年版，第 144 页。
⑥ 《论语》，中华书局 2015 年版，第 8 页。
⑦ 《孔子家语》，中华书局 2011 年版，第 355 页。

二、“为政以德”的当代启示

“为政以德”中的德不仅是道德的规则，而且也是一种对道德信仰的追求与塑造。如何把传统文化中“为政以德”的思想落实到当下的社会主义现代化建设中？这需要我们不仅对德有所追求，更为重要的是根据现实情况，针对当下问题进行精神的塑造。当前，我国提出了社会主义核心价值观，代表了现代化建设中个人、社会、国家三个层面的价值诉求。因此，可以说社会主义核心价值观既是最基本的道德行为规范，也是当代中国人最基本的道德信仰。为此，我们文化中原有的德就要和社会主义核心价值观紧密结合起来。只有这样我们心中对德的追求才能有具体的目标，才能体现时代特色。传统文化中的“德”有很多条目，大体是以反映五伦关系的仁、义、礼、智、信为核心。这些德目与社会主义核心价值观在表述上并不完全一致，更无法一一对应。但是，就其基本内涵来说，传统的德所反映的人与人、人与社会、人与国家的关系和社会主义核心价值观的基本要求是一致的。在个人层面，社会主义核心价值观要求爱国、敬业、诚信、友善，这是根据当代社会的基本形态阐发的道德要求，如果考察其内在根据，这与传统文化中的仁、义等内容是相通的。比如说，对人友善，做人诚信，干工作兢兢业业、认真负责，热爱自己的民族和国家，等等。这些要求不都是符合传统中对每个人做人的基本要求吗？再如，社会主义核心价值观在社会层面的要求是自由、平等、公正、法治，这是针对我国现代社会结构和社会意识形态所做的价值观归纳，如果转换一下语境，淡化现代社会的具体性，单就价值观来说，则是要求社会创造这样的环境，即让每个人都能实现自己的价值和理想，并且在人格上不被歧视，人人都本着公正无私的原则；同时，法律面前人人平等。在这样的语境转换中，我们发现其中的每一条都是传统文化中固有的价值理念。当然，我们也不否认某些价值观在传统文化中体现得并不突出，比如爱国。因为古代有“天下”的观念，国家的观念没有稳固地建立起来，所以这一价值观念与现代社会的爱国观有所不同。但是，不能因此否认传统价值观对社会主义核心价值观的滋养作用。所以，中华优秀传统文化中的德与社会主义核心价值观的结合并不需要把传统的德彻底转化，只须让传统的德目转化为现代社会的具体价值目标。

反过来说，社会主义核心价值观虽然代表了国家各个层面不同人群的价值诉求，但是如果要让社会主义核心价值观在亿万中国人心中生根则需要时间，任何强制方式都不会真正起作用。唯有如此，社会主义核心价值观才能内化于心，成为人们自觉的信仰。显然，“倡导”是一种比较可行的方式，孔子说：“其身正，不令而行；其身不正，虽令不从。”[①]既然是倡导，就意味着不是用强迫命令的方式加以灌输，而是通过牢牢掌握意识形态工作的领导权和主导权，坚持正确导向，提高引导能力，扩大主流舆论阵地通过核心价值观的日常化、具体化、形象化、生活化，使核心价值观的影响无所不在、无时不有。通过利用互联网、广播电视、报纸杂志等媒介进行长期的积极的有效的宣传，以形成良好的道德舆论氛围。只有经过精心培育才能使社会主义核心价值观内化于心。在这个过程中，传统的德起到对社会主义核心价值观的认同和深化作用。

当然，领导干部要率先垂范，认识到传统文化中“为政以德”的重要性，积极主动加强个人修养，提高德性，规范自身行为，从而自觉践行社会主义核心价值观。通过领导干部的认真践行，使之成为大家学习的榜样。唯其如此，“以德治国”“为政以德”才有坚实的实践基础。

第三节　“民为贵”的民本思想

为政以德，从根本上讲，体现了古代以孟子“民为贵”为内容的民本思想。为政以德的关节点是在治国理政的过程中应当特别注重德的修养，追求做圣君，所有其落脚点是“民为邦本”。

一、“民为贵”的思想渊源

《尚书·五子之歌》记载：“皇祖有训，民可近，不可下。民惟邦本，本固邦宁。”[②]“民为邦本”思想的提出体现了统治者对百姓的重视。虽然有学者认为这是统治阶级为了自身利益采取的明智做法，但是不得不说，这也体现了古代统治者德性的自觉。党的十九大报告提出，新时代我国社会的主要矛盾是人民日益增长的美好生活需要和不平衡不充分发展之间的矛盾，必须坚持以人民为中心的发展思想，不断促进人的全面发展。这一论断继承了我国传统的民本思想，是结合我国发展的实际得出的。只有始终把以人民为中心作为为政的出发点，才能正确判断我国社会主义建设中出现的新矛盾。

孔子主张“爱人”。“爱人”思想落实到为政者身上，要求就是对待百姓要做到“恭、宽、信、敏、惠”。不仅如此，孔子的学生子贡还提出，为政如果能做到“博施于民而能济众”，则可以实现仁德。子贡问孔子：“如有博施于民而能济众，何

---

① 《论语》，中华书局2015年版，第151页。

② 《尚书》，中华书局2012年版，第369页。

如？可谓仁乎？"[①]虽然这种说法没有得到孔子的肯定，但是从孔子对子贡想法的点评可以知道，子贡的想法代表儒家对待百姓的态度。孔子说："何事于仁，必也圣乎！尧、舜其犹病诸！"[②]若为政者能做到"博施于民而能济众"，孔子认为这就不仅做到了仁，而且简直就是实现了"圣王"理想，即使是尧舜这样的圣君恐怕也没有达到子贡提到的要求。

既然"博施于民而能济众"是儒家的道德目标，那比较现实可行的是什么呢？应该是孔子"先富后教"的主张。孔子到卫国，看到卫国人口众多，于是感叹道："庶矣哉！"弟子冉有问："既庶矣，又何加焉？"孔子说："富之。"冉有接着又问："既富矣，又何加焉？"孔子说："教之。"[③]师徒简单的对话透视出孔子的治国理念，从这一理念中我们能够体会到孔子以民为本的思想。孔子认为，"庶之"即人口众多是一个国家发展和繁荣的基础。如何才能人丁兴旺呢？这和上文提到的为政以德是紧密相关的。只有为政者"为政以德"，人民才能够获得幸福，"近者说，远者来"[④]。如果开始的时候远方的人还有不归服的，"则修文德以来之。既来之，则安之"[⑤]。也就是说，首先，为政者要通过修德招徕远方的人。子曰："上好礼，则民莫敢不敬；上好义，则民莫敢不服；上好信，则民莫敢不用情。夫如是，则四方之民襁负其子而至矣。"[⑥]为政者如果做到了好礼、好义、好信，则四方之民自然会带着自己的家人来投奔。人口多了之后，下一步的工作方针就应该有所转变，即"富之"。使百姓富裕可以巩固国家发展和繁荣的物质基础，《孔子家语》记载：哀公问政于孔子。孔子对曰："政之急者，莫大乎使民富且寿也。"公曰："为之奈何？"孔子曰："省力役，薄赋敛，则民富矣；敦礼教，远罪疾，则民寿矣。"公曰："寡人欲行夫子之言，恐吾国贫矣。"孔子曰："诗云：'恺悌君子，民之父母。'未有子富而父母贫者也。"[⑦]意思是：哀公问孔子治国之道，孔子说："最重要的是使人民富裕长命。"哀公问："要怎么做人民才会富裕长命？"孔子说："减少劳役，降低赋税，这样人民不就富有了吗？以礼乐教化来代替刑罚，这样人民不就更长命了吗？"哀公说："我是很想照您说的实行，但恐怕这么一来，税收减少，国家就会变穷了。"孔子说："《诗经》里不是说：'在上位的君子，是人民的父母。'哪里有做子女的富裕而父母会贫穷的道理。"在此，孔子不仅指

---

① 《论语》，中华书局2015年版，第164页。
② 《论语》，中华书局2015年版，第164页。
③ 《论语》，中华书局2015年版，第152～153页。
④ 《论语》，中华书局2015年版，第155～156页。
⑤ 《论语》，中华书局2015年版，第200页。
⑥ 《论语》，中华书局2015年版，第150页。
⑦ 《孔子家语》，中华书局2011年版，第165页。

出了国家建设的首要措施是让人口多起来，而且指出了让百姓富裕起来的具体方法：减少劳役，降低赋税。只有百姓富足，国家才能真正富足，所谓“百姓足，君孰与不足？百姓不足，君孰与足？”①国家富裕之后，孔子认为还不够，要对民众采取教化的措施。“教之”是一个国家精神生活丰富的内在要求。百姓富足后，就要对他们进行教化和引导，否则就会出现为富不仁的现象。百姓不愁吃穿，不代表他们就知道礼义了。在物质财富充实之后，还要让百姓精神充实。为此，孔子提出了“礼乐教化”的主张。这是他先富后教的基本思想。

关于教育，孔子提出了“有教无类”的思想，即他收学生，不分贫富贵贱。孔子曾说：“自行束脩以上，吾未尝无诲焉。”②也就是说，只要你带几片干肉作为见面礼向我请教，我没有不加以教诲的。从教育方式看，孔子把教育本身看得很重要，而不论被教育者的身份，这进一步体现了孔子“以民为本”的思想。

在孔子思想的基础之上，孟子对民本思想做了深化，提出“民贵君轻”。他说：“民为贵，社稷次之，君为轻。”③他还说：“得天下有道：得其民，斯得天下矣。得其民有道：得其心，斯得民矣。”④那么，如何才能得民心从而得天下呢？他说：“养生丧死无憾，王道之始也。”⑤孟子认为，为政者要想施行仁政，推行王道，实现“圣王”理想，必须做到以下几点。首先，要有为百姓谋福利之“心”。他说：“人皆有不忍人之心。先王有不忍人之心，斯有不忍人之政矣。以不忍人之心，行不忍人之政，治天下可运之掌上。”⑥其次，有了“不忍人之心”之后，就要有具体的为民措施，此措施就是“推恩”。他说：“推恩足以保四海，不推恩无以保妻子。”⑦关于如何“推恩”，孟子从四个方面加以阐述。

一要制民之产。百姓的基本生活有了保障，社会才会安定。因此，孟子说：“民之为道也，有恒产者有恒心，无恒产者无恒心。”⑧他认为，要让百姓安定生活，需要有恒产，有一定的稳定的生活资料，如果没有恒产，他们就会随时迁徙到别处去。因此，“制民之产，必使仰足以事父母，俯足以畜妻子，乐岁终身饱，凶年免于死亡。然后驱而之善，故民之从之也轻”⑨。

---

① 《论语》，中华书局 2015 年版，第 140 页。
② 《论语》，中华书局 2015 年版，第 67 页。
③ 《孟子》，中华书局 2016 年版，第 325 页。
④ 《孟子》，中华书局 2016 年版，第 155 页。
⑤ 《孟子》，中华书局 2016 年版，第 5 页。
⑥ 《孟子》，中华书局 2016 年版，第 69 页。
⑦ 《孟子》，中华书局 2016 年版，第 16 页。
⑧ 《孟子》，中华书局 2016 年版，第 104 页。
⑨ 《孟子》，中华书局 2016 年版，第 20 页。

二要省刑罚，薄税敛。“制民之产”就要对百姓不要巧取豪夺，要保护他们的利益。这其实体现了孟子的基本主张：行仁政。孟子说：“王如施仁政于民，省刑罚，薄税敛，深耕易耨，壮者以暇日修其孝弟忠信，入以事其父兄，出以事其长上，可使制梃以挞秦、楚之坚甲利兵矣。”[①]在孟子看来，为政者施行仁政，减少刑罚和税收，让人们有闲暇的时间精耕细作；同时，青壮年还可以修养身心，学习“孝悌忠信”之道，做到在家孝敬父母、爱护兄弟，在外彬彬有礼，对长者尊敬，那么即使是小国也能富强安定，也可以抵御大国入侵。

三要与民同乐。“与民同乐”说的是君民和睦相处，但实际上体现的是君主爱百姓、尊重百姓的精神实质。孟子在劝导齐宣王时说：“乐民之乐者，民亦乐其乐；忧民之忧者，民亦忧其忧。乐以天下，忧以天下，然而不王者，未之有也。”“今王与百姓同乐，则王矣。”[②]为政者要真正得民心，就要忧民之所忧，乐民之所乐，这样才能得到民众的拥戴，才可以王天下。

四要教以人伦。在这一点上，孟子和孔子“先富后教”的主张是完全一致的。在民众的物质生活达到一定水平后，如果不施以教化，民众就会“饱食、暖衣，逸居而无教，则近于禽兽”[③]。孟子认为：“善政，不如善教之得民也。善政，民畏之；善教，民爱之。善政得民财，善教得民心。”[④]因此，“教以人伦：父子有亲，君臣有义，夫妇有别，长幼有序，朋友有信”[⑤]。只有民众懂得人伦道德，各种人伦关系才能良好发展。只有在良好的社会关系中民众才会有亲情感、归属感，社会才会和谐稳定。

二、“民为贵”思想的当代价值

如果说中国古代有“以民为本”的传统的话，那么“民为贵”无疑是其最重要的内容之一。习近平总书记在中共中央政治局第十八次集体学习时强调：“历史是最好的老师。在漫长的历史进程中，中华民族创造了独树一帜的灿烂文化，积累了丰富的治国理政经验……今天遇到的很多事情都可以在历史上找到影子，历史上发生过的很多事情也都可以作为今天的镜鉴。中国的今天是从中国的昨天和前天发展而来的。要治理好今天的中国，需要对我国历史和传统文

---

① 《孟子》，中华书局 2016 年版，第 9 页。
② 《孟子》，中华书局 2016 年版，第 30、25 页。
③ 《孟子》，中华书局 2016 年版，第 114 页。
④ 《孟子》，中华书局 2016 年版，第 295 页。
⑤ 《孟子》，中华书局 2016 年版，第 114 页。

化有深入了解，也需要对我国古代治国理政的探索和智慧进行积极总结。”[①]正因为我们是中华优秀传统文化忠实的传承者和弘扬者，所以历来强调要尊重自己的历史，绝不能割断历史。“民为邦本”“民为贵”的思想能够流传至今，足见其社会价值。因此，在现代社会，“民为贵”的思想依然可以作为治国理政的基本原则。

“民为贵”思想与社会主义核心价值观的内容是一致的。习近平总书记引用王安石的话说：“修其心治其身，而后可以为政于天下。”再好的制度建设最终要落实为社会个人心里装着百姓，以他们为主体。社会主义核心价值观中的“富强”虽然不能简单解释为“国富民强”，但儒家认为道德文化充实的社会肯定是可以兼财力与物力之富强的社会，而物力之富强的社会却未必是一个充满道德的社会。正因为如此，儒家所说的富强是以追求以民为本、正德厚生为内容的富强。这告诉我们，只有把百姓放在心中，同时又结合德行修养，方能利用自然的社会的资源，使人们生活富足，只有仁爱、友善、文明的社会才是人类共同追求的富强社会，只有财富而没有德行的社会只会产生争夺和邪恶。儒家的“爱民”思想是建设文明社会的文化之基。树立“民为贵，君为轻，社稷次之”的思想有助于缓解当今为政者之私欲和民众的福利之间的紧张关系，使官民关系和谐有序。在这种关系中，为政者有实现自我价值的成就感，个体也会有自我奉献的喜悦感，共同实现人与人之间的良好互动。

另外，“民为贵”思想是开展公民民主价值观教育的基础，是增强国民民主意识的关键。我们一方面要从传统文化中吸收“立君为民、民为邦本、爱民养民”的思想，另一方面还要接受现代社会“一切权力来源于人民，人民是国家的主人、是国家政治的基础”的观点。人民的幸福生活是执政者的目标。我们要重视儒家民本思想的当代价值，认识到儒家民本思想可以转化为具有中国特色的社会主义民主思想，进一步增强社会主义核心价值观的历史底蕴。

第四节　“自强不息”的奋斗精神

中华民族具有深重的忧患意识，这种意识表现在政治、生活中产生的思维是居安思危。这一特点在《周易》中表现得非常明显。中国人认为阴阳变化遵循的原则是物极必反，即事物发展到极端，必然会向相反的方面转化。《周易》中“亢龙有悔”一语，意思是龙飞得太高，超过极限将会产生悔恨。为人所熟知

---

① 习近平：《论党的宣传思想工作》，中央文献出版社2020年版，第88、89页。

的“否极泰来”，是说“否”到极点会转化到“泰”，“泰”到极点也会转化到“否”，即说“君子安而不忘危，存而不忘亡，治而不忘乱”[①]。根据阴阳互转、物极必反的道理，遇事必须知屈伸进退。在此观念的基础上产生了为人处世的原则，这种原则一旦内化就成为一种精神，即“自强不息”精神。

一、“自强不息”精神的历史由来

《易·乾卦·象》曰：“天行健，君子以自强不息。”[②]“自强不息”不仅是要刚健有为，而且有忍耐、忧患、自悔等意。从乾卦爻辞可解读出三层意思。其一，“忍”的精神。初九爻辞“潜龙勿用”，这是自强不息的起点。其次，忧患意识。九三爻辞说：“君子终日乾乾，夕惕若。厉，无咎。”[③]意思是，白天要精神抖擞地做事，晚间则怵惕反省。九四爻象征着人的地位已靠近“九五”之尊，所以爻辞的忧患意识则显得更浓重，爻辞言：“或跃在渊，无咎。”[④]“九五”之尊是令很多人羡慕的高位，却又是一个“高处不胜寒”的高危之地，在这种情况下，增强忧患意识是必须的。其三，自悔意识。乾卦第六爻名为“上九”，位居“九五”之上，实属至尊，但是该爻的爻辞是“亢龙有悔。”亢有“高”“极”两义；“有悔”是在“夕惕若”“或跃在渊”之后保持的一种理性，这种理性中透着一种反思，即自悔意识，这与面临物极必反的自然规律而产生的无可奈何的悔恨心理完全不同。“亢龙有悔”给我们很多启示：首先，长期居于高位的人，要始终保持头脑清醒，切忌妄自尊大，迷失自我。不迷失自我本身就是自信的表现，或者说是自强不息的体现。其次，“亢龙有悔”中的“有悔”是“自悔”。自悔说的是有勇气直面现实，“吾日三省吾身”就包含自悔的内容。自悔意识不仅存在于位极人臣者，而且存在于平民百姓之身；不仅存在于关键时刻，而且存在于日常工作生活之中。

二、“自强不息”精神的当代价值

深重的忧患意识孕育了中华民族自强不息精神。儒家学者深知，实现人生价值，完善人生理想就必须在确立目标时积极进取，发奋努力，否则人生价值、理想和目的是不可能实现的。儒家关于自强不息、积极进取的人生理论内容十分丰富，蕴含的意义也很深刻，表现在以下几个方面。

第一，终日乾乾，进德修业。儒家认为，一个人要想成为真正的君子就要不

---

① 《周易》，中华书局 2011 年版，第 622 页。

② 《周易》，中华书局 2011 年版，第 8 页。

③ 《周易》，中华书局 2011 年版，第 3 页。

④ 《周易》，中华书局 2011 年版，第 4 页。

断问学，积极进取，进德修业。孔子说：“十室之邑，必有忠信如丘者焉，不如丘之好学也。”[①]又说：“吾尝终日不食，终夜不寝，以思，无益，不如学也。”[②]他在总结自己一生求知的过程时说：“吾十有五而志于学，三十而立，四十而不惑，五十而知天命，六十而耳顺，七十而从心所欲，不逾矩。”[③]所以，他自己是“学而不厌”，对弟子则是“诲人不倦”。[④] 年老时，他还悔恨没有好好学习《易经》，他说：“加我数年，五十以学《易》，可以无大过矣。”[⑤]在楚国，叶公问子路孔子是什么样的人而子路回答不上来，孔子听说后说：“女奚不曰：其为人也，发愤忘食，乐以忘忧，不知老之将至云尔。”[⑥]由此不难发现，孔子一生好学，总是在不断进取。

第二，遵道而行。儒家在强调“自强不息”“终日乾乾”的同时也明确指出：一个人要使自己成为有知识、有道德、有功业的人，就必须按照自己确立的目标，把自己的言行纳入正确的轨道，依此不断地严格要求自己、锻炼自己。不论是处于顺境还是处于逆境，都要“一以贯之”“遵道而行”，不可“自暴自弃”“半途而废”，只有这样才能达到人生目标。儒家所讲的道含有合乎道义的意思。如果一个人终日追求的是歪理邪道，越是积极努力，就越偏离轨道，所以儒家学者强调“遵道而行”。孔子一生“传道、授业、解惑”，极为重道。他所说的道，实为仁道。为了获取此道，牺牲生命也在所不辞。所以孔子说：“志士仁人，无求生以害仁，有杀身以成仁。”[⑦]为了追求真理，宁可赴汤蹈火也决不退缩。孔子不仅以这种精神规范自己，还以此教育弟子，所以他的弟子们亦能践行之。曾子说：“士不可以不弘毅，任重而道远。仁以为己任，不亦重乎？死而后已，不亦远乎？”[⑧]孟子认为，人区别于禽兽的根本原因在于人有道德意识，能走仁义之路。他说：“人之所以异于禽兽者几希，庶民去之，君子存之。舜明于庶物，察于人伦，由仁义行，非行仁义也。”[⑨]人之所以为人而与禽兽不同，就在于人能“明于庶物，察于人伦，由仁义行”。人要居仁由义，依道而行。不同职业的人，从人君到人臣，从农夫到商贾，都各有其道。如果各行各业的人都按照自己的职业之道努力工作，则“天下有道”。

---

① 《论语》，中华书局 2015 年版，第 51 页。

② 《论语》，中华书局 2015 年版，第 196 页。

③ 《论语》，中华书局 2015 年版，第 9 页。

④ 《论语》，中华书局 2015 年版，第 65 页。

⑤ 《论语》，中华书局 2015 年版，第 71 页。

⑥ 《论语》，中华书局 2015 年版，第 72 页。

⑦ 《论语》，中华书局 2015 年版，第 189 页。

⑧ 《论语》，中华书局 2015 年版，第 83 页。

⑨ 《孟子》，中华书局 2016 年版，第 179 页。

第三，积善不止，实现德性。儒家自强不息论中与“遵道而行”密切相关的则是“积善不止”。人的知识、道德、功业的取得和崇高目标的达到不是一朝一夕能实现的。人积善为善，终为圣人。孔子一生多见阙疑，择善而从。孔子说：“三人行，必有我师焉！择其善者而从之，其不善者而改之。”[①]学习别人的长处和优点，改正自己的过错和缺点，向有知识、有道德、有才能的人看齐，时常反省自己，以达到修善积德的目的。所以，孔子说：“见贤思齐焉，见不贤而内自省也。”[②]荀子对“积善成圣”有很多精妙的论述，他说：“积土而为山，积水而为海，旦暮积谓之岁，至高谓之天，至下谓之地，宇中六指谓之极，涂之人百姓积善而全尽谓之圣人。彼求之而后得，为之而后成，积之而后高，尽之而后圣。故圣人也者，人之所积也。”[③]又说：“涂之人可以为禹，曷谓也？曰：凡禹之所以为禹者，以其为仁义法正也……今使涂之人者以其可以知之质，可以能之具，本夫仁义之可知之理，可能之具，然则其可以为禹明矣。今使涂之人伏术为学，专心一志，思索孰察，加日县久，积善而不息，则通于神明，参于天地矣。故圣人者，人之所积而致矣。”[④]包括荀子在内的儒家对人性很有信心。孟子认为，人性本善，人人皆可以为尧舜；荀子认为路人都有可能成为圣人，前提是积极修身，积善不止。

第四，求新求变，革故鼎新。《易传》论及“天地革而四时成”，指出世界的变化发展是通过一系列变革促成的。《礼记・大学》曰：“苟日新，日日新，又日新。”这些革新进取的思想也融会于民族精神之中。历史上，每当积弊日久总会有改革运动或革命运动兴起，为清除积弊而改规变法。战国时代的商鞅变法、北宋的王安石变法以及清末的康梁维新等，都是这种革新进取精神的体现。

由上可知，自强不息精神虽然表现在个体身上是积极向上的力量，是鼓舞进取的精神，但是这种精神产生的源头是深重的忧患意识。即在中国人的哲学中，物极必反、兴衰更替的逻辑是自然发展的必然路径。对于社会个体来讲，这种逻辑并没有因为人的主观能动性而被取消它的统治地位。这种思维的好处在于让我们能够时刻提醒自己，在任何时候、任何情况下自己的优势地位都是暂时的，都可能随着时间的推移无情翻转。我们应该时刻根据自己身处的时代状况、社会状况来调整自我的理想和行为方式，竭尽所能使自己奋发有为。在这一点上，古人给我们的启示是遵道而行，积善成德，途径是多学善思，实事求

① 《论语》，中华书局 2015 年版，第 73 页。
② 《论语》，中华书局 2015 年版，第 35～36 页。
③ 《荀子》，中华书局 2011 年版，第 110 页。
④ 《荀子》，中华书局 2011 年版，第 385 页。

是。由此来看,自强不息不只是一种心理状态,更为重要的是一种理性精神,是明确自我和环境关系下的自我奋发,而不是盲目的精神亢奋。

千百年来,由忧患而产生的自强不息精神潜移默化地影响着国人,业已积淀为国民的普遍心理,规范、支配着人们的思想、行为。这些观念意识是人民为祖国统一、民族昌盛、国家富强而奋斗的精神源泉,具有激发民族自尊心、自信心和自豪感的强大功能。

在新时代建设中国特色社会主义的伟大实践中,更需要发扬中华民族一以贯之的奋发有为的文化传统。习近平总书记指出:"中华文明源远流长,孕育了中华民族的宝贵精神品格,培育了中国人民的崇高价值追求。自强不息、厚德载物的思想,支撑着中华民族生生不息、薪火相传,今天依然是我们推进改革开放和社会主义现代化建设的强大精神力量。"①党的十九大报告也强调,我们生活的世界充满希望,也充满挑战。我们不能因现实复杂而放弃梦想,不能因理想遥远而放弃追求。自强不息精神不可能不对社会主义核心价值观建设产生积极的影响,虽然这种影响不一定是针对社会主义核心价值观中某个方面,但是自强不息的精神是具有生命力的民族精神,赋予了社会主义核心价值观积极的力量,使社会主义核心价值观植根传统的厚土,蓬勃地发展。

第五节　"和而不同"的和合精神

党的十九大报告指出,中国积极发展全球伙伴关系,扩大同各国的利益交汇点,推进大国协调与合作,构建总体稳定、均衡发展的大国关系框架,按照"亲、诚、惠、容理念"和"与邻为善、以邻为伴"的周边外交方针,深化同周边国家的关系,秉持正确义利观和亲诚理念加强同发展中国家的团结合作。这秉承了我国传统文化中的"和而不同"的思想。

一、"和而不同"的深刻内涵

"和而不同"的观念在中国古代文化中产生的比较早,应该说,这是古人的思维方式之一,可以说是典型的中国哲学智慧。最典型的表述是孔子的名言:"君子和而不同,小人同而不和。"②意思是说,作为君子应该善于听取不同意见,并且能够用自己正确的观点去纠正别人的错误,在此过程中还能够与人和谐相

① 《习近平总书记系列讲话精神问答》,中共中央党校出版社 2013 年版,第 121 页。

② 《论语》,中华书局 2015 年版,第 159 页。

处，而不是盲目认同、随声附和别人的观点。而小人正好相反，他们没有自己的观点，或者刻意隐藏自己的观点，对于别人的话只是随声附和、人云亦云，不肯坦诚地亮出自己的真实想法，也不能从别人的不同意见中获得教益。和他人表面上相处融洽，其实貌合神离。这并非真正的和谐。

下面从和与同的关系来说明和的内涵。和与同是处理人际关系的不同态度，也表现为两种不同的思想道德境界。真正的和谐一致不是没有意见分歧和思想交锋，更不是不分是非的一团和气，而是通过不同意见的交流、对话、切磋、讨论等，让持有不同意见者互相理解、互相支持，从整体看内部是协调统一、和谐互动的。和与同作为一对概念出现的时候，同往往是作为对和的一种说明、一种辅助。对这两个概念的不同含义的表述见于《国语·郑语》，是由西周末年的史伯做出的。他认为，“百物”都是“先王以土与金、木、水、火杂”生成的，自然界和人类社会中的一切事物，都是由于不同的“他”物相互作用、共同演化而来的，所以，“和”是事物产生、发展的根本法则，所谓“和实生物，同则不继”[①]。史伯对“和”与“同”的含义做了明确的说明：“以他平他谓之和，故能丰长而物归之；若以同裨同，尽乃弃矣。”[②]“和”是指众多不同事物之间的和谐以及形成要素诸方面的平衡，亦即事物多样性的统一。两个以上不同性质的事物聚集、组合可能产生新事物。“同”则是指无差别的同一。“以同裨同”是把相同的事物简单加在一起，性质上相同，唯有量的增加，结果就是不可能产生新的事物，那么整个世界也就是“尽乃弃矣”。这就是“声一无听，物（色）一无文，味一无果，物一不讲”[③]。五声和谐才能成为好听的音乐，单调的一种声音是噪音。同理，一种颜色不会产生文彩，一种味道也构不成美味，世界上如果只有一种东西就无从比较好坏。没有多样性的绝对同一只能使这个世界失去发展的生机。

“和实生物，同则不继”是一个既朴素又深刻的哲学命题，反映了事物生成、发展的根本动因，即宇宙万物都是由不同的事物组成，是多样性的统一。正因为如此，世界才不断发展，丰富而生动。史伯还用“和同”与“专同”来进一步揭示这两种同一性的不同含义，并且明确地表明了反对“去和而取同”的态度。可见两千多年前中华民族就有了辩证思维。

春秋时期，齐国的晏婴继续讨论史伯关于和与同的关系问题。他以和羹和和声为例生动说明了相反相济、相反相成的道理，他说：“如和羹焉水火醯醢盐梅以烹鱼肉，焯之以薪，宰夫和之。齐之以味，济其不及，以泄其过。君子食之，

---

① 《国语》，中华书局2014年版，第322页。

② 《国语》，中华书局2014年版，第322页。

③ 《国语》，中华书局2013年版，第573页。

以平其心……声亦如味，一气，二体，三类，四物，五声，六律，七音，八风，九歌，以相成也；清浊，大小，短长，疾徐，哀乐，刚柔，迟速，高下，出入，周疏，以相济也。君子听之，以平其心。心平，德和。”[①]厨师将鱼肉放在盛满水的锅里，需要加上各种调料，然后用火烹煮，并掌握一定的火候，才能做出美味的羹汤；乐师用各种乐器把不同的音调配合起来，才能奏出和谐的乐章。只有“济其不及，以泄其过”，才能收到多样性的、内在统一的和羹、和声。“若以水济水，谁能食之？若琴瑟之专一，谁能听之？”[②]因此，没有差异化的绝对同一，就如同以水济水，做不出可口的羹汤，或如琴瑟之专一，奏不出动听的乐章，所以说“同之不可也如是”。

以上是对和与同的区分。从分析中可以看出，区分和与同是为了强调和，提倡和。古人在和的基础上创造了和合的观念，使其在和的内涵上又增加了新的内容。和合是强调在和而不同的基础再加上统一性的意义，使和有了发展目标。

二、“和合”文化的发展脉络

和合是中华人文精神的精髓和首要价值，是指自然、社会、人际、心灵、文明中的多形相、无形相的互相冲突、融合，与在冲突、融合的动态变易过程中多形相、无形相和合为新结构方式、新事物、新生命的总和。中国传统文化中特有的和合思想体现了人道、差分精神、包容精神、生生精神、和爱精神。和合不是各种不同形相、无形相的事物的简单组合，而是多形相、无形相的事物的有机结合，这种结合产生的结果不论是在形体结构上还是在功能效用上都会产生质的变化。也就是说，和合一定是各种异相的事物相互凭借、相互依赖、相互作用之后所产生的新事物。其实，和本身就是中国哲学中一个很重要的概念。和包含合的意思，就是由相和的事物融合而产生新事物。

中华和合文化源远流长，和、合二字均见于甲骨文和金文。和的初义是声音相应和谐；“合”的本义是上下唇合拢。殷周之时，和与合是单一概念，尚未联用。《易经》中“和”字有两见，《兑卦》曰：“初九，和兑，吉。”[③]孔颖达疏曰：“初九居兑之初，应不在一，无所私说，说之和也，说物以和，何往不吉。”[④]这里的和就具有和谐、和善之意，而合字则无见。《尚书》中的和是指对社会、人际关系诸多

① 《左传译注》，上海古籍出版社 1998 年版，第 1105 页。

② 《左传译注》，上海古籍出版社 1998 年版，第 1105～1106 页。

③ 《周易》，中华书局 2011 年版，第 504 页。

④ 《周易正义》，北京大学出版社 2000 年版，第 276 页。

冲突的处理；合指相合、符合。春秋时期，和、合二字联用并举。《国语·郑语》曰："商契能和合五教，以保于百姓者也。"[①]韦昭注："五教：父义、母慈、兄友、弟恭、子孝。"意思是说商契能把五教和合，使百姓安身立命。

老子提出"万物负阴而抱阳，冲气以为和"[②]，认为道蕴含阴阳两个方面，万物都包含阴阳，阴阳相互作用构成和。和是宇宙万物的本质与天地万物生存的基础，故王弼注释说："万物之生，吾知其主，虽有万形，冲气一焉。"[③]一虽然为道、为无，但是由万物之阴阳归为一的过程却是和的最高境界，由此突出了和的价值和地位。

《管子》将和、合并举，指出："畜之以道则民和，养之以德则民合，故能习，习故能偕，偕习以悉，莫能伤也。"[④]他认为畜养道德，人民就和合，和合便能和谐，和谐所以团聚，团聚就不会受到伤害。

墨子认为和合是处理人与社会关系的根本原理，指出天下不安定的原因在于父子兄弟结怨仇而有离散之心："内者父子兄弟作怨恶，离散不能相和合。"[⑤]

《易传》提出了十分重要的"太和"观念，乾卦彖辞曰："乾道变化，各正性命保合太和，乃利贞。"[⑥]其中有和合的精神，并重视合与和的价值，并且认为保持完满的和谐，万物就能顺利发展。

以上记载说明，先秦时期和合文化就已经产生和发展。概而言之，和指和谐、祥和，调和；合指融合、契合。和、合连用，意在说明事物是由不同的元素和条件组成，但是不同的元素能够统一于一个相互依存的共同体。同时，不同的事物也能够通过和合扬长避短，形成最佳或者最优组合，促进新功能的产生甚至新事物的萌发，以此促动事物不断发展。如果把和合作为一种文化气质，那么，在和合精神的指导下，中华文化不断吸收外族文化，不断和合创新，从而推动了中国社会不断发展。

由此可见，和合文化不但不否认矛盾、差异甚至斗争，而且主动发现其有利之处，把矛盾、差异和斗争限定在相互依存的和合体中，构成一个有机整体。这个整体是一个自我和谐的系统，能够自我调节、自我净化、自我应对外在干扰。因此，和合体相当于一个生命体，能够产生新的功能、新的性质。

---

① 《国语》，中华书局 2013 年版，第 570 页。
② 《道德经》，中华书局 2013 年版，第 25 页。
③ 《老子道德经注校释》，中华书局 2010 年版，第 120 页。
④ 《管子校注》，中华书局 2004 年版，第 176 页。
⑤ 《墨子间诂》，中华书局 2001 年版，第 64 页。
⑥ 《周易》，中华书局 2011 年版，第 6 页。

和合文化的产生必须具备两个基本要素：一是客观地承认不同，比如阴阳、天人、男女、父子、上下等；二是把不同的事物有机地合为一体，如阴阳和合、天人合一、五教和合、五行和合等。中国古代先哲对天地自然界、人类社会普遍存在的和合现象做了大量的观察和深入的探索，从而提出了"和合"这一意义深远的概念，并在生活实践中普遍应用，促进了事物的发展和新事物的产生。在这一过程中，和合成为人们普遍认同的观念。最具影响力的是孔子"和而不同"的思想，它最大地发挥了和合文化的内在力量，反映了和合文化的本质。不仅如此，孔子的贡献还在于把和合思想应用到伦理生活中来处理人与人之间、国与国之间的关系，逐渐使和合思想成熟和完善，成为中华文化重要的组成部分。

三、和合精神的当代价值

和合文化对当今社会的发展具有重要的现实意义，主要表现为对人们的思维方式转变，有利于社会主义核心价值观建设。

一是有助于纠正以往斗争哲学的偏差。和合文化不是不承认矛盾、斗争和冲突，而是既承认矛盾、冲突和差异，又解决矛盾、冲突，使诸多异质要素、不同的事物在对立统一、相互依存的和合体中求同存异，形成总体上的平衡、和谐、合作，把斗争限定在一定的范围内，并吸取各要素的精华，择优汰劣，促使新事物的产生，即由旧的和合体发展为新的和合体，由此促进事物不断发展。这种取代单纯"斗争哲学"的和合思维方式与新时代发展的潮流和实践相适应，具有普遍的现实意义和价值。

二是对内有利于推动社会的长治久安和国家的安定团结。社会主义市场经济充满竞争，有竞争就有矛盾冲突，就有成功者和落伍者，就带来差异、矛盾和各种各样的社会问题，如不妥善解决，将影响安定团结。随着经济在竞争中发展，整个社会逐渐走向经济与市场的一体化；竞争是为了发展，是为了繁荣，但也需要协调个人与社会、不同利益集团、不同社会阶层之间的利益关系，以共谋发展，把各方的利益都融合进去。整个社会经过由相互冲突到解决冲突、化解矛盾的过程，合理满足各方的利益和要求，这样就可以使市场经济健康发展。

三是对外有利于宣扬和平与发展的时代主题，提供反对霸权主义的价值评判标准。当今国际社会，军事竞争变成经济竞争；民族主义抬头，民族纠纷增多。面对这些差异和矛盾，亨廷顿提出了文明冲突论，认为未来国际政治斗争的主线，将由文明冲突取代意识形态及经济冲突。同时，西方文化中心论和西方文化优越论在新形势下的变体，旨在以西方文明排斥其他文明，抹杀不同文化相互间的交流、汲取与融合，企图以西方文化的价值观来规范当今社会及其未来发展方向。这与世界文化多元发展的走向背道而驰,因而遭到许多国家的反对。事实上,世界上有几千个民族,存在多种不同的文明和文化,发展模式千差万别,不可能遵循一种模式。在这种形式下,极其需要国际社会的融合与交流。在这方面,中华和合文化可提供和平共处、互不干涉、共同发展的思路和方法,提供反对霸权主义的价值评判标准,使人类文明在迎接新时代的挑战中相互吸取优长,融会贯通。

第六节　“天下大同”的社会理想

“大同”是指人类最终可达到的理想世界,代表人类对未来社会的美好憧憬,基本特征是人人友爱互助,家家安居乐业,没有很大的贫富差异,没有战争祸乱,人们生活在安宁祥和之中。这种世界又称大同世界。现代人在此基础上又加入了全球范围内政治、经济、科技、文化融合的思想。党的十九大报告呼吁世界各国人民同心协力,构建人类命运共同体,建设持久和平、普遍安全、共同繁荣、开放包容、清洁美丽的世界。尽管“大同”是中国古已有之的思想,但是它不仅代表中国人对于美好生活的向往,而且具有世界性的普遍意义。

一、“天下大同”的思想渊源

“大同”这一概念出自《礼记·礼运》:“大道之行也,天下为公,选贤与能,讲信修睦,故人不独亲其亲,不独子其子,使老有所终,壮有所用,幼有所长,矜寡孤独废疾者皆有所养。男有分,女有归。货恶其弃于地也不必藏于己;力恶其不出于身也不必为己。是故谋闭而不兴,盗窃乱贼而不作,故外户而不闭,是谓大同。”①

“大同”思想源远流长。《诗经》中的《硕鼠》篇就把贵族剥削者比做害人的大老鼠,并且决心逃离这些大老鼠的侵害,生发“适彼乐土”“适彼乐国”“适彼乐郊”的理想,其中的“乐土”“乐国”“乐郊”就没有剥削和压迫,人人平等,大家能够幸福生活的理想国。可以说,《诗经》中的《硕鼠》篇是迄今保留的古人描述心中美好生活的最早资料。

春秋末到秦汉之际是中国古代社会制度发生剧烈变动的时期。在这样一个新制度不断产生、旧的制度不断消亡的时期,产生了各种各样的关于理想社会的设计。其中,农家的“并耕而食”理想,道家的“小国寡民”理想和儒家的“大

---

① 《礼记》,中华书局2017年版,第419～420页。

同”理想，是这一时期“大同”理想的三种主要类型。

“并耕而食”的思想基础是人人参加劳动，没有不劳而食的人。这样的理想源于当时社会生产方式的特点。古代社会，农业是主业，农民大多自给自足。虽然存在若干独立的手工业，并进行着农业和手工业产品之间的交换，交换按等价原则进行，没有商业欺诈，不存在脑力劳动和体力劳动的大范围分工，甚至不存在专业的脑力劳动者。即使君主也要和人民“并耕而食”。农家的这种理想，实质上是农民站在自己的角度产生的幻想。

“小国寡民”的理想是把人类分成许多互相隔绝的小国，每一个小国的人民都从事非常原始落后的农业生产，这种生产仅仅以维持生存为目的。更为重要的是，人们应该废弃文字，并且尽量不使用工具，人人满足于简朴粗陋的生活而不求改变，也要尽量同外部世界断绝联系，即使“鸡犬相闻”也“民至老死，不相往来”，①而舟、车等交通工具也基本无用。道家为了实现一种和平和安详，牺牲了进步和发展，主张“小国寡民”。这实际上违背人们内心追求丰富的物质生活和精神生活的意愿。

“大同”的理想没有私有制，人人为社会而不是为己劳动；老弱病残受到社会的照顾，儿童由社会教养，一切有劳动能力的人都有机会充分发挥自己的才能；没有特权和世袭制，一切担任公职的人员都由民众推选；社会秩序安定，夜不闭户，路不拾遗；对外“讲信修睦”，②与邻国友好往来，没有战争和国际阴谋。儒家的“大同”理想比农家、道家的理想更详尽、更完整，也更美好，更具有吸引力。因此，它在中国思想史上也有更大、更深远的影响。《礼运》篇大概产生于秦汉之际或汉初，这时新兴地主阶级已经建立起了统一的中央集权的专制帝国，正在雄心勃勃地为巩固政权、发展经济而努力。于是，其思想的代表人物就设计出“大同”这种理想社会方案，为自己的事业描绘了美好的远景。这既是统治者的理想，也符合百姓的心愿，从而“大同”社会成为古往今来中国人心中的理想图景。

西汉以后至第一次鸦片战争前，中国社会没有出现新的生产力和形成新的阶级，因而儒家“大同”的社会理想未再出现新的模式。农家的“大同”理想主要通过农民组织的宗教团体的某些生活制度体现出来。东汉末年张鲁的五斗米教是最早的典型。张鲁据有汉中后，废除官吏，设“祭酒”分管部众，各“祭酒”的辖区设义舍，放置义米、义肉，供行人无偿取用。对部众的管理强调用说服教育

---

① 《道德经》，中华书局2011年版，第198页。

② 《礼记》，中华书局2017年版，第419～420页。

方式，甚至对犯法的人也首先进行教育。

道家也有类似儒家“大同”的理想社会设计，这种理想社会在东晋陶渊明的《桃花源记》中体现得比较明显。在《桃花源记》中，陶渊明构想了一处与现实世界完全隔绝的人间乐土。这个世外桃源里没有剥削、压迫和战争，人们在和平、自由、宁静和饱暖的境地中过着无忧无虑的田园生活，对外部世界几百年来的王朝废兴、社会动乱都一无所知，自秦末进洞以来，“乃不知有汉，无论魏晋”[①]。此后一千多年里，对现实不满，企图逃避现实社会苦难的人们普遍憧憬着这样一个“世外桃源”。所以，“桃花源”几乎成了人间乐土的同义语。

第一次鸦片战争后，中国社会逐渐开始转型。近代中国，农家类型和道家类型的“大同”理想仍有所表现，如太平天国颁布的《天朝田亩制度》和章太炎的《五无论》描述的是两种不同。但是，在中国近代的“大同”理想中占主要地位的却是儒家的“大同”理想，它被许多资产阶级代表人物用来表达自己的社会理想，其中最著名的是康有为和孙中山的“大同”理想。

康有为写了《大同书》，在书中他设想未来社会是一种以生产资料公有制为基础、没有剥削的社会。生产力高度发达，人们物质文化生活水平很高；国界消灭，全世界统一于一个“公政府”之下，没有战争；政治上实行资产阶级民主共和国制度，没有高低贵贱等级之分；男女完全平等，甚至家庭也已经被消灭，更不存在父权、夫权压迫。

孙中山“大同”理想主要内容是：土地国有，大企业国营，但生产资料私有制仍然存在，资本家和雇佣劳动者两个阶级继续存在；生产力高度发展，人们生活普遍改善；国家举办教育、文化、医疗保健等公共福利事业，供公民享用。

康有为和孙中山都对西方资本主义国家的垄断压迫、贫富分化、经济危机、失业严重等现象有所批评，但他们的“大同”理想基本上还是对资本主义社会的理想化。康有为主张通过自上而下的改革逐步走上资本主义发展道路，不愿立即将自己的“大同”理想付诸实施，希望通过改良使“君衔……徐徐尽废而归于大同”[②]。孙中山作为资产阶级革命派的代表，力图把他的“大同”理想在资产阶级民主革命阶段变为现实，要求把政治革命和社会革命毕其功于一役。

二、“天下大同”的价值观意义

传统文化中的“大同”思想对于社会主义核心价值观建设也是有所裨益的，

① 《陶渊明集》，凤凰出版社 2014 年版，第 275 页。

② 康有为：《大同书》，上海古籍出版社 2019 年版，第 75～76 页。

表现在以下几个方面。

第一,“大同”理想为构建和谐社会提供精神动力。“大同”最主要的内容之一就是人们相互帮助,资料共享,并且在人格上平等,人们之间没有等级差别,没有剥削压迫,和睦相处,各有所得,各得其乐。儒家的“大同”理想如此,道家的理想社会亦如此。老子也描绘了一幅没有欺压、人人平等、人人劳动、人人“甘其食,美其服,安其居,乐其俗”的理想蓝图。不同的是,老子主要是从伦理的角度出发,表现出对远古原始社会的怀念和追恋。而儒家的“大同”理想则是对未来的一种期盼。这种“大同”思想对中国历代思想家都产生了重要影响。南宋康与之虚构了一个与封建等级制度根本对立的计口授田、人人耕桑、自食其力、劳动成果平均分配的乌托邦。直到近代,“大同”思想又不同程度地与西方自由、平等、博爱的观念以及空想社会主义结合起来。“大同”思想虽有很大的历史局限性,但是其内含的全人类不分贫富贵贱,充满真正的自由、平等和博爱的崇高理念和精神,则体现了社会发展的最终归宿,和古希腊斯多噶学派的世界“大同”、人人平等的思想一样,是全人类共同的财富。

第二,“大同”思想为中华民族和世界各民族友好相处提供理论支持。“以和为贵”“亲仁善邻”“协和万邦”等是中华民族优秀传统美德,可以说,这也是中华民族为实现“大同”之道而铺就的对外关系的基石。中国是一个多民族国家,也是举世闻名的文明古国,其对外关系源远流长。“以和为贵”“亲仁善邻”“协和万邦”的友好相处、互助平等的精神,既是自古以来中国处理人际关系和民族关系的基本价值取向,同时也是中国处理与他国关系的基本原则。

第三,“大同”理想为不同文化交流中提供理论支持。费孝通先生提出了“各美其美,美人之美,美美与共,天下大同”的十六字“箴言”。“各美其美”是指各个民族文化都有自己的价值标准,各自有一套自己认为是美的东西。这些东西在其他民族看来不一定美,甚至会觉得是丑恶。这种现象是正常的,但是不能因为不符合自己民族的审美就排斥甚至鄙视其他民族的文化。根据经验,不同民族接触的初期常常发生强迫其他民族改变他们原有的价值标准来迁就自己的情形,如近代以来中国遭受西方某些国家的文化歧视和文化侵略。所以说,每个民族能够容忍“各美其美”是思想领域的一大进步。改变思维与其他民族平等相处与交流,发现其他民族的文化之美,这就是“美人之美”。“美美与共”是说一个民族不仅能容忍不同的价值观,而且能够从对方的文化中感受到美。“美美与共”是不同标准融合的结果,离古人向往的“天下大同”不远了。

“大同”思想对于国家层面的核心价值观建设将起到有力的支撑作用。建设富强民主的国家需要坚实的奋斗目标。我们当前的目标是什么?习近平总书记指出:“实现中华民族伟大复兴,就是中华民族近代以来最伟大的梦想。这个梦想,凝聚了几代中国人的夙愿,体现了中华民族和中国人民的整体利益,是每一个中华儿女的共同期盼。”[①]中华民族伟大复兴是中国人自古以来就有的梦想。在实现这个目标的过程中,坚定的理想信念和正确的价值观是实现这一目标的保证。社会主义核心价值观中“富强、民主、文明、和谐”的价值理念是用现代话语表达古人心中朴素的“大同”理想。同时,传统文化中的“大同”观也让我们很容易理解“富强、民主、文明、和谐”的深刻内涵,其中浸透着中华民族奋斗不息的精神气质,承载着中华民族在血与火中为之奋斗的渴望。因此,这些内涵不只是一个一个的概念,而是国家和民族的心声。在社会主义现代化建设取得非凡成就的今天,中华民族的社会理想更加清晰,目标更加明确,信心也更加坚定。所以,习近平总书记说:“我们比历史上任何时期都更接近中华民族伟大复兴的目标,比历史上任何时期都更有信心、有能力实现这个目标。”[②]

清代大学者龚自珍说:“欲要亡其国,必先灭其史,欲灭其族,必先灭其文化。”[③]由此可见文化血脉对于一个国家和民族的重要意义。任何一种牢固的核心价值观,都有其固有的根本。这个根本就是一个国家和民族的文化。中华优秀传统文化是中华民族的精神魂魄,是我们在世界文化激荡中站稳脚跟的根基,是我们屹立于世界民族之林的根本。涵养社会主义核心价值观,如果抛弃了传统文化,就是放弃了根本,无异于缘木求鱼。正如“中国特色社会主义不是从天上掉下来的”,社会主义核心价值观不会凭空产生,不是无根之木。社会主义核心价值观将国家、社会、个人三个层面的价值追求融为一体,恰恰是汲取了中华传统文化的精髓。

国家层面倡导的“富强、民主、文明、和谐”,都可以在优秀传统文化中找寻其价值根源。富强是中华民族千年夙愿,“民为贵”“民惟邦本”的政治理念与“民贵君轻”等民本思想,体现了中华民族朴素的民主理念,“和合”思想是中国传统文化的精华,等等。社会层面倡导的“自由、平等、公正、法治”,同样也体现了中华优秀传统文化的价值追求。“为政以德”“富而后教”“等贵贱、均贫富”等思想反映了古代质朴的公正与平等观念。个人层面倡导的“爱国、敬业、诚信、友善”,更是中华民族数千年来的价值导向。中华优秀传统文化中关于个人修养的德目比比皆是,比如“仁者爱人”“学贵有恒”“业精于勤”“朋友有信”“仁民

---

① 《习近平谈治国理政》,外文出版社 2014 年版,第 36 页。

② 习近平:《青年要自觉践行社会主义核心价值观——在北京大学师生座谈会上的讲话》,人民出版社 2014 年版,第 2 页。

③ 《龚自珍全集》,上海人民出版社 1975 年版,第 22 页。

爱物”等作为中华民族最深层的精神追求和最根本的精神基因，与社会主义核心价值观血脉相承、文脉相连。

以中华优秀传统文化涵养社会主义核心价值观，重在推进中华优秀传统文化的创造性转化和创新性发展。毛泽东指出：“我们是马克思主义的历史主义者，我们不应当割断历史。从孔夫子到孙中山，我们应该给以总结，继承这一份珍贵的遗产。”[①]推进中华优秀传统文化的创造性转化和创新性发展，关键是要处理好继承和创新、转化与发展的关系。只有合理继承和发展、创新与转化，中华优秀传统文化才会焕发强大生命力，源源不断地为社会主义核心价值观提供文化滋养，进而发展为一种与传统相对接、与社会主义相符合、与现代文明相融汇的新型现代文化。

首先，要发掘中华优秀传统文化的现代价值。对中华优秀传统文化的思想精髓进行深入挖掘和阐发，就不难发现其蕴含着国强民富的社会主义现代化强国的价值目标、公平正义的社会主义社会的价值追求、诚信友爱的社会主义公民的价值导向等现代价值，将其纳入社会主义核心价值观，能使我们更好地实现传统价值理念与现代价值观念的结合。

其次，要实现中华优秀传统文化的现代性转化。中华优秀传统文化的产生有其特定的时空，只有融入中国特色社会主义语境下的时代内涵，实现中国特色社会主义条件下的时空转化，才能使中华优秀传统文化“古为今用”“推陈出新”。比如，“民为邦本”“天人合一”“均贫富”等思想，只有具体融入全面建设社会主义现代化国家、全面依法治国、社会主义生态文明建设的时代内涵，才能进一步对接和契合社会主义核心价值观。正如党的十九大报告所阐明的，社会主义核心价值观是当代中国精神的集中体现，凝结着全体人民共同的价值追求。要以培养担当民族复兴大任的时代新人为着眼点，强化教育引导、实践养成、制度保障，发挥社会主义核心价值观对国民教育实施、精神文明建设、精神文化产品创作生产传播的引领作用，使社会主义核心价值观融入社会发展各方面，转化为人们的情感认同和行为习惯。坚持全民行动、干部带头，从家庭做起，从娃娃抓起。深入挖掘中华优秀传统文化蕴含的思想观念、人文精神、道德规范，结合时代要求继承、创新，使中华文化展现出永久魅力和时代风采。

---

① 《毛泽东、周恩来、刘少奇、朱德论党的组织工作》，中共中央党校出版社1986年版，第196页，

第九章　融合古今中外文化的积极因素构建社会主义核心价值观

社会主义核心价值观既要表达自由、平等、民主、法治等现代社会的价值诉求，又要秉承诚信、友善、爱国、和谐的文化基因。因而，社会主义核心价值观的构建必须正确处理时代精神和自身传统的双重诉求。有鉴于此，本章从两个方面加以展开。

第一节　融合—构建社会主义核心价值观的方法论原则

马克思主义辩证的方法是社会主义核心价值观构建研究的科学方法论原则。

首先，辩证的方法是描述现实社会自身发展的根本方法。为了纠正思辨哲学的“头脚倒置”，马克思反复强调：必须把在黑格尔那里倒立着的辩证法倒过来。这种呐喊在德国语境特别是在马克思时代的德国语境中无疑是完全必要的，因为那时德国人受到意识形态的重重禁锢。值得追问的是，我们在当代中国语境中是否已经领会马克思“颠倒”工作的意义？答案显然是否定的。很多学者不是从鲜活的中国现实出发，而是从静态的传统文化出发来附会和勾连社会主义核心价值观。社会主义核心价值观与中国现代化进程的内生关系被严重地忽视。如此一来，中华优秀传统文化的新生便被搁置起来，社会主义核心价值观构建也难以推进。因而，正确理解马克思主义辩证的方法在社会主义核心价值观的构建研究中仍具有重要的方法论意义。

其次，辩证的方法包括叙述的方法与研究的方法。“研究必须充分地占有材料，分析它的各种发展形式，探寻这些形式的内在联系。只有这项工作完成以后，现实的运动才能适当地叙述出来。这点一旦做到，材料的生命一旦在观念上反映出来，呈现在我们面前的就好像是一个先验的结构了。”[①]社会主义核心价值观是一种熔铸中外古今文化积极因素、体现中国文化传统与现代社会理念的内涵饱满的核心价值观。因而，按照研究的方法与叙述的方法相统一的要求，社会主义核心价值观的建构研究首先要在现代性语境中认真把握和考察中国现代价值观念的历史孕育过程，梳理价值观念层面中传统与现代的冲突和融合。正如马克思所说：“正如在研究任何历史科学、社会科学时一样，应当时刻把握住：无论在现实中或在头脑中，主体——这里是现代资产阶级社会——都是既定的；因而范畴表现这个一定社会即这个主体的存在形式、存在规定、常常只是个别的侧面；因此，这个一定社会在科学上也决不是在把它当做这样一个社会来谈论的时候才开始存在的。这必须把握住，因为这对于分篇直接具有决定的意义。”[②]这里，马克思特别强调充分地占有材料、准确地把握研究对象的历史脉络与恰当叙述研究对象的方法的重要意义。就社会主义核心价值观的建构而言，只有在历史地把握其孕育形成的基础上，才能在头脑中形成社会主义核心价值观的诸范畴以及诸范畴之间内在转化的总体进路。具体而言，社会主义核心价值观建构研究遵循的辩证的方法有以下几种。

一、古为今用，洋为中用

社会主义核心价值观应该是时代精神的精华和中华优秀传统文化的有机融合。因而，必须秉持古为今用、洋为中用的原则，正确认识和处理价值观层面的古今问题和中西问题，构建符合时代性和民族性的社会主义核心价值观。

一方面，社会主义核心价值观必然继承中华民族自我认同的优秀传统。一个民族的自我认同不仅表现为对本民族血缘关系和地域归属的内在体认，更重要地表现为对本民族文化命脉的精神记忆。民族历史越是漫长和悠久，对民族文化命脉的体认就越是强烈和深沉。中华民族自我认同的优秀传统深深植根于儒家文化中。儒家文化作为中国传统文化的主流，其内核是追求内圣外王的理想人格，即修身、齐家、治国、平天下的道德理想主义。这种个体生存的价值理想，体现在社会政治层面就是人们对理想社会——“小康”和“大同”的追求。那么，“小康”与“大同”的区别究竟在哪里？《礼记·礼运》这样描述“小康”：“今大道既隐，天下为家，各亲其亲，各子其子，货力为己，大人世及以为礼。城郭沟池以为固，礼义以为纪；以正君臣，以笃父子，以睦兄弟，以和夫妇，以设制度，以

① 《马克思恩格斯选集》第2卷，人民出版社2012年版，第93页。

② 《马克思恩格斯选集》第2卷，人民出版社2012年版，第706～707页。

立田里，以贤勇知，以功为己，故谋用是作，而兵由此起。禹、汤、文、武、成王、周公，由此其选也。此六君子者，未有不谨于礼者也。以著其义，以考其信，著有过，刑仁讲让，示民有常。如有不由此者，在势者去，众以为殃，是谓小康。”[①]也就是说，“小康”追求的固然是也是理想的“治世”，但是毕竟还要靠外在的、具有他律意味的“礼”来维持。而“大同”呈现的则是绝对完满的“治世”之景：“大道之行也，天下为公。选贤与能，讲信修睦，故人不独亲其亲，不独子其子，使老有所终，壮有所用，幼有所长，矜寡孤独废疾者皆有所养。男有分，女有归。货恶其弃于地也，不必藏于己；力恶其不出于身也，不必为己。是故谋闭而不兴，盗窃乱贼而不作，故外户而不闭。是谓大同。”[②]显然，“小康”与“大同”的本质区别在于整个社会道德境界的高低。从天下为家到天下为公，从“大人世及以为礼”到“选贤与能、讲信修睦”，从各“亲其亲、子其子”到“不独亲其亲、不独子其子”，作为中华民族自我认同的优秀传统，以道德理想主义为核心的儒家文化必然成为社会主义核心价值观的有机组成部分。

另一方面，社会主义核心价值观也必然体现公民对现代国家的认同。现代社会的历史进程同时也是培育公民的国家认同的过程。这种认同在理性和情感两个层面得以体现。按照唯物史观，公民的国家认同归根结底取决于其社会认同，即现实的个人对其社会生活情感上的亲近和理性上的肯认。任何一个现代国家都带有自身的“前见”，迎向现代社会孕育的自由、平等、民主、法治，以及富强、民主、文明、和谐的政治理念。

国家认同实质上是对国家政治理念的认同。黑格尔眼中作为伦理共同体的国家，就是现代性意识对国家认同的理解和表达。在黑格尔看来，社会契约理论虽然给出了国家起源的逻辑基础，却没有认真对待国家起源的历史基础。后者在现代性语境中恰恰是极为重要的，如果任其被遮蔽，那么国家的现代意义将永远晦暗不明。也就是说，黑格尔不能容忍启蒙思想家关于政治之“善”（亚里士多德对政治德性与政治品格做了较为全面的论证）的虚幻性，更是对那些未经证明的“假设”性原理（譬如人的“自然状态”说）极不信任。他通过考察市民社会成员的经济活动来给出现代国家存在的正当性与合理性。黑格尔认为，市民社会是各个社会成员作为独立的单个人的联合，因而是在抽象普遍性中的联合。这种联合是基于单个成员的需要，通过保障人身和财产权利的法律制度和维护其特殊利益和公共利益的外部秩序而建立。在黑格尔那里，市民社

---

① 《礼记》，中华书局 2017 年版，第 420 页。

② 《礼记》，中华书局 2017 年版，第 419～420 页。

会蕴含两个内在关联的原则："具体的人作为特殊的人本身就是目的；作为各种需要的整体以及自然必然性与任性的混合体来说，他是市民社会的一个原则。但是，特殊的人在本质上是同另一些这种特殊性相关的，所以每一个特殊的人都是通过他人的中介，同时也无条件地通过普遍性的形式的中介，而肯定自己并得到满足，这普遍性的形式是市民社会的另一个原则。"[①]这两个原则一方面使"一切脾性、一切秉赋、一切有关出生和幸运的偶然性都自由地活跃着"，另一方面又使"一切激情的巨浪，汹涌澎湃，它们仅仅受到向它们放射光芒的理性的节制。受到普遍性限制的特殊性是衡量一切特殊性是否促进它的福利的唯一尺度"。[②] 前者作为一种任性使每个人都以自身为目的，其他一切在他看来都是虚无。这就不可避免地使市民社会变成个人私利的领域和"一切人反对一切人的战场"。后者以其理性外在地规范着特殊个人谋求私利的活动，从而使这种活动获得形式上的普遍性，由此逻辑地导出国家这一环节。也就是说，市民社会无节制地追求私利的特殊性最终导致道德沦丧和社会混乱。这种伦理原则上的非自足性是市民社会自身无法解决的。只有依赖代表道德和伦理精神的国家才能摆脱这种状态。黑格尔以理念的自身活动解决了市民社会与道德不兼容的难题。[③] 这种非历史和非批判的方法最终陷于替现存事物辩护的结局，因此遭到马克思的激烈批判。马克思认为，市民社会构成政治国家的历史基础，有什么样的市民社会，就会有什么样的政治国家。因而，要批判的不仅是市民社会，国家同样应该受到批判。资本主义社会和资产阶级国家是历史本身的自我展现不可逾越的内在环节。其本质就是市民社会与政治国家并存及其逻辑悖论。因而，市民社会与政治国家意义上的自由与平等，只是资产阶级意识形态的修辞，是理应加以扬弃的。

民族认同与国家认同在现代性进程中得以共时态地呈现。构建社会主义核心价值观要秉持"古为今用"的态度和原则。任何一个步入现代化的国家和民族，都无法将传统从现代中剥离出来，因为传统作为"前见"就像流淌在我们身体里的血液，须臾不可离弃。那种蔑视传统的虚无主义态度，实际上是西方启蒙主义的偏执和傲慢。古与今的剥离、传统与现代的分裂，严格说来是从启蒙运动开始的。启蒙运动对理性的至尊地位的确立，意味着人摆脱上帝的束缚而成为主体。按照启蒙的逻辑，一旦主体运用理性考量自身的生存，传统价值

---

① [德]黑格尔：《法哲学原理》，贺麟译，商务印书馆1961年版，第197页。

② [德]黑格尔：《法哲学原理》，贺麟译，商务印书馆1961年版，第197～198页。

③ 参见孙成竹：《道德的幻灭：市民社会之怪相——读马克思〈1844年经济学哲学手稿〉》，《岭南学刊》2012年第5期。

观便在“我思”的凝视中成为野蛮、保守、落后的同义语。黑格尔思辨哲学对传统与现代内在统一性的揭示，经过马克思的“颠倒”和淘洗，早已成为人文科学和历史科学的根本方法——唯物史观。传统与现代在社会发展中究竟如何勾连？马克思给出的回答是：“一个成人不能再变成儿童，否则就变得稚气了。但是，儿童的天真不使成人感到愉快吗？他自己不该努力在一个更高的阶梯上把儿童的真实再现出来吗？在每一个时代，它固有的性格不是以其纯真性又活跃在儿童的天性中吗？为什么历史上的人类童年时代，在它发展得最完美的地方，不该作为永不复返的阶段而显示出永久的魅力呢？”① 人类童年的纯真天性成为现代性反观自身的价值坐标，这一事实是多么耐人寻味。如果现代性每走一步，都能回眸它来时的路，那不正是辩证法对历史的期待吗！恩格斯坦言：“历史有它自己的步伐，不管它的进程归根到底是多么辩证的，辩证法往往还是要等待历史很久。”② 马克思对古希腊文化的由衷肯定，就是辩证法对正在展开的历史的期待。

构建社会主义核心价值观同样必须秉持“洋为中用”的态度和原则。我们应当辩证地对待资本主义的核心价值理念的历史合理性与局限性。诸如自由、平等、民主、法治的抽象性和普遍性，只有在现代性的语境中才能恰当地理解其历史合理性，也只有在这一历史语境开辟的水平上，历史本身才能在更高的阶段上扬弃它。1881 年，马克思在给俄国革命家查苏利奇的回信中提出了“跨越卡夫丁峡谷”的命题。他指出：“一方面，土地公有制使它有可能直接地、逐步地把小地块个体耕作转化为集体耕作，并且俄国农民已经在没有进行分配的草地上实行着集体耕作……另一方面，和控制着世界市场的西方生产同时并存，就使俄国可以不通过资本主义制度的卡夫丁峡谷，而把资本主义制度所创造的一切积极的成果用到公社中来。”③ 列宁领导俄国成功地实现了跨越，又通过新经济政策来补生产力这一课。1924 年列宁逝世后，新经济政策逐渐被高度集中的计划经济体制代替。这一体制发挥了巨大的作用，但也积聚了尖锐的社会矛盾，苏联最终在各种复杂的国内外因素的作用下走向解体。也许可以这样设想：如果新经济政策没有那么短命，那么它会不会是孕育苏俄现代意义上的自由、平等、民主、法治等现代价值观的契机？马克思揭示了历史发展的“铁的必然性”：“我要在本书研究的，是资本主义生产方式以及和它相适应的生产关系和交换关系。到现在为止，这种生产方式的典型地点是英国。因此，我在理论

① 《马克思恩格斯选集》第 2 卷，人民出版社 2012 年版，第 711～712 页。

② 《马克思恩格斯全集》第 20 卷，人民出版社 1971 年版，第 450 页。

③ 《马克思恩格斯选集》第 3 卷，人民出版社 2012 年版，第 824～825 页。

阐述上主要用英国作为例证。但是,如果德国读者看到英国工农业工人所处的境况而伪善地耸耸肩膀,或者以德国的情况远不是那样坏而乐观地自我安慰,那我就要大声地对他说:这正是说的阁下的事情!”①如果资本主义生产方式导致的尖锐的阶级对立已经戳破资本主义核心价值观的虚伪脸皮,那么非西方国家在步入现代化途中是否可以置之不理?马克思的回答是否定的:“一个国家应该而且可以向其他国家学习。一个社会即使探索到了本身运动的自然规律——本书的最终目的就是揭示现代社会的经济运动规律——,它还是既不能跳过也不能用法令取消自然的发展阶段。但是它能缩短和减轻分娩的痛苦。”②社会主义市场经济体制在促进中国经济快速增长,在呼唤隐藏着的巨大社会生产力方面,具有无可比拟的优势。另外,它也空前加剧了不同利益主体之间的对立。作为一种历史必然性,马克思所揭示的资本主义经济规律对于我国社会风险的防控具有极为重要的警示意义:“问题本身并不在于资本主义生产的自然规律所引起的社会对抗的发展程度的高低。问题在于这些规律本身,在于这些以铁的必然性发生作用并且正在实现的趋势。工业较发达的国家向工业较不发达的国家所显示的,只是后者未来的景象。”③同时,现代国家政治诉求与市场经济的内在相关性,也要求我们在构建社会主义核心价值观的过程中坚持“洋为中用”的原则,积极借鉴和吸收西方资本主义文化的优秀成果。

二、取其精华,去其糟粕

有所取,有所去,这正是人主动性的选择。选择是一个具有生存论意蕴的概念,展现的是人的价值世界。因而,选择的背后总有一种价值上的支撑。中华民族是一个文化上早熟的民族,这种早熟体现为它对价值世界的积极肯认和执着追求。“取其精华,去其糟粕”很早就成为人们价值选择的重要原则。清代学者戴名世在总结自己的为学心得时提出“取其精华,去其糟粕”的治学原则:“得其精华而去其糟粕,举笔为文,洒洒自远。”④这一原则逐渐演变为人们对待不同国家、不同文化传统的基本态度和价值取向。鲁迅在《拿来主义》一文中也强调“去其糟粕,取其精华”的文化态度。毛泽东极其精辟地阐述了“取其精华,去其糟粕”对中国文化发展的重要意义。比如,在对待外国文化问题上,他指出:“中国应该大量吸收外国的进步文化,作为自己文化食粮的原料,这种工作

① 《马克思恩格斯选集》第2卷,人民出版社2012年版,第82页。

② 《马克思恩格斯选集》第2卷,人民出版社2012年版,第83页。

③ 《马克思恩格斯选集》第2卷,人民出版社2012年版,第82页。

④ (清)戴名世著,王树民编校:《戴名世集》上册,中华书局2019年版,第116页。

过去还做得很不够。这不但是当前的社会主义文化和新民主主义文化，还有外国的古代文化，例如各资本主义国家启蒙时代的文化，凡属我们今天用得着的东西，都应该吸收。”[①]但吸收不是照搬照抄，生吞活剥，而是根据特定历史时代的需要，对符合现实实践要求的外国文化进行再创造：“一切外国的东西，如同我们对于食物一样，必须经过自己的口腔咀嚼和胃肠运动，送进唾液胃液肠液，把它分解为精华和糟粕两部分，然后排泄其糟粕，吸收其精华，才能对我们的身体有益，决不能生吞活剥地毫无批判地吸收。”[②]再如，在对待我国古代文化问题上，毛泽东同样强调要坚持批判性吸收的原则，他指出：“中国的长期封建社会中，创造了灿烂的古代文化。清理古代文化的发展过程，剔除其封建性的糟粕，吸收其民主性的精华，是发展民族新文化提高民族自信心的必要条件；但是决不能无批判地兼收并蓄。必须将古代封建统治阶级的一切腐朽的东西和古代优秀的人民文化即多少带有民主性和革命性的东西区别开来。”[③]

全球化时代，在中国快步迈向现代国家的历史进程中，习近平总书记特别重视和强调中华优秀传统文化和中国道路。他指出：“中华民族创造了源远流长的中华文化，中华民族也一定能够创造出中华文化新的辉煌。独特的文化传统，独特的历史命运，独特的基本国情，注定了我们必然要走适合自己特点的发展道路。对我国传统文化，对国外的东西，要坚持古为今用、洋为中用，去粗取精、去伪存真，经过科学的扬弃后使之为我所用。”[④]社会主义核心价值观的建构必将是一个在新的历史条件下融合中外文化的积极因素，锻造符合中国特色社会主义市场经济和民主政治的中国现代新文化的过程。中国传统的天道、德治、民本、礼制等价值观念必将在新的历史条件下获得新生。西方近代自由、民主、法治、平等的价值诉求也必将被批判性地吸收到当代中国社会主义文化中。“取其精华，去其糟粕”为我们提供了构建社会主义核心价值观的实证的方法论原则。传统与现代在当代中国价值观领域的全方位交汇，渐有“乱花渐欲迷人眼”之势。何为精华？何为糟粕？取舍的依据何在？根据唯物史观，这种取舍只能来自活生生的中国现代化实践的内在要求。任何非历史的先天原则都将偏离文化重建的正道。

---

① 《毛泽东选集》第2卷，人民出版社1991年版，第706～707页。

② 《毛泽东选集》第2卷，人民出版社1991年版，第707页。

③ 《毛泽东选集》第2卷，人民出版社1991年版，第707～708页。

④ 《习近平总书记系列讲话精神学习读本》，中共中央党校出版社2013年版，第68页。

三、创造性转化与创新性发展

社会主义核心价值观的建构，必须秉持创造性转化和创新性发展的原则。这是因为，中国现代性起步于外国资本主义强行阻断中国社会自然发展进程的历史条件。因而，中国现代性更多地是欧风美雨的产物。西学东渐[①]在这一过程中扮演了极为重要的角色。拉长历史视野，西学东渐的历史轨迹就可以清晰呈现：明末清初，西学东渐主要局限于少数先进的封建统治者和学者，并未撼动中国主流文化的根基。晚清幼童留学生的派遣和国内教育的"西化"风潮，使国人对西方的了解由器物和制度层面深入到思想文化层面。新文化运动掀起20世纪西学东渐的第一次高潮，运动的领袖也成为推进中国20世纪文化建设的导师。他们激烈地反传统，积极传播"西学"，奏响"救亡"和"启蒙"的二重奏。戊戌变法和辛亥革命失败后，先进的中国人从十月革命的胜利中看到了曙光，马克思主义在中国的传播，吹响了中国新民主主义革命的号角。新中国的成立作为20世纪最伟大的历史事件，使中华民族真正获得了建设独立的现代国家的历史契机。党的十一届三中全会以后，中国大踏步迈向现代化，全方位与世界接轨。可以说，中国的现代性建构始终是马克思主义中国化的历史主题。回溯中国现代化的艰难历程，不难发现：社会主义核心价值观的建构，不是在一般意义上理顺传统和现代、中国与世界在价值观念层面的纠葛和缠绕，而是要在现代性外在楔入的历史语境中实现传统价值观向现代价值观的转变。因而，民本、德治、礼法、和谐等传统价值观与自由、民主、法治、正义等现代价值观的有机融合，既是马克思主义中国化的重要内容，也是中国传统文化实现历史性蜕变和新生的过程。那种置自身文化传统于不顾，生搬硬套西方价值观的做法，无异于摧毁一个民族几千年的精神血脉与价值根基，其历史虚无主义之本质不言而喻。在这个意义上，现代诠释学的"前见"在异质文化融合中的重要意义值得认真对待。按照美国学者乔治娅·沃恩克的说法，第一个真正为"前见"正名的是伽达默尔，他"认为启蒙运动对于前见概念的否定性内涵以及依赖传统权威的消极意义负有责任。按照启蒙运动的观点，前见是从两个源泉产生的：首先是从依赖传统观点而拒绝使用我们自己的理性，其次是在我们使用理性时却过分轻率地、非方法地使用理性。为了完成对于主题的正确的理解，理性和方法必须彼此联合以反对前见和权威。与这种观点相对立，伽达默尔论证说前见

① 作为一种文化景观，西学东渐有其特定的历史内涵，它并不泛指历史上一切中西之间的贸易往来、友好交往和思想文化交流，而是特指明末清初以来西方科学技术、器物制度以及思想文化在中国的传播和生长。

与权威对于理解是关键的"[①]。诠释学的"前见"概念,意味着传统作为无法剔出的因子在文化重建中具有前提性和基础性的意义。邯郸学步的故事告诉我们,一个人、一个民族完全放空自己,会是多么愚蠢。不仅如此,现成地移植现代西方价值观念的做法同样必须遭到批判。我们知道,马克思主义是以现代性批判的特有姿态出场的。早在《论犹太人问题》中,马克思就对资产阶级自由、人权等权利观念和价值观念的抽象性进行了激烈的批判。基于市民社会与政治国家的世俗分裂,马克思指出所谓"人权"与作为"公民权"的人权存在本质区别,前者无非市民社会成员的权利,即利己的人的权利、同其他人并同共同体分离开来的人的权利。如果"自由是可以做和可以从事任何不损害他人的事情的权利"[②],那么"这种自由使每个人不是把他人看做自己自由的实现,而是看做自己自由的限制"[③],因为"这里所说的人是作为孤立的、自我封闭的单子的自由"[④]。而后者不过是单子式个人的同一种身份在虚幻共同体——政治国家中的幻影。尽管如此,国家可以从政治上宣布取消选举权和被选举权的财产资格限制,但是"从政治上宣布私有财产无效不仅没有废除私有财产,反而以私有财产为前提……国家是以自己的方式废除了出身、等级、文化程度、职业的差别。尽管如此,国家还是让私有财产、文化程度、职业以它们固有的方式,即作为私有财产、作为文化程度、作为职业来发挥作用并表现出它们的特殊本质。国家根本没有废除这些实际差别,相反,只有以这些差别为前提,它才存在,只有同自己的这些要素处于对立的状态,它才感到自己是政治国家,才会实现自己的普遍性"[⑤]。基于市民社会与政治国家世俗分裂的资产阶级核心价值观的历史合理性与历史暂时性,构成马克思现代性批判的重要内容。因而,社会主义核心价值观的建构必须对中国传统社会的核心价值观与西方近现代文化的核心价值观进行创造性转化和创新性发展。

首先,这种创造性转化和创新性发展的内容和方向取决于中国特色社会主义现代化的历史实践。也就是说,社会主义核心价值观不是一种主观臆想和凭空捏造,其规定性受制于特定的中国特色社会主义现代化的历史实践,其现代性质也恰恰根源于此。因而,晚清以来文化保守主义关于中国文化重建的种种

---

① [美]乔治娅·沃恩克:《伽达默尔——诠释学、传统与理性》,洪汉鼎译,商务印书馆2009年版,第92~93页。

② 《马克思恩格斯文集》第1卷,人民出版社2009年版,第40页。

③ 《马克思恩格斯文集》第1卷,人民出版社2009年版,第41页。

④ 《马克思恩格斯文集》第1卷,人民出版社2009年版,第40页。

⑤ 《马克思恩格斯文集》第1卷,人民出版社2009年版,第29~30页。

论证，终将成为一曲感人至深的中国传统文化的哀歌，因为它无法唤醒沉睡的民族精神，也难以激活封存的民族记忆；五四以来文化激进主义的各种移花接木也必将无可奈何花落去，因为它结不出中国现代文化的成熟果实，也难以培育顺应时代要求的民主和科学精神，更无法真正孕育契合民族精神的自由和法治观念。习近平总书记倡导的文化建设原则——创造性转化和创新性发展，为当代中国文化重建和社会主义核心价值观的构建提供了方法论指导："在5000多年文明发展进程中，中华民族创造了博大精深的灿烂文化，要使中华民族最基本的文化基因与当代文化相适应、与现代社会相协调，以人们喜闻乐见、具有广泛参与性的方式推广开来，把跨越时空、超越国度、富有永恒魅力、具有当代价值的文化精神弘扬起来，把继承传统优秀文化又弘扬时代精神、立足本国又面向世界的当代中国文化创新成果传播出去。"①

其次，创造性转化和创新性发展必然带有时代和民族的双重价值诉求，即社会主义核心价值观是"中国特色"和"社会主义"两种价值诉求的内在融合。它必将是对时代精神与民族精神的凝练和浓缩。因而，基于当代中国历史语境的社会主义核心价值观的构建，必然是对中外文化积极因素进行创造性转化和创新性发展的过程，正如习近平总书记指出："我们不仅要了解中国的历史文化，还要睁眼看世界，了解世界上不同民族的历史文化，去其糟粕，取其精华，从中获得启发，为我所用。"②

第二节　融合—构建社会主义核心价值观的文化资源

在现代性境遇中，中国传统价值观与西方近现代启蒙价值观的纠葛与缠绕集中体现在天道与自由、民本与民主、德治与法治、礼制与平等的冲突与融合中。社会主义核心价值观的建构既要寻求中国优秀传统文化的价值支撑，又要吸取西方近现代启蒙思想的价值诉求。以下着重从以下几个方面阐释社会主义核心价值观构建的文化资源。

一、天道与自由

天道、德治、民本、礼乐作为中国传统文化的基本价值观念，早已积淀为中华民族的集体无意识，对于维护传统社会的和谐稳定起过极为重要的作用。显

① 《习近平谈治国理政》，外文出版社2014年版，第161页。

② 习近平：《在中央党校建校80周年庆祝大会暨2013年春季学期开学典礼上的讲话》，人民出版社2013年版，第9～10页。

然,在中国传统文化语境中,人的主体性的挺立和人文精神的彰显,集中体现于古人关于天人之际的叩问——天人合一的终极追求。

"天道"即关于"天"的认知和体悟。儒家和道家都有关于天道的完备而详尽的阐释。而且,儒道两家关于"天道"的理解都贯注着自由的品格。这里所讲"天道"仅限于作为中国传统文化主流的儒家。大致说来,儒家关于"天"的观念可以从超验和经验两个层面来把握。

首先,超验之天是指宗教之天和德性之天。宗教之天是具有人格和意志的最高主宰,起源于殷商时期的"上帝"观念,具有强烈的神圣色彩。钱穆认为,根据殷墟甲骨文,商人已有上帝观念,上帝能兴雨,能作旱,禾黍成败皆由于上帝。上帝是世间至高无上的主宰。[①] 宗教之天具有明显的外在性,意谓一种令人敬畏和无法抗拒的他者意志。屈原在遭遇种种陷害之后,其天道信仰几近崩塌,愤然质问道:"天命反侧,何罚何佑?"[②]其实,殷商的灭亡早已透露出"天命靡常"的秘密。因此,殷周之际"天"的观念逐渐由宗教层面向道德层面倾斜,演变为一个哲学范畴——德性之天。值得注意的是,祭天仪式对"天"观念的变迁具有举足轻重的意义。祭天仪式一方面折射出人对自身生存的神圣与庄严的自我意识和自我体认,另一方面也孕育着宗教之天向德性之天生成的内在可能性。伴随天命的转移和变易,中国传统人文主义破壳而生。以孔子为代表的儒家通过赋予"天"以道德内涵,重建社会秩序和人伦纲常,由此打通天道与人道、天命与生命,从而使人们摒弃了对天的盲目崇拜,树立道德理想主义的终极追求——天人合一。"在儒家的思想中,伦理之天是人类社会的道德之源,它是至善完满、自为自适的道德实体,是人的现实行为的法度和示范,也是人的道德行为的权威督导。天,从而被赋予了完整的道德意义。"[③]德性不仅成为天命的主要规定,而且成为贯通天人关系的中介。不仅如此,德性之天还孕育了"敬天保民"的政治观念。这种观念在儒家经典中俯拾即是,譬如《尚书》有言:"天叙有典,敕我五典五惇哉!天秩有礼,自我五礼有庸哉!同寅协恭和衷哉!天命有德,五服五章哉!天讨有罪,五刑五用哉!政事懋哉!懋哉!天聪明,自我民聪明。天明畏,自我民明威达于上下,敬哉有土。"[④]无疑,天观念由宗教层面向道德层面的贯注,使宗教与政治、天道与人道融合为一,从而形成中国文化的一大

① 参见钱穆:《中国文化史导论》,商务印书馆1994年版,第44页。

② 《楚辞》,中华书局2010年版,第97页。

③ 王立新:《三"天"归一——中国古代思想发展的凝缩》,《湘潭大学学报》(哲学社会科学版)1999年第1期。

④ 《尚书》,中华书局2012年版,第38~39页。

特点。正如钱穆先生所说:“中国人的宗教观念,很早便为政治观念所包围而消化了。相传此种制度,大体由周公所制定,此即中国此下传统的‘礼治’。礼治只是政治对于宗教吸收融合以后所产生的一种治体。”①

其次,经验之天即自然之天。先秦儒家明确阐释自然之天的当属荀子。但荀子仍然秉承天人合一的传统,因而没有在西方近代主客两分的意义上来谈论天。一方面,荀子划定了天事与人事各自的职能和本分,主张在“明于天人之分”的基础上“制天命而用之”。于天而言,“列星随旋,日月递炤,四时代御,阴阳大化,风雨博施,万物各得其和以生,各得其养以成,不见其事而见其功,夫是之谓神。皆知其所以成,莫知其无形,夫是之谓天”②。于人而言,则要知天而立,顺天而行,即“圣人清其天君,正其天官,备其天养,顺其天政,养其天情,以全其天功。如是,则知其所为,知其所不为矣,则天地官而万物役矣。其行曲治,其养曲适,其生不伤,夫是之谓知天”③。治乱更迭在于人事之功,并非天意所为。所谓“天行有常,不为尧存,不为桀亡。应之以治则吉,应之以乱则凶。”④所谓“在天者莫明于日月,在地者莫明于水火……在人者莫明于礼义”⑤。就此而言,荀子的“天论”确实具有鲜明的唯物主义色彩。另一方面,荀子显然并没有幽闭于“德性之天”的维度,“礼论”强调:“礼有三本:天地者,生之本也;先祖者,类之本也;君师者,治之本也……故礼,上事天,下事地,尊先祖而隆君师。是礼之三本也。”⑥在荀子那里,礼得以生成的终极理由和根据仍然是天。这就彰显了天的形而上意蕴。可以说,荀子延续了孔孟“德性之天”的理脉。

就发生学意义而言,人们关于自然之天的意识应早于宗教之天和德性之天,这是因为后两者的产生更多地取决于人的抽象思维能力的发育,而抽象思维能力的每一次提升都是人的现实生活的产物。马克思探讨了人的意识发育的过程:“思想、观念、意识的生产最初是直接与人们的物质活动,与人们的物质交往,与现实生活的语言交织在一起的。人们的想像、思维、精神交往在这里还是人们物质行动的直接产物。表现在某一民族的政治、法律、道德、宗教、形而上学等的语言中的精神生产也是这样。人们是自己的观念、思想等等的生产者。”⑦从纯粹动物性意识到抽象思维能力的高级形式——概念思维的形成,是

① 钱穆:《中国文化史导论》,商务印书馆1994年版,第46页。

② 郭齐勇主编:《中国古典哲学名著选读》,人民出版社2005年版,第230页。

③ 《荀子》,中华书局2011年版,第266页。

④ 郭齐勇主编:《中国古典哲学名著选读》,人民出版社2005年版,第230页。

⑤ 郭齐勇主编:《中国古典哲学名著选读》,人民出版社2005年版,第233页。

⑥ 郭齐勇主编:《中国古典哲学名著选读》,人民出版社2005年版,第236页。

⑦ 马克思、恩格斯:《德意志意识形态》(节选本),人民出版社2003年版,第16页。

一部展开的人与自然界交互关系不断向深广发展的历史。所以,“意识起初只是对直接的可感知的环境的一种意识,是对处于开始意识到自身的个人之外的其他人和其他物的狭隘联系的一种意识。同时,它也是对自然界的一种意识”[①]。而且,三者相互交织。先秦以后,儒家在吸收其他各派思想尤其是道家、法家以及佛家思想的基础上,将德性之天的义理阐发到极致和精微,最终融会成庞大的宋明理学体系。

无疑,中国传统的天道信仰预设了人之为人的终极理由和根据,规划了修身、齐家、治国平天下的内圣外王之境,从而为个体生命和人格修养树立根深蒂固的价值根基。这条通向自由的大道,承诺了个体成圣成贤的道德理想,由此规定了中国传统人文主义的特质。与此同时,天道信仰又构筑起合乎礼义规范的等级森严的社会制度,所谓“有天地然后有万物,有万物然后有男女,有男女然后有夫妇,有夫妇然后有父子,有父子然后有君臣,有君臣然后有上下,有上下然后礼义有所错”[②]。在这个意义上,传统文化基于天道信仰的自由诉求与近代西方基于自然权利的自由与平等价值观不可同日而语。这也是中国传统文化与现代性之间百年纠葛的原因。

应该承认,谈论西方近代自由观是一件困难而棘手的事情,因为在西方没有一个词比自由的含义更多,更容易被曲解。尽管如此,自由的观念作为西方近代历史的产物,还是具有较为特定的文化性格。以赛亚·伯林感叹道:“人类历史上的几乎所有道德家都称赞自由。同幸福与善、自然与实在一样,自由是一个意义漏洞百出以至于没有任何解释能够站得住脚的词。我既不想讨论这个变化多端的词的历史,也不想讨论观念史家记录的有关这个词的两百多种定义。我只想考察这些含义中的两种,却是核心的两种……”[③]伯林沿着霍布斯的思路,提出“积极自由”和“消极自由”的概念:“freedom 或 liberty(我在同一意义上使用这两个词)的政治含义中的第一种,(遵从许多先例)我将称作‘消极自由’,它回答这个问题:‘主体(一个人或人的群体)被允许或必须被允许不受别人干涉地做他有能力做的事、成为他愿意成为的人的那个领域是什么?’第二种含义我将称作‘积极自由’,它回答这个问题:‘什么东西或什么人,是决定某人做这个、成为这样而不是做那个、成为那样的那种控制或干涉的根源?’这两个问题是明显不同的,尽管对它们的回答有可能是重叠的。”[④]伯林认为,必须保有

① 马克思、恩格斯:《德意志意识形态》(节选本),人民出版社 2003 年版,第 25 页。

② 《四书五经》(上),岳麓书社 2002 年版,第 209 页。

③ [英]以赛亚·伯林:《自由论》,胡传胜译,译林出版社 2011 年版,第 168 页。

④ [英]以赛亚·伯林:《自由论》,胡传胜译,译林出版社 2011 年版,第 168 页。

最低限度的个人自由的领域——不管以什么样的原则来划定不受干涉的领地，无论它是自然法、自然权利或功利原则，还是绝对命令的要求、社会契约之规定或人们借以澄清和保卫他们的信念的任何其他概念。这种最低限度的个人自由——消极自由就是“免于……”的自由，就是在“虽变动不居但永远清晰可辨的那个疆界内不受干涉”[①]。伯林肯定：这就是从伊拉斯谟（有人说是从奥卡姆）开始直到今天现代世界的自由主义所理解的自由。为了厘清自由的概念，美国学者萨托利也不得不先行驱除哲学自由的干扰。他说：“斯宾诺莎坚信自由就是完美的理性；莱布尼兹认为自由就是思想的自发性；康德认为自由就是自主；黑格尔认为自由就是接受必然性；克罗齐认为自由就是生命的不断扩张。如果把它们放在各自的背景中去理解，这些概念化的东西都是非常有道理的，但是，它们的意义和真正价值都与追求一种本质的、终极的，或如康德所说的先验的自由有关。注意，这些概念化的东西无一涉及‘关系中的’自由。”[②]萨托利还强调自由是一种“工具性的”“关系中”的自由。这种自由的观念是文艺复兴以来人本主义与理性主义的产物。它是现代生存论境遇中一种单子式个人崇奉的天赋权利。这种权利，用孟德斯鸠的话说，是“自由是做法律所许可的一切事情的权利；倘若一个公民可以做法律所禁止的事情，那就没有自由可言了，因为，其他人同样也有这个权利”[③]。用霍布斯的话说，“自由指的是没有阻碍（我这里指的是运动的外部阻碍）……无论什么创造物只要被束缚或被包围而不能运动，只局限于由外界的阻碍决定的一定空间被运动，我们就认为它没有超出这一空间进一步运动的自由”[④]。

在西方近代启蒙语境中，虽然自由观念的恣意生长并不早于文艺复兴和宗教改革，但其根源却在基督教的自然法传统中。列奥·施特劳斯认为，自然权利的内涵有一个由古典到现代的转向。古典自然权利即自然法，“乃是上帝意志的宣布。它是人心中的‘上帝之声’。它因此可以称作是‘上帝法’或‘神法’，或者甚至是‘永恒法’……没有这样的知识，人们就无法行动得有道德”[⑤]。前现代的自然法学说教导的是人的义务，但是17、18世纪出现了一种前所未有的对于权利的重视和强调。“由以自然义务为取向转到以自然权利为取向的根本性

① ［英］以赛亚·伯林：《自由论》，胡传胜译，译林出版社2011年版，第173页。

② ［美］乔万尼·萨托利：《民主新论》下卷，冯克利、阎克文译，上海人民出版社2015年版，第458～459页。

③ ［法］孟德斯鸠：《论法的精神》上卷，许明龙译，商务印书馆2012年版，第184页。

④ ［英］霍布斯：《利维坦》（一），刘胜军、胡婷婷译，中国社会科学出版社2007年版，第337页。

⑤ ［美］列奥·施特劳斯：《自然权利与历史》，彭刚译，生活·读书·新知三联书店2003年版，第207页。

变化，在霍布斯的学说中得到了最为明晰有力的表达”。[①] 那么，17 世纪和18 世纪个人自由为何如此重要？詹姆斯·穆勒一语中的，他坦言：除非个体被允许过他意愿的生活，否则文明就不会进步；没有观念的自由市场，真理也不会显露；也就没有自发性、原创性与天才的余地，没有心灵活力、道德勇气的余地。社会将被“集体平庸”的重量压垮。[②] 个人自由之所以得到如此强调和重视，乃是因为人的本质的历史内涵在 17 世纪和 18 世纪发生了巨大翻转——个人优先于公民社会。而此前的传统认为，公民社会优先于个人，人们只有在公民社会中并且通过公民社会才能达到其本性的完美。也许，在传统与现代的转折点上，马克思与施特劳斯是有共同语言的，二者似乎都从亚里士多德那里找到了救治现代性的方案——人是政治(社会)的动物。施特劳斯认为，矫正现代自然权利论的危机，必须返回古希腊寻找思想资源。马克思对现代性的诊断更是深入骨髓：西方启蒙思想对个人自由的追求和崇奉，乃是国家与市民社会分裂对立的结果，因为人只有在其社会关系中才可能形成自我意识。现代社会中个体与共同体的分裂，使国家作为虚幻的共同体，作为一种外在的、异己的力量，造成对个体的束缚和对抗，所谓“人是生而自由，但却无往不在枷锁中”[③]。这是西方启蒙语境中的个体不得不领受的生存处境。

作为社会主义核心价值观的自由无疑应是社会主义性质的自由。它既要吸收中国传统之天道信仰所开启的“内圣外王”的德性自由传统，又要扬弃西方近代启蒙思想所崇奉的个人主义自由观。这要求我们在社会主义现代化实践的当代语境中客观地估价中西两种自由传统的优长和不足，在此基础上培育符合本国文化传统和顺应时代要求的社会主义自由观。

儒家文化意义上的自由注重内在超越的道德品格，强调人与社会的无隔离状态。可以说，这既是其优长，又是其不足。儒家“内圣外王”追求的“为天地立心，为生民立命，为往圣继绝学，为万世开太平”的自由之境，贯彻着崇高而深沉的家国情怀。它使个体在“修身、齐家、治国、平天下”的价值架构中与家国天下内在地关联起来，却难以直接开出西方自然权利意义上的自由精神，因而必须经过深入的转换改造工作。有论者认为，中西两种自由传统在对“个体”的理解上存在根本的差别：儒家“关系式个体”立基于性善理念的正面价值，其所对应的个体进路及方法为“修身”，其目标取向为整体和谐。西方“原子式个体”则立

---

① [美]列奥·施特劳斯：《自然权利与历史》，彭刚译，生活·读书·新知三联书店 2003 年版，第 186 页。

② 参见[英]以赛亚·伯林：《自由论》，胡传胜译，译林出版社 2011 年版，第 175～176 页。

③ [法]卢梭：《社会契约论》，何兆武译，商务印书馆 1980 年版，第 4 页。

基于人性的负面价值，故其所对应的路径为“契约”方式（这一方式有着人与人之间最低相容度的内涵），其目标取向则为个体的独立自由、正义平等。基于此，我们可将前者概括为“道德个体”，将后者概括为“契约个体”。[①] 的确，根源于古希腊原子论传统的原子式个体，孕育出了西方人引以为傲的契约原则和法律制度，但也造成了狭隘的个人主义及其后果——权利与义务的分离和割裂。

面对中国传统天道观念与西方近代自由观念分别孕育的集体主义和个人主义，社会主义自由观应该是在社会主义市场经济的发展中，将个人自由与社会自由在法治基础上加以规范，积极为“自由人的联合体”的实现创造条件。在这一点上，马克思关于自由的哲学运思与中国传统“天道”意义上的自由关切的彼此契合，既是马克思主义中国化的学理依据，也是社会主义自由观建构的指南。

二、德治与法治

儒家的德治观念深刻地影响了中国历史的面貌和中华民族的文化性格。与此同时，法治中国和法治社会建设伴随社会主义市场经济体制的实行亟待推进。这就要求我们在当代语境下重估德治观念的现代价值，批判地吸收西方近代的法治观念，将其纳入社会主义核心价值观赖以建构的文化资源。习近平总书记极为重视德治观念的现代价值，在中共中央政治局第十八次集体学习时强调：“在漫长的历史进程中，中华民族创造了独树一帜的灿烂文化，积累了丰富的治国理政经验，其中既包括升平之世社会发展进步的成功经验，也有衰乱之世社会动荡的深刻教训。我国古代主张民惟邦本、政得其民，礼法合治、德主刑辅，为政之要莫先于得人、治国先治吏，为政以德、正己修身，居安思危、改易更化，等等，这些都能给人们以重要启示。”[②]

儒家的“德治”观念可以从两个层面来阐释。一是作为政治正当性的德治观念，它主要解决政治的正义性问题。殷周之际，道德因素开始注入关于天命的理解中。周人认为夏商二代之所以“不其延”，是因为“惟不敬厥德”，即“我不可不监于有夏，亦不可不监于有殷。我不敢知曰，有夏服天命，惟有历年；我不敢知曰，不其延。惟不敬厥德，乃早坠厥命。我不敢知曰，有殷受天命，惟有历年；我不敢知曰，不其延。惟不敬厥德，乃早坠厥命”[③]。周人对“德之用”的理

① 参见赖功欧：《道德个体与契约个体——中西思想比较视域中的“儒家与自由主义”》，《江西社会科学》2010年第4期。

② 习近平：《在十八届中央政治局第十八次集体学习时的讲话》，《人民日报》2014年10月14日。

③ 《尚书》，中华书局2012年版，第224页。

解，打通了德性与天命的阻隔，从而在政治中融入德性的原则，体现了深切的人文关怀。按照“天命——德性”的逻辑，周人由于“惟王其疾敬德，王其德之用”，因此希冀配享“祈天永命”。[①] 二是作为政治模式的德治观念，它包含“礼乐行政”等一系列相辅相成的制度机制。德治观念既然已经给出政治正当性的根据，那么它必然付诸一套具体的政治操作模式，即作为政治模式的德治。实际上，这种意义上的德治观念也是由西周统治者完成的。王国维指出：“周人制度之大异于商者，一曰立子立嫡之制，由是而生宗法及丧服之制，并由是而有封建子弟之制，君天子、臣诸侯之制；二曰庙数之制；三曰同姓不婚之制。此数者，皆周之所以纲纪天下，其旨则在纳上下于道德，而合天子、诸侯、卿、大夫、士、庶民以成一道德之团体。周公制作之本意，实在于此。”[②]西周制度建设的最大贡献在于提供了德治观念得以付诸实践的具体操作模式——由嫡长子继承、庙数制和同姓不婚构建而成的宗法制。宗法制就是已具雏形的礼制，礼制的完善与具体化保证了德治理念的现实操作性。如此便形成了家国同构的格局以及政治的道德化特征。因此，王国维说道：“古之所谓国家者，非徒政治之枢机，亦道德之枢机也……使天子、诸侯、大夫、士各奉其制度典礼，以亲亲尊尊贤贤，明男女之别于上，而民风化于下，此之谓治，反是则谓之乱。是故天子、诸侯、卿、大夫、士者，民之表也；制度典礼者，道德之器也。周人为政之精髓，实存于此。”[③]

需要指出的是，周人的德治建设虽然打通了道德与天命的阻隔，却从不意味着政治对天命的弃绝。相反，“天人合一”始终是中国传统文化的基本思维方式，德治的正当性与合法性来源于天之授予的观念从未被撼动。因此，西周统治者仍虔敬地顺从天命，不敢有违。《尚书·君奭》有言：“君奭，弗吊，天降丧于殷，殷既坠厥命。我有周既受，我不敢知，曰厥基永孚于休……君已曰时我。我亦不敢宁于上帝命，弗永远念天威。越我民罔尤违。”[④]以“克己复礼”为使命的孔子开创的儒家学派，进一步将德治观念的正当性及其付诸实施的模式人文化，从而使德治观念落实为“礼乐刑政”四达而不悖的制度机制。《礼记·乐记》有云：“礼以道其志，乐以和其声，政以一其行，刑以防其奸。礼、乐、刑、政，其极一也，所以同民心而出治道也。”[⑤]礼乐刑政，各司其职，各成其能。同时，《礼记》还凸显了礼的主导性地位。《礼记·曲礼上》有言：“道德仁义，非礼不成；教训

---

① 《尚书》，中华书局 2012 年版，第 225 页。

② 王国维：《殷周制度论》，《观堂集林》卷十，中华书局 1999 年版，第 453～454 页。

③ 王国维：《殷周制度论》，《观堂集林》卷十，中华书局 1999 年版，第 475 页。

④ 《尚书》，中华书局 2012 年版，第 263～264 页。

⑤ 《礼记》，中华书局 2017 年版，第 713 页。

正俗，非礼不备；分争辨讼，非礼不决；君臣上下父子兄弟，非礼不定；宦学事师，非礼不亲；班朝治军，莅官行法，非礼威严不行；祷祠祭祀，供给鬼神，非礼不诚不庄。是以君子恭敬、撙节、退让以明礼。”[①]这清楚地表明“礼”在传统社会的和谐有序中有着十分重要的作用。礼的养成主要靠教化。中国传统社会的教化犹如随风潜入夜的春雨，通过言传身教和耳濡目染，终能收到润物细无声的效果。在教化的不断进行中，外在的礼义逐渐内化为道德自觉，德治的人性论预设——人性之善最终在现实人生中得以开显。

西方的法治观念源远流长，可以追溯到公元前 6 世纪的梭伦立法。亚里士多德的法治观念已经理论化：“法治应包含两重意义：已成立的法律获得普遍的服从，而大家所服从的法律又应该本身是制定得良好的法律。”[②]在亚里士多德那里，一种颇具现代意义的法治意识——法治优越于人治诞生。之所以如此，原因有二：一是人治难免掺杂感情的因素，而法治是无情的，因而法治代表理性的统治；二是法治本身就蕴含平等、正义、自由等价值，法治无疑会促进这些社会价值的实现。

西方古代自然法作为一种精神支柱和价值诉求，在西方近代法治观念的孕育中起了极其重要的作用，正如英国法学家梅因所言：“‘自然法’理论是一切特殊观念如法律、政治和社会的渊源，在过去一百年间通过法国而传遍西方世界……”[③]简单地说，自然法是指在人为制定的法之外永久存在和普遍适用的法，为实在法之正义性与合法性提供终极理由和根据。西塞罗以自然法作为检验实在法效力的高级法。他认为：“真正的法律乃是正确的规则，它与自然相吻合，适用于所有的人，是稳定的，恒久的……”[④]列奥·施特劳斯则在现代性语境下检省了现代自然权利论的僭妄，重新肯定了古代自然法的神圣价值。他认为：“今日人们对于自然权利的需要，一如数百年甚至上千年来一样地显明昭著。拒斥自然权利，就无异于说，所有权利都是实在的权利(positive right)，而这就意味着，何为权利是完全取决于立法者和各国的法院的。可人们在谈到‘不公正’的法律或者是‘不公正’的决断时，显然有着某种意涵，有时甚而是非如此不可的。在下这样的判断时，我们指的是存在着某种独立于实在权利而又高于实在权利的判断是非的标准，据此我们可以对实在权利作出判断。”[⑤]施特劳斯将自然法

① 《礼记》，中华书局 2017 年版，第 5 页。

② [古希腊]亚里士多德：《政治学》，吴寿彭译，商务印书馆 1965 年版，第 202 页。

③ [英]梅因：《古代法》，沈景一译，商务印书馆 1997 年版，第 46 页。

④ [古罗马]西塞罗：《论共和国论法律》，王焕生译，中国政法大学出版社 1997 年版，第 120 页。

⑤ [美]列奥·施特劳斯：《自然权利与历史》，彭刚译，生活·读书·新知三联书店 2003 年版，第 2 页。

视为光明、指引和知识，因为没有光明、指引和知识，人是无法生活的；只有具备关于善的知识，才能寻找他所需要的善。

西方近代自然法是伴随欧洲封建社会解体，在文艺复兴、宗教改革和启蒙运动中孕育而生的一套权利学说和体系，其基本主张有四：一是理性至上，二是天赋人权，三是社会契约，四是权力制衡。

首先，理性至上。西方近代自然法相信唯有人的理性可以给出符合人的自然本性的正义法则，可以说这是文艺复兴以来人本主义精神所结出的最有分量的果实。霍布斯指出：自然法是一种由理性发现的规则或者一般性的法则，“是每个人所享有的按照自己意思使用自己的力量保全自己天性的自由，这种天性也就是他自己的生命。因此，人们可以根据他自己的判断和理性做任何事”[①]。孟德斯鸠也持同样的看法，他认为：“一般而言，法是人类的理性，因为它治理着地球上的所有民族。各国的政执法和公民法只不过是人类理性在各个具体场合的实际应用而已。”[②] 而且，孟德斯很注重对法律适用性的考察，并且将其称为“法的精神”。他说道：“法律应该量身定做，仅仅适用于特定的国家……各种法律应该与业已建立或想要建立的政体性质和原则相吻合……法律还应顾及国家的物质条件，顾及气候的寒冷、酷热或温和，土地的质量，地理的位置，疆域大小，以及农夫、猎人或牧人等民众的生活方式等等。法律还应顾及基本政治体制所能承受的自由度，居民的宗教信仰、偏好、财富、人口多寡，以及他们的贸易、风俗习惯等等。最后，各种法律还应彼此相关，考虑自身的起源、立法者的目标，以及这些法律赖以建立的各种事物的秩序。必需从所有这些方面去审视法律……所有这些关系组成了我所说的法的精神。”[③]孟德斯鸠“法的精神”诸要素，无不涉及对人类理性的精确运用。因此，近代自然法可谓名副其实的理性法。

其次，天赋人权。所谓天赋人权，是指人在自然状态下已经享有的权利。天赋人权说最初起源于文艺复兴的人文主义思潮。这种人文主义要求以个人为核心，以自由、平等为基本价值诉求。斯宾诺莎指出“天赋人权”就是自然权利。启蒙思想家洛克、孟德斯鸠、卢梭进一步发展了天赋人权说。洛克认为，根据自然法，人们生来“就享有完全自由的权利，并和世界上其他任何人或许多人相等，不受控制地享受自然法的一切权利和利益”。[④] 孟德斯鸠将人的自我保

① [英]霍布斯：《利维坦》(一)，刘胜军等译，中国社会科学出版社 2007 年版，第 203 页。

② [法]孟德斯鸠：《论法的精神》上卷，许明龙译，商务印书馆 2012 年版，第 15 页。

③ [法]孟德斯鸠：《论法的精神》上卷，许明龙译，商务印书馆 2012 年版，第 15 页。

④ [英]洛克：《政府论》下篇，叶启芳等译，商务印书馆 1964 年版，第 52 页。

存、设法填饱肚子、两性之间互相献殷勤以及在社会中共同生活视为自然法允诺的四项基本权利。[①] 卢梭的天赋人权思想对美国独立战争与法国大革命都产生了重大影响。美国《独立宣言》和法国《人权宣言》在很大程度上都直接继承和体现了卢梭“天赋人权”的思想。

再次，社会契约。作为一种解释社会和国家起源的政治哲学理论，社会契约论把社会和国家看作人们之间订立契约的结果，以此说明政治权利的合法性及其界限。霍布斯认为，权利的相互转移就是人们所称的契约。契约的效力不是来自自身（因为没有什么比人们的承诺更容易受到破坏）而是来自对毁约带来的有害后果的恐惧。[②] 卢梭则更为清楚地界定了社会契约的本质：“‘要寻找出一种结合的形式，使它能以全部共同的力量来卫护和保障每个结合者的人身和财富，并且由于这一结合而使得每一个与全体相联合的个人又只不过是在服从其本人，并且仍然像以往一样地自由。’这就是社会契约所要解决的根本问题。”[③]在启蒙思想家看来，尽管契约的具体规定和达成契约的方式可以各不相同，但契约对个体权利的保障和维护却是实实在在的。

最后，权力制衡。以权力制衡权力，是近代自然法有效防止权力滥用的基本规则。孟德斯鸠主张国家的三种权力即立法权、行政权和司法权分别由三个独立的机构来执掌，并且三者之间相互制约。“如果由同一个人，或由权贵或平民组成的同一个机构行使这三种权力，即制定法律的权力、执行国家决议的权力以及裁决罪行或个人争端的权力，那就一切都完了”[④]，因为“自古以来的经验表明，所有拥有权力的人，都倾向于滥用权力，而且不用到极限绝不罢休”[⑤]。

毋庸讳言，以确认和维护个人自由权利为原则的西方近代法治观念，成为资产阶级反对封建统治与神权专制的锐利武器，对于现代社会的法治进程也具有里程碑的意义。

马克思、恩格斯以其特有的历史尺度和价值尺度，深刻剖析了西方近代法治观念的历史合理性及其界限。他认为，以天赋权利和普遍人权为基础的西方近代法治观念，对于人的政治解放来说无疑是一大进步。“尽管它不是普遍的人的解放的最后形式，但在迄今为止的世界制度内，它是人的解放的最后形式。

---

① 参见[法]孟德斯鸠：《论法的精神》上卷，许明龙译，商务印书馆2012年版，第12～13页。

② 参见[英]霍布斯：《利维坦》（一），刘胜军等译，中国社会科学出版社2007年版，第207、209页。

③ [法]卢梭：《社会契约论》，何兆武译，商务印书馆1980年版，第19页。

④ [法]孟德斯鸠：《论法的精神》上卷，许明龙译，商务印书馆2012年版，第186～187页。

⑤ [法]孟德斯鸠：《论法的精神》上卷，许明龙译，商务印书馆2012年版，第185页。

不言而喻,我们这里指的是现实的、实际的解放。”[①]但是,人权不同于公民权,市民社会中人的权利称为人权,是因为“所谓的人权……无非是市民社会的成员的权利,就是说,无非是利己的人的权利、同其他人并同共同体分离开来的人的权利”[②]。也就是说,人权的提出先行预示了这样的历史前提——私人占有关系和国家与市民社会的分裂,因而人权问题只有用政治国家对市民社会的关系,用政治解放的本质来解释,才是恰当的和可以理解的。在《神圣家族》中,马克思、恩格斯更为犀利地揭示了人权的历史基础——私有财产和单子式的个人,以及现代国家承认人权的秘密。“现代国家承认人权和古代国家承认奴隶制具有同样的意义。就是说,正如古代国家的自然基础是奴隶制一样,现代国家的自然基础是市民社会以及市民社会中的人,即仅仅通过私人利益和无意识的自然必然性这一纽带同别人发生联系的独立的人……现代国家通过普遍人权承认了自己的这种自然基础本身。它并没有创立这个基础。正如现代国家是由于自身的发展而挣脱旧的政治桎梏的市民社会的产物,而今它又通过人权宣言承认自己的出生地和自己的基础。”[③]马克思、恩格斯在揭示现代国家的历史基础、剖析市民社会的本质时,还精辟地道出了西方法治观念的历史局限性:“整个市民社会就是这种由于各自的个性而从此相互隔绝的所有个人之间相互反对的战争,就是摆脱了特权桎梏的自然生命力的不可遏止的普遍运动。民主代议制国家和市民社会的对立是社会共同体和奴隶制的典型对立的完成……这种市民社会的奴隶制在表面上看来是最大的自由,因为这种奴隶制看上去似乎是尽善尽美的个人独立,这种个人把自己的异化的生命要素如财产、工业、宗教等的既不再受普遍纽带束缚也不再受人束缚的不可遏止的运动,当做自己的自由,但是,这样的运动实际上是个人的十足的屈从性和非人性。在这里,法代替了特权。”[④]

当代中国社会主义法治观必将立足于中国特色社会主义现代化的历史实践,在社会主义市场经济的推动中孕育和发展。中国社会主义法治观的孕育形成必须在吸取中国传统“德治”智慧的同时,积极借鉴西方近代的“法治”精神。不容否认,社会主义市场经济正在涵养具有中国特色的契约精神和法治精神。新时代中国特色社会主义现代化的历史实践中,法治观念日益深入人心。

---

① 《马克思恩格斯文集》第1卷,人民出版社2009年版,第32页。
② 《马克思恩格斯文集》第1卷,人民出版社2009年版,第40页。
③ 《马克思恩格斯文集》第1卷,人民出版社2009年版,第312～313页。
④ 《马克思恩格斯文集》第1卷,人民出版社2009年版,第316～317页。

三、民本与民主

社会主义民主观的构建必须在中国特色社会主义现代化的历史实践中,创造性转化和创新性发展中华民族传统民本思想和西方近代民主思想的优秀成果。

民本观念在战国时期已经萌生,《尚书》有言:"皇祖有训,民可近,不可下。民惟邦本,本固邦宁。"[①]以儒、墨、道为代表的诸子百家都提出了民本思想,但是只有儒家"民本"观念在经历社会大动荡、大变革之后成为中国传统政治思想的核心价值。显然,传统民本观念被赋予一种强烈的政治意识形态的意味,是作为政治统治的合法性依据和规范政治秩序的终极根据而存在的。"天人合一"的伦理预设构建了民本观念的本体论根基,而小农经济则是其得以孕育的历史基础。有论者从宏观层面概括了传统民本思想的历史沿革,即上古时代——民本思想原生状态阶段;先秦时期——民本思想理论概括阶段;汉唐时期——民本思想进一步完善并转化为实际运作阶段;明清时期——民本思想进入总结论证和理论升华阶段;近现代时期——民本思想成为嫁接西方民主思想的母体阶段。[②] 具体而言,中国古代民本观念的基本内涵有以下几个方面。

第一,立君为民。立君为民是中华民族政治智慧的结晶,其观念源远流长,反映了中国古代政治文明的价值取向。《尚书·泰誓》中天为民作君、作师的思想——"天佑下民,作之君,作之师……同力,度德;同德,度义"[③],是"立君为民"的较早表达。荀子明确提出"立君为民"的命题:"天之生民,非为君也;天之立君,以为民也。"[④]可以说,"立君为民"是为君权的获得、保有和行使确立必要的原则和规范,因为它从政治哲学的高度确立了民众在政治生活中的地位,即社稷、国家与君主的存在之合法性在于保民、养民。因而,保民、养民是君主的天职,是君主得以居其位的必要条件。

从逻辑上说,"立君为民"以及君德与天德的贯通,必然生成"为政以德"的价值取向。"为政以德"主要关涉政治生活的两个层面:一是为政者自身的道德修养和道德品格;二是道德教化在管理民众中的定位和作用。对君主而言,前者是修身问题,后者是治世问题。孔子在殷周以来德治思想的基础上系统阐发

---

① 《尚书》,中华书局2012年版,第369页。

② 参见迟汗青:《传统民本思想源流考评》,《北方论丛》1995年第3期。

③ 《尚书》,中华书局2012年版,第431页。

④ 《荀子》,中华书局2011年版,第487页。

“为政以德”的价值诉求：“为政以德，譬如北辰，居其所而众星共之。”[①]孟子进一步将孔子的德治观念阐发为“仁政”思想，自此奠定了中国传统政治价值和政治文化的基调。明末清初，启蒙思想家黄宗羲批判君主专制的依据就是“立君为民”的立君之道。他在《明夷待访录·原君》中描述了君主统治历史地产生及其蜕变的过程，即君主从谋天下之公利到谋一己之私利的转变，因而提出反对君主专制的启蒙思想。黄宗羲认为，君主产生之前是一个混乱和无序的时期：“有生之初，人各自私也，人各自利也，天下有公利而莫或兴之，有公害而莫或除之。”君主的产生就是要克服这种混乱和无序，君主恪守谋天下公利之职责，即“天下为主，君为客”，“凡君所毕世经营者，为天下也”。后来，君主违背“立君为民”的立君之道，一心谋私，遂成为“天下之大害”。黄宗羲的启蒙思想蕴含着向近代民主思想转变的可能，但时代的局限性终究没有使其实现这种转变。

第二，民惟邦本。民惟邦本的观念发端于对国家、君主、臣民之间相互依存、相互制约关系的朴素认识，完成于对国家与人民、君主与民众、官僚与庶民等各种政治关系的全面认识和理论论证。这里，“民”是一个与“天”和“君”相对的概念，指各个历史时期的被统治者即民众。《尚书·夏书·五子之歌》开宗明义地提出：“民为邦本，本固邦宁。”《尚书·泰誓上》表达了民心、民意与天命的贯通：“天矜于民，民之所欲，天必从之”[②]，“天视自我民视，天听自我民听”。[③]民心、民意就是“民之所欲”。由于“民之所欲”直通天命，民惟邦本就成为国家政权合法性与政治正当性的终极理由和根据。孔子、孟子特别强调民心、民意的重要性。子贡与孔子有一段对话：“子贡问政。子曰：‘足食，足兵，民信之矣。’子贡曰：‘必不得已而去，于斯三者何先？’曰：‘去兵。’子贡曰：‘必不得已而去，于斯二者何先？’曰：‘去食。自古皆有死，民无信不立。’”[④]民心在为政中的地位可见一斑。孟子则强调政在得民，得民心者得天下：“桀纣之失天下也，失其民也。失其民者，失其心也。得天下有道：得其民，斯得天下矣。得其民有道：得其心，斯得民矣。得其心有道：所欲与之聚之，所恶勿施尔也。”[⑤]而且，在权衡社稷、君主与民众的关系方面，孟子还提出“民为贵，社稷次之，君为轻”[⑥]的命题，由此把民本思想推升到更高的层次。荀子进一步认识到民与君的辩证关

---

① 《论语》，中华书局 2011 年版，第 15 页。
② 《尚书》，中华书局 2011 年版，第 431 页。
③ 《尚书》，中华书局 2012 年版，第 436 页。
④ 《论语》，中华书局 2011 年版，第 233～234 页。
⑤ 《孟子》，中华书局 2016 年版，第 155 页。
⑥ 《孟子》，中华书局 2016 年版，第 325 页。

系以及民众在政治生活中的重要作用，提出了“水则载舟，水则覆舟”的政治训谕。《荀子·王制》阐述了庶人安政与君子安位之间的辩证关系：“马骇舆则君子不安舆，庶人骇政则君子不安位。马骇舆则莫若静之，庶人骇政则莫若惠之……庶人安政，然后君子安位。”[①]《荀子·哀公》则进一步分析了庶人对于成就君主的巨大作用：“君者，舟也；庶人者，水也。水则载舟，水则覆舟。”[②]此后，这一政治训谕在刘向《说苑》《新序》、王肃《孔子家语·五仪解》、魏征《论治道疏》、吴兢《贞观政要》等典籍中被不断征引和重述，可见其分量之重。西汉时期，贾谊对先秦民本思想进行了系统阐发和论述。他说：“闻之于政也，民无不为本也。国以为本，君以为本，吏以为本。故国以民为安危，君以民为威侮，吏以民为贵贱，此之谓民无不为本也。”[③]本即根本，民众是事关国家安危、君主威侮以及官吏贵贱的决定性因素。又说：“闻之于政也，民无不为命也。国以为命，君以为命，吏以为命。故国以民为存亡，君以民为盲明，吏以民为贤不肖，此之谓民无不为命也。”[④]命即生命、运数，民众是衡量政权存亡、君主与官吏贤能与否的终极尺度。贾谊还从“力”的角度阐发了民意的不可违拗：“闻之于政也，民无不为力也。故国以为力，君以为力，吏以为力。故夫战之胜也，民欲胜也；攻之得也，民欲得也；守之存也，民欲存也。故率民而守，而民不欲存，则莫能以存矣；故率民而攻，民不欲得，则莫能以得矣；故率民而战，民不欲胜，则莫能以胜矣。故其民之为其上也，接敌而喜，进而不可止，敌人必骇，战由此胜也。夫民之于其上也，接而惧，必走去，战由此败也。故夫灾与福也，非粹在天也，又在士民也。呜呼，戒之！戒之！夫士民之志，不可不要也。呜呼，戒之！戒之！”[⑤]后世关于民本观念和民本思想的阐发，鲜有出其右者。可以说，贾谊对民本思想的阐发达到了空前的高度。

在建设中国特色社会主义民主进程中，传统民本观念无疑是不可忽视的思想资源，因为政治的德性之维是评判政治合法性与正当性的永恒尺度。但是，必须摒弃传统民本观念中的错误观念。

中国特色社会主义民主必须合理吸收西方近代民主观念的精华。作为启蒙运动的产物，西方近代民主观念的基本前提是个人自由、权利平等。个人自

① 《荀子》，中华书局 2011 年版，第 118 页。
② 《荀子》，中华书局 2011 年版，第 118 页。
③ （汉）贾谊撰，阎振益等校注：《新书校注》，中华书局 2000 年版，第 338 页。
④ （汉）贾谊撰，阎振益等校注：《新书校注》，中华书局 2000 年版，第 338 页。
⑤ （汉）贾谊撰，阎振益等校注：《新书校注》，中华书局 2000 年版，第 338～339 页。

由就是“做法律所许可的一切事情的权利”[①]。权利平等就是“法律面前人人平等”。《独立宣言》堪称西方近代民主观念的经典体现：“我们认为以下真理是不言而喻的：人人生而平等，造物主赋予他们某些不可转让的权利，其中包括生命权、自由权以及追求幸福的权利。为了保障这些权利，人们建立起其正当权力来自被管理者同意的政府；任何政府形式，一旦破坏这些目标，人民就有权利去改变它或废除它。”[②]总体而言，西方近代民主观念的内涵主要有以下几个方面。

第一，人民主权。人民主权也称主权在民，是指主权来自人民、人民掌握主权、主权服务人民，即主权的起源、主体和归属都是人民，政府或国家权力的合法性来自人民。洛克和卢梭是人民主权思想的主要倡导者和阐释者。在洛克和卢梭那里，人民主权其实是作为一种价值选择来给出政府起源合法性和政治权力正当性的根据。洛克认为：“无论是谁，只要他举不出正当理由来设想，世界上的一切政府都只是强力和暴力的产物，人们生活在一起乃是服从弱肉强食的野兽的法则，而不是服从其他法则，从而奠定了永久混乱、祸患、暴动、骚扰和叛乱的基础，他就必须……寻求另一种关于政府产生、关于政治权力的起源和关于用来安排和明确谁享有这种权力的方法的说法。”[③]洛克运用自然权利论和社会契约论来论证政府的起源与合法性：人们根据自然法来维护自身权利不受侵害时，难免产生偏私和暴力，克服这种情况的最好办法是将制裁和惩罚侵害者的权力交给公众的联合体，即公民政府。洛克明确规定了公民政府的权力职责和范围：“政治权力就是为了规定和保护私有财产而制定法律的权利，判处死刑和一切较轻处分的权利，以及使用共同体的力量来执行这些法律和保卫国家不受外来侵犯的权利；而这一切都是为了公众福利。”[④]洛克详细讨论了政府解体的各种原因，特别是诸种可能的内在原因，即当政府辜负和背弃它所受的委托，不能有效地保护甚而侵犯每个社会成员的权利时，人民有权行使最高权力来建立一个新的政府，以新的立法机关重新为自己谋求安全。卢梭是人民主权说的集大成者。在卢梭看来，人民主权的目的是“要寻找出一种结合的形式，使它以全部共同的力量来维护和保障每个结合者的人身和财富，并且由于这一结合而使得每一个与全体相联合的个人又只不过是在服从其本人，并且仍然像以往一样地自由”。[⑤] 因而，人民主权来自每个结合者及其自身的一切权利的全部

① [法]孟德斯鸠：《论法的精神》上卷，许明龙译，商务印书馆 2012 年版，第 184 页。

② 参见[美]加里·沃塞曼：《美国政治基础》，陆震纶等译，中国社会科学出版社 1994 年版，第 221 页。

③ [英]洛克：《政府论》(下篇)，叶启芳等译，商务印书馆 1964 年版，第 2 页。

④ [英]洛克：《政府论》(下篇)，叶启芳等译，商务印书馆 1964 年版，第 2 页。

⑤ [法]卢梭：《社会契约论》，何兆武译，商务印书馆 1980 年版，第 19 页。

转让，即每个人都以其自身及其全部的力量共同置于公意的最高指导之下。这样，人类由于社会契约而丧失的乃是他的天然的自由及其权利，而他获得的乃是社会的自由及其权利。人民主权就是公意的运用，卢梭将人民主权置于无限的、绝对的、不可转让和不可分割的地位，因为公意永远是公正的，并且永远以公共利益为依归，因此体现公益的主权也永远是正确的。

第二，代议制政府。代议制民主是指由选举产生的代表民意的国家机关来行使国家权力的制度形式，是人民主权原则和个人自由原则的贯彻和实施形式。洛克的个人权利论、分权理论以及议会主权论，奠定了代议制民主的理论基础。洛克强调："人的自然自由，就是不受人间任何上级权力的约束，不处在人们的意志或立法权之下，只以自然法作为他的准绳。处在社会中的人的自由，就是除经人们同意在国家内所建立的立法权以外，不受其他任何立法权的支配；除了立法机关根据对它的委托所制定的法律以外，不受任何意志的统辖或任何法律的约束。"①这种基于自然法原则的个人权利论无疑奠定了代议制民主的价值根基。许多启蒙思想家倾向于认为代议制政府是理想中最好的政府形式。其中，密尔的论述堪称经典。密尔认为，只有当代议制成功地保证了政府的行动确实是按照人民的愿望和需要办事时，我们才有理由称之为代议制民主。在密尔看来，"能够充分满足社会所有要求的唯一政府是全体人民参加的政府；任何参加，即使是参加最小的公共职务也是有益的；这种参加的范围大小应到处和社会一般进步程度所允许的范围一样；只有容许所有的人在国家主权中都有一份才是终究可以想望的"②。密尔指出，适合特定国家的政府形式是服从选择的，秩序与进步仅是好的政府的必要条件，促成社会中人们的美德和智慧才是好政府的第一要素。因而，对于任何一套政治制度所能有的优点的双重区分的基础由两部分组成，一部分由政治制度促进社会普遍的精神上的进步的程度所构成，包括才智、美德，以及实际活动和效率方面的进步；另一部分由它将现有道德的、智力的和积极的价值组织起来，以便对公共事务发挥最大效果所达到的完善程度构成。"评价一个政府的好坏，应该根据它对人们的行动，根据它对事情所采取的行动，根据它怎样训练公民，以及如何对待公民，根据它倾向于促使人民进步或是使人民堕落，以及它为人民和依靠人民所做工作的好坏。政府既是对人类精神起作用的巨大力量，又是为了公共事务的一套有组织的安排。"③基于这种认识，密尔认为理想上最好的政府形式就是主权或作为最

① [英]洛克：《政府论》(下篇)，叶启芳等译，商务印书馆1964年版，第15页。
② [英]J.S.密尔：《代议制政府》，汪瑄译，商务印书馆1982年版，第55页。
③ [英]J. S. 密尔：《代议制政府》，汪瑄译，商务印书馆1982年版，第29页。

后手段的最高支配权力属于社会整个集体的那种政府。在这种政府形式中，公民不仅对最终的主权的行使有发言权，而且至少是有时被要求实际上参加政府，亲自担任某种地方的或一般的公共职务。这些目标正是代议制政府所追求的，并且在代议制政府中得到了最大限度的实现，这一点甚至是直接民主制也无法企及的。

我国的人民代表大会制度是按照民主集中制原则，由选民直接或间接选举代表组成人民代表大会作为国家权力机关，统一管理国家事务的政治制度。以人民代表大会为基石的人民代表大会制度是我国的根本政治制度。人民代表大会制度作为现代代议制民主的一种形式，可以批判性地借鉴西方近代代议制民主的核心价值与指导原则，以期更好地发挥人民当家作主的人民主权原则。

第三，权力的分立与制衡。作为代议制政府基础的最具近代意义的三权分立学说，主要体现在洛克和孟德斯鸠的启蒙思想中。

洛克认为，国家起源于社会契约，即人们的自愿结合和人们自由地选择统治者和政府形式的相互协议。人们之间结合的条件是必须让渡个人关于生命、自由、财产等自然权利。在洛克那里，国家权力有三种：立法权、行政权和对外权。立法权和行政权起源于国家为保护个体的自然权利而对侵犯个体权利者进行惩罚的需要。对外权起源于国家处理自身与其他一切国家或这个社会以外的人们关系的需要，包括战争与和平、联合与联盟以及同国外的一切人士和社会进行一切事务的权力。立法权、行政权与对外权并不是平行的，其中立法权高于行政权和对外权，处于支配地位，其余一切权力都从属于立法权。洛克一再强调："立法权不仅是国家的最高权力，而且当共同体一旦把它交给某些人时，它便是神圣的和不可变更的……立法权，不论属于一个人或较多的人，不论经常或定期存在，是每一个国家中的最高权力。"[①]立法权之所以是最高权力，是因为"如果没有这个最高权力，法律就不能具有其成为法律所绝对必需的条件，即社会的同意"[②]。同时，洛克也指出，作为最高权力的立法权只是为了某种目的而行使的一种受委托的权力，一旦"人民发现立法行为与他们的委托相抵触时，人民仍然享有最高的权力来罢免或更换立法机关"[③]。也就是说，社会始终保留着一种最高权力，以保卫自己不受任何团体即使是立法机关的攻击和谋算。

洛克主张立法权与行政权分立，"如果同一批人同时拥有制定和执行法律的权力，这就会给人们的弱点以绝大诱惑，使他们动辄要攫取权力，借以使他们

---

① [英]洛克：《政府论》(下篇)，叶启芳等译，商务印书馆1964年版，第83～84页。

② [英]洛克：《政府论》(下篇)，叶启芳等译，商务印书馆1964年版，第83页。

③ [英]洛克：《政府论》(下篇)，叶启芳等译，商务印书馆1964年版，第94页。

自己免于服从他们自己所制定的法律,并且在制定和执行法律时,使法律适合于他们自己的私人利益"[①]。这就违反了社会和政府的目的。在洛克看来,行政权和对外权本身虽然是有区别的,但它们几乎总是联合在一起。这是由于行政权和对外权的行使总是需要动用社会的力量。而把国家的力量交给不同且互不隶属的人们不仅是不现实的,而且迟早会导致纷乱和灾祸。

孟德斯鸠认为,立法权属于议会,由全体人民掌握,人民选出他们的代表来执行立法权;执行权应该掌握在君主手中,以便快速处理行政事务;司法权由法院掌握。为了防止权力的滥用,孟德斯鸠提出以权力制止权力,即三权分立、互相制约。首先是立法机关内部贵族院和众议院之间的权力制约,其次是立法权和执行权的相互制衡:行政机构拥有制止立法机构越轨图谋的权力,但立法机构却不对等地拥有钳制行政机构的权力。虽然如此,立法机关却有权审查它所制定的法律的执行情况。一般而言,司法权不应与立法权的任何部分相结合,但三种情况可以不受此限。最后,孟德斯鸠不无自豪地说道:"这就是我们所说的英格兰的基本政治体制,立法机构由两部分组成,这两部分彼此以否决权相互制约,又同受行政机构的约束,而行政机构则受立法机构的约束。"[②]

西方近代启蒙语境中的人民主权、代议制政府和三权分立学说反映了欧洲早期资产阶级的政治经济要求,其根本目的是维护资产阶级的利益。社会主义核心价值观中的民主只能是社会主义民主,邓小平指出:"中国人民今天需要的民主,只能是社会主义民主或称人民民主,而不是资产阶级的个人主义的民主。人民的民主同对敌人的专政分不开,同民主基础上的集中也分不开。我们实行的是民主集中制,这就是民主基础上的集中和集中指导下的民主相结合。民主集中制是社会主义制度的一个不可分的组成部分。"[③]人民代表大会制度以其特有的内容和形式体现了人民主权和代议制政府的原则和精神,但与西方启蒙语境中的人民主权和代议制政府相比,有着迥然不同的价值追求。而且,我国社会主义民主也极为强调对权力的制约和监督,这是由我国的具体历史条件决定的。尽管如此,中国特色社会主义民主的发展和完善仍然可以吸收与借鉴西方近代人民主权、代议制政府和三权分立的思想精华和历史经验。

四、礼制与平等

儒家礼制观念的内涵极为丰富,这里所论主要涉及其政治哲学的层面,即

① [英]洛克:《政府论》(下篇),叶启芳等译,商务印书馆1964年版,第91页。

② [法]孟德斯鸠:《论法的精神》上卷,许明龙译,商务印书馆2012年版,第194页。

③ 《邓小平文选》第2卷,人民出版社1994年版,第175页。

上下等级、长幼尊贵的伦理政治秩序意义上的礼制："夫礼者，所以定亲疏，决嫌疑、别同异、明是非也。"[①]"礼"辨别的就是人与人之间的尊卑、贵贱、长幼、亲疏这些社会关系的种种不同。作为伦理政治之等级制度的礼制，最晚在春秋时期就已形成。晋国卿大夫随武子向往的理想社会是："君子小人，物有服章，贵有常尊，贱有等威，礼不逆矣。"[②]楚国大夫申叔时将礼列入太子教育的内容，并指出明礼与明等级的关系："教之'礼'，使知上下之则"，"明等级以导之礼"。[③] 在此，礼具有规范等差的含义。春秋时期，"礼崩乐坏"的现实迫切要求新的统治秩序的重建，孔子总结历史规律，自觉地担负起"复礼"的历史使命。他认为"礼崩乐坏"恰恰是人们背叛礼制传统的结果。因而，孔子援仁入礼，一方面为礼制重建奠定牢靠的信仰根基，从而使礼的践行变成自律和自觉："人而不仁，如礼何？人而不仁，如乐何？"[④]另一方面，孔子又秉承"有所损益"的原则来继承和捍卫殷周以来的礼制传统："天下有道，则礼乐征伐自天子出；天下无道，则礼乐征伐自诸侯出……天下有道，则政不在大夫。天下有道，则庶人不议。"[⑤] 礼制的价值诉求最终要落实在社会的和谐有序中，即"礼之用，和为贵，先王之道，斯为美"[⑥]。

荀子则较为系统地论述了礼的起源及其意义。荀子认为，礼作为一种规范，起源于解决人的无限欲望与满足欲望的有限资源之间的矛盾："礼起于何也？曰：人生而有欲，欲而不得则不能无求；求而无度量分界则不能不争。争则乱，乱则穷。先王恶其乱也，故制礼义以分之，以养人之欲、给人之求。使欲必不穷乎物，物必不屈于欲，两者相持而长。是礼之所起也。"[⑦]在荀子看来，礼在"上事天，下事地，尊先祖而隆君师"[⑧]的过程中彰显了人生的神圣与庄严。基于现实中个人身份与地位的不同，礼的实质就是规定合乎人道的政治秩序，即"贵贱有等，长幼有差，贫富轻重皆有称者也"[⑨]。礼的仪式性、表演性和象征性品格意味着礼的"文理"和"情用"之间存在一种张力。荀子认为："礼者，以财物为用，以贵贱为文，以多少为异，以隆杀为要。文理繁，情用省，是礼之隆也；文理

---

① 《礼记》，中华书局 2017 年版，第 4 页。

② 《四书五经》(上)，岳麓书社 2002 年版，第 872 页。

③ 《国语》，中华书局 2013 年版，第 585、586 页。

④ 《论语》，中华书局 2011 年版，第 33 页。

⑤ 《论语》，中华书局 2015 年版，第 203 页。

⑥ 《论语》，中华书局 2015 年版，第 5～6 页。

⑦ 郭齐勇主编：《中国古典哲学名著选读》，人民出版社 2005 年版，第 235 页。

⑧ 郭齐勇主编：《中国古典哲学名著选读》，人民出版社 2005 年版，第 236 页。

⑨ 郭齐勇主编：《中国古典哲学名著选读》，人民出版社 2005 年版，第 235 页。

省，情用繁，是礼之杀也。文理情用相为内外表里，并行而杂，是礼之中流也。故君子上致其隆，下尽其杀，而中处其中。”①

先秦礼制观念奠定了中国传统礼制思想的基调。中国古代礼制固然有利于培育内敛、节制、彬彬有礼的君子品格，事实上，这种品格也的确为人的自我完善和道德自觉提供了文化支撑。但是，礼制观念维护的伦理政治之等级制度也成为中国步入现代化的巨大障碍。因而，当代中国社会主义核心价值观的构建在合理吸收礼制观念之精华的同时，也要批判地借鉴西方近代启蒙思想中的平等观念。

作为天赋人权的西方平等观念，是一种基于抽象人本学视野的价值、信仰和原则，它有力地反驳和矫正了前现代社会的等级观念。启蒙思想家卢梭一方面把平等理解为政治权利的价值诉求，从而在人们的政治结合中具体规定了平等的内涵：“平等，这个名词绝不是指权力与财富的程度应当相当；而是说，就权力而言，则它应该不能成为任何暴力，并且只有凭职位与法律才能行使；就财富而言，则没有一个公民可以富足得足以购买另一个人，也没有一个公民穷得不得不出卖自身。”②卢梭认为，现实社会中存在两种不平等：一种是自然的或生理的不平等，主要体现在年龄、身体、体力、智力以及心灵方面；另一种是精神或政治的不平等，主要体现为少数人通过损害他人利益而享有的特权。③ 在卢梭看来，第一种不平等的原因是不言而喻的。需要追问和质诘的是第二种不平等。他预设了人类生活的自然状态作为参照，以此论证人类的苦难是咎由自取。在自然状态中，人类更多地受本能的制约，简单淳朴，富于怜悯心。但是，随着自我完善能力的增强，人类的情欲逐渐膨胀，它将人类从原初状态中拖拽出来，使其远离安静而单纯的生活，变成统治自己和自然的暴君。这样一来，所有权和法律也就不可或缺。卢梭在追寻人类自我完善能力的过程中发现了人类不平等的三个阶段：“法律和私有财产权的形成是不平等的第一阶段；法官的设立是第二阶段；而第三阶段……则是合法权力向专制权力的转变。”④ 第一阶段催生贫富的差距，第二阶段造就强弱的悬殊，第三阶段产生主人与奴隶的对立。这就是《论人类不平等的起源和基础》的主旨。

既然平等是人类信仰的永恒价值和制度的伦理诉求，那么，消除不平等的

---

① 郭齐勇主编：《中国古典哲学名著选读》，人民出版社 2005 年版，第 238 页。

② [法]卢梭：《社会契约论》，何兆武译，商务印书馆 1980 年版，第 66 页。

③ 参见[法]卢梭：《论人类不平等的起源和基础》，邓冰艳译，浙江文艺出版社 2015 年版，第 27～28 页。

④ [法]卢梭：《论人类不平等的起源和基础》，邓冰艳译，浙江文艺出版社 2015 年版，第 110 页。

奴役和压迫就是人类理性不可回避的使命。卢梭给出的方案是“社会契约”，即“寻找出一种结合的形式，使它能以全部共同力量来卫护和保障每个结合者的人身和财富，并且由于这一结合而使得每一个与全体相联合的个人又只不过是在服从其本人，并且仍然像以往一样地自由”[①]。这样，对于人的权利而言，社会契约非但没有摧毁自然的平等，反而是以道德与法律的平等来代替自然造成的人与人之间身体上的不平等。

西方近代平等观在反对封建等级制度和确立资本主义制度的过程中起过非常积极的作用。马克思在《论犹太人》和《神圣家族》中详尽阐释了政治解放的历史进步性与历史局限性，指出政治解放只是完成了人的个体生活和类生活的分离，只是确立了人的市民社会和政治国家的双重生活。马克思认为，只有消灭阶级对立和阶级差别，进入无阶级社会，才能实现真正的人人平等，因而彻底消灭私有财产和异化劳动才是实现人人平等的根本途径。而这一切要以社会生产力的巨大提高和发展为前提。真正的平等建立在共同生产和每个人的需要得到充分的满足，以及每个人自由而全面的发展的基础上。目前我国应该在大力发展社会主义市场经济的基础上构建社会主义平等观，应注重形式平等和内容平等、公平与效率有机结合的原则，努力缩小贫富差距，体现机会平等，使中国社会向着更为平等的方向发展。

总之，当下中国核心价值的匮乏造成的精神生活的贫乏使社会主义核心价值观的构建刻不容缓。只有在中国特色社会主义现代化的历史实践中创造性转化与创新性发展古今中外一切人类文化的优秀成果，在此基础上方可期待一种符合时代精神和本国文化传统的社会主义核心价值观。

---

① [法]卢梭：《社会契约论》，何兆武译，商务印书馆 1980 年版，第 19 页。

第十章　借鉴中华优秀传统文化的传播方式宣传社会主义核心价值观

文化是无形的，无形的文化有赖于有形的载体进行传播。人类文化由传播而延续。从这一角度看，文化传播驱动了人类文化的产生、发展以及演变。我国古代思想学派依托不同传播载体、方式和手段，四处扩散、发布自己的主张或学说，力图建立独立的思想体系，宣扬自己的价值判断、宇宙观、人生观和认识论，其传播的方式花样繁多，为中华优秀传统文化的确立和发展创造了条件。当下，深入研究、借鉴中华优秀传统文化的传播方式宣传社会主义核心价值观，应当立足于深刻理解党的十九大报告关于坚定文化自信的精神要义，充分认识"中国特色社会主义文化，充分认识源自中华民族五千多年文明历史所孕育的中华优秀传统文化"，同时以高度的文化自觉和自信意识，努力创新和拓展社会主义核心价值观传播途径和渠道，构建符合新时代需要的大众化、立体式、全方位的社会主义核心价值观宣传系统框架，引导人们自觉接受和主动践行社会主义核心价值观。

第一节　中华传统文化的主要传播方式

任何一段社会发展历程，都是一定文化在特定区域和群体中的持续传递过程。中华传统文化之所以能于历朝历代民间广泛普及、流传并产生深刻影响，与所处时代多层次、多样化而又交互作用的文化传播模式密切相关。我国传统社会结构是以家庭为单位，实行血缘宗法制度，表现为由家庭到家族再到村落最后到社会的结构系统。这就决定了个体是沿着从家庭到学校再到社会的逻辑进路接受外界信息。社会、学校、家庭作为传统社会传递信息的主要载体，既相对独立又相互关联，从而建立立体交织的文化信息传递网络，推动传统思想文化的传播与发展。

一、传统文化之社会传播

封建社会,臣民百姓是接受教化的主体,社会是实施教化的最直接场域。自周代开始,统治者吸取商代"崇暴力、弃教化"带来的教训,开始崇德尚治,注重对臣民百姓进行社会教化。专制国度的社会教化由统治者垄断,统治者的思想往往以社会普遍价值观念的形成体现,浸染着浓厚官方色彩的社会教化内容,并且主要是由官府(政府)来推动传播。

(一)礼乐教化:传统文化的平民化、普及性传播

中国拥有五千多年文明,创造了源远流长的文化,形成了高尚的道德准则、完整的礼仪规范和优秀的传统美德,被誉为"文明古国,礼仪之邦"。由祭祀文化演变而来的礼乐文化是中国古老文化的核心。史载周公"制礼作乐"标志着礼乐的人文化和理性化的变革。开启礼乐教化功用的周王朝,将其作为治国平天下的重要手段。我国古代之"礼"包含道德规范、礼节仪式、规章制度三方面内容。《周礼·保氏》云:"养国子以道。乃教之六艺:一曰五礼,二曰六乐,三曰五射,四曰五驭,五曰六书,六曰九数。"[①]周代统治阶层不仅对贵族子弟实施"六艺"教育,对平民百姓普及社会人文化育,以敦厚社稷民风,规范社会秩序,达到上下一心。《周礼·地官·大司徒》曰:"以乡三物教万民,而宾兴之。一曰六德:知、仁、圣、义、忠、和。二曰六行:孝、友、睦、姻、任、恤。三曰六艺:礼、乐、射、御、书、数。"[②]意思是用"六德、六行、六艺"礼乐三事来陶冶百姓情操,规范百姓行为,旨在通过挖掘血缘孝亲之情,将社会质朴民风融入礼乐教化之中,以达到美育人伦、淳厚教化的目的。

儒家主张以礼乐治理天下,关于礼乐的功效,《礼记·乐记》有云:"乐由中出,礼自外作。乐由中出,故静;礼自外作,故文。大乐必易,大礼必简。乐至则无怨,礼至则不争。揖让而治天下者,礼乐之谓也。"[③]意为乐是内心发出,礼是外在表达。乐从内心发出,所以能安宁心灵,礼是外在传达,因而文质彬彬。高等的"乐"一定是平易的,隆重的"礼"必然是简朴的。乐入心灵就会消除怨恨,礼达民众则能消除争斗。圣王谦恭礼让能治理天下,正是礼乐的作用。冯友兰先生对礼、乐功用的定位是:"礼皆人之欲,乐皆人之情。盖礼乐之目的,皆在于

---

① 《周礼》,中华书局 2014 年版,第 294 页。
② 《周礼》,中华书局 2014 年版,第 229 页。
③ 《礼记》,中华书局 2017 年版,第 721 页。

使人有节而得中。”[①]《礼记》中有许多关于“礼”之于民众教化作用的论述。历史学家杨宽在《古史新探》中对《礼记·乡饮酒礼》的解释为：“这种礼很自然的，会着重于尊长和养老，因为在原始社会里国家并不存在，公共联系、社会本身、纪律以及劳动规则，全靠习惯和传统的力量来维持……”[②]起源于周代的乡饮酒礼便是一种定期推行于乡里，由乡官召集并主持的酒会仪式。统治者有意识地将乡民聚会欢庆、敬老、礼让、宾贤的仪式活动制度化，以此承继远古遗风，维护政治统治地位和对社会的管控，同时在礼乐活动中培养百姓礼让和敬的品质，完成对民众伦理道德的教化。

采诗制是周朝维护德礼秩序的又一文化传播制度。我国历史上第一部诗歌总集《诗经》，正是周代采诗的最重要成果。东汉晚期思想家何休在给《春秋公羊传》作注中提到周代的采诗制度，他说：朝廷养了一些人，让他们摇着木铃到民间去采集诗歌，把采集来的诗歌交给乐官进行统一归档。历史上有周公带领官员到民间采集诗歌的记载，其目的是“观风俗，知厚薄”，推行教化措施。据传，周公亲自采集周地以南的民歌，以昭告天下，培养民众高雅审美情趣。当时朝廷设立了专门的音乐机构，对统治者采集的歌诗整理发布，以此作为教导百姓的有效手段。思想认识、思维观念的意识形态化，从来离不开权力的强化。周公亲力亲为深入民间采诗，不仅对社会礼乐教化起到重大推动作用，对礼乐文化的有效传播同样也发挥了重要的引导作用。

由民间采集而来的歌谣，皆为真实反映百姓辛勤劳作的生活场景与思想情感的民生题材，内容生动鲜活，形式富有美感，如诗经《国风》之《周南》《召南》，诗作叠字、句式复沓回环，易于咏叹记诵，而且动之以情、晓之以理，主题升华，广为流传。相较于某些国学著作，《诗经》既无生涩难懂的道理，也没有板起面孔教诲人的姿态，而是宛若铺展开一幅幅浓墨重彩的民俗图，吟诵一首首情深意切的民风歌谣，讲述一段段风趣动人的民间故事。《诗经》不仅是美的教化载体，而且其本身也具有化育之美。这种百姓喜闻乐见的歌诗，无疑强化了社会人文美育功能，对传统思想文化的民间流传发挥了举足轻重的作用。

在“礼崩乐坏”的春秋战国时期，儒家学派在继承礼乐教化传统基础上做出更为深入的理论阐发，尤其针对道德伦理教化和个体人格修养，大量说理和举证，并通过礼教、乐教、诗教方式向社会传达，如若《礼记·经解》中孔子曰：“入其国，其教可知也。其为人也，温柔、敦厚，《诗》教也；疏通、知远，《书》教也；广

① 冯友兰：《中国哲学史》，华东师范大学出版社 2011 年版，第 196 页。

② 杨宽：《古史新探》，中华书局 1965 年版，第 291 页。

博、易良,《乐》教也;洁静、精微,《易》教也;恭俭、庄敬,《礼》教也;属辞、比事,《春秋》教也。"[①]孔子分门别类、出神入化地阐明了《诗经》《尚书》《礼记》《周易》《春秋》儒家典籍的功效与作用,并以此作为识别一个地区由文教思想营造的社会风气之标准。在孔子看来,人性修养、人格完善的过程在于"兴于诗、立于礼、成于乐",诗、礼、乐乃圣人之学的基本修养和孔门弟子的共同学科,即修身当先学诗,以礼立身,最终由乐而成性,在乐的陶冶下完成健全的人性修养。在这里,诗教、礼教、乐教成为人文道德劝化的重要路径。基于此,可明显感知到儒家对承载德化思想的礼乐文化的传播和扩散的希冀。

汉武帝吸取前世王朝兴衰教训,从社会教育角度出发,提出重建人伦道德的主张,其中就包括以诗乐为主要载体的审美教育。董仲舒应和汉武帝,上著名的《举贤良对策》,指出:"道者,所繇适于治之路也,仁义礼乐皆其具也。故圣王已没,而子孙长久安宁数百岁,此皆礼乐教化之功也。"[②]董仲舒认为,所谓"道",乃由此适宜治理国家的道路,"仁义礼乐"都是寻道的工具。虽然圣明的君王死去,可他的子孙还能长久统治,安宁数百年,这都是礼乐教化的功效。进而认为:"乐者,所以变民风,化民俗也;其变民也易,其化人也著。故声发于和而本于情,接于肌肤,臧于骨髓。故王道虽微缺,而筦弦之声未衰也。夫虞氏之不为政久矣,然而乐颂遗风犹有存者,是以孔子在齐而闻韶也。"[③]意思是说,音乐是用来改变民风、感化民俗的;音乐易于改变民风,对于感化人民也有显著功效。因此,乐的声音是从和谐的气氛中发出,依据于感情,触及肌肤,深入骨髓,所以王道虽然衰微,管弦之声却依然流传。虞舜很久不为政治,可是流传下来的乐颂还依旧存在,这就是孔子为何在齐国能听到"韶乐"。在董仲舒看来,音乐与诗歌都是先王之道,以社会为场所,用乐教来化民,是一种最直接、最易行的教导百姓的手段。汉武帝采纳董仲舒"设五经博士、行礼乐、立太学"的建议,设立了乐府机构,实施了相应的社会教化的举措。《汉书·礼乐志》提到:"……乃立乐府,采诗夜诵,有赵、代、秦、楚之讴。以李延年为协律都尉,多举司马相如等数十人造为诗赋,略论律吕,以合八音之调,作十九章之歌。"[④]由此来看,乐府具有完备的采集民歌、制作新乐的功能。帝王在各种社会活动中,通过乐府制作与改编的音乐宣传礼教,风化天下,的确达到了"经夫妇、成孝敬、厚人伦、美教化、移风俗"的目的。

---

① 《礼记》,中华书局 2017 年版,第 951 页。

② 《汉书》,中华书局 1962 年版,第 2499 页。

③ 《汉书》,中华书局 1962 年版,第 2499 页。

④ 《汉书》,中华书局 1962 年版,第 1045 页。

(二)科举制度:为巩固封建统治秩序、传播社会文化提供人才保证

始于隋、兴于唐宋、完备于明清、终结于清末的科举制度,是中国封建社会通过考试选拔官吏的一种重要的教育制度和文化制度,历经1300余年,对传统文化的传播产生了深远意义。

南北朝后期,以“门第”为首要条件的“九品中正制”暴露出许多弊端。隋朝废除九品中正制,改为实行以朝廷开科考试的方法选拔官吏,科举制度肇始。唐承隋制,科举制度进一步完善。唐代科举分常科和制科两种,常科每年举行,所设科目有秀才、明经、进士等,达50余种;制科由皇帝钦定开考时间和科目。唐代科举考试内容及程序繁杂、难度大,尤其针对汉代创立的“策问”一项考试,唐初改为进士考试的“时务策”五条,内容多涉及政治、经济、军事、文化等国家治理方方面面的问题,要求考生深入社会、观察思考、提出解决对策,显然提高了对读书人综合素质能力的要求。尽管不同朝代科举考试内容及机制有所不同,但一直保持着高度的标准性和严肃性。如唐玄宗以后,朝廷规定诗赋为必考内容,“要求考生具有相当丰富的历史文化知识、语言表达能力、形象思维能力、审美感受能力”①。这是对考生提出的文科基本功要求,无形中推动了历史文化的传播。

经历宋朝对科举制度从内容到形式的革新,明清时期科举制度已十分严密和周备。从整体发展演变历程看,科举制度对社会的积极影响大于消极影响。一是以分科考试形式录用人才,不论考生出身贵贱,而且是公开考试、公平竞争、平等择优,具有一定的公正性和法定性,深得民心。二是“学而优则仕”的人才提拔标准,对广大学子具有极强的吸引力;严密的考试制度,促进了学校、家庭对学生乃至儿童教育的规范化,形成了读书求学的良好社会风气,推动了学校教育的发展。三是科举考试以儒家经学为主要内容,读书人需要熟知并掌握四书五经,对以儒家思想为核心的传统思想文化的普及无疑起到助推作用。四是科举制度为统治阶级选拔了许多卓越人才,唐宋时期著名的文学家、哲学家无一不经科举制度的锻造。因而,科举制度为巩固统治秩序、遵循核心价值观、传播传统文化提供了人才保障。在此意义上讲,科举制度可谓统治阶级推进传统文化传承、演化、发展、传播的有效方式。

按照“选贤任能”的原则选用官吏的机制,起源于春秋战国时期,汉代便形成了以察举制为主的官吏选拔制度(隋朝的科举制由察举制演变而来)。经多

---

① 陈江风主编:《中国文化概论》,南京大学出版社2002年版,第334～335页。

重考察,将孝廉、茂才推荐给朝廷的察举制,为中央和地方官府提供了为数不少品质优良的官吏。"循吏"就是其中一种。顾名思义,"循吏"为守法循理的官吏,通俗地讲就是"好官"。汉代循吏的代表人物有文翁、儿宽、韩延寿等,"他们的执政手段是依靠对民众施行教化,教化是启发民智,注重从文化上对当地的政治经济进行治理"。[①] 余英时先生指出:"循吏是士的一环,其影响主要是在文化方面;这种潜移默化的效用也不是短期内所能得见的。循吏在表面上是'吏',在实质上则是大传统的传播人。这是中国文化的独特产品。"[②]从汉代"循吏"可以管窥"士"对我国文化传播的贡献。总体上看,经过考试制度选拔出来的"士",是传统社会创造、解释、传承文化知识的阶层,他们的出现形成了新的文化导向,营造了更加浓厚的社会文化氛围。同时,传统社会以文官为核心的官僚体制,势必发挥推动学术文化和人文教育发展的作用,有力促进传统文化特别是儒家思想在社会各个层面的广泛传播,从而达到调节社会矛盾、维护社会稳定和国家统一的目的。

(三)社会习俗:文化生命基因群体性代代相传之链环

从文化传播学角度看,广义的文化传递并非囿于特定空间和特定条件,礼仪的依照、制度的遵从、知识的累积、行为的模仿以及习俗的养成等,皆构成文化习得与传承的链环。"在人类文化尚未发展到学校教育之前,民众正是通过民俗文化来增加知识、规范思想行为、维护社会秩序的。"[③]传统社会,"民俗就是一把尺子,每一个人从孩提时代起,就以这把尺子来衡量自己的行为和思想,作为自己模仿的对象,进而不断地学习、理解和实践"[④]。可以说,传统文化的承接、社会文化的传播,有赖于散落民间的习俗风尚,通过社会化、群体性传习而世代延续。

1.社会习俗的分类及其主要习俗事项

习俗,顾名思义,是习惯和风俗。它是经过劳动人民创造并由个人或者集体传承下来的传统、风尚、礼节和习性。习俗又称风俗,《汉书》曰:"上之所化为风,下之所化为俗。"意思是说,自上而下的教化称作"风",下层百姓自我教化、相因相习谓之"俗"。习俗蕴含的自我教化、约束机制和民众自发承袭的传习机制,彰显了其内在社会性、群体性和传承性的特征。除此之外,习俗还鲜明地具

---

① 金元浦主编:《中国文化概论》,中国人民大学出版社2012年版,第300页。

② 余英时:《士与中国文化》,上海人民出版社2003年版,第182页。

③ 任者春、郭玉峰主编:《社会主义核心价值观践行论》,山东人民出版社2015年版,第380页。

④ 罗曲:《民俗学概论》,中国社会科学出版社2010年版,第27页。

有文化意识与生活特征交融的双重特征。它一头系着社会意识形态，一头连着百姓日常社会生活和具象的民间文化，占据了社会文化体系中的独特地位。习俗是我国传统文化的重要组成部分，“它以文化意识的内涵与生活方式的外表，合二为一地在人类历史长河中流传和变迁”[①]。端午节有赛龙舟、吃粽子、吃腌蛋、采百药、佩香囊、插艾叶等风俗，同时包含一定的宗教信仰和缅怀屈原的文化意识。再如，元宵节，有吃元宵、观花灯、送灯、走百病、逐鼠、耍龙灯等习俗，也隐含着百姓防病除疫、祈愿平安圆满的文化理念。

我国各民族、各地区的社会习俗主要体现在风俗习惯、宗教信仰和民间艺术中。风俗习惯包括礼仪习俗、岁时节日习俗、饮食习俗、服饰习俗、居住习俗、交通习俗、商业习俗、游娱习俗等内容；宗教信仰主要有民间信仰、禁忌习俗、宗嗣家族礼俗等内容；民间艺术形态则包括民间音乐舞蹈、民间美术、民间手工艺、民间杂技绝活、民间说唱等门类。关于风俗习惯，这里以与自然现象变化、农业生产生活密切关联而产生的禁忌、占卜、祭祀、庆祝活动——岁时节日习俗为例予以说明。我国岁时节日习俗主要来源有三：一是农事祭祀节日习俗；二是宗教节日习俗；三是民族传统节日习俗。[②] 这三者相互渗透、影响，逐渐形成固定的习俗，如与历法节气有关的“立春”“冬至”，与禁忌迷信有关的“除夕”(旧意这一天要防止恶鬼进门)，祭祀先人的“清明节”“中元节”“寒衣节”等，多神信仰的“二月二龙抬头”“七夕节”等。这些风俗习惯，让各族人民对中华农耕文明和传统文化留下永久记忆。这本身就是一种效果显著的文化传播方式。

民间艺术包罗万象，这里以民间说唱艺术为例。民间说唱是广大劳动人民创作的、以说唱形式表演故事或塑造人物形象的文学作品或文娱活动。它具有的口头创作和口头流传特性，十分便于民间艺术在社会流行和传播，使民间说唱艺术经久不衰且人人喜爱。民间说唱艺术一般分为四类，即以说为主的评书、快板、相声和以唱为主的鼓曲。评书一般采用方言，以散文叙述形式的演说方式谈古论今。评书蓝本多以朝代更迭、英雄征战和侠肝义胆类故事为主，情节跌宕起伏，引人入胜，深受百姓喜爱，后世多被改编加工成小说，如《西游记》《水浒传》《三国演义》等，流传至今。快板也叫“数来宝”，经久流传的是山东快书《武松打虎》。相声是说唱艺术中最受欢迎的，它始于明清，盛于当代，源于华北，流行于京津冀，普及于全国各地及海内外。相声题材广泛，既揭示鞭挞腐朽丑陋，亦赞颂弘扬真善美，亦庄亦谐、风趣幽默，让人们在笑声中受到教育和启

---

① 陈江风主编：《中国文化概论》，南京大学出版社 2002 年版，第 239 页。

② 参见王衍军编著：《中国民俗文化》，暨南大学出版社 2008 年版，第 234 页。

迪。鼓曲在清代盛极一时，艺人层出不穷，曲种数以百计，有山东大鼓、京韵大鼓、西河大鼓、梅花大鼓、温州大鼓、湖北大鼓等，还有又说又唱又舞的东北二人转、安徽的凤阳花鼓等，唱词精美洗练，表演生动活泼，而流行于苏州、扬州的南方民间曲艺"弹词"，语调温婉、曲调柔和，富有艺术感染力。鼓曲内容一般来自地方名人轶事、神话传说、民间故事等，深受底层民众的欢迎和喜爱。

2.习俗文化的文化传播效能

作为人类文化现象之一的社会习俗，是在满足民众群体性、多方面、多层次需求下产生发展起来的。广泛的社会基础以及世代传承沿袭，使习俗文化以独特的魅力和社会功能，发挥着极大的文化传播效能。

一是由文化认同功能带来的文化传播。一个地区的风俗习惯会以约定俗成的力量约束社会成员的行为习惯和生活方式，而习惯性的共同遵守，经过积淀便在认知模式、价值取向、行为方式等方面构成某些共性，这些共性可谓初步的、自然的文化认同。文化认同一方面能够产生凝聚力和向心力，另一方面有利于本地区文化风尚的传播与辐射，使其产生更大范围的影响。

二是由感化教育功能形成的文化传播。社会习俗几乎"处处存在、事事存在"，具体到个体身上，从伴随着诞生礼来到世界，在劳动生活过程中被衣食住行习俗引导着规范言行、明辨是非，提高认知能力，再由丧葬礼送离人间，习俗的教育感化作用贯穿人的一生，或者说，人在社会习俗中成长并自觉不自觉地传播着本民族传统文化。

三是由道德规范功能产生的文化传播。习俗作为一种民族或地区群体的共有习惯，规范制约着社会成员的日常行为。这种规范制约虽不像法律具有强制性，但也以一种软约束性即道德约束力量促使人们共同遵守同一价值标准。这种遵循依靠内心信念和社会舆论来维护，由自律变为他律，调节着人与人、人与社会之间的关系。

四是由审美愉悦功能酿就的文化传播。习俗以参与性强、简便易学的特性受到民众普遍热爱，为习俗发挥娱乐审美教化功能提供了广泛的群众基础。同时，习俗文化（如民间手工艺、建筑习俗、服饰习俗等）的许多内容含有审美思维，起着怡情作用，人们在欣赏、参与习俗文化的过程中，尽可以感受民族传统文化的魅力，在赏心悦目中陶冶性情、培育情操。

五是由传播交流功能驱动的文化传播。一个地域（民族）的习俗会随着与外界的交往而扩散，多元习俗文化相互碰撞、交融吸收，最终实现了新民俗的发展演变。中华民族精神是在尊重各民族性情禀赋、生活习俗和风土人情以及承认文化的差异性、多样性基础上凝结而成的，是人类文化发展与传播的根本动力。地域文化的差异更多的体现于习俗风尚，人们通过不同习俗的交流与沟通，驱动着思想文化的传播，从而实现各民族同心共建和谐美好精神家园的愿景。

(四)文学艺术:在追求真善美的审美过程中完成文以载道的使命

作为一种社会艺术形态，文学艺术再现了人类的审美活动和审美意趣。中国古代文学艺术是中国传统文化的最主要标志和集中体现。历史悠久、种类繁多的文化样式及艺术门类，不仅体现了各民族文学艺术的精神风貌和斐然成就，还显现了对我国传统文化思想的良好吸收和灵活运用。在我国独具特色的审美形态与审美境界下，古代文学艺术对传统文化精神和美学思想做了很好的诠释。

1.古代文学

我国古代文学历史悠久、代有高峰、杰作频现、名家辈出。广义上的传统文学，是指古往今来所有文学作品和文学创作。其基本样式大致分为诗歌、散文、小说、戏曲等。有文字记载以来，我国文学体裁发展状况可划为两个时期。一个是先秦到隋唐时期，古代文学由起步进入独立自觉的发展阶段。这一时期文学逐渐从宗教、史学、哲学中分离出来，产生了诗歌、散文等体裁。其中，诗词以《诗经》《离骚》为两大源头著称于世，开创了中国古典诗歌以抒发真情实感为主的创作手法，形成了写实与浪漫两种写作风格，将诗歌表达的高潮推延至唐代。散文有先秦散文和诸子散文两类，皆以文句精粹奠定了后世文学的基础和格调，司马迁的《史记》以无人企及的高峰，使汉代散文光辉夺目，之后散文一度骈化，到了唐末才又再度辉煌。另一个是宋元至明清时期，这一时期古代文学体裁呈多样化发展态势，小说、戏曲较为繁荣，宋词历经两宋极盛后式微并逐渐转变为曲，唐诗、宋词、元曲并占鳌头可谓中国古代文学史上的奇观；在唐代传奇基础上发展出宋元话本和明清章回小说；宋金时期，戏曲随着市井文化的勃兴走向成熟，元代迎来鼎盛，相继出现元杂剧、南戏、昆曲、传奇、京剧等文学样式。

作为传播时代之“道”的重要手段和载体，我国古代文学向来以忧国忧民、鞭挞黑暗、歌颂良善、激发良知为己任，从《诗经》到杜甫的《春望》，从文天祥的《正气歌》、岳飞的《满江红》到吴敬梓的《儒林外史》、龚自珍的《己亥杂诗》，“其间所展现的伤时讽喻、古今感怀的高度责任感和爱国情怀，是自尊、自信、自爱的中华民族精神的真实写照”①。古代文人便是在这般审美追求中，将凝聚东方

① 刘新科主编:《中国文化概论》，东北师范大学出版社2015年版，第134页。

意境和具有教化作用的文学作品打造成一部部经典之作而千古流芳。

2.古代艺术

我国古代艺术源远流长，琴棋书画、音乐舞蹈、建筑雕塑、工艺美术等交相辉映，在世界艺术殿堂里散发着独特光芒。自秦汉至隋唐，古代艺术兼收并蓄，进入繁荣发展的黄金时代，突出表现在绘画及音乐舞蹈方面，“音乐舞蹈艺术几乎贯穿整个古代社会，让不少惊世之作留存世间，如唐代的《秦王破阵》《霓裳羽衣》舞蹈、公孙大娘《剑器舞》”①等。用节奏、旋律等表达情感、传递思想、沟通心灵所到的涵养德操、陶冶性情、协调社会关系的独到作用，是其他教化方式难以替代的。“夫乐者，乐也，人情之所不能免也。乐必发于声音，形于动静，人之道也……故制《雅》、《颂》之声以道之……足以感动人之善心而已矣，不使放心，邪气得接焉。是先王立乐之方也。”②这正表明音乐具有激发向善、收敛邪恶的功能。唐中期，随着市井文化的兴起，戏曲、曲艺等艺术门类沿着传统的方向长足发展。宋元时期，表演艺术勃兴，无论是戏曲还是说唱，遍及各地城市、乡村。

被誉为人类文化宝库之瑰宝的古代书法绘画艺术，其精华之处在于与传统文化真谛灵犀相通，鲜明地反映了作者对所处时代思想文化的心灵感悟，以及由此传递出的艺术神韵和审美情趣。需要强调的是，相对于给人们带来的外在形式之美，古代艺术更注重得道安民、突出伦理性。浩如烟海、意境高远的古代艺术作品，其生命之泉来源于以儒释道为核心的传统思想文化精华。这一宝贵源泉涵养着古代文学艺术作品，令其搭载文学艺术之舟积厚流广，源远流长。

二、传统文化之学校(教育)传播

从广义文化角度看，人类创造的生产生活经验、科学知识、劳动技能等皆属于文化的范畴。而经验、知识和技能是依靠教诲、培育的教育手段来传承和扩播的。教育乃人类文化传播的重要手段，承担着精神文化的繁殖、固化、传递、交流等多向度的文化使命，由此推动着人类进化与文明发展。中华民族是重视教育的民族，悠久的历史、灿烂的文化，皆因中国传统教育发达而得以代代赓续。中国古代学校教育按性质分为官学、私学和书院，教学风格各具特色又互相补充，构成古代社会较为完善的学校教育体系，共同承担着培养人才和传播文化的神圣使命。

---

① 王锦贵主编：《中国文化史简编》，北京大学出版社 2015 年版，第 174 页。

② 《礼记》，中华书局 2017 年版，第 756 页。

(一)官办学堂:维护核心价值、传播思想文化的主阵地

官办学堂是指由中央政府或地方政府开办的学校。古代官学分为中央官学和地方官学两大类型。其中中央官学是中央直属兴办管理的学校,既有太学、国子监(学)综合类学校,也有书学、律学、算学等专科学校。地方官学是地方政府督办的学校,主要有府学、州学、县学等。官学由政府直接控制和管辖,所以在维护统治阶级核心价值、传播思想文化方面发挥着极为重要的作用,对后世文化教育产生了深远影响。

古代官学最早出现在夏商周。西周官学在办学规格上分为小学(修学7年)与大学(修学9年)。官学教学内容包括德、行、艺、仪四个主要方面,课程有礼、乐、射、御、书、数"六艺"。大学教育以礼乐为重,礼的内容极广,包括政治、伦理、礼仪等,涉及社会生活方方面面,乐则包括诗歌、音乐、舞蹈等;小学教育以书、数为重点,即文字和算法等文化教育。官学目的是培育奴隶主及贵族继承人,"使其成为有文化教养、有道德威仪、有政治军事技能的统治者"①。西周时期的官学,无论教师还是学生均为贵族,"学在官府"成为当时官学制度的典型特征,这一特征在后世官学教育体制中长期沿袭。

汉武帝独尊儒术,儒家思想上升为统治思想,经学的兴起促进了学校的发展。在首都长安创办的太学,是中国当时最高学府。太学由国家选派精通经学的学者担任教师,学生由中央选拔或地方报送。东汉建都后,又在洛阳重建太学,校舍有240间,教室达1850间,太学生最多时达3万人,如此规模的大学,出现在2世纪中叶,可谓世界教育史上一大奇观。② 太学以传授儒家经典为教学主体内容,《论语》《孝经》为公共必修课,《五经》为专业选修课。经学的兴盛促进了官学的空前发展,不仅使儒学阶层成为官僚机构的中流砥柱,而且也使儒教政策成为后世历代教育文教政策的取向。

唐宋经济的发展带动了文化教育事业的繁荣。唐代中央官学设在首都国子监,既是学校教育行政管理机构,也是级别最高的国立大学。唐代官学科目更加丰富,学校种类增多,完备的官学制度达到封建社会官学的最高水平。首先是学科类别多样,如有专修儒经的国子学、太学等,还有律学、算学、书学以及地方官学设立的医学、玄学方面的专科学校。其次是师资完备,官学教师设有博士、助教和直讲等专职,职位安排也有相应的依据。最后是学生管理严格,关

---

① 顾伟列:《中国文化通论》,华东师范大学出版社2005年版,第78页。

② 参见顾伟列:《中国文化通论》,华东师范大学出版社2005年版,第79页。

于升学、退学，考试，作息等都有完整规定。

宋代，官学制度进一步演变和发展。尽管教学门类与唐代相近，但教育改革与中央官学对人文美育的重视是宋代官学的突出特点。如王安石严格了考试制度，融合考核制与科举制，提升了学校地位，而且宽进严出的机制有利于增强学生学习的自觉性。明清时期，世界风云变幻，尽管西方国家迅速崛起、世界格局发生巨变，但我国官学文化政策和课程体系却依然笼罩在封建狭隘的立国思想之下，未能与时俱进的官学势必走向衰落。

官学作为中国古代重要的教育教学社会组织形式，以其遍布的校舍、规范的教管体系、广泛的社会影响，奠定了培育国家核心价值观念、强化核心价值认同的强大基础，引导传统社会教育探究自然科学、人文科学和知识技能的方向，对传播中华学术和中华文化发挥了至关重要的作用。

（二）私学制度：教育普及和思想文化传播的重要担当

1.私学的兴起与发展

“私学”，顾名思义，是对由私人开设的各类学校的统称。私学产生于春秋时期，历代私学受文教政策、经济状况等因素的影响，发展状况也有所不同。与主要为培养和选拔官吏的官学相比，私学教育涉及范围更加广泛，教育形式更加多样。私学在承担古代蒙养教育、社会普及教育以及思想文化艺术的传播方面做出了巨大贡献，在中国教育史上的地位和作用不可低估。

西周宗法等级制社会的动摇，打破了贵族垄断文化教育事业的局面，私学作为一种新兴的教育形式得以产生。孔子是我国历史上创办私学第一人，他创办的私学规模最大、影响深远，体现了战国时期私学的兴盛。秦始皇焚书坑儒对文化的摧残致使私学一度废弛，汉代“休养生息”的政策和“黄老之学”的文教制度让私学起死回生且日渐走强，东汉末年出现私学压倒官学的趋势。汉代以后，私学成为中国封建时代学校制度的重要组成部分。汉代私学分为两类：一类是以启蒙教育为主的书馆或学馆，书馆一般是先教学生认字，再授《孝经》《论语》，教学以口授和背诵方式为主。另一类是传授经学的经馆（又称精舍）。经馆一般由精通儒学的名家所建，鸿儒的弟子往往多达数千乃至上万人。经馆讲学已具有学术讨论与研究的性质，以董仲舒、马融等为代表的著名经学大师执掌讲坛，教学研究水平和思想传播力度不亚于太学，私学可谓中国古代教授学生、传播文化的主要途径。

南北朝时期，许多躲避战乱的儒师名宦纷纷设学授徒，促成了私学的繁荣，加上儒、释、道、玄诸家思想的并存与活跃，私学一跃成为最为兴盛且占主导地位的教育形式，不仅教学质量、学校规模及数量超过官学，类型也更趋多样化，但凡社会上存在的专业，私学均有囊括与传授。当时不少大儒做官后仍不忘授徒讲学、传经送道，这种势头一直延续到唐宋，甚而宋代理学为了传播其思想，需要进行大量讲学活动，更助推了私学的发展。

从宋代“乡学、家塾、高级研修班三类私学”①的周致划分，可以窥见宋代私学教育的规范和兴盛。乡学是指分布于城乡村镇的民间私塾或庙学。教材主要为针对少年儿童的《三字经》《百家姓》《千字文》《小学》《弟子规》等读物，可以说促进了启蒙教育的发展；家塾是为家族子弟创办的书社、学堂或书院等私人讲学场所；高级研修性质的私学，则属于临时开办，一般无固定教材和讲授内容。宋代活跃在私学讲堂上的讲师自然少不了以程颐、程颢、张载、朱熹为首的理学大家，他们在力倡理性之学的同时，围绕科举考试，以儒家经典著作或词赋为主进行执教，促进了儒学和理学思想的传播。元明清时期的私学与前代有所不同，除了蒙学，高级私学发展势头正盛，还出现了朝廷令乡民士绅自办的介于官学和私学之间的社学与社会上专业人士开设的“义学”等，也推动了民间私学的发展。

2.私学的社会功能及其对文化传播的独特作用

其一，学术下移——教育对象扩大。私学的兴起让学术下移，加之社会动荡，贵族及其后裔流落民间，社会上出现由“学在官府”变为“天子失官，学在四夷”的局面，即由贵族垄断的学术文化开始向社会下层扩散、文化思想播撒于民间乡野。私学的普及使普通大众接受了思想文化教育。除此之外，孔子积极倡导和践行“有教无类”的思想。孔门“弟子盖三千焉”，不分贵贱、不分老幼、不分智愚、不分勤惰，如此教育对象由贵族扩大到平民百姓，大大拓展了受教者的范围，为思想文化的广泛扩散和传播拓阔了空间。

其二，高人义士——师资力量丰厚。与私学发展密切相连的是作为知识阶层的“士”的勃兴。② 封建制度中士属于贵族最低层，往上依次是大夫、诸侯、天子，下面则是庶人。春秋战国之际，封建制度崩坏，士的组成结构剧烈变动，一方面，旧贵族在政治斗争中沦落为士。这些人大都受过六艺之教，熟悉各种典章制度、礼仪规范，正是这些人才将学术文化带到民间。另一方面，平民因有条件接触学术文化而逐渐上升为士。贵族“下降”和平民“上升”两种情况造成士的数量陡增。作为当时影响显著的社会阶层，士在承担私学师资力量、推行文教方面

---

① 刘新科主编：《中国文化概论》，东北师范大学出版社2015年版，第101页。

② 何国松：《中华文化简史》，北京工业大学出版社2013年版，第50页。

做出了突出贡献。正如余英时在《士与中国文化》一书序言中所说："所以'士'可以是'官僚'，然而，他的功能有时则不尽限于'官僚'……在推行'教化'时却已成为承担着文化任务的'师'了。"①士作为当时社会新兴知识阶层，同样有着新型个性品格，大都以天下为己任，理想抱负远大，精神追求鲜明，政治参与意识强，道德自律严谨，乃时下当之无愧之师，也是时代所需的传道授业解惑者。

其三，思想文化——理论成果颇丰。私学教育突破传统教学内容，积极宣扬新的政治主张、道德观点和知识技能，不同思想学派竞相争鸣，促进了古代思想理论的深化和多元文化的发展，不仅卓有建树的才俊辈出，如思想家老聃、孔丘、墨翟、孟轲、庄周、荀况、韩非、邹衍等，政治家管仲、子产、晏婴、商鞅等，史学家左丘明，诗人屈原、宋玉，辩论家惠施、公孙龙等，而且结出了丰硕的思想成果，如《老子》《论语》《墨子》《孟子》《庄子》《荀子》《韩非子》等，以及《大学》《中庸》《学记》等，奠定了中国古代人文思想的深厚基础。诸子百家的思想文化对民众素质的提高、社会风尚的醇化以及中华文明的赓续发挥了重要作用。

其四，蒙学读物——启迪幼小心灵。蒙学教育始于汉代，宋元明清时期长足发展并趋于完备。中国古代重视教材编写，产出了一系列儿童启蒙读物，按内容大致划分为四类。一是识字类。综合天文、历史、地理等常识，融入做人道理的识字课本。广为流传的有《三字经》《百家姓》《千字文》等。其中，《千字文》以千字不复著称，全文为四字句，对仗工整，条理清晰，内容广博，文采斐然，不仅在中国盛行，还远播日本，影响深远。二是伦理教育类。我国古代传统教育历来以伦理道德教育为核心，启蒙教学自不例外。此类蒙学读物有《小学》《弟子规》《增广贤文》等，其中含有大量道德准则与规范，通过培养儿童行为准则，达到传递伦理道德思想的目的。三是审美教育类。以《千家诗》《唐诗三百首》《神童诗》《古文观止》为主，在夯实儿童诗词歌赋文学基础的同时，注重培养其审美情趣。四是通识教育类。内容涉及天文地理、古今之事、鸟兽花木、日用器物、耕种操作等各行各业实用技艺、生活常识、历史人文等，可谓百科大全。如《名物蒙求》《幼学琼林》《龙文鞭影》等，提倡广览群书、博学多识的通识教育，旨在培育通权达变、通情达理、兼备多种才能的人。通行读物教材，皆根据少年儿童心理需求和思维特点编写，注重可读性和趣味性，融历史典故、自然和生活常识、伦理道德、人文教化为一体，平白如话，通顺易懂而且文本以齐整短句为主，四言叶韵，易记易诵，朗朗上口，流行极广。古代蒙养教育在开启幼童心智、培养国学爱好、造就贤良人才、传承思想文化方面的作用不可小视。

---

① 余英时：《士与中国文化》，上海人民出版社2003年版，第8页。

(三)书院教育:深化研究及传播思想文化的突出力量

书院是中国古代特有的教育组织形式,形成于唐末五代,兴盛于宋元,延续于明清,在教育史上"与官学、私学构成三足鼎立的局面"[①]。唐代书院有官私两类,官办书院主要功能是藏书和勘校,私办书院则是读书人讲学、治学的场所。到五代时期,书院演变为教育机构,当时著名的书院有白鹿洞书院、石鼓书院、嵩阳书院等。

北宋初期,人民生活安定,士心向学。然而,统治者只重科举选贤,忽略了兴学设教,以至于在立国后长时间无力发展官学,书院以其特有的教学模式兴起,从而满足了士人读书的要求。历经北宋书院的兴衰沉浮,理学大师朱熹首倡复兴书院之风,并得到官方支持和资助,一时间,朱子门下书院数量骤增,"达136所,为宋代书院总数的70%余"[②]。朱熹不仅重建了白鹿洞书院,还制定了书院学规制度,讲授和传播理学,培养了大批学生,重振了书院威信。此番感召下,许多理学家纷纷效仿重建或新建书院,一些著名学者也转到书院讲学,读书士子或因趋慕名师,或因不满官学囿于科举制度,纷纷选择前往书院求学,"书院林立,接纳四方学子,名儒学者邀集会聚,游学互讲,理学也在各学派的论辩和交流中得到了发展"。[③] 至此,南宋书院发展达到鼎盛期。书院在封建教育中的地位得以彰显,几近取代官学成为主要教育机构。

南宋书院的兴盛在很大程度上是当时思想传播的需要,即理学的发展促进了书院的繁盛。一方面,理学发展需要向外界传递思想,书院成为理学家讲学和传播思想的阵地;另一方面,"讲会"制度规定各书院要定期举办学术论辩会,各思想流派交流争鸣,促进了理学文化的繁荣。书院与理学可谓相互涵养、互为倚助。官学的衰落和科举的腐败也是刺激书院发展的原因。

从当时书院的发展特点看,作为传播理学思想的重要场所和各流派思想争论的发源地,理学家争相占领书院讲台,目的是以讲学来宣扬自家思想和制造舆论。不像官学唯科举是图,读书的目的仅是猎取功名,书院以培养求知、修身、敦品学子为目的,高扬"内圣"之学[④]的办学主旨,注重培养学生的品格和性情,提高人的德行学养。如朱熹制定的《白鹿洞书院揭示》(学规)自始至终贯穿了这一思想。《白鹿洞书院揭示》内容主要包含五个方面。一是基本宗旨。"五

---

① 王锦贵主编:《中国文化史简编》,北京大学出版社2015年版,第250页。

② 顾伟列:《中国文化通论》,华东师范大学出版社2005年版,第84页。

③ 顾伟列:《中国文化通论》,华东师范大学出版社2005年版,第84页。

④ 顾伟列:《中国文化通论》,华东师范大学出版社2005年版,第84页。

教之目：父子有亲，君臣有义，夫妇有别，长幼有序，朋友有信。”规定了书院教育要严格贯彻“明人伦”的纲常礼教。二是学习方法。“为学之序：博学之，审问之，慎思之，明辨之，笃行之。”给出了书院学生学习过程中应遵循的方式方法。三是德行修养。“修身之要：言忠信，行笃敬，惩忿窒欲，迁善改过。”指明了学生加强道德修养的基本要点。四是处事原则。“处事之要：正其义，不谋其利；明其道，不计其功。”规定了学生行为处事的基本原则。五是交往准则。“为人之要：己所不欲，勿施于人；行有不得，反求诸己。”[①]乃学生为人处世的基本准则。这些富含引导激励之意的规范之策，无不取之于中华广博深厚的传统思想，可见书院这一重要教育机构对中华优秀传统文化之深邃敬意和传续之责。

《白鹿洞书院揭示》以其深刻的人文教育思想，为各地书院所效仿，各地书院以之为参照重定了各自的教学制度。如长沙《岳麓书院学规》记载：“时常省问父母，朔望恭谒圣贤，气习各矫偏处，举止整齐严肃，服食宜从俭素，处事毫不可干，行坐必依齿序，痛戒讦短毁长，损友必须拒绝，不可闲谈废时。”这十条为道德规范约束类礼教。接下来是学习科目内容、方法要领方面的守则：“日讲经书三起，日看纲目数页，通晓时务物理，参读古文诗赋，读书必须过笔，会课按时蚤完，夜读仍戒晏起，疑误定要力争。”该学规被刻悬于讲堂上方，时时提醒学子谨记并朝着敬德修业、读书治学、至圣达贤的目标奋发努力。《岳麓书院学规》在当时的影响力极大，其拓本流传海内外。这一学规在我国教育史上延续执行长达二百余年，精华部分至今仍被高校校规吸收，足见其强劲的文化辐射力已穿越古今学人的精神领地，主导着前世后人的学养。在如此长期、严谨、高标准的教规之下，书院培养的人才自然成为传播传统思想的强大的社会力量。

(四)传统教学理念和手段体现的文化传播力

作为传统文化传播主体，中国古代思想家、教师在教学过程中注重开发、运用传授之道，形成了一系列教学理念、制度与方法，不失为传播文化的有效手段，至今仍具有重要的启示和借鉴意义。

1.因材施教法

因材施教即根据学生不同性格特征、接受能力、基础水平等资质特点，选择不同的教学内容及教学手段，以达到最佳教学效果。孔子是因材施教的最早实践者和推行者。《论语·先进》记载了不少因材施教的典型案例。如“子路问：‘闻斯行诸？’子曰：‘有父兄在，如之何其闻斯行之？’冉有问：‘闻斯行诸？’子曰：

① 刘新科主编：《中国文化概论》，东北师范大学出版社2015年版，第105页。

'闻斯行之!'公西华曰:'由也问'闻斯行诸?'子曰:'有父兄在'求也问:'闻斯行诸?'子曰:'闻斯行之'。赤也惑,敢问。'子曰:'求也退,故进之;由也兼人,故退之。'"[①]在这里,子路和冉有提出同一个问题,孔子却给出了相异的回答。为此,孔子解释道:冉有做事往往畏缩不前,所以要鼓励他;而子路争强好胜,所以劝他要慎重从事。孟子对因材施教法也是十分推崇,认为"君子之所以教者五:有如时雨化之者,有成德者,有达财者,有答问者,有私淑艾者"。[②] 这是说君子教育人的方法有五种:有的需要像雨露那样点滴教化,有的需要着重培养其德行,有的需要发掘其才能,有的只需解答问题,还有的需要私下点拨。教师要从学生的实际情况出发,有的放矢地进行有差别的教学,使每个学生都能扬长避短,取得最佳学习效果。

2.言传身教法

古代教育家信奉教师的言行举止、风貌品格对学生的影响,因而皆以"楷模"的标准来规范自身。孔子曰:"其身正,不令而行;其身不正,虽令不从。""不能正其身,如正人何?"[③]强调的正是教师要正己正人、以身作则、率先垂范。古人主张"有言之教"和"无言之教"相结合,即通过语言教育学生或以自己的行为去影响教育学生,正所谓言传与身教并重。在向学生传授文化知识的过程中,融入身教,师生互动,用有声的语言教育人,用无声的行动带动人,启示引导学生效法,以培养学生良好的行为习惯和高尚的道德情操。

3.启发引导法

孔子擅长启发教学,他说:"不愤不启,不悱不发;举一隅不以三隅反,则不复也。"[④]其意是要先让学生积极思考,教师再给予适当启发。孟子进一步拓展启发式教学的内涵,如"君子引而不发,跃如也"[⑤],孟子提出,君子教导别人应该如射箭一样,拉满弓却不发箭,让箭在弦上呈待发之势。意为教师要做给标准,引导学生揣摩效法,以获得更多的认知。对于启发引导教学法,《礼记·学记》做出精辟阐述:"君子之教喻也,道而弗牵,强而弗抑,开而弗达。道而弗牵则和,强而弗抑则易,开而弗达则思。和、易以思,可谓善喻也。"[⑥]说的是君子教学应当善于启发引导。这里还提出"喻"的三条细则,即引导而不是牵着学生走,

① 《论语》,中华书局2015年版,第128页。
② 《孟子》,中华书局2016年版,第313页。
③ 《论语》,中华书局2015年版,第151、154页。
④ 《论语》,中华书局2015年版,第67页。
⑤ 《孟子》,中华书局2016年版,第313页。
⑥ 《礼记》,中华书局2017年版,第704页。

鼓励而不要压抑学生，开导解疑而不是代为学生得出结论。引而弗牵，师生关系才能融洽和顺；强而弗抑，学生才会感到学习轻松愉快；开而弗达，学生才会开动脑筋主动思考钻研。如果能做到这些，师生关系融洽，学生学习轻松继而能独立思考，这样的教师才称得上善于启发诱导。

4.学思结合法

孔子最早提出学思结合的教学原则。孔子说："吾尝终日不食，终夜不寝，以思。"[①]这是说，学习与思考同样重要，缺一不可。如何端正学与思的关系，孔子精要概括为"学而不思则罔，思而不学则殆"[②]，意即一味读书而不思考，就会因为不能深刻理解所学而无法利用知识陷入迷茫；如果只是空想而不进行学习和钻研，则终究一无所得。告诫人们只有把学习和思考结合起来，才能学到切实有用的知识，否则收效甚微。孔子"学思并重"的教学理念，为历代教育界所遵循。清代学者王夫之深刻认识到学与思结合好能够相互促进，鲜明地指出："致知之途有二：曰学，曰思……学非有碍于思，而学愈博则思愈远；思正有功于学，而思之困则学必勤。"[③]意思为博学可以促进思考的深入，深入的思考又反过来促进博学，这正是学思结合的精髓。

5.教学相长法

《礼记·学记》最早阐释了"教学相长"的内涵："是故学然后知不足，教然后知困。知不足，然后能自反也；知困，然后能自强也。故曰：教学相长也。"这告诫人们教与学存在相辅相成的辩证关系。人在学习后才知道自己的学识不够，教人之后才发现自己的学识不通达。知道自己的不足，才能反省向学；知道自己学识不通达，才能发愤图强。教与学是互相增益、互相促进的关系。这种教学方法贵在对教与学一视同仁，而不是让教凌驾于学之上。"教学相长"富含的哲理，从古至今一直令人深深信服。

三、传统文化之家庭传播

我国封建社会家庭教育承袭古代教育传统，注重对子女进行人文教化和伦理教育，特别是针对幼小孩童，家教对其熏陶、教育和影响甚至比学校教育更为深长。农耕文明背景下形成的家国一体的社会组织结构，使家礼、家训、家风等家庭教育思想内核与中华民族精神同根同源、互为表里，使家教门风建设成为带有一定文化特征的社会现象。追溯中国传统道德文化演进轨迹，可以深切感

---

① 《论语》，中华书局 2015 年版，第 196 页。

② 《论语》，中华书局 2015 年版，第 13 页。

③ （清）王夫之：《四书训义》（上），《船山全书》第 7 册，岳麓书社 1991 年版，第 301～302 页。

受到家庭教育对道德思想和文化传承、传播的巨大作用。

(一)家礼:世家文化之传承

传统社会中的家庭,一般是由若干小家庭组成的数世同堂的大家庭,即家族。我国传统社会结构基础是家庭,由家庭到家族再到村社、最终构成社会。家庭、家族是古代社会最基础的社会单位。“家礼”即家庭礼仪,是维系家族尊卑等级关系的各种礼制规范的总和。在家族长辈的示范教诲下,家族成员对家礼极为重视并严格遵守和履行。家礼渗透到人们日常生活各个方面,不外乎长期生产生活中形成的约定俗成的习惯,以及不同家族自行制定的规矩。其中既有信奉三纲五常的伦理型家礼,如祖孙之礼、婆媳之礼、兄弟之礼,也不乏坚守读书育人、文化兴家理念的诗书传家型家礼等。古代家礼强调尊老爱幼、家庭和睦、兄弟友善、顾及大局,这些已然被纳入中华民族美德。

这里以山东曲阜孔氏家族家庭礼仪为例。孔子一生谦恭有礼,不仅创立了儒家学派,培养了一大批社会贤才,还开创了世家文化。孔氏家族礼仪主要有家庭礼仪、谕祭礼、家庙祭礼、墓祭礼仪、亲族礼仪、宾友礼仪、修谱礼仪等,孔氏家庭礼仪中的“晨省”规矩为:儿子儿媳早起,梳洗齐整后到父母面前问安,儿子鞠躬、儿媳肃拜,父母答安后命退则退,否则留待供进药物等。从黎明起床到晚饭及就寝,类似规矩礼仪还有很多。孔氏家族除了严守家礼,还特别注重恪守学诗学礼的祖训。

孔氏子孙自幼接受传统教育,或世守家学、遍研群经、著书立说、斯经不绝,或诗词歌赋、戏文曲章、佳作频出、千古流芳。若出任仕途,不忘记教书育人、翰墨书香;若躬耕陇亩,便做到耕读传家久,诗书继世长。这一切与孔子重视家庭教育不可分割。《论语·季氏》中有一段孔子教育儿子孔鲤的生动记载:陈亢问于伯鱼曰:“子亦有异闻乎?”对曰:“未也。尝独立,鲤趋而过庭。曰:‘学诗乎?’对曰:‘未也’。‘不学诗,无以言。’鲤退而学诗。’他日又独立,鲤趋而过庭。曰:‘学礼乎?’对曰:‘未也’。‘不学礼,无以立。’鲤退而学礼。闻斯二者。”[①]此番对话,是孔子对儿子学诗学礼的忠告,以“不学诗,无以言;不学礼,无以立”的观点,阐明了学诗学礼对人生修养的重要性。在孔子的言传身教和谆谆教诲下,其子孙晚辈皆对《诗》《书》《礼》《乐》精通熟知。孔门后裔严守学诗学礼之家礼,成就了孔氏家族我国历史上影响最大、历时最久的文化世家之地位。

---

① 《论语》,中华书局2015年版,第2页。

(二)家训:家道兴盛之宝典

"端蒙养,重家教"乃中华民族的优良传统。在我国古代家庭教育中,家训占据着十分重要的地位。历史的推移、社会的发展积淀着深厚的家族文化,无论是贵族之家还是普通百姓,往往会将家族的血亲延续、显赫事迹以及居家治生原则等予以记载,称为家谱。家谱涵盖内容十分丰富,其中家训最具文化内涵。家训是家长为后辈子嗣或族内成员规定的处世立身的条例、训诫,一般涉及敬祖孝亲、睦亲和宗、友善乡里、劝学育才、行善积德、教子禁戒等方方面面的日常行为规范,主要涵盖修身齐家、治学入世、接物处事等个人教育思想、功业理想追求和心理纠偏之道。家训的体裁多样,有专著、文章、书信、格言、歌诀、铭文等。家训可谓中华传统文化在家庭层面的体现,以家族世代传播形式,将罕见于世的广博高深而又缜密玄妙的传统文化精华传递给社会。

一个家庭的家训、家规、家风不仅承载了祖祖辈辈对后代子孙的希望,也展现了对中华民族思想文化的传承。家训家教兴于西周,秦汉时期形成并固定下来,明清时鼎盛。我国产生了大量有影响的家训著作,如历史上最早的家训专著——南北朝时期颜之推的《颜氏家训》,全书共 7 卷 20 篇,4 万余字,包罗"教子""兄弟""治家""风操""慕贤""勉学""省事""止足""诫兵""养生""归心"等内容,深奥且精微,既是知识读本,又是道德教材,如"省事"篇提出"君子当守道崇德","勉学"篇提出"增益德行,敦厉风俗"等,可谓集修身、养性、为学、治家、处世等思想于一体的家庭教育典范。诸葛亮在《诫子训》中阐述了学、才、志之间的关系,提出"夫学须静也,才须学也,非学无以广才,非志无以成学"的修身立志名言。

唐宋文化的复兴促进了家训的兴盛,上至帝王下至士大夫皆有治家格言。如唐太宗的《帝范》,逻辑严谨、文采华丽,无不将治国经验和人生智慧传给子女;又如北宋政治家司马光的《温公家范》《居家杂议》,其中《家范》以德、礼为中心,取精用宏,传达经典,引用《大学》中"自天子以至庶人,壹是以修身为本"的言论,阐明齐家和治国同等重要的观点,以教导后人;南宋袁采撰写的《袁氏世范》家训,以"《颜氏家训》之亚"著称,要义体现于"睦亲""处己""治家"三篇,提倡践行伦理教育,美化风俗习惯,深入浅出,极易领会,可谓行之一时,垂诸后世。

明代重要思想家袁了凡为训示儿子作《了凡四训》,由立命之学、改过之法、积善之方、谦德之效四部分组成,劝人积善改过,强调从治心入手的自我修养,流行一时;明代政治家、思想家高攀龙的《家训》,其核心价值在于"做人在行义”，提倡爱人敬人、宽待他人、改过迁善等，文字不多且通俗易懂，广受后人推崇，被视为教育子孙的经典；清代影响最大的家训著作是理学家朱柏庐的《朱子家训》，寥寥四百字，却通篇彰显“勤俭治家”“安分守己”的修身、齐家理念，广为流传，一度成为民国以前蒙童必读书；清初著名教育家李毓秀根据《论语》等经典，结合教书实践写成《训蒙文》，后修订为《弟子规》，“集孔孟、老子等圣贤的道德教育之大成、提传统道德教育著作之纲领，是接受伦理道德教育、养成有德有才之人的最佳读物”[①]。而康熙皇帝的《庭训格言》《圣谕十六条》，强调家教要从早抓起，提倡行善、志学、慎独、主敬、居安思危、以孝为先、学习科学知识等，内容无所不及，口语形式更显灵活。“明清官僚、士大夫也热衷于撰写家训，较为著名的有如朱柏庐的《治家格言》，万斯同的《谕侄》等。”[②]明清时期，传统家庭的概念转型，致使家训由鼎盛走向衰落。尽管如此，晚清时期大批有识之士，仍留有大量宝贵的家训。这些家训著作富含中华传统美德和生活真谛，如为官要勤政清廉、为人要正直诚信、学问当勤奋刻苦、志向应宏大高远等，内涵庄重淳朴，例证委婉生动，表达简洁精练，流传有序广大，可谓家喻户晓。

为取得家训教化的成效，在家训传播中采取了一些颇具特点的手段和措施，如经常举行训诫仪式，全家老小唱念祖训；定期召开家庭聚会，互相教诲、彰德抑恶；年终填写经过量化赋分的功过表，以知非改过；刻石立铭，彰于显耀，以便时时对照；巧用诗词歌赋、格言箴语增加家庭熏陶氛围；提供践履机会，在实践锻炼中积累通达人情世故的处世经验；等等。可以说，古代数量繁多的家训文献、行之有效的训化措施，较好完成了中国传统社会丰厚人文思想的综合及代际传承。

（三）家风：家门文化之风范

作为我国家庭重要教育资源，除了家礼、家训，还有家风。家风是一个家族在长期固有生活方式中形成、世代承袭的行为方式、作风习惯和价值理念，是附于家族内部血缘亲情关系，通过家族成员自觉遵循维护建设起来的家庭文化传统。一个人从出生到离世，脱离不开家礼、家训、家风的家庭教育和熏染。如果说家礼和家训是一种强制性家教，是家族成员必须遵从的外在行为规则，那么家风则是一种无形的软约束，潜移默化地发挥着家族成员内在管束言行举止的作用。

---

① 李楠：《中国古代家训》，中国商业出版社 2015 年版，第 110 页。

② 谢扬举：《家训与中华文化一瞥》，《人民政协报》2014 年 12 月 29 日。

中华民族自古重视家风。《礼记·大学》曰："古之欲明明德于天下者，先治其国；欲治其国者，先齐其家；欲齐其家者，先修其身。"[①]认为"齐家"是走向治理国家、平治天下的前提条件和根本环节，只有管理好自己的家庭，才能从事国家和社会的治理。古代家国一体结构形成的家国同构思想与儒家提倡的"修身、齐家、治国、平天下"絜矩之道，赋予家庭特有的政治功能，由此家风和家庭教育肩负起重要的社会责任。

中华历史上拥有优良家风的家族不胜枚举。如以清廉家风著称的北宋贤臣包拯，被奉为古代清廉官员的代表。他身体力行，言传身教，激励和督促后世子孙清廉为官。其堂屋东壁立着刻有家训的石碑："后世子孙仕宦，有犯赃滥者，不得放归本家；亡殁之后，不得葬于大茔之中。不从吾志，非吾子孙。"[②]在清廉家风影响下，包拯祖孙三代克己奉公、廉洁守法，为民办事，皆为百姓爱戴的清官。如包拯次子包绶，历任太常寺太祝、国子监丞等职，却一生清廉。他死后遗物中，除了著述外，别无他物。包拯之孙包永年曾任主簿、县令等职，死后连丧事都是由亲朋出资办理的，足见其廉洁自守之风骨。

宋代政治家司马光有"俭素家风"之美谈。司马光儿时打破水缸救伙伴的故事无不令人称奇赞叹，而且也是严谨治家、教子有方的典范。司马光曾有铿锵之言："《家范》比《资治通鉴》更重要，因为家风是世风之基。"他在晚年亲作的《训俭示康》中写道："平生衣取蔽寒，食取充腹；亦不敢服垢弊以矫俗干名，但顺吾性而已。众人皆以奢靡为荣，吾心独以俭素为美。"[③]教育儿孙以俭素之美德，树立个人远大志向，摒弃奢靡的生活方式。司马光平生不事聚敛，反对奢侈，死时屋内萧然，枕边仅有《役书》一卷。在父亲影响下，司马康从小品行端正，勤读敏学过人，学识渊博，通晓经史，与父亲完成鸿篇巨制《资治通鉴》的编纂工作。司马康做乡官时，廉洁奉公，办事公道，其家族后人也多以贤德主身，深受当地百姓拥戴。

晚清重臣曾国藩的勤俭家风也广流传。曾国藩教导子女："予自三十岁以来，即以做官发财为可耻，以官囊积金遗子孙为可羞。盖子孙若贤，则不靠父辈，亦能自觅衣食；子孙若不贤，则多积一钱，必将多造一孽，后来淫佚作恶，大玷家声。故立定此志，决不肯以做官发财，决不肯以银钱予后人。""吾辈欲为先人留遗泽，为后人惜余福，除勤俭二字，别无他法。"[④]因曾国藩终生倡导寒素、勤

① 《礼记》，中华书局 2017 年版，第 1162 页。

② 包拯：《包孝肃公家训》。

③ 司马光：《训俭示康》。

④ 孙良珠编著：《曾国藩全传》，华中科技大学出版社 2010 年版，第 23 页。

勉、笃学的家风，其五房兄弟家族绵延近两百年，至第八代孙，共出名望人士 240 余人。①

除此之外，孔氏后裔人才辈出、著述颇丰，体现了崇文重教、诗礼传家的家族风气；孟母三迁、断机之教展现了以身作则、求知向上的优良家风；岳母刺字之教展现了励子从戎、精忠报国的家风教育；欧阳修母亲画荻教子展现了勤奋读书、学会做人的家风教诲。此类以家风教育为主线的人文典故、英才事迹，在民间广为流传并代代相续，传扬着中华民族的传统美德，传播着谨守家风的传统文化。良好的家风对个人的操守品行、道德水准以及社会和谐稳定、文明发展有着无可替代的卓越功用。

第二节　借鉴中华优秀传统文化的传播方式探索社会主义核心价值观的基本遵循及实践途径

五千多年文明发展史孕育的中华优秀传统文化，是中华儿女借以立身、引以为荣的文化。这一文化积淀着民族的基因与血脉，连接着国家的历史与现实，寄寓着人民的选择与认可，经过历史的千锤百炼和实践的反复验证，中华优秀传统文化已然成为我国现阶段更基础、更广泛、更深厚的文化。在党的十九大报告中，习近平总书记特别强调，坚持创造性转化和创新性发展的前提，在于坚定文化自信。当前，大力宣传社会主义核心价值观，必须以习近平新时代中国特色社会主义思想为指引，要“保持对自身文化理想、文化价值的高度信心”②。坚守体现在情感、文化和价值观特性上的中华文化立场，借鉴中华优秀传统文化传播载体、手段和方法，积极探索和创新实践传统文化传播方式的现代转化，运用好大众传播、群体传播、人际传播等方式，建构全方位、多层次的核心价值观传播格局，加强社会主义核心价值观的推广和普及。

一、借鉴中华优秀传统文化的传播方式探索社会主义核心价值观的基本遵循

随着时代的更替、社会结构的变迁，传统文化观念必然发生变化，这就要求我们加强对中华优秀传统文化的当代阐发，把跨越时空、富有永恒魅力、具有当

① 《曾国藩后裔：读书和勤俭的家风一生受益》，http://www.chinanews.com.cn/cul/2016/04-06/7825217.shtml。

② 习近平：《在中国文联十大、中国作协九大开幕式上的讲话》，人民出版社 2016 年版，第 5 页。

代价值的文化精神加以弘扬，对传统观念及其传播方式进行整合和重构，使优秀传统文化融入当下，成为当代社会生活与实践的现实内容和推进力量。2017年初，中共中央办公厅、国务院办公厅印发《关于实施中华优秀传统文化传承发展工程的意见》，为借鉴优秀传统文化传播方式提供了重要遵循。利用和发挥优秀传统文化的传播方式及社会功能，大力宣传社会主义核心价值观，需要坚持以下基本原则。

（一）坚持中国特色社会主义文化发展道路

立足于巩固马克思主义在意识形态领域的指导地位，大力弘扬和宣传社会主义核心价值观，凝聚全民族实现中华民族伟大复兴中国梦的精神力量，培育时代精神、解决现实问题、助推社会发展。

（二）坚持人民群众的主体地位

尊重人的主体性、强调人的主体能动性和重视个体价值是现代社会对每位公民的基本认知。在社会主义核心价值观建设过程中，应坚持“一切为了人民、一切依靠人民”的原则，注重文化熏陶和实践养成，防止居高临下的单向灌输和简单机械的感官刺激，从人的现实生活和成长实际出发，营造氛围，引导启发，让人民群众在共同建设社会主义核心价值观过程中共同享有建设成果，唤发人的内在价值需求、道德品质和思想自觉。

（三）注重人文方法与现代科技手段的结合

历史上，核心价值观传播方式具有人文教化的优良传统和独特优势。然而，面对激烈的社会变革和日新月异的科技发展，应抱持尊崇礼敬而又客观科学的态度，坚持对传统文化的创造性转化和创新性发展，不断补充、拓展、完善传统文化传播方式之于社会主义核心价值观的宣传手段，使其与当代社会相协调，与社会主义先进文化建设相适应。

（四）统筹协调、形成合力

传播和弘扬社会主义核心价值观应充分发挥政府主导、市场调节的作用，鼓励和引导社会力量广泛参与。采取恰当的手段和技巧，开发运用网络、媒介、公益广告、艺术作品、文艺演出、公益文化产品及服务等多种方式，推动形成宣传普及社会主义核心价值观的良好的体制机制和社会环境。

一定阶级和社会为达到规范社会行为、稳定社会秩序、凝聚社会力量的目的,总是需要通过制度、政策、宣传、教育等手段,向社会成员灌注和传递核心价值体系理论。这种理论能否进入社会成员的观念系统、得到认可并成为主导思想,离不开个体内在需求、能动反映以及心理调控等,需要有内在和外在机制上的维护。正如传播学所言,人的功能性反应是强化个体认同和接受某一价值观的主要环节。基于此,在宣传社会主义核心价值观过程中应高度关注影响和制约价值观传播的关键因素。

一是控制信息刺激的强度。一般来说,外来信息的传播频率、强度、覆盖度越高,越能引起人的注意和反应,反之则容易引起人的抵触和反感。

二是提高信息量与人的利益及精神需求的契合度。人的社会意识与人的精神需求和切身利益密切相关,是经过人对社会生活和生产实践的体悟、感受和理解而产生的一定观念、愿望、心理和信仰。社会主义核心价值观宣传普及与社会成员的利益和需求相一致、相契合,二者便产生共鸣,价值观才易于被认同和接受。契合度越高,认同度和接受度越高。

三是增强信息传播的互动性。传播作为一种重要的社会力量,需要社会成员的共同参与,离不开社会成员之间、社会成员与社会之间的互动,在公共空间依托公共理性进行公共交往与互动,可以促进信息的交换、流动和扩散,从而增强核心价值观传播的活性和力度。

二、借鉴中华优秀传统文化的传播方式探索社会主义核心价值观的实践途径

(一)从社会层面大力宣传社会主义核心价值观

个体的生存发展受到社会环境的熏陶和影响,同时个体又构成一定的社会环境。优良的社会环境和氛围能够在核心价值观建设过程中发挥正面积极作用,潜移默化地塑造社会成员的价值观念。

1.借鉴传统礼仪文化传播方式,筑牢宣传核心价值观的群众基础

五千多年文明史铸就中国“礼仪之邦”美称,《礼记》言:“凡人之所以为人者,礼义也。”[①]中国人自古以来懂礼、习礼、守礼、重礼,礼仪在中国传统文化中占据着重要地位。我国传统社会重视礼制建设,并将核心价值观念依托礼仪制度贯穿于政治与社会生活的方方面面,统一思想,治国安邦,调节社会功能,以

① 《礼记》,中华书局2017年版,第1177页。

“经国家、定社稷、序民人、利后嗣”(《左传》)。“这是中华民族的一项伟大智慧。”[①]礼仪文化深植于人们的精神信仰和情感世界,融入生产生活方式和生活习惯,成为社会生活的重要组成部分。人们接受长久的礼仪教化与陶养,一方面内化为道德观念和社会伦理,另一方面外化为行为准则和制度规范,从而推动社会有序发展。由此可知,对我国古代礼仪文化遗产进行批判地继承、辩证地扬弃,摒弃消极落后成分,汲取积极进步因素并注入时代内涵,使传统礼仪文化转化为具有现代价值的道德规范,对于促进社会主义核心价值观建设,筑牢宣传普及社会主义核心价值观的群众基础,不失为一个重要途径。

现代社会的礼仪文明,更多倾向于礼仪文化。礼仪文化存在于日常生活衣食住行各个方面,社会成员普遍奉行和精神上受益是礼仪文化的基本特征,这就为以开展礼仪文化活动方式促进社会主义核心价值观的传播提供了最广泛的群众基础。借助礼仪文化宣传社会主义核心价值观,要做到“三个结合”。

一是坚持传统礼仪与现代礼仪相结合。以传统礼仪之正义、仁爱、诚信、礼让、节制、尊师、勤俭等基本道德精神和规范为核心,以普遍适用的现代礼仪规范为主导,在全社会大力开展精神文明创建活动。礼仪是一个社会文明程度、道德风尚的体现,生活细节上有仪容、举止、表情、服饰、谈吐、待人接物等,公共空间有个人礼仪、公共礼仪、学校礼仪、公务礼仪、日常交际礼仪、涉外礼仪等。具体到人际交往中的行为规范称为礼节,在言语行为上则为礼貌。礼仪文化在公共关系、对外交往、商务活动、职场管理、学校教育、信息沟通等方面发挥着积极作用。礼仪并非高深莫测,它就存在于我们身边,人人都可做文明有礼者。孔子曰:“不学礼,无以立!”[②]现代社会,礼仪依然是每个人必备的基本素养。个人要从行为举止、仪态仪容、人际交往等细节入手,严于律己,自觉遵循礼仪规范,如此全社会公民礼仪修养和文明素质才能够得到整体提升。

二是坚持礼仪教育与道德教育相结合。将当今社会的道德要求融入礼仪规范之中,坚持寓道德教育于礼仪教育之中。当前,我国意识形态领域呈现社会思潮交错并存的复杂局面,不可避免地导致思想道德、价值观念的复杂性。一方面,全球化语境下意识形态领域矛盾重重,遍及互联网、多媒体等的科技手段,将西方价值观传播渗透到世界各国,冲击着其他国家的人民,极端个人主义、拜金主义、享乐主义等消极的社会思潮,对社会成员价值观的形成和发展产生不利影响。另一方面,市场经济负面效应逐渐暴露,社会生活中理想缺失、价

---

① 任者春、郭玉锋主编:《社会主义核心价值观践行论》,山东人民出版社2015年版,第4页。

② 《论语》,中华书局2015年版,第208页。

值倒错、道德失范，是非、善恶、美丑界限混淆，拜金主义、自由主义有所滋长，见利忘义、损公济私行为时有发生；不讲信用、坑蒙拐骗屡见不鲜；以权谋私、腐化堕落现象严重存在。这些错误、消极的价值观念对公众思想意识和道德养成带来极大冲击。用好礼仪文化建设这一道德规则和柔性制度，实现礼仪教育和礼仪文化的多重社会功能，对于端正社会风气、推动社会文明发展大有裨益。

三是坚持礼仪文化与典礼仪式相结合。一个完整庄严的典礼仪式，可谓礼仪文化的集合体。重大典礼仪式蕴含着丰富的人文教化资源。如利用长期固定的升旗仪式、重大节庆仪式进行企业归属感、职业荣誉感教育，能够培育员工良好的职业道德；又如，依托开学典礼、毕业典礼、成人礼等重大典礼仪式开展集体主义、爱国主义、社会主义教育活动，不仅能够达到礼仪教化的目的，还可以宣传社会主义核心价值观。在企业、机关、部队、学校举行的升旗仪式上，庄严隆重的气氛、迎风飘扬的五星红旗、整齐划一的列队，能够形成接受爱国主义教育的极大感染力，民族自豪感会油然而生，文化自信心会大大增强，高高飘扬的五星红旗会凝结成万众一心跟党走、团结奋斗谋复兴的坚定信念和爱国情怀，社会主义核心价值观会潜移默化地深入人心。

2.借鉴传统习俗文化传播方式，强化核心价值观通俗性、大众化宣传效能

习俗文化是一个民族共同体在语言、行为和心理上的集体习惯。作为最贴近群众生活方式和生活习惯的一种文化形态，习俗文化涉及民众生活的各个领域，劳作时，有生产劳动的习俗；日常生活中，有生活言行的习俗；节日里，有传统节庆的习俗；社会中，有社会组织行为的习俗。习俗文化无论是在民众日常饮食起居、生产劳作、人际交往等方面，还是在岁时节庆、宗教信仰过程中，都具有广泛的道德规范功用。这种规范虽不像法律那样具有强制性，却是以一种软约束性支配着同一习俗文化结构中的人们遵守相同的行为标准，并且以自觉的道德信念和社会舆论来维护共同体的伦理秩序，调节人与人、人与社会、人与自然之间的关系。劳动人民在日常生活和交往中创造并沿袭的习俗文化，是一个国家、民族、地区物质文明和精神文明的真实反映和生动写照，对核心价值的固守与弘扬发挥了重要作用。有鉴于此，要让社会主义核心价值观融入人民群众生活的点点滴滴和一言一行中，就应当充分发挥和利用习俗文化的价值功能和作用。

毫无疑问，通俗性是习俗文化的显著特性。大力开展习俗文化活动，以群众喜闻乐见的、通俗易懂的文化形式表达和传播社会主义核心价值观，能够让群众准确理解、把握核心价值观的深刻内涵，从而实现全社会共同价值观的大众化与实践性。习俗文化中的民间音乐舞蹈、曲艺说唱、戏曲表演以及口头文

学等文艺样式，恰恰符合广大群众开展自编自演、自娱自乐的通俗性社会文化活动。我国旧时称舞台演出为“高台教化”，对国民素质和社会风尚的醇化大有益处。政府应大力引导搭建城乡社区舞台，尤其是搭建乡村大舞台，已搭建乡村大舞台的要给予优化提升，让其更加贴近不同年龄层次群众的需要，让富含文化知识、文明礼俗，道德观念等内涵的习俗文化通过大众文艺形式予以展现，百姓在欣赏、参与、创作文艺的同时，也自然而然地将社会主义核心价值观转变为个人的自觉意识和行为习惯，在心灵与情感交汇中获得潜移默化的教益。也唯有将核心价值观根植于群众生活，才能让其在中华大地上根基牢固、枝繁叶茂。

广泛的社会基础以及世代的传承沿袭，使习俗文化至今依然以独特的魅力深得大众喜爱。然而，在市场经济的利益驱动下，人们的生活习惯与生活方式急剧转变，习俗文化赖以生存的环境和土壤发生了根本性变化，引发习俗文化传承断裂问题，如一些习俗文化失去生命力且处境濒危，一些传统习俗文化内涵平庸等。为此，在以开展习俗文化活动传播社会主义核心价值观过程中，当务之急是推进民间习俗的现代转型，重塑当代习俗文化。

一是既要注重保留传统文化风韵，又要坚决抵制隐藏在深处的腐朽落后因素，紧跟时代步伐，为传统文化注入时代的新鲜血液，赋予民间习俗以新的时代精神内涵，贴近现代社会需要。

二是积极参与各级政府举办的非物质文化遗产保护和传统民间文化展示活动，强化对民间艺术传承人的动态保护，利用高新技术和现代媒体大力开展优秀传统文化的宣传普及和营销活动，让非遗文化进校园、进社区，让更多人认知身边宝贵的习俗事项和文化。如借助在贫困地区开展的文化精准扶贫工作，倡导以文化脱贫增收与传播核心价值观相结合的理念，鼓励贫困人口对外推销当地非遗文化产品。诚如一位苗绣非遗传承人欣喜所言：每售出一件苗绣，都是对苗族文化的传播和对苗族文化的认可。

三是现代民间本土文化蕴含和体现着地区独特的文化魅力和时代性，对于展现一个地区的文化创造活力、增强凝聚力、提高文化自信有着极为重要的作用。注重培育现代民间本土文化，为当地习俗文化提供新鲜养料，赋予其新的发展内涵。

四是通过当地文化、旅游部门对散落在民间乡野的历史记载以及百姓口耳相传的行为示范、心理影响等民间习俗资源予以整合编排，使“养在深闺人不识”的传统文化光彩亮相，通过文化旅游项目或举办年度节庆的方式，会聚当地居民、吸引外地游客，使中外游客在亲近山水的同时感受灿烂的习俗文化。如此，不但能够打响文化旅游品牌，促进旅游产业可持续发展，还可以提升乡村、地域景观的文化品位，使传统习俗文化找到转型发展的先机和传播价值观的有效渠道。

习俗文化只有紧跟时代发展才能为更多大众所接受和喜爱，才能为宣传普及核心价值观提供更为广阔的平台。对此，政府要发挥好公共管理与公共文化服务的职能，积极为群众提供文化活动空间，不断创造和衍生新的习俗文化活动方式，鼓励民众积极参与实践文化传承保护活动，为古老的习俗文化注入活力，为社会主义核心价值观的宣传与普及提供源源不断的文化动力。

3.发挥传统文学艺术载体功能，营造宣传核心价值观的良好社会氛围

文学艺术来源于社会生活，反过来又作用于社会生活，是最易被人们接受、影响面最广的社会意识形态表现形式。它借助语言、表演、造型等手段，塑造生动典型的艺术形象并去感染人、影响人，因而历史上常被用作传播社会意识形态的主要工具。宋代理学家周敦颐“文以载道”的思想，正说明文学（艺术）是传播思想之“道”的手段。我国文化艺术历经数千年发展，涌现出灿若繁星的经典作品，负载着丰富的审美价值、精神文化和社会功能。进步的文学艺术，无不体现爱国爱民、建功立业、刚健有为、积极向上的人格品质，浸透家国情怀、信仰追求、美善理想的民族精神，对于教育人、改造人，推动历史发展，增强中华文化自信和价值自信作用重大。

任何一种价值观念的形成，都需要良好的社会氛围和文化环境，让人们在生产生活和社会实践中自然地感知、领悟，自觉地遵守、践行。文化艺术产品属于社会公共产品，既于人类文明进程中无处不在，又与大众日常生活关联密切，是宣传弘扬以及培育践行社会主义核心价值观的重要载体。建设社会主义核心价值观，不能只停留在观念层面，而要渗透到人民群众的日常生活当中，形成核心价值观念日常化、形象化、生动化内容。充分认识和发挥公共文化艺术产品特有的普惠性、贴近性和寓教于乐等特征，[①]以及“以文艺载道”“借文章化人”的功能，大力开展城乡文化建设，不但能够丰富和满足人民群众日益增长的精神文化生活需求，而且有利于营造宣传社会主义核心价值观的良好社会氛围，从而让广大人民群众通过欣赏、参与喜闻乐见的文艺活动，推进社会主义核心价值观的社会认同和广泛接受，使社会主义核心价值观真正地内化于人民之心，外化于人民之行。

习近平总书记指出：“坚守我们的价值体系，坚守我们的核心价值观，必须

---

① 参见闫平：《公共文化服务与社会主义核心价值观的培育践行》，《光明日报》2015年11月23日。

发挥文化的作用。”[①]通过寓教于乐的文艺作品宣传社会主义核心价值观，有着引人入胜的生动性和感染力。文艺创作可以通过丰富多样的艺术手段生动诠释“富强、民主、文明、和谐”的价值观念，全面描绘“自由、平等、公正、法治”的社会愿景，引导人民群众奉行“爱国、敬业、诚信、友善”的基本道德规范，从而以健康的心态和文明的行为，融入全面建成小康社会和振兴中华民族伟大复兴的奋斗历程。文学艺术包括戏剧、文学、音乐、舞蹈、电影、摄影、绘画、雕塑、美术、书法、工艺美术等诸多门类，借力文艺表现形式丰富、传播平台多元优势，能够扩大宣传社会主义核心价值观的覆盖面，拓展受众范围。利用文艺形式宣传社会主义核心价值观，要重点抓好以下工作。

(1)创作生产文艺精品是文艺工作者义不容辞的责任

习近平总书记指出：“广大文艺工作者要高扬社会主义核心价值观的旗帜，充分认识肩上的责任，把社会主义核心价值观生动活泼、活灵活现地体现在文艺创作之中，用栩栩如生的作品形象告诉人们什么是应该肯定和赞扬的，什么是必须反对和否定的，做到春风化雨、润物无声。”[②]要让社会主义核心价值观与文学艺术有机融合，大力创作生产有筋骨、有道德、有温度的文艺作品；实现以正确的舆论引导人，以高尚的精神塑造人，以优秀的作品鼓舞人的目的，是文艺工作者义不容辞的责任。

一是要深化文化体制改革，激发文艺工作者的创作活力。抓住文化体制机制改革这一推动文艺繁荣发展的制度支撑和关键要素，加快文化事业和文化产业创新发展，努力为全社会提供基本性和多样性的文化产品和服务，满足人民群众日益增长的精神文化需要。

二是要提高文艺人才队伍素质。文艺工作者是社会主义核心价值观的传播者与践行者，提升社会主义核心价值观宣传效果，实现社会主义文艺的繁荣发展，必须提高文艺工作者队伍的整体素质，培养德艺双馨的文艺人才。

三是文艺工作者要争做真善美的追求者和传递人。广大文艺工作者要秉持贴近生活、贴近群众、贴近实际的原则，以充沛的热情、优美的旋律、感人的形象，努力创作生产更多让人民动心、满意的文化艺术产品，以出精品、献佳作为繁荣文艺、服务大众的衡量标准。文艺界需要大力倡导使命担当，扎根人民、创新求精、健康批评、崇德尚艺，确立以人民为中心的工作导向和创作导向，努力使各门类文学艺术以及民间艺术、群众文艺等领域呈现繁荣景象，在我国万众

---

① 《习近平谈治国理政》，外文出版社 2014 年版，第 106 页。

② 中共中央宣传部：《习近平总书记在文艺工作座谈会上讲话学习读本》，学习出版社 2015 年版，第 26 页。

一心实现中国梦的征程弘扬主旋律、传播正能量。

四是要加强政府对文化产品创作生产的引导。坚决抵制庸俗、低俗、媚俗之风，确保一切文化阵地、一切文化产品、一切文化活动都体现社会主义核心价值观的内容和要求。

(2)提升大众文化消费意愿和水平

党的十九大报告对繁荣发展社会主义文艺提出明确要求。文艺工作者要以党的十九大精神为指导，勇于探索与市场接轨的艺术事业发展道路，建立以市场为导向的艺术产品内容集成、加工、制作、传播的生产机制，在市场中打磨艺术精品，提高艺术品品质，在满足人民群众文化需求的基础上引导大众文化消费需求。

一是政府要注重为广大人民群众提供大量的、普及性的公共文化产品和服务，使人们在耳濡目染中逐渐提高文化消费品位和水准，从而引导人民群众形成长久、健康文明的文化消费意愿。

二是加大政府补贴文化惠民服务的力度，借助“互联网＋”平台开展精准营销，引导更多市民进行文化消费，加快培育大众文化消费市场。人们不断追求高品质的文化生活，也就能够促进文化消费市场的不断扩大，使文化产业发展获得持续推动力，进而为社会提供更多特色文艺产品。

三是要逐步建立起完善的艺术产品的生产、运行机制，运用现代科技手段开发利用地方文化资源，促进文艺资源产业化，提高文化创意产业发展水平，增强文艺整体发展实力和竞争力。

四是加强文化市场监管。构建统一开放、竞争有序的现代文化市场体系。一个繁荣有序、体系完善的文化市场，必然能够为社会主义核心价值观建设提供良好的载体与平台。

(3)大力开展公共文化服务活动

“一切文化产品、文化服务和文化活动，都要弘扬社会主义核心价值观，传递积极的人生追求、高尚思想境界和健康生活情趣”的核心价值观实践要求，离不开公共文化服务活动的大力开展和群众的广泛积极参与。文艺事业不仅是完成教化的载体，而且是成就愉悦的本体。在全社会大力开展异彩纷呈的社区文化、企业文化、校园文化活动以及节庆文化、休闲文化活动等，可以极大丰富人们的精神生活；覆盖城乡的国家文化信息资源共享工程，能为人们提供快捷、实用的文化资源；品种齐全、层次细化、特色鲜明的多样化的优秀文化产品与近距离、经常性、便利性的公共文化服务措施，能够在满足人们消遣怡情文化诉求的同时，生动形象地帮助大众识别和拒斥假恶丑、弘扬真善美，使社会主义核心价值观深入人心。文化艺术这种教化和娱乐双重并行的活动模式，具有润物细无声的独特效果，这是其他社会活动无法替代的。通过广泛开展各类文化活动，活跃城乡文化生活，让大众共享公共文化产品和服务的同时，自觉认同、主动践行社会主义核心价值观。

(4)开发利用公共文化教育设施

在社会层面开展核心价值观宣传教育活动，要充分结合利用公共文化教育设施及场所。文化馆、博物馆、图书馆、科技馆、美术馆、体育场馆、纪念馆、历史文化遗址等具有各自的特色和功能，是培养社会成员形成正确价值观的重要教育力量，置身其中的个体在潜移默化中接受各种积极影响，易于形成主流价值取向。公共教育场馆要从公益性出发，防止“开张时热热闹闹，运营时冷冷清清”，提升服务大众的效能，如开发公共文化场馆衍生品，推出高质量、高品位关联性小商品并通过为大众提供高雅、舒适的消费体验，最大限度地服务于公共场馆的教育功能，有效维系场馆与观众的关系，激发大众参与公共场馆活动的兴趣，从而更好地发挥公共文化场馆传播和弘扬中华优秀传统文化、革命文化和社会主义先进文化的作用。

(二)从学校层面大力宣传社会主义核心价值观

《礼记·学记》有言：“君子如欲化民成俗，其必由学乎!”[①]执政者若让百姓都能接受教育并且形成良好社会风尚，就必须重视设学施教，走兴办学校、实行全民教育的道路。纵观我国古代学校教育发展史，无论是官学教育、私学教育还是科举制度，一个共同点就是以核心价值观统领教育，培育维护统治阶级利益、治理家国所需的人才。我国古代极为重视通过学校教育传播核心价值，这对于当今学校的教育理念、教学方式方法有多方面启示。

1.借鉴官学教育的文化传播方式，注重师资和校园环境建设，强化学校知行合一的核心价值观教育

以“立德树人”为本的学校教育，应遵循学生认知规律和教育教学特点，把社会主义核心价值观宣传融入基础教育、高等教育以及启蒙教育育人全过程，有序展开、层层推进。

首先，强化师资建设。教师队伍水平乃学校建设之重。教师水平对教育教学质量具有决定性作用。“引导广大师生做社会主义核心价值观的坚定信仰

① 《礼记》，中华书局2017年版，第696页。

者、积极传播者、模范践行者”[①]是习近平总书记对高校思想政治工作提出的目标要求。长期以来，我国学校教育以考试升学为目标，偏重对学生进行灌输说教的记背教育，限制了学校素质教育的开展和学生实践能力的提升。借鉴儒家教育经验，当今学校教育无论是高校还是中小学，应大力推动应试教育向素质教育转化。为此，要从加强教师队伍整体水平和师德建设入手，提高教师的人文道德素养和教学能力，借鉴古代书院教学模式，变“填鸭式”“满堂灌”为“启发引导”，以不断创新的科学教育理念、教育模式和教育手段来提升学生价值观教育的效果，以教师的政治立场、人格力量、道德品质、治学态度，引导学生树立正确的价值观念。

其次，优化校园环境。校园建筑、景观、绿化美化的物化形态内容，以及学校传统、校风、学风、各种规章制度等是校园文化的组成部分。健康的校园文化，可以陶冶学生的情操、启迪学生心智，促进学生全面发展。绿化、美化、亮丽的校园自然环境，可以帮助学生形成良好审美意识和生活习惯，净化、文明、祥和的校园人文环境能够产生精神激励作用，形成鼓舞学生奋进的力量。为此，确立符合本校底蕴和特色的校训，加强教风、学风、校风建设，利用学校广播电台、墙报、校报、校园网等加强校园文化建设；对学生不文明行为进行引导教育，塑造和完善学生的性情，净化学生心灵，引导学生端正价值心理、价值观念和价值追求。

最后，落实知行合一。古代教育强调将丰富的教育内容落实到让学生学会做人、做事上，而现实中我们的教育往往缺乏理论与实践的有机联系，不利于培养有理想、有道德、有文化、有纪律的全面发展型人才。为此，学校教育应坚持学以致用，通过开展社会调研、参与专业实习、充当志愿者等方式，让学生在广泛的社会实践中真正理解社会主义核心价值观真谛，既学深悟透理论知识，又能将所学知识和形成的价值观落实到实际生活学习中，大力倡导道德践履，切切实实推动社会主义核心价值观在学校的践行与传播。

2.借鉴私学教育的文化传播方式，开发与开设特色校本课程和讲坛，提高青少年及儿童认知和接受社会主义核心价值观的能力

古代私学（私人讲学）办学方式、教学内容和教育形式灵活多样，对人才培养、教育普及以及传承中华文化有着积极的作用。借鉴私学的文化传播方式，可在提升中小学教材传统文化比重的同时，在征求专家、教师及社会代表意见的基础上，深入了解学生价值观诉求，共同商讨开发与编写学生喜爱的特色校

① 《习近平谈治国理政》第2卷，外文出版社2017年版，第377页。

本课程、教材，如开设阅读经典、诗歌朗诵主题的项目，开发礼仪学习、非遗文化传承课程，手工制作课程，书法美术课程以及观摩祖国自然风光课程等，编写适宜学校生源的特色校本教材。课程及教材内容力求呈现教育学、民俗学、社会学、美学等学科内涵，浓缩各民族民俗风情、传统美德、审美意趣、价值观念以及生产生活知识、人文历史知识，帮助学生了解国家的悠久历史和灿烂文化，了解国粹艺术，学习民族智慧，增强爱国情怀，树立文化自信，为培育和践行社会主义核心价值观提供知识储备、奠定思想基础。同时，积极开设多种讲坛、讲堂，如文化讲坛、道德讲堂，不仅聘请专家教授、先进模范人物等讲课，还可以让学生自己讲解或师生互动，灵活运用对话式道德教育方法，引导学生在宽松环境下探讨感兴趣的价值观问题，辅以沙龙、联谊会、艺术节、书画展，使学生在多种活动的参与中开发潜力、增强凝聚力，接受与认同社会主义核心价值观。

对少年儿童进行价值观教育，是宣传社会主义核心价值观不可忽视的手段。帮助少年儿童形成良好的学习习惯，树立符合时代要求的世界观、人生观，能够为其学习、践行社会主义核心价值观打下良好基础。要利用好《三字经》《弟子规》《千字文》《百家姓》《唐诗三百首》等优秀启蒙著作，激发青少年热爱传统文化的兴趣，引领他们快乐地迈入价值观教育之门。同时，结合蒙学读物易于记诵的特点，研编适宜儿童阅读的教材读本，将社会主义核心价值观寓于小故事和朗朗上口的歌谣或动画中，帮助他们入脑入心，为他们今后健康成长打牢正确的世界观、人生观、价值观基石。

(三)从家庭层面大力宣传社会主义核心价值观

家庭是人生“第一课堂”，家庭教育是宣传培育践行社会主义核心价值观的“第一站”。家庭教育带有显著的生活化特征，以长辈持续言传身教和耳濡目染的方式施教，教导内容易于为晚辈理解、接受且记忆时间长久。在优化家庭教育，加强家礼、家训建设，培育良好家风过程中传播社会主义核心价值观，能够收到落地生根的良好效果。

1.借鉴传统家礼、家训文化的传播方式，让核心价值观走进大众家庭

我国历史上丰富多样的家礼、家训著作以及家教思想、教子诗文，在古往今来的家庭教育中发挥了重要作用。一段时间里传统家训被当作“封建落后”的代名词，致使家庭教育出现断层。在全社会深入开展社会主义核心价值观建设的新的历史阶段，把家风建设摆到更加突出的位置，是时代的使命，也是每个家庭的责任。习近平总书记指出：“家庭是社会的基本细胞，是人生的第一所学校。不论时代发生多大变化，不论生活格局发生多大变化，我们都要重视家庭

建设，注重家庭、注重家教、注重家风。”[①]继承和弘扬中华优秀传统文化，充分利用家庭教育的丰富资源对于培育、践行社会主义核心价值观具有独特作用。为此，应重点做好以下几方面工作。

一是加深大众对传统家礼、家训的认知。源远流长而又独具特色的家礼、家训等是中华传统文化得以延续的重要载体和媒介。家礼、家训体现的是一个家庭制度性和伦理性的文化，其核心是品德教育。利用家礼家训家庭教育传播核心价值观，就是要传递尊老爱幼、亲人和睦、勤俭持家、邻里友善的观念，“倡导忠诚、责任、亲情、学习、公益的理念”[②]，引导家庭成员热爱国家与民族，积极传承和弘扬中华民族传统美德。

二是挖掘整理优秀传统家教成果。要将家礼家训当作宝贵文化遗产加以发掘整理和利用，建立家教文化研究体系，深入阐发讲仁爱、重礼仪、守诚信、崇正义、尚和睦、求大同的时代价值。这些积极向上的家规祖训和传统美德是家风建设的源头活水，要在现代家庭教育中传扬光大。

三是树立新时代家庭价值观。让家礼家训与时俱进，不断推陈出新，是时代发展对家庭教育的必然要求。立足于儒家思想对家礼家训的影响，以孝敬长辈为立身之本，从而恪守明礼、诚信、讲仁准则，以立德、立言、立功、勤政、清正、廉洁为道德人格主旨，让家庭成员在平等、和睦、亲密、宽松、民主的人际关系和氛围中，在真善美的价值追求中，自我完善个体素质和公民人格，是在现代家庭教育中传播社会主义核心价值观的基本要义。

2.借鉴传统家风的文化传播方式，增强宣传核心价值观的实效性

家风对于一个人的成长是最基础、最贴切、最直接、渗透力最强的。习近平总书记提出“注重家庭、注重家教、注重家风”的要求，并指出：“家风好，就能家道兴盛、和顺美满；家风差，难免殃及子孙、贻害社会。”[③]广大家庭都要弘扬优良家风，以千千万万家庭的好家风支撑起全社会的好风气。开展和推进家风建设，便于形成传播和弘扬社会主义核心价值观的生活情景，构建“使核心价值观的影响如同空气一样无所不在、无时不有”的精神氛围和生活环境。互联网时代，好家风的传播不能停留在传统的纸质媒体和电台广播中，要注重采取多样化的精准传播手段，运用微信、微博、微电影、公益广告等喜闻乐见的载体或形式，从而让更多的人知晓并参与其中。

---

① 《在会见第四届全国文明城市、文明村镇、文明单位和未成年人思想道德建设工作先进代表时的讲话(2015年2月28日)》，《人民日报》2015年3月1日。

② 习近平：《在第一届全国文明家庭表彰大会上的讲话》，人民出版社2016年版，第5页。

③ 习近平：《在第一届全国文明家庭表彰大会上的讲话》，人民出版社2016年版，第5页。

家风建设离不开社会大环境的引导和支持，同时家庭对个人的社会化影响与社区文化紧密相连。在全社会广泛开展家风家教建设活动要重点抓好以下内容。

一是广大领导干部、社会精英要严格恪守“廉洁”“齐家”自律准则，言传身教管好身边亲属子女，做家风建设的表率，做社会主义核心价值观建设的先行者，以模范行为和高尚人格感召他人。

二是广大家庭要努力形成把美好道德观念传递给子女后人的家风，引导子女以美好心灵做人，以为善正义处世，做对国家和人民有用的人。

三是城乡社区要精心设计、广泛开展群众喜闻乐见的社区文化活动，让社会主义核心价值观走近大众，让大众看得见、摸得着、离得近。如开辟让大众“晒”家规家训的渠道，搭建讲述大众幸福家庭故事的平台，动员全民开展创建“文明家庭”、寻找“最美家庭”等活动，通过舆论树立典型家庭，在引导人们自觉传承家庭美德和文明家风中，推动社会主义核心价值观在家庭生根，真正实现社会主义核心价值观“日常经常平常，落细落小落实”，提升宣传社会主义核心价值观的实效。

参考文献

一、著作

《史记》,中华书局 1959 年版。

《汉书》,中华书局 1962 年版。

《马克思恩格斯全集》第 19 卷,人民出版社 1963 年版。

《后汉书》,中华书局 1965 年版。

杨宽:《古史新探》,中华书局 1965 年版。

钱穆:《中国文化精神》,(台北)三民书局 1971 年版。

《二程集》,王孝鱼点校,中华书局 1981 年版。

袁梅译注:《诗经译注》,齐鲁书社 1981 年版。

冯友兰:《中国哲学史新编》,人民出版社 1982 年版。

钱穆:《从中国历史来看中国国民性及中国文化》,香港中文大学出版社 1982 年版。

陈独秀:《吾人最后之觉悟》上册,生活读书新知三联书店 1984 版。

《李大钊文集》(下),人民出版社 1984 年版。

中国社会科学院考古研究所:《新中国的考古发现和研究》,文物出版社 1984 年版。

冯友兰:《中国哲学简史》,涂又光译,北京大学出版社 1985 年版。

《孙中山全集》第 7 卷,中华书局 1985 年版。

钱穆:《现代中国学术论衡》,岳麓书社 1986 年版。

钱穆:《中国文化史导论》,上海三联书店 1988 年版。

张岱年:《文化和哲学》,教育科学出版社 1988 年版。

孙希旦:《礼记集解》,中华书局 1989 年版。

郭齐勇:《文化学概论》,湖北人民出版社 1990 年版。

刘小枫编:《中国文化的特质》,生活 · 读书 · 新知三联书店 1990 年版。

汤一介主编:《港台海外中国文化论丛》,生活·读书·新知三联书店 1990 年版。

《毛泽东选集》(1～4 卷),人民出版社 1991 年版。

中共中央党史研究室著,胡绳主编:《中国共产党的七十年》,中共党史出版社 1991 年版。

《王阳明全集》(上),吴光等编校,上海古籍出版社 1992 年版。

《毛泽东文集》(1～8 卷),人民出版社 1993～1999 年版。

《邓小平文选》(1～3 卷),人民出版社 1994、1993 年版。

《朱子语类》,中华书局 1994 年版。

张岱年:《中国文化概论》,北京师范大学出版社 1994 年版。

《马克思恩格斯全集》第 30 卷,人民出版社 1995 年版。

胡平生:《孝经译注》,中华书局 1996 年版。

夏晓红编:《梁启超学术文化随笔》,中国青年出版社 1996 年版。

张锡勤:《中国传统道德举要》,黑龙江教育出版社 1996 年版。

《邓拓散文》(下),中国广播电视出版社 1997 年版。

苏秉琦:《中国文明起源新探》,商务印书馆(香港)有限公司 1997 年版。

《马克思恩格斯全集》第 31 卷,人民出版社 1998 年版。

《李大钊文集》第 2 卷,人民出版社 1999 年版。

中共中央政策研究室编:《江泽民论社会主义精神文明建设》,中央文献出版社 1999 年版。

《周易正义》,北京大学出版社 2000 年版。

《墨子间诂》,中华书局 2001 年版。

徐复观:《中国艺术精神》,华东师范大学出版社 2001 年版。

陈来:《古代思想文化的世界》,生活·读书·新知三联书店 2002 年版。

陈江风:《中国文化概论》,南京大学出版社 2002 年版。

《国语集解》,北京大学出版社 2002 年版。

《四书五经〈礼记·礼运〉》(上),岳麓书社 2002 年版。

吴虞:《儒家主张阶级制度之害》,上海三联书店 2002 年版。

黎鸣著,何宗思选编:《中国人性分析报告》,中国社会出版社 2003 版。

马克思、恩格斯:《德意志意识形态》(节选本),人民出版社 2003 年版。

逄先知、金冲及主编:《毛泽东传(1949—1976)》(上),中央文献出版社 2003 年版。

余英时:《士与中国文化》,上海人民出版社 2003 年版。

《管子校注》,中华书局 2004 年版。

郭沫若:《中国古代社会研究》,河北教育出版社 2004 年版。

朱熹:《四书集注》,岳麓书社 2004 年版。

顾伟列:《中国文化通论》,华东师范大学出版社 2005 年版。

郭齐勇主编:《中国古典哲学名著选读》,人民出版社 2005 年版。

《鲁迅全集》第 1 卷,人民文学出版社 2005 年版。

《贺麟集》,中国社会科学出版社 2006 年版。

《江泽民文选》(1～3 卷),人民出版社 2006 年版。

赵馥洁:《价值的历程——中国传统价值观的历史演变》,中国社会科学出版社 2006 年版。

宇文利:《中华民族精神——现当代发展新论》,北京大学出版社 2007 年版。

薄一波:《若干重大决策与事件的回顾》上卷,中共党史出版社 2008 年版。

陈金龙:《改革开放与民族精神》,广东教育出版社 2008 年版。

罗国杰主编:《中国伦理思想史》上卷,中国人民大学出版社 2008 年版。

王衍军编著:《中国民俗文化》,暨南大学出版社 2008 年版。

张锡勤、柴文华:《中国伦理道德变迁史稿》,人民出版社 2008 年版。

《马克思恩格斯文集》(1～10 卷),人民出版社 2009 年版。

秦晓:《当代中国问题:现代化还是现代性》,社会科学文献出版社 2009 年版。

郑师渠主编:《中华民族精神研究》,北京师范大学出版社 2009 年版。

张曙光主编:《民族信念与文化特征——民族精神的理论研究》,人民出版社 2009 年版。

《老子道德经注校释》,中华书局 2010 年版。

《梁漱溟全集》第 1 卷,山东人民出版社 2010 年版。

罗曲:《民俗学概论》,中国社会科学出版社 2010 年版。

缪克成、俞世恩编著:《民族精神》,上海科学技术出版社 2010 年版。

欧阳康主编:《民族精神——精神家园的内核》,黑龙江教育出版社 2010 年版。

陈来等:《中国儒学史》,北京大学出版社 2011 年版。

戴木才:《中国特色核心价值观的传统、现实与前景》,广西人民出版社 2011 年版。

冯友兰:《中国哲学史》,华东师范大学出版社 2011 年版。

《孔子家语》,中华书局 2011 年版。

乔清举:《泽及草木恩及水土——儒家生态文化》,山东教育出版社 2011 年版。

王博:《中国儒学史》(先秦卷),北京大学出版社 2011 年版。

赵家治:《〈论语〉的人生智慧》,吉林文史出版社 2011 年版。

赵汀阳:《天下体系——世界制度哲学导论》,中国人民大学出版社 2011 年版。

郑杭生、聂保平、聂清:《中国儒家史》(两汉卷),北京大学出版社 2011 年版。

《马克思恩格斯选集》(1～4 卷),人民出版社 2012 年版。

胡锦涛:《坚定不移沿着中国特色社会主义道路前进 为全面建成小康社会而奋斗——在中国共产党第十八次全国代表大会上的报告》,人民出版社 2012 年版。

金元浦主编:《中国文化概论》,中国人民大学出版社 2012 年版。

谢晓娟:《社会主义核心价值观研究》,中国社会科学出版社 2012 年版。

费孝通:《全球化与文化自觉——费孝通晚年文选》,方李莉编,外语教学与研究出版社 2013 年版。

《关于培育和践行社会主义核心价值观的意见》,人民出版社 2013 年版。

何国松:《中华文化简史》,北京工业大学出版社 2013 年版。

杨朝明、宋立林主编:《孔子家语通解》,齐鲁书社 2013 年版。

任者春、郭玉峰主编:《齐鲁文化与社会主义核心价值体系研究》,山东人民出版社 2014 年版。

《社会主义核心价值观学习读本》,国家行政学院出版社 2014 年版。

孙伟平主编:《家园——中华民族精神读本》,广西人民出版社 2014 年版。

汤一介:《瞩望新轴心时代——在新世纪的哲学思考》,中央编译出版社 2014 年版。

《习近平谈治国理政》,外文出版社 2014 年版。

中共中央文献研究室编:《十八大以来重要文献选编》(上),中央文献出版社 2014 年版。

陈来:《中华文明的核心价值》,生活·读书·新知三联书店 2015 年版。

方克立等:《马魂、中体、西用:中国文化发展的现实道路》,人民出版社 2015 年版。

李楠:《中国古代家训》,中国商业出版社 2015 年版。

刘新科主编:《中国文化概论》,东北师范大学出版社 2015 年版。

《论语》,中华书局 2015 年版。

任者春、郭玉峰主编:《社会主义核心价值观践行论》,山东人民出版社 2015 年版。

习近平:《在文艺工作座谈会上的讲话》,人民出版社 2015 年版。

王锦贵主编:《中国文化史简编》,北京大学出版社 2015 年版。

中共中央文献研究室编:《十八大以来重要文献选编》(中),中央文献出版社 2016 年版。

中共中央宣传部:《习近平总书记系列重要讲话读本》,学习出版社、人民出版社 2016 年版。

习近平:《决胜全面建成小康社会　夺取新时代中国特色社会主义伟大胜利——在中国共产党第十九次全国代表大会上的报告》,人民出版社 2017 年版。

二、译著

[德]黑格尔:《法哲学原理》,贺麟译,商务印书馆 1961 年版。

[英]洛克:《政府论》(下篇),叶启芳等译,商务印书馆 1964 年版。

[法]丹纳:《艺术哲学》,傅雷译,人民文学出版社 1965 年版。

[古希腊]亚里士多德:《政治学》,吴寿彭译,商务印书馆 1965 年版。

[德]黑格尔:《逻辑学》上卷,商务印书馆 1966 年版。

[法]卢梭:《社会契约论》,何兆武译,商务印书馆 1980 年版。

苗力田译编:《黑格尔通信百封》,上海人民出版社 1981 年版。

[英]J. S. 密尔:《代议制政府》,汪瑄译,商务印书馆 1982 年版。

[德]恩斯特・卡西尔:《人论》,甘阳译,上海译文出版社 1985 年版。

[英]汤因比:《历史研究》,曹未风等译,上海人民出版社 1986 年版。

[匈牙利]阿诺德・豪泽尔著,居延安译编:《艺术社会学》,学林出版社 1987 年版。

[德]E.卡西勒:《启蒙哲学》,顾伟铭等译,山东人民出版社 1988 年版。

[美]丹尼尔・贝尔:《资本主义文化矛盾》,赵一凡、蒲隆、任晓晋译,生活・读书・新知三联书店 1989 年版。

[美]亨利・克莱林德格瑞:《大期待:金钱心理学》,宿久高、小筠译,吉林人民出版社 1991 年版。

[美]希尔斯:《论传统》,傅铿译,上海人民出版社 1991 年版。

[英]爱德华・泰勒:《原始文化》,连树声译,上海文艺出版社 1992 年版。

[德]恩斯特・卡西尔:《神话思维》,黄龙保等译,中国社会科学出版社 1992

年版。

[美]加里·沃塞曼:《美国政治基础》,陆震纶等译,中国社会科学出版社1994年版。

[英]梅因:《古代法》,沈景一译,商务印书馆1997年版。

[古罗马]西塞罗:《论共和国　论法律》,王焕生译,中国政法大学出版社1997年版。

[美]列文森:《儒教中国及其现代命运》,郑大华等译,中国社会科学出版社2000年版。

[德]康德:《判断力批判》,邓晓芒译,人民出版社2002年版。

[美]列奥·施特劳斯:《自然权利与历史》,彭刚译,生活·读书·新知三联书店2003年版。

[英]霍布斯:《利维坦》,刘胜军、胡婷婷译,中国社会科学出版社2007年版。

[美]乔治娅·沃恩克:《伽达默尔——诠释学、传统与理性》,洪汉鼎译,商务印书馆2009年版。

[美]塞缪尔·亨廷顿:《文明的冲突与世界秩序的重建》,周琪等译,新华出版社2010年版。

[英]以赛亚·伯林:《自由论》,胡传胜译,译林出版社2011年版。

[法]孟德斯鸠:《论法的精神》上卷,许明龙译,商务印书馆2012年版。

[德]康德:《历史理性批判文集》,何兆武译,商务印书馆2013年版。

[法]卢梭:《论人类不平等的起源和基础》,邓冰艳译,浙江文艺出版社2015年版。

[美]乔万尼·萨托利:《民主新论》下卷,冯克利、阎克文译,上海人民出版社2015年版。

三、论文

陈独秀:《吾人最后之觉悟》,《青年杂志》第1卷第6号,1916年2月15日。

陈独秀:《文学革命论》,《新青年》第2卷第6号,1917年2月。

陈独秀:《本志罪案之答辩书》,《新青年》第6卷第1号,1919年1月15日。

陈独秀:《今日中国之政治问题》,《新青年》第5卷第1号,1918年7月15日。

钱玄同:《中国今后之文字问题》,《新青年》第4卷第4号,1918年4月15日。

张岱年:《中国哲学中“天人合一”思想的剖析》,《北京大学学报》1985 年第 1 期。

邓广铭:《谈谈有关宋史研究的几个问题》,《社会科学战线》1983 年第 2 期。

梁韦弦:《简论周公“敬德”“保民”“永命”的统治思想体系》,《东北师大学报》1986 年第 3 期。

庞朴:《文化传统与现代社会》,《中国社会科学》1986 年第 5 期。

杜牧:《试论文化传统》,《社会科学评论》1988 年第 4 期。

蔡凌虹:《从妇女守节看贞节观在中国的发展》,《史学月刊》1992 年第 4 期。

迟汗青:《传统民本思想源流考评》,《北方论丛》1995 年第 3 期。

张岱年:《漫谈和合》,《社会科学研究》1997 年第 5 期。

王立新:《三“天”归一——中国古代思想发展的凝缩》,《湘潭大学学报》(哲学社会科学版)1999 年第 1 期。

张立文:《中国哲学的创新与和合学的使命》,《中国人民大学学报》2003 年第 1 期。

赵锦荣:《对中国传统文化和合性的反思(一)》,《新疆师范大学学报》(哲学社会科学版)2004 年第 1 期。

李佑新:《现代性问题与中国现代性的建构》,《北京大学学报》(哲学社会科学版)2005 年第 3 期。

刘胜梅:《论中国佛教的慈悲精神及其现实意义》,《雁北师范学院学报》2005 年第 2 期。

闫润鱼:《论中国近代启蒙运动的历史规定性》,《中国人民大学学报》2006 年第 2 期。

宋惠昌:《浅论社会主义核心价值观》,《思想政治工作研究》2008 年第 9 期。

赖功欧:《道德个体与契约个体——中西思想比较视域中的“儒家与自由主义”》,《江西社会科学》2010 年第 4 期。

高述群:《论儒家文明的历史地位与现代意义》,《文史哲》2012 年第 2 期。

孙成竹:《道德的幻灭:市民社会之怪相——读马克思〈1844 年经济学哲学手稿〉》,《岭南学刊》2012 年第 5 期。

许纪霖:《中国如何走向文明的崛起》,《何种文明?中国崛起的再思考》(《知识分子论丛》第 10 辑),江苏人民出版社 2012 年版。

高惠珠:《论真理标准问题讨论的启蒙意义》,《武汉大学学报》(人文科学版)2013 年第 3 期。

叶自成、龙泉霖:《中国和实力的战略深意》,《人民论坛》2015 年第 19 期。

彭永捷:《外交战略"如何运用实力"》,《人民论坛》2015 年第 19 期。

吴润生:《"一带一路"战略的几个问题思考》,《中国发展观察》2015 年第 6 期。

四、报纸

何中华:《谈谈中国传统文化及其现代命运》,《山东大学报》2011 年 12 月 28 日。

谢扬举:《家训与中华文化一瞥》,《人民政协报》2014 年 12 月 29 日。

闫平:《公共文化服务与社会主义核心价值观的培育践行》,《光明日报》2015 年 11 月 23 日。

《历史的选择,人民的期待——党的十八大以来以习近平同志为核心的党中央治国理政评述》,《人民日报》2017 年 1 月 3 日。

张友谊:《从文化自觉到文化自信》,《光明日报》2017 年 11 月 29 日。

后　记

中华优秀传统文化博大精深，积淀了中华民族最深沉的追求和崇高的价值取向，蕴含着中华传统价值观，成为培育社会主义核心价值观的重要源泉；而培育和践行社会主义核心价值观，对继承和弘扬中华优秀传统文化具有重大的促进意义。

“中华优秀传统文化与社会主义核心价值观研究”是山东省中华优秀传统文化转化创新重大理论研究项目和山东省社会科学规划研究重大项目，由山东省哲学社会科学工作办公室正式立项(批准号：15AZBJ12)，2021年7月正式结项，历时五年多。其间课题阶段性成果以论文形式在国内重要报刊发表，产生了较大影响，在此基础上，经过修改，集结为《中华优秀传统文化与社会主义核心价值观研究》一书出版。

本书编写分工如下：课题组首席专家和负责人张友谊教授负责课题的提纲设计、结构形成、协同组织、写作统稿，并撰写导论；课题组成员张进(山东社会科学院当代宗教研究所所长)负责撰写第一章；课题组成员颜景高(山东社会科学院哲学研究所副研究员)负责撰写第二章；课题组成员吕本修(中共山东省委党校校刊编辑部教授)负责撰写第三章；课题组成员王晓明(中共济南铁路局党校副教授)负责撰写第四章；课题组成员朱蕾(山东大学外语学院讲师)负责撰写第五章；课题组成员董冰(中共山东省委党校哲学教研部副教授)负责撰写第六章；课题组成员焦丽萍(中共山东省委党校哲学教研部教授)负责撰写第七章；课题组成员冯晨(中共山东省委党校哲学教研部教授)负责撰写第八章；课题组成员孙成竹(中共山东省委党校哲学教研部副教授)负责撰写第九章；课题组成员闫平(济南社会科学院副研究员)负责撰写第十章。此外，课题组其他成员涂可国(山东社会科学院国际儒学研究院研究员)、姜涌(山东大学哲学与社会发展学院教授)、李明(山东社会科学院哲学研究所副研究员)、刘云超(山东社会科学院国际儒学研究院研究员)、李正义(中共山东省委党校哲学教研部副教授)、王鲁宁(济南社会科学院副研究员)、孟凡强(中共泰安市委党校教授)、张恒露(山东传媒职业技术学院讲师)在本书写作过程中也付出了辛勤的劳动。在此一并表示感谢。

在本书写作过程中,北京大学李士坤教授、中共中央党校(国家行政学院)王杰教授、山东师范大学商志晓教授、山东大学周向军教授、济南大学包心鉴教授、中共山东省委党校孙占元教授、中共山东省委党校宋协娜教授、山东师范大学马永庆教授、山东大学何中华教授、山东社会科学院孙聚友研究员、山东师范大学郝立忠教授、山东师范大学万光侠教授、山东师范大学孙书文教授、山东师范大学王增福教授等省内外专家学者也提出了合理的建议,给予了帮助和指导。在此表示感谢。

还要感谢山东大学出版社祝清亮编审和肖世伟编辑,他们为本书的出版付出了大量心血,确保了本书顺利出版。

在本书写作过程中,我们参考了国内外大量文献,本书是在这些文献成果的基础上编写而成。在此,向这些文献的作者致以诚挚的谢意。

虽然本书经过反复修改和勘误,但限于编者所学有限,书中难免存在疏漏和偏差之处,恳请方家批评指正。

编　者

2022年7月